嘉德亲历
古籍拍卖风云录

拓晓堂 著

上海书画出版社

图书在版编目(CIP)数据

嘉德亲历:古籍拍卖风云录/拓晓堂著.——上海:上海书画出版社,2018.1
(嘉德文库)
ISBN 978-7-5479-1623-0

Ⅰ.①嘉… Ⅱ.①拓… Ⅲ.①古籍-拍卖-概况-中国
Ⅳ.①F724.59

中国版本图书馆CIP数据核字(2017)第222332号

嘉德亲历:古籍拍卖风云录

拓晓堂　著

策　　划	寇勤　李昕
责任编辑	眭菁菁
特邀编辑	李经国　严冰
审　　读	雍琦
封面设计	王峥
技术编辑	包赛明
责任校对	倪凡
出版发行	上海世纪出版集团 ⑤上海书畫出版社
地　　址	上海市延安西路593号　200050
网　　址	www.ewen.co www.shshuhua.com
E-mail	shcpph@163.com
制　　版	上海文高文化发展有限公司
印　　刷	上海画中画包装印刷有限公司
经　　销	各地新华书店
开　　本	787×1092　1/16
印　　张	20.75
版　　次	2018年1月第1版　2018年6月第2次印刷
印　　数	3,001-5,300
书　　号	ISBN 978-7-5479-1623-0
定　　价	168.00元

若有印刷、装订质量问题,请与承印厂联系

序言

古籍拍卖行是一个呼风唤雨、出传奇故事的地方。

有人生的传奇故事

美国有位著名的人物说过一句话：要想成名，就买几部好书就行了。说这话的人就是杭廷顿。如今要去美国加州洛杉矶度假休闲一游，有一座名闻遐迩的图书馆是游览必去之地，即杭廷顿图书馆，位于极为漂亮和高档的帕萨迪纳市，是当地最为著名的文化景观。对于这位曾经的美国西部铁路大王来说，美国的铁路早已被发达的高速公路网和航空线路所取代，今天没有人会关注美国西部铁路曾经的辉煌，让世人永远都记住杭廷顿这一个名字，就因他是美国20世纪初最著名的藏书家。1911年4月24日晚上，纽约安德逊艺廊举办的赫氏藏品拍卖会上（罗勃特·赫兹［1839—1909］，美国印刷机械制造商，著名的藏书家，他的藏书在1911年至1912年在安德逊艺廊陆续拍卖），杭廷顿、摩根等藏书家麇集拍场，当杭廷顿与他的代理史密斯以50000美元购得古腾堡《圣经》那一刻，他声名鹊起，为世人尽知。古籍只能越来越古，今之新书，越往后亦将成古籍。对于一个俗人来说，本身没有多大学问，也不享受著述爬格子那种苦和累，留名青史最简单的办法就是买几本好书，藏几本好书。伟大的书，会造就伟大的人。即使不是伟大的人，拥有伟大的书，也会令人永远铭记。这就是将自己的名字，附着于伟大的书，伟大的书在，自己的故事就在，自己的名也在。杭廷顿就是选择了这条人生之路，从工商界大亨蜕变成为后世铭记不忘的藏书家，这是将人生由工商大亨转向文化名流最为成功的例证。这显然不是孤证，中国近现代天津周叔弢、沪上陈澄中、杭州王绶珊等，如今他们曾经的工商金融领域的辉煌早已不在，然而古籍收藏，令他们早已华丽转身，成为一代藏书文化名人，至今影响犹在。

有创业的传奇故事

有趣的是闻名世界的苏富比拍卖公司起源于古籍书拍卖。1744年3月11日，英国书商塞缪尔·贝克在伦敦考文特花园的一家酒店以竞买喊价的形式，出售某贵族的一批藏书。贝克死后，他的侄子约翰·苏富比被指定为遗产继承人，约翰用自己的姓氏命名了叔叔留下的拍卖公司，"苏富比"由此诞生了。经过了两百多年的发展变化，如今的苏富比拍卖公司已经成为世界最大的拍卖公司，业务也是综合性的了。可是苏富比依然保存着最专业古籍拍卖行的本色，直到现在仍是唯一拥有英国文学研究专家的拍卖公司，每年举行两次英国文学作品的专场拍卖。2005年苏富比英国书籍和手稿成交额超过5800

万美元；在全球范围，苏富比在2005年的书籍及手稿总成交价为7900万美元。虽然古籍成交额在苏富比的全部收入中已经微不足道，可是作为文化品位和文化象征，其网站至今仍然自豪地宣称苏富比是世界上"唯一拥有英国文学研究专家的拍卖公司"。毫无疑问，苏富比是当今国际拍卖市场的领导者。

有财富增值的传奇故事

时下的人都知道，拍卖行里常常会创造文化艺术品的价格奇迹。古籍书亦是如此。在欧美西方世界，有一部号称最伟大的书，那就是《圣经》。而在欧美古籍市场中，有一部传为神话的书，那就是古腾堡四十二行摇篮本《圣经》。看看这部摇篮本《圣经》拍卖的故事，就可以看到古籍善本增值过程与财富增值关系。

1847年伦敦苏富比拍卖蓝色摩洛哥羊皮旧式装帧略残本，500英镑；

1881年布林利拍卖会两卷本（缺五页）残本，8000美金；

1923年伦敦苏富比拍卖，罗森巴哈9500英镑为福泽默委托竞得，1987年转让德州大学，2400万美金；

1926年美国著名书商罗森巴哈以166000美金转给哈克尼斯一部，现存普林斯顿大学；

1987年日本丸善书店残本一册，490万美金，1996年转让庆应大学；

1987年4月7日，佳士得纽约拍卖会，成交一部，2400万美金。

古书恒古，随着时间向后推移，就会更古；好书恒贵，随着时间向后推移，将更为珍贵。既可以阅读，给人知识和智慧，又可赏心悦目，提高文化品位和修养，而且不需要过于费心费力的经管，就可以令人名传后世，还可以增值保值，名利双收，天下岂能有比这更好的事吗？两百多年的古籍拍卖市场，让人确信，坐拥善本书，和坐拥一块好位置的地产一样，不用自己耕作和开发，等着地价升值就好了。

拍卖行就是神话的摇篮，因为拍卖行本身就是神话。当今世界上的大公司、大企业，如同走马灯一般，起起落落，据统计，世界500强企业的平均寿命为40至50年，而当今的世界著名拍卖公司苏富比，已经是250年之久的老店了，可谓不老的神话。相比之下，当代的中国拍卖行业不过二十多年的历史，可称还在襁褓之中。人生有些事不必处心积虑，而是随心所欲，有幸的是人生喜好与工作和事业偶然结合在一起，才有了所谓无心插柳柳成荫。

很有幸，1993年我进入了中国嘉德国际拍卖有限公司，并在1994年秋，负责组织筹办了中国第一场真正合乎国际规则的古籍善本拍卖会。从那时起到如今，风风雨雨已是走过二十多个年头了，现在中国古籍善本拍卖已经成为了一个行业，全国大大小小的古籍善本拍卖公司和拍场已经多达三十余家，每年全国各地的古籍拍卖会近百场。回看这段历史，令我常想人来到这世上，是带有使命的，有人驭民治国，有人开疆扩土，有人指点江山，也有人劳累受苦。我就是要为中国的古籍拍卖市场劳累受苦的。也许有人以为我这是得了便宜还卖乖，可是想想上大学、进研究所、在国家图书馆工作的多年经历，不都是为此而做准备吗？不同的是，一般的古籍书商见到图书馆古籍版本专家、大学里的古籍版本教授，似乎自动矮了半截；我不是，因为我就是从那里出来的。

经历了古籍拍卖市场的建立，伴随了古籍拍卖市场的发展。在这二十年当中经历了无数的坎坷、无数的变幻、无数的磨难、无数的机遇、无数的欢乐，其中的是是非非、潮起潮落，一时悲喜交集，难以尽述。如将这二十多年的一切浓缩为一个时辰，那将就会像暴风雨来临之际，依窗扶椅，坐看云起，历历在目。我觉得有义务通过这些文字，将这二十多年嘉德古籍拍卖过程中历历在目的惊心动魄场景、冲击和触动心灵的感受、感悟记录下来。收藏讲究流传有序，在此尽可能地将这些年嘉德古籍拍卖的善本书之由来和传承故事记述下来，也算是一个负责任的交代。故称此书为《嘉德亲历》，附标题《古籍拍卖风云录》，尽可能地将所见所思呈现给读者。由于篇幅有限，经历的是太多太多，只能择其部分而已。当然以我才思和笔力，难以做到不费吹灰之力就可以信手拈来，而且叙述不留遗憾，不留笑柄，确实难做到，何况里面还有很多的商业秘密，暂时还不能说，有些事是真的不知道，只能留待他人再去叙说。

写书的人最怕的就是认真读书的人，这是我写作的信条。

目 录

序言 /03

引子 /09

第一章 古籍拍卖横空出世 /1
一、绝望之后是希望 /2
  1. 藏书家的更替现象 /2
  2. 新的富有阶层出现 /4
  3. 查抄古籍藏书退还 /6
  4. 古籍收藏先知先觉 /8
二、引进古籍拍卖模式 /10
  1. 西方的拍卖模式 /10
  2. 日本的古籍入札会 /12
  3. 中国嘉德古籍拍卖平台建立 /13
三、嘉德古籍拍卖一槌定音 /15
  1. 古籍拍品范围和征集 /15
  2. 古籍经营政策改革 /18
  3. 图录编制和底价确定 /19
  4. 嘉德首场古籍拍卖会 /20
  5. 皆大欢喜的首拍结果 /21

第二章 常规古籍拍卖精彩回放(甲) /29
一、名家抄校稿本 /30
  1. 枕碧楼藏《两汉策要》/31
  2. 陈伯达藏《五台山记》/35
  3. 毛氏汲古阁《陶渊明集》/38
  4. 筠斋藏《霜哺篇》/41
  5. 明写本《大明会试录》/44
  6. 严氏淳斋珍藏《瘉埜老人遗稿》/47
  7. 朱国祚《册立光宗仪注稿卷》/48
二、宋元名刻 /50
  1. 蜀刻中字本《春秋经传集解》/51
  2. 觉今是斋旧藏宋版《考工记解》/54
  3. 康生旧藏《唐柳先生集》/57
  4. 九峰旧庐旧藏宋版《蒙求》/58
  5. 宋版《活人事证方》/62
三、天禄琳琅 /64
  1. 宋刻本《春秋经传》/66
  2. 元刻本《昌黎先生集》/69
  3. 元刻本《资治通鉴》/72
  4. 宋刻本《周易本义》/74
  5. 宋刻本《童溪易传》/76
  6. 赵氏小宛堂刻本《玉台新咏》/77
  7. 康熙刻本《佩觿》御题 /81
  8. 清刻本御题《尚书详解》/83
四、明清刻本 /84
  1. 过云楼藏《仪礼注》/85
  2. 王力旧藏《金冬心集》/87

3.《大顺律》零叶 /87
4. 明活字本《太平御览》 /90
5. 萃文书屋活字本《红楼梦》 /93

第三章　常规古籍拍卖精彩回放（乙） /97
一. 名人书札 /98
1. 钱镜塘旧藏《明代名人书札》 /98
2. 张学良旧藏《明人尺牍》 /100
3.《熊开元存札册》 /101
4. 林氏家藏《林文忠公书牍》手稿 /103
二. 碑帖法书 /105
1. 整张拓《天玺纪功碑》残本 /106
2. 旧拓本《嵩山三阙铭》 /108
3. 苏轼书《仙游潭碑记》 /111
4. 明拓《张猛龙碑》 /112
5. 宋元间拓本《姜遐断碑》 /113
6. 墨王楼藏《宋拓敕字本十七帖》 /116
7. 清初拓本《石鼓文》 /119
8. 清《武梁祠画像拓本》 /122
9. 赵烈文藏初拓《散氏盘》 /124
10. 龚心铭旧藏《商鞅量拓本》 /125
11. 章寿麟《铜馆感旧图》 /128
12. 严氏旧藏《萧敬书法卷》 /130
13. 宋克书《急就章》 /133

三. 敦煌写经 /138
1. 唐人写经《心经》 /139
2.《唐人写妙法莲华经残本》 /141
3. 唐经室藏《唐贤写经遗墨》 /143
4. 西凉写《增一阿含》经卷 /149

第四章　专场的魅力与疯狂 /153
一. 专场拍卖精彩回看 /155
1. 过云楼藏书专场 /158
2. 季羡林先生藏书专场 /164
3. 王世襄俪松居藏书拍卖专场 /170
4. 马宗霍霎岳楼藏书专场 /177
二. 专题拍卖精彩回看 /182
1. 过云楼书札专题 /183
2. 黄裳澹生堂藏书专题 /188
3. 曹大铁藏书专题拍卖 /191
4. 谢国桢瓜蒂庵藏书 /197

第五章　海外奇珍精彩纷呈 /203
一、海外古籍拍卖专场 /205
1. 潘重规古籍拍卖专场 /205
2. 波士顿亚洲艺术博物馆藏书专场 /211
3. 严氏萍庐藏书专题 /216
4. 陶氏"五柳堂藏明人书札"专题 /219

5. 荀斋藏书专题 /221
二、海外古籍拍卖经典 /224
1. 玉斋藏《文苑英华》 /224
2. 黄跋《铁崖先生古乐府》 /229
3. 相府藏书《昌黎先生集》 /232
4. 研易楼藏婺本《尚书》 /237
5. 胡适先生存陈独秀等书札 /240

第六章　大宗转让经典传承 /245
一、翁氏藏书转让上海图书馆 /247
二、隋人书《出师颂》转让故宫博物院 /258
三、荀斋藏书转让国家图书馆 /268

第七章　拍卖行规经验感知录 /283
一、卖家的行规经验叙谈 /284
1. 切勿私下转让 /285
2. 底价的秘密是低价 /287
3. 好东西耽误不了 /289
4. 贵有贵的道理 /291
5. 不要糟贱了东西 /294
　（1）信誉原则 /294
　（2）专业原则 /295
　（3）公平原则 /295

6. 贪小便宜吃大亏 /296
7. 拍卖如小赌 /299
8. 没卖是福 /300
二、买家的行规经验叙谈 /304
1. 规矩人不吃亏 /304
2. 不怕买贵，只怕不对 /305
3. 便宜是个贵 /306
4. 认真做功课 /307
5. 书逢对手，当仁不让 /311
6. 书有灵性会认人 /312
7. 不挑剔成不了好藏家 /313
8. 不带欠债的书回家 /314
9. 大丈夫举牌无悔 /315
10. 只见人吃肉，不见人割肉 /316
11. 今天嫌贵，明天更贵 /317
12. 竞拍有技巧，祝君好运 /318

引子

世间的人和事，大大小小，或明或暗，或直接或间接，总会有一个起因。

二十多年前，中国嘉德古籍善本拍卖在中国的乍现，虽谈不上是影响到国计民生的重大事件，但在寻常老百姓看来，的确是一件旷古未有的新鲜事。从那时起，古籍拍卖已经在风风雨雨、是是非非中走了过来，现在已经成为一个不大不小的行业。现在看来，那时所发生的这一切，显然都不是某位高人一拍脑袋就能够决定出现的偶然事件。换句很正规和有高度的话来说，古籍拍卖行业的出现，是当时中国社会的现实和历史必然选择的结果。

20世纪90年代初的中国，是一个大潮涌动的年代。在经历了一场不堪回首的疾风暴雨之后，已经拉开序幕的中国经济体制改革大潮，不管遇到多大的问题，也不论遇到了何等难关，它的前行势头已经不可逆转。尤其是中国知识分子登上了经济的大舞台，以高学历体现的高智商、高等知识结构为基础的儒商，取代了"傻子瓜子"之类低知识文化层次的弄潮儿，担当起引领中国成为世界科技和经济强国的大任。正是这一波浪潮的推动，快速改变了中国科技、经济的状况和地位。

改革开放的经济大潮，以前所未有的速度和效率，创造出巨大的社会物质财富，直接而迅速地改变着中国人的生活。同时，中国的社会财富在重新分配和聚集。具体说来，就是随着改革开放，中国出现了一批非体制内的成功创业者，同时成为新的巨大财富拥有者。这些新兴起来并且拥有超过一般社会财富的富人群体，同时也是一批知识和文化精英，他们除了物欲生活需求之外，还有更高的精神文化需求。他们也颇具雄心，有更高雅的文化艺术投资需求，其中包括古籍善本收藏和投资，这也是成功创业的富有阶层，自觉或不自觉地承担起保护和传承中华民族文化的责任。历史上，三千多年积淀起来的中国文物文化财产，单靠国家，概不能周全，民间的保护和收藏自古以来始终占据着不可小觑的重要地位。然而当时的文物古籍经营行业，依然停留在旧有的国家垄断经营模式之下，显然不适应新的富有阶层藏书和投资的需求。

现实的国家垄断古籍经营模式，与新的文物古籍收藏和投资阶层，在文化和需求之间出现了不相适应的问题。问题有时就是机会，古籍收藏和经营面临的问题，孕育着一场文物古籍市场经营模式的巨变和机遇。

第一章

古籍拍卖横空出世

1994年11月8日,也许是共和国历史上平常的一日,国际、国内皆无骇人听闻的大事件,对于大多数中国老百姓来说,这是一个再稀松平常不过的日子了。然而,对于一个在中国这块大地上存在了已经千年之久的古籍买卖行业来说,却是一个很不平常的日子。就是在这一天的上午9点30分,北京东三环长城饭店二层的大宴会厅,人头攒动,上演着一场新奇的大戏。中国嘉德古籍善本拍卖专场首次开槌,在接下来一个多小时所发生的事,彻底颠覆了已经传承千年的古籍买卖行业的经营模式。从那时起,古籍拍卖经营模式,为古籍经营行业开辟了前所未有的市场,成为这个行业的主流经营模式,并且占据了绝对市场份额。中国嘉德古籍拍卖成功举办,一锤定音,标志着古籍买卖经营模式的巨变和一个新的古籍拍卖行业的诞生。中国古老的古籍市场,此后走过的这二十多年,无疑是千年以来的一段黄金时间。

　　对于行业外的人来说,大都是看热闹,感觉到的是新鲜和刺激,似乎一夜之间,古籍拍卖行业横空出世。其实不然,依我来看,毫不夸张地说,这是传统的古籍经营模式和古籍收藏,遇到了前所未有的尴尬。伴随着中国20世纪90年代经济改革开放,古籍拍卖的出现,是古籍经营行业为寻求新的出路做出的一个历史必然选择。

　　这就是常说的话:好戏开始了。

一、绝望之后是希望

　　世间的事,大凡都是如此,走到一个极端,开始寻求新的出路,从辩证的角度,那就是在极度的绝望中,看到和走上希望之路。

1. 藏书家的更替现象

　　任何一场大的社会变动、经济中心的转移,都会令一代藏书家消亡,一代新的藏书家兴起,这是与社会的改朝换代,政权更替,利益集团的变迁密切关联的常事。因而藏书家群体的变化,在中国来说,不是什么新鲜事。大到一个国家如此,小到一个家庭也是如此,一辈喜欢藏书的老人逝去,后代是否能够继续持守,也不一定,出现变卖祖上藏书者,历史上也累见不鲜,有出有进,有来有去,属于正常的藏书家变动更替。不正常的是,1949年到1989年的四十年间,没有新的私人藏书家群体出现,成为数千年来中国民间古籍善本收藏最不景气的一段时间。

从近代到当代的社会和经济变化中，西方国家的藏书和藏书家也曾经有一次大规模的交替过程。这里面有几个现象很有意思。

一个是藏书向富裕赋闲群体靠拢的现象。暴发户取代没落的阶层，成为新的善本书的收藏群体。在西方国家，包括英国、法国，从中世纪开始，一直延续到近代，藏书大都是一些老贵族的行为，他们贵族的地位和身份，决定了这是一个吃老钱（祖宗留下来的资产）的富有和休闲的食利阶层。近代工业革命以后，新兴的资产阶级崛起，在创造了大量社会财富的同时，也控制和掌握着大量的社会财富，逐渐取代那些老贵族，成为藏书的主体阶层。所以，谁是掌握财富的新兴阶层，谁就是新的藏书主体，藏书永远都是现实中掌控财富那一部分人的专利，永远都是富有阶层的文化名片。

另一个是藏书向经济发达地区靠拢的现象。新崛起的经济发达地区取代衰落的地区成为新的藏书重地。19世纪末、20世纪初，世界经济中心从欧洲转移到大西洋彼岸的美国，世界藏书的中心也同时转移到了美国。诸如美国在淘金时代之后出现的赫兹、摩根、杭廷顿等著名藏书家，同时也是美国印刷出版、金融、铁路等行业的工商巨子。他们在事业功成名就之后，进入藏书领域。人的欲望需求，在金钱和物质饱和性的满足之后，所要的就是精神上的满足。美国著名藏书家杭廷顿的一句话就透露了天机："如果你想青史留名，最简单的办法就是买几本好书。"他本人是当年的铁路大王，可是如今还会有多少人关注早已凋零的美国西部铁路，然而他当年进入善本书收藏，让他至今英名永存。如今，不论何等人到美国西部洛杉矶，大都会顶礼膜拜著名的杭廷顿图书馆，它是美国西部的文化标志之一。

在中国，古籍善本藏书的历史也不例外。中国古代的藏书家，或者官僚出身，如明末清初的钱谦益；或者是拥有大量田产，家资雄厚的大财主，如清代中期之后的苏州过云楼顾氏、清末民初的湖南叶德辉；或者是读书的士人，这类穷文人藏书家，是藏书家宝塔的基座，人数庞大。诸如明代万历的藏书家悬磬室钱谷，经常质衣买书，意思就是脱下衣服来质押或典当来买书。不论他们身份、地位、财产差距如何之大，有一点是相同的，这些人都拥有大量的时间。有位朋友曾经对我说过，像苏州这样的地方，田产不需太多，风调雨顺，鱼米之乡，收点租子就可以过活，除了读书郊游之外，剩余的时间极多，玩书画瓷器之类太过花销，且不耐玩，藏书就是最好消磨时光的业余生活内容了。所以，中国古代农耕社会相对稳定，藏书家群体尽管随着地区经济变化、政治变化有重心移动，但是藏书家代有人出，代代相承，延续千年。在某些地区，诸如江浙一带，藏书风气之盛，且延续四五百年，令人惊叹。

近代以来，中国的古籍善本收藏随着开埠，经济中心的转移，除了传统的政治中心北京之外，也趋向上海、天津等经济发达地区。更随着近代中国民族资产阶级的出现，一些工商巨子的善本收藏，也取代了老地主、老官僚的藏书地位，如民国年间上海的陈澄中、沈仲涛，天津的周叔弢等。

新中国建立，是中国社会的一场巨变，土地改革，公有制取代了私有制，同工同酬，结束了数千年来的私有制下的财富和收入不公的现象，缩小了社会各阶层各行业的财富差距。收入和财富的平均化，并不利于古籍善本的收藏。自古以来的私家文物古籍收藏都是富有阶层的专利选项。俗话说文物这东西会认钱，哪里经济发达，文物就会向哪里流动。古籍善本就像富家的娇小姐，门当户对，谁有钱，还得有文化，就会嫁到谁家，在那里才能得到最佳待遇。很显然，建国后原有的官僚资本家跑了，大地主被土改消灭了，民族资本家被改造了，一句话，中国社会没有了控制着超过一般人社会财富的富有阶层了。加之一些老一代的私人藏书家将藏书捐献国家了，不玩了，新人又缺乏足够的财富，玩不起了，包括知识分子改造、"反右"等一系列运动，文化人被称为"臭老九"，温饱存忧，自身难保，何谈藏书？持续三十年之久，中国的民间古籍善本收藏家群体一时后继无人。

2. 新的富有阶层出现

20世纪90年代的中国，改革开放带来的活力，到今天为止恐怕都是很多人无法想象的，社会的财富增长速度也是惊人的，与共和国建立的前四十年相比，可称天翻地覆。与此同时，这一代创业者的成功，也聚集和掌握了巨大的财富，成为国家鼓励的"先富起来的人"。很显然，不同于80年代，这一波经济大潮，具有一些高知识结构行业特征，有金融行业，包括期货、证券、专业的投资公司、资产评估、资产管理；有房地产开发；有通讯、电脑及其相关的硬件软件开发等高科技公司。涉及这类公司企业的创业者，要求具有较高的知识和文化结构，包括科学技术、金融投资和金融管理知识，因此这些创业者大都具有良好的文化素质。他们对于民族文化的接受、理解能力，具有极好的基础，只需要及时的引导和点拨，就会成为继承民族文化的承担者。这就是希望。

我以为，中华民族除了地大之外，还有一个特征就是水深土厚，根植于此的中华传统文化，不论是经历社会如何的动荡，也不论社会如何变迁，一些流淌在民族血脉中的本性是无法荡涤的，根深蒂固，就像是身体里的基因一样，一定会通过遗传顽强地表现出来。

问题是传统的古籍经营方式，对影响新的富有阶层成为一代藏书家，存在着三大短板问题，直面中国90年代已经出现的新的希望，束手无策。

短板一，传统的古籍经营方式历来都是一级市场的交易形式，一手交钱一手拿货，不需多言。也就是说这种销售历来都是等客上门，奇货可居，不需宣传和推销。遗憾的是，几十年藏书文化断档，对于90年代先富起来的一代来说，对古籍善本大都是完全不了解的，而古籍书店对于这些新起的富有阶层也缺乏联系和交流。毫无疑问，要把握一部善本书好在哪里、稀有程度、学术研究价值，就是对于专业的工作人员来说，也是要下一番工夫的。对于任何一位非专业人士来说，了解古籍善本，懂得如何欣赏，了解其价值，并非一件容易的事。这一代新的创业者，都是在新中国教育体制下成长的，建国初的院校体制变化，专业化教育，加之"文革"影响，大多没有国学基础。这与老一辈的藏书家完全不同，尽管老藏书家家里有很多工商巨子，但是都有国学的功底，如周叔弢，看看先生的善本书题跋，看看先生家族后辈周一良、周绍良等在学术界的地位，就知道先生家学之深之厚；再如祁阳陈澄中，留学美国期间，兼职讲授经学；山阴沈仲涛，号称研易楼，易学研究功力令人称奇。而90年代的成功创业者，大多不知古籍善本及其收藏，传统的古籍书店经营方式，难以对他们进行宣传和引导。

短板二，对于90年代的创业者，他们不同于"老贵族"，他们没有大量的休闲时间。在激烈竞争的国际国内环境下，他们的精力和时间仍然需要关注着自己的事业，没有资本甩手休闲。要得到好书，按照以往的那种到古籍书店，拉拉关系，软磨硬泡，才可以得到一两种书的收藏方式，费时费工。对于不熟古籍收藏门路，也没有这等闲工夫的创业者来说，这些很不现实。要知道，当时新的富有阶层，大都是第一代下海从事工商、科技、金融的创业者，他们的精力还集中在事业的发展上，没有精力去自己走南闯北地满世界寻找古籍善本收藏。

短板三，传统的古籍善本经营，一买一卖，两个人的事，不声不响就结束了。甚至成交的价格也不会为外人所知，即使是告诉了外界，也没有人信，因为交易整个过程是不透明的。作为创业者先富起来了，追求的是精神层面的社会认同，要求的是精神上的满足，证明其存在的社会价值。传统的古籍善本经营模式，无法满足这些要求。创业者要证明自己不仅是赚钱的好手，同时也要证明是传统文化的守望者，不只是有铜臭味，而且还有文化的"书香"。以往的古籍书店经营模式也无法满足这些精神层面的需求。

古代西方的古籍书店经营模式，也曾经遇到过这样的瓶颈问题。也正是这些无法克服的短板，最终将其在古籍经营行业中的地位拱手让出，由古籍拍卖取而代之。90年代初，中国的古籍经营行业也遇到了相同的问题。

具有经济基础，而且有望成为新一代藏书家的阶层已经出现，而且先天的知识文化基础已经具备，这就是未来的希望。希望在，剩下的问题就是如何将希望变成现实。只需要有人指点迷津，他们就可以成为新一代藏书家的主力。潜在的藏书家队伍已经准备好了。下面的问题就是藏书的来源问题。

3. 查抄古籍藏书退还

新中国建立以后，沉淀在旧家的古籍善本，除了大宗的捐献之外，民间还有一些私家古籍善本藏书沉寂保留了下来，留在旧家手中，一时未曾进入市场流通。即使一些旧家因为生计困难，出售古籍善本也只能廉价卖给国营的古籍书店。"文革"中，这些旧家大都属于所谓的"地富反坏右"家族，因而被抄家，他们的藏书显然是很痛苦、很被动地被暴露出来。这些古籍善本书籍被当作查抄物资，交归有关部门集中管理，甚至有一些藏书直接进入了图书馆、博物馆。

1976年"文革"结束以后，国家拨乱反正，决定退还"文革"中的抄家物资，包括一定数量的古籍善本书籍（图1.1.3-1,3-2）。可是对于那些被抄的大多旧家来说，现状早已时过境迁，古籍收藏的环境已发生了巨大变化，没有能力和条件再继续收藏了。

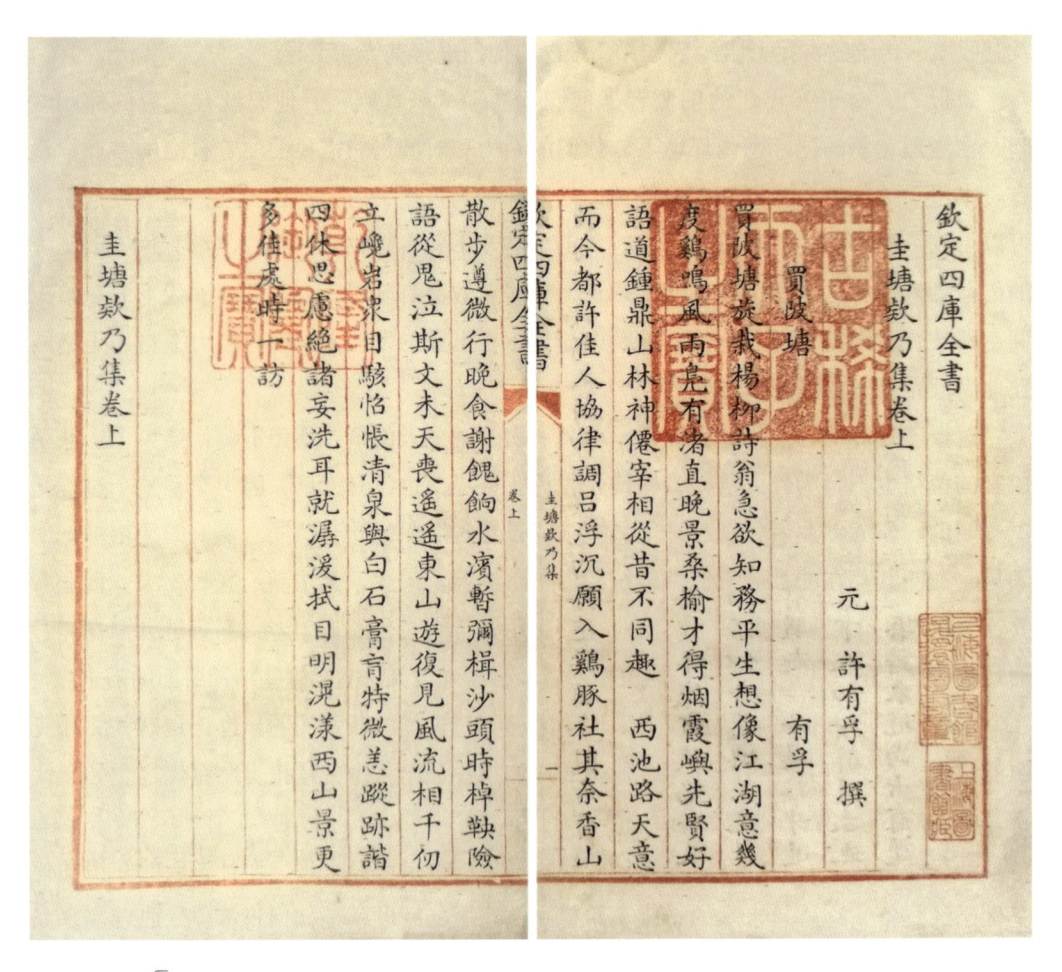

图1.1.3-1／上海图书馆退还图书，右下方一枚印记
　　　　　　为"上海图书馆退还之章"。

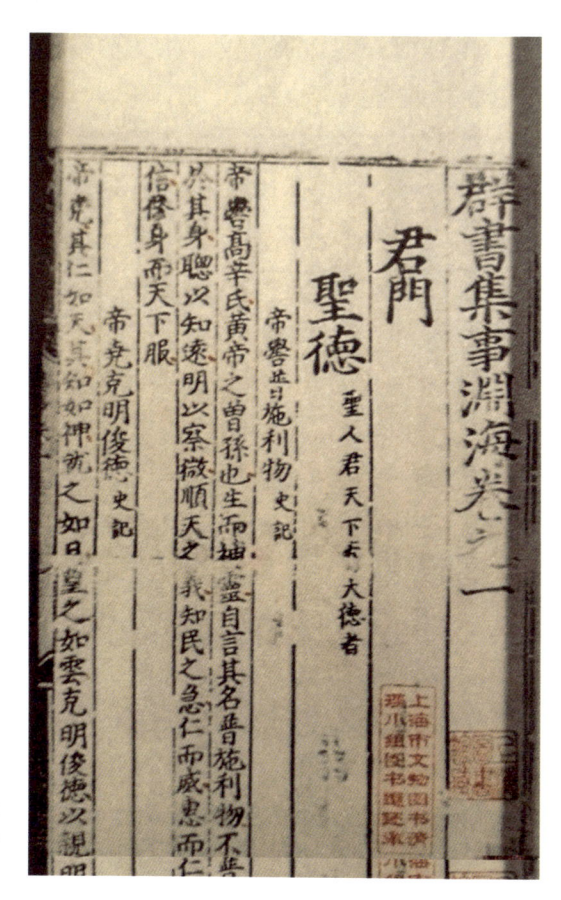

图1.1.3-2 上海市退还图书，此件右边一枚印记为"上海市文物图书清还小组图书退还章"。

有些旧家的老一辈藏书人或许已经离开人世，接受退还物资和藏书的后一代人，也许完全不懂古籍善本及其价值；或者有些旧家在"文革"中早已经被扫地出门，失去了原有的宽敞居住条件，这些退回来的书籍已经无处安身了；或者是经济条件改变，生计都存在困难，已无力妥善保存藏书。种种原因之下，一些旧家直接将退还的古籍善本书送到了古籍书店出售，有一些则暂时留在家里，情况也不很乐观。90年代初，天津、上海等地一些藏书旧家，早已被扫地出门，失去了往昔的阔绰，一些情形令人震惊。比如天津的胡若愚后人，在"文革"中被撵出了位于天津著名的五大道上的独居小洋楼，那里被改建成了托儿所，胡家已经不可能再回去了，只能居住在一座公用厨房、厕所的筒子楼里，就一间房，拥挤不堪，而退还的古籍、瓷器之类，除了一些小件放在屋内，其他都放在楼道的一只大柜子里。上海的著名藏书家潘景郑先生，虽仍旧住在早年的西康路小楼里，可是环境早已变化。这幢小洋楼原来是顾廷龙先生和潘景郑先生合住的，"文革"中潘先生被撵到其中一间屋子里居住，楼里面先后又住进来了好几家人，可想而知，如果"文革"后将潘先生被抄家的藏书全都还回来，那么多的宋元版、明版书，可以说根本没有地方可以置放。退回来的一点点用书，已经将潘先生住的一间屋子占去了一半。还有一些家庭经过了建国后的三四十年，早已不是富有人家了，虽然还住在老宅里，但是已经没有能力修缮维护破旧不堪的房屋，难以再长久居住。再就是90年代初，城市改造，地产开发多是集中在城市的繁华之地，而这些地区也是旧家聚集之地，面临城市建设需要搬迁，这些又占地、又费心的古籍，也成为搬迁的累赘。更何况搬迁也是需要有资金的，出售家藏古籍善本，也不乏是解决经济现实问题的方法之一。面临着国家城市改造和地产开发，搬离这些破旧房屋，换取新的条件也是许多旧家的自然选项。这也是促成旧家古籍善本藏书出现于市场的原因之一。

总而言之，80年代末、90年代初，原来沉淀在民间的古籍善本，被社会的大动荡全都翻搅了出来。其中最有代表性的后来进入市场的老一代收藏家的藏书，有北京的傅增湘先生藏园藏书、傅惜华先生藏书、季羡林先生藏书、瓜蒂庵谢国桢先生藏书，天津翁之熹先生藏书、徐世昌藏书、胡若愚藏书，上海的潘景郑先生藏书、黄裳先生藏书、陈澄中留沪藏书、王同愈藏书，苏州的过云楼藏书，常熟曹大铁藏书等等。

80年代之后，随着文物退还政策的落实，大批原来在"文革"期间被抄家收走的古籍善本书退回到了民间。一部分人选择了捐赠国家，一部分人选择了直接将退还之物送往古籍书店变现。但是，规模如此之大的退还藏书量，可能会集中出现在古籍善本市场，各方都没有做好接受的准备。而私下的转让，化解的量小，同时在政策上也不合法，令人担惊受怕。因此，退还到民间的藏书如何流通就是一个现实问题了。而且这些旧家所藏古籍的质量较高，数量也足够，为日后的民间古籍善本拍卖提供了基本的货源。如何引导社会的资金，并且通过合理合法的渠道实现转让，就提上了日程。

4. 古籍收藏先知先觉

中国自古以来的民间藏书之风，十分顽强。在新中国建立之后，即使是在最残酷的"文革"时期，民间还是有一些有使命的人关注着藏书，也在点点滴滴地收藏古籍书，研究古籍书。这些人在"文革"后，就成为新一代民间藏书的先知先觉者，引导着民间古籍收藏的未来。这是民间古籍善本收藏重新再起的先决条件。文物古籍善本市场再兴，一定是与三个基本条件有关，一是经济发展到一定水平，一批拥有财富的人出现。二是要有货源保证，常言巧妇难为无米之炊，无古籍善本书的货源，何谈大规模的民间古籍善本收藏。不断出现的惊喜和收获，是维持藏书家兴趣的基础。三是要政策开放，打破原有的经营限制，包括对经营者的限制，对买家的限制。否则，有资金，有货源，政策不允许介入，也是无法实现古籍市场再兴。可以说到90年代中期，古籍善本拍卖市场建立的三个必要基本条件都已经具备，可谓万事俱备，只欠东风了。古人云水积不厚，负大舟无力，风积不厚，负大翼不力。没有充足的古籍善本存世并有可能出现于市场，就无古籍拍卖形成的基础。如此积水已经有了，余下来之事，就是培风了。

何为培风，就是培养风气，就是敢为天下先的先知先觉领袖人物，奋起振臂一呼，犹如一阵春风，万物复苏。也就是在这一时期，具有先知和慧根的一些藏书家零星出现，北京的田涛先生、出身天津而后到杭州工作的范景中先生、天津的后来到北京工作的杨成凯先生、河北廊坊石油管道局教育科工作的陈东先生等，先人一步开始进入古籍书店购藏古籍。在当时的大环境下，既不宣传，也不提倡和鼓励私家收藏古籍善本，只有极少的这几位前辈，仍然顽强地坚守着这块中国文明传统。我称他们是民族脊梁，新一代民间藏书的先知先觉者，不论是用"野火烧不尽，春风吹又生"，还是"星星之火，可以燎原"来形容都不为过，一旦春风化雨，遇到合适的土壤和条件，他们就会长成参天大树，引领古老的民间古籍善本收藏复兴，引导民间古籍收藏的未来。

1993年，田涛先生的一本小册子《田说古籍》（图1.1.4），就像茫茫大海之中，出现了忽隐忽现的指路航灯，书虽小而意义大，唤醒了无数人对古籍善本收藏的关注和认知。而范景中先生、杨成凯先生以更专业的水准，向更高层次的古籍善本收藏喜好者展示出未来和成就。如范景中先生在古籍收藏的基础上，编辑出版了《柳如是集》，成为新一代中国古籍善本收藏界的导师级人物之一。还有杨成凯先生，他是吕叔湘先生的研究生，后来在中国社会科学院语言研究所工作。他睿智，可以用高等数学研究中国语文文法；他博学，数学、外语、语言学、版本目录学，论述条理分明；他多才，音乐和中国象棋，无不精通、精到；他记忆力惊人，不慌不忙，为同事友朋，释疑解惑。今斯人已去，对于藏书后进者循循善诱，指明佳径。总之杨先生也是70年代开始藏书的先驱人物，无人能及。

田涛、杨成凯、范景中等几位古籍善本藏书爱好者，在当时偌大的中国，终是寥若星凤，难撑民间古籍藏书事业和风尚。然而幸运的是，不必杞人忧天，中国的藏书家，就像根植在人类身体内的基因片段，是可以遗传的，只是需要合适的时间，合适的环境，就会唤醒显露出来。人就是这么奇怪，有一些原有的功能，由于长期没有使用会自行退化，同时也会随着使用恢复。其实很多人都有古籍善本藏书家的基因，这就是常说的藏书家是有慧根的。只是传统的经营模式和管理政策等因素，令这些有慧根的人没有机会接触古籍善本，没有渠道了解，没有渠道购买，就无法去刺激和唤醒主动收藏古籍善本的基因片段活动起来。

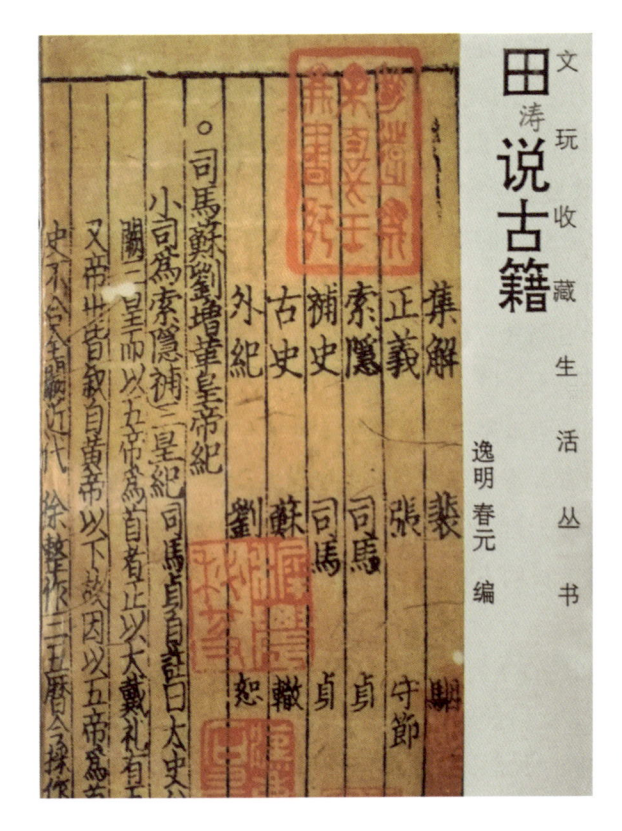

图1.1.4／田涛先生送笔者的签名本《田说古籍》

二、引进古籍拍卖模式

1. 西方的拍卖模式

70年代末，中国以前所未有的雄心和气魄，提出对外开放的政策，让久久封闭的中国大地吹起一阵洋风，也让中国的知识界和老百姓开始了解现代西方社会，西方的政治、经济和文化。其中也包括现代的西方古籍经营模式——古籍拍卖会。

古籍的买卖在西方是一个非常古老的行业。简单地说，西方近两百年来，古籍善本的经营，其实是两种经营方式并存：一级市场的古籍书店买卖，二级市场的古籍拍卖。

以英国古籍善本的经营为例，在1877年伦敦查令十字路口开通前，伦敦的书街位于荷莉威尔街。后来伦敦市中心的查令十字路口开通，形成新的以查令十字街为中心的书店云集之处。据说那里早年是一条又脏又乱的街道，却是藏书爱好者的天堂，古书有漏，让有眼力而且有耐心的爱书人在海淘之中，必有所获。想想那里，如同清朝北京城里的琉璃厂，也是多么令爱书人向往的琅嬛福地那。集中开设在那里的书店中，包括一批专业的古书店铺。英国早年的古书店，其经营方式与中国的传统古籍经营方式没有太大的区别，只是在欧洲的工业商业领域，有十分发达且重要的行会，对各自行业的经营范围、利益和权利，有一套保护的规矩。这些行会保护行业不受其他资本的侵蚀，同时也制约着行业内部的恶性竞争，在某种意义上来说就是实行行业垄断。因而没有加入古籍经营行会的古籍书店和个体经营者，就很难进入这个领域参与经营。英国的这种垄断经营模式现在已不存在了，但是我们从现在日本古籍书经营行业中，依然可以看到当年英国垄断古籍行业经营模式的影子。

这种古籍书铺经营模式存在着一个局限性问题，是一对一的买卖，通常一次不会买卖很多的书。时代呼唤着一种新的古籍经营模式，这种模式就是在西方早已出现的古籍拍卖模式。于是一个很偶然的事件，引发了英国传统的古书经营模式的巨变。

故事发生在1675年，一位名叫拿撒勒·西曼的神父辞世了，他身后留下的15000多部藏书进入了位于伦敦小不列颠的威廉·库伯古旧书店。如此数量的书籍，倘若指望今天一位、明天两位的散客来零星购买，那将不知会卖到何时了。于是威廉·库伯忽发灵感，借鉴拍卖行业的做法，招来一大批客人，各得其所好，处理这一大批的书。于是威廉·库伯编写了一本拍卖书目，并在书目前加上了说明，大意为拍卖在其他国家已经有很多年了，这种交易方式是将拍卖品卖给出价最高的人，这种有利于买卖双方的商业交易方法，希望各界能够接受。1676年10月31日，英国伦敦，书商威廉·库伯举办的"神学家拿撒勒·西曼藏书拍卖会"顺利举行。参与者有书商，也有收藏家。拍卖连续进行八天，成交约3000英镑。这是目前有记录的最早的古籍拍卖会，有史以来的第一场成功的书籍拍卖会，全新的古籍经营模式自此诞生。

古籍拍卖经营模式，改变了传统古籍经营模式。这种形式的重要特征，就是有拍卖图书目录和预展的大规模宣传，可以集中数量相对多的拍卖标的供众多的爱好者选择，节省了喜好藏书的人东奔西走、满世界寻找的时间。同时买卖的过程公开化，将拍卖品卖给出价最高的人，成交的价格也同时公开化，最大限度地实现了古籍书应有的市场价值，因而迅速得到了藏书家的青睐和对这种交易形式的认可。（图1.2.1）

自此之后，拍卖古籍成为惯例，接踵而起。其中著名的古籍拍卖商苏富比先生就是从拍卖古籍书籍起家。1744年3月，在英国伦敦有一处叫"科芬园"的地方，一位叫塞缪尔·贝克的书商，主办

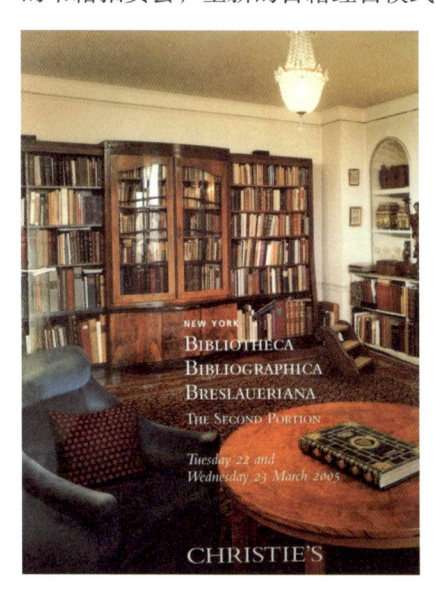

图1.2.1／佳士得2005年春季古籍拍卖图录

了一场书籍拍卖会。书籍拍卖会共举行了十天。白天，买家通过预展审验挑选准备拍卖竞标的书籍，夜幕降临，拍卖师司开始主持叫价拍卖。十天中，共有数百本珍贵的书籍易主，总成交额876英镑。1778年，贝克先生的外甥约翰·苏富比成了这家拍卖行的合伙人，并成立了世界上最古老的拍卖行。佳士得先生，在拍卖艺术的同时，也参与古籍拍卖。1785年2月16日举办约翰生博士藏书拍卖，影响巨大。现在这两家拍卖公司佳士得拍卖公司、苏富比拍卖公司——已成为世界最大的两家拍卖公司，除了其他众多的拍卖项目之外，至今仍然保留着古籍善本拍卖部门和业务。这就是古老的古籍书拍卖的起源和曾经的历史。

自1676年古籍拍卖经营方式出现之后，逐步改变了原有的古籍市场结构，传统的交易方式和拍卖方式并存，继而拍卖方式成为主流，占据主导地位。直到当今，依然如此。

2. 日本的古籍入札会

如果有机会到东京，很多人会慕名去古书一条街神保町。走入古籍经营的门市店，经营方式与中国的古籍书店无大的差别。客人自己在书架上翻看，书后面有书的价格标签。除非你是老客户，出大价钱买过重要的书，老板才会出来接待你，并且喝茶聊天之后才会从书库里给你提取一些上好的版本书籍，供你看和挑选。这一套我在东京、大阪、京都的古书店都经历过，实际上与中国的古书店情形差不多。日本除了临街店面的古书店之外，确实还有一种特别神秘的古籍书买卖，就是所谓的"office"，日本人称之为事务所，他们没有对外的经营店面，但他们做得很大，是高级书商，他们的经营活动颇为诡秘，至今我都摸不清。因为他们的活动多为独来独往，即使有集体活动，外人绝对不能进入。对此知情者大都讳莫如深。东京著名的碑版鉴定专家伊藤先生早年就在这类事务所工作过，我的一位重要日本客人也是此中高手。他们的经营对象主要是大财团，以及博物馆和图书馆之类，而非一般散客。这里面的名堂很神秘，花样也很多。除了这些之外，有意思的是，日本的古书行业内部有一种"入札会"。（图1.2.2）

东京古书行业里有层次不同的入札会。所谓"入札会"，原本是古籍行业会员书店之间交流书籍的内部活动，行话叫"串货"，参与者必须是古籍经营行业的会员。所谓的"札"，就是写有出价的小纸条。而"入札"就是将写好出价的小纸条投入封闭的小箱子。在规定的时间内投入"札"，通常对某一部书有兴趣，可以填写高、中、低三个不同的价位数字。到入札截止时间，然后由行业入札会组织者，开箱收取"札"，按照各札出价最高者获得进入"会员"书店之间流通的"货"。这种入札会，分为两个级别，有一般的古书店级别的，还有高级俱乐部会员级别的，两者之间也不相通。这种入

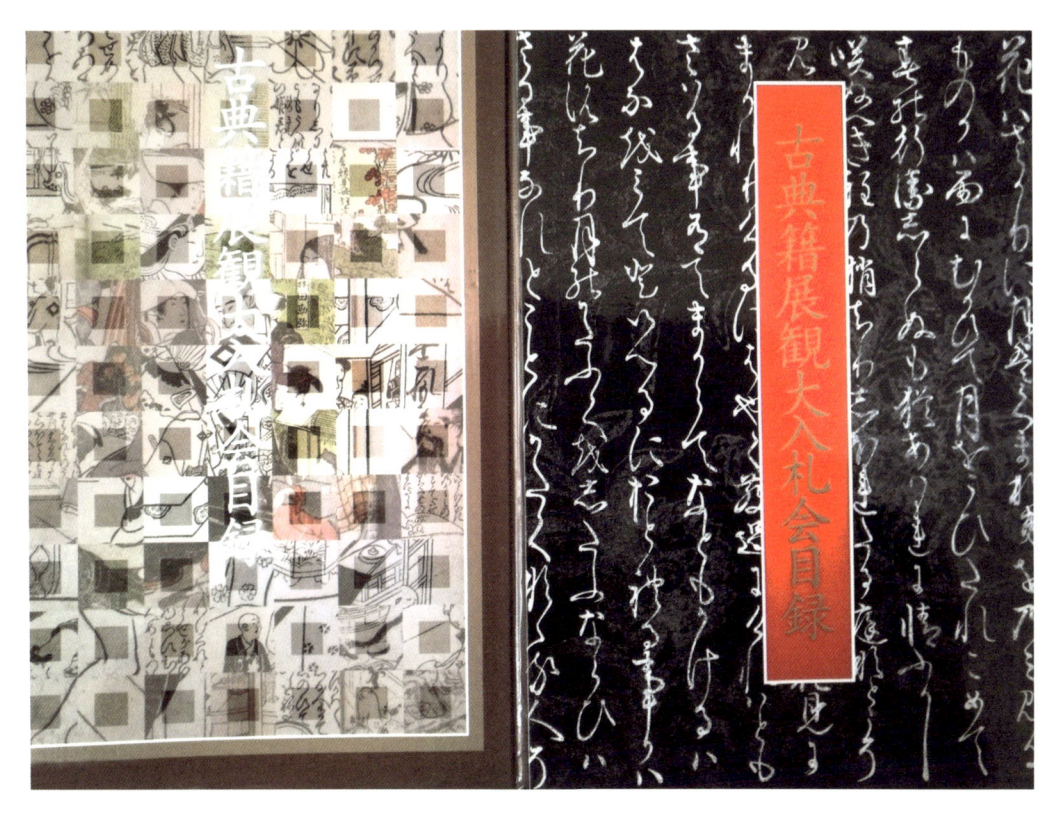

图1.2.2／日本东京古籍入札会图录

札会有点像是投标竞买的形式，但是入札会是在会员内部进行的，非会员不能参与；入札的开取和审查全部是不公开的；最后的成交与否以及何人竞得也不会对外宣布。因此，这种入札会令人感到有暗箱操作之嫌。如果外人对其中的出品有兴趣，必须委托某一古书会员店代为入札，为此通常要支付受委托书店一成酬金，这就保护了各古书会员店的利益。

3. 中国嘉德古籍拍卖平台建立

1993年5月18日中国嘉德拍卖公司成立，这是中华人民共和国成立以来，第一个挂有"中国"字头的股份制拍卖公司，标志着中国的第一个国家级拍卖平台建立。拍卖公司的创建人陈东升先生，是一位具有前瞻性战略眼光的创业者，毕业于武汉大学经济系，曾经服务于国家最高经济决策机构。关于如何创立嘉德拍卖公司，他已经著有《一槌定音》详细描述了。当时苏富比、佳士得已经有成熟的中国书画、中国油画、中国瓷器工艺品的拍卖项目，也有古老的、最成熟的西方古籍书拍卖项目，但是，没有中国古籍善本的拍卖。

对于国际上西方古籍拍卖的现实情况，我在国家图书馆善本部舆图组工作期间有所了解。我曾经在国家图书馆善本部舆图组工作过一段时间，主持馆藏古地图目录编制的协调和馆藏旧照片的编目工作。舆图组古地图采编中的一部分是外国地图，而这些外国古地图在国外往往是通过拍卖交易方式进行流通的。当时虽不了解拍卖的渊源和历史，但因具有国际采编工作的范围和高度，有机会得知在国际上古籍善本，包括珍稀西文书、地图、版画等的交易和收藏，大都通过拍卖形式进行，也会在工作中接到这些拍卖的通讯和图录。从那时起我已经知道诸如西方的古代文献等，在国际上都已经有非常专业的拍卖交易。掌握和知晓这些国际拍卖的情况和信息，为我后来顺利应聘进入中国嘉德国际拍卖公司，并主持古籍善本拍卖业务，提供了敲门砖。

我是从报纸广告上得知嘉德招聘专业人员的消息的，当时的招聘人员中，有招聘书画、瓷器工艺品工作人员信息，并无古籍拍卖业务的内容。可是我觉得，应该试试。后来在北京长城饭店的嘉德办公室面试时，向陈东升、王雁南等作了一番介绍，立刻引起了陈东升总经理的关注。我告诉当时的公司高层，古籍拍卖在世界上是非常成熟的拍卖业务，并且告知了古籍拍卖的范围，以及中国古今藏书和古籍市场状况。我非常专业的陈述和介绍，引起了陈东升总经理的高度兴趣和重视。陈东升先生是位具备了一切商业中成功素质和条件的人。而且陈东升先生是读书人出身，对于藏书的文化和历史意义有深度的感知，一说就明白这里存在着商机。于是很快就决定给我提供嘉德这新建的平台，开设中国嘉德的古籍拍卖业务。

我不擅长交际，不喜欢冒险，也没有兴趣与人竞争，属于稳健一派。但是，在重新选择工作这个问题上，也不知道哪里来的胆量，就这么一头扎进了商海，跟着陈东升先生一干就是二十多年。我的人生经历中，在嘉德待得是最久的了。至今都是很感谢陈东升先生，是他决定给我提供了嘉德这个拍卖平台。事情总是这样，仅有一个高大上的平台，没有大师登台出演，或许就是空空荡荡的寂落舞台，或是演出平淡乏味的庸俗之作。反之，一个人仅仅有知识和能力，不一定能够成就事业，必定是有坚实基础和功力的强者与最适合的高大平台结合，才会演出一场精彩的人生大戏。

鉴于公司新建立，自身运作刚刚起步，所以公司集中全部力量，筹备中国书画和中国油画两场拍卖会。

经过大约一年的准备，1994年春季，3月27日，上午九点，北京长城饭店二楼大宴会厅，经过三天的预展，拍卖开始了。当时我感到就像是1977年恢复的高考，谁也不知道怎么去考，也不知道有多难，更不知道会出什么事。好在嘉德当时的副总经理王雁南女士出身不凡，其家族经过共和国最大的风风雨雨磨练，在海内外均有影响，并得到各界人士尊重。由她首秀登台，以标准的广东话（她在广州生活了多年）、标准的英语（她是美国杨百翰大学酒店管理专业毕业）、标准的普通话三种语言致辞，立刻博得了在场海内外来宾的满堂喝彩，标志着一个具有国际标准的专业拍卖公司在中国开始运作。接下来的场景非常有戏剧性，来自国内的文物专家徐邦达先生象征性地主槌第一件拍品吴镜汀《渔乐图》，来自香港的著名收藏家张宗宪先生随口应价，报出88，000元的出价，落槌。张先生风趣地站起身笑言，出此价位，恭祝嘉德日后发发发，引得现场众人大乐。总之开张大吉，一炮打响，嘉德第一场拍卖成功，嘉德这个拍卖平台确立。接下来，1994年秋季，嘉德古籍善本拍卖登场。

三、嘉德古籍拍卖一槌定音

1994年春拍，中国书画、中国油画两场拍卖成功，其中张大千、齐白石的画作成交价超过了145万元人民币，这可不是一个小数目，在当时震动了整个文物界和艺术界，通过媒体宣传，立刻吸引了所有对此有兴趣和有关联的人，为嘉德赢得了最重要的信誉，为日后继起的其他拍卖项目的筹备和展开，奠定了基础。在此情况下，嘉德第一场拍卖结束后，立刻开始筹备秋季新的拍卖项目，其中就有古籍拍卖专场。

1. 古籍拍品范围和征集

这是中国有史以来第一场按照国际拍卖规则进行的古籍拍卖会。刚开始，是在茫然之中进行，不知道拍卖的货源在哪里，也不知道购买和收藏古籍的客人在哪里。首先遇到和要解决的问题，就是拍卖标的。没有拍卖标的，如同无米下锅，而且拍卖标的要合乎市场要求，估价还要合理，吸引买家的眼球，并令人心动。拍品的征集来源，主要是由两大部分构成：一是传统的古籍书店，包括北京的古籍书店、上海古籍书店（博古斋）；二是退还给民间私家藏书家的古籍善本。

拍卖古籍，是一件非常复杂的商业活动，与传统的古籍经营方式完全不同。传统的经营，一手交钱，一手交货，没有中间人，一个愿卖，一个愿买即可。而拍卖不同，是一个二级市场的中介服务，凭什么卖家放心将如此贵重的东西交给你，凭什么买家放心买你的东西，只有一个词，那就是信誉。这种拍卖行为在西方，诸如英国、美国早已经行之多年，司空见惯，一些老牌著名的拍卖公司，已经有了历经两百年的信誉。而在中国，整个社会的信誉体系几乎是零。在古籍经营领域，可谓前古未闻，非比寻常，更无信誉基础。说服客人，取得信誉，这是必须迈过的第一个坎。

由于我有曾在国家图书馆工作的经历，虽然古籍善本采访工作不多，但与北京的中国书店多少有一点工作关系。对于货源问题，首先联系的就是北京的中国书店。我与当时中国书店的副总经理恩亚力先生接触，具体联系的是古籍科张宗绪老先生。

我非常尊重这位张老先生，他也了解我，曾经过过手。文物经营行里，原本不认识，也不知眼力水平高低，通常都会在首次见面时，有意无意地拿一件东西来考考你，对了，那就看重你，自然有东西给你，因为你是懂行的，有水平的，东西给你不会糟践了。反之，你就以后别再来了，因为你根本就不懂。这就是行里人常说的过手。我初到中国书店时，张先生是专家，负责接待，听说我是善本组负责手稿的，整理近代名人书札，张先生于是找出来了一份书札，告诉我这是一批近代书札，书信人大都与北洋水军制造火药有关系，只知道上款是"仲虎"，可惜不知道这人究竟是谁。我看了看书札，觉得书信时间无大问题，至于仲虎，我说近代有位化学家，名叫徐建寅，寅者，虎也。仲者，行二，可惜我不知徐建寅是否行二。可以查查是否就是此人。张先生闻听之后，即刻命工作人员去查词典，结果很快就出来了，正是此人。张先生一愣，自此之后就一直待我如上宾。

有张先生支持和引见，我与中国书店的领导恩亚力副总经理直接接触和相商。恩总是一位有思想、有魄力的领导，也有改革思变的超前意识。"文革"时期，在1976年的"反潮流英雄"黄帅事件中，提出质疑的内蒙古生产建设兵团的几位年轻人，以王亚卓的署名，合写一封信给黄帅，指出她的"矛头错了"。结果在"四人帮"派遣的工作组主持下，几位年轻人被遣送到最艰苦的地方去劳动改造。王亚卓化名中的"亚"字，就是恩亚力副总经理。当时的国家企业领导，大都是在计划经济的体制下工作习惯了，一切都听上级指示，按照国家政策和法规办事，企业的经营状况好坏那是公事，有上级，有国家担着，完全不必拿自己的政治前途去改变现实。恩总不是这样的庸官，他有责任感，有勇气，也有探索的想法。

恩总面对的最棘手的问题和阻力，就是国家的文物经营政策限制。1982年11月19日公布的《中华人民共和国文物保护法》，1991年修订，基本精神相同，文物不是商品，私人不得买卖。其中的第五章第二十四条规定，私人收藏的文物可以由文化行政管理部门指定的单位收购，其他任何单位或者个人不得经营文物收购业务。第二十五条，私人收藏的文物，严禁倒卖牟利，严禁私自卖给外国人。第五款规定：未经文化行政管理部门批准，从事文物购销活动的，由工商行政管理部门或者由工商行政管理部门根据文化行政管理部门的意见，没收其非法所得和非法经营的文物，可以并处罚款。第六款规定：文物经营单位经营未经文化行政管理部门许可经营的文物的，经工商行政管理部门会同文化行政管理部门检查认定，由工商行政管理部门没收其非法所得，可以并处罚款或者没收其非法经营的文物。很明确，私人藏有的文物，除了由文化行政管理部门指定的单位文物商店收购，其他任何单位或者个人都不得经营；按照这些现行的国家文物古

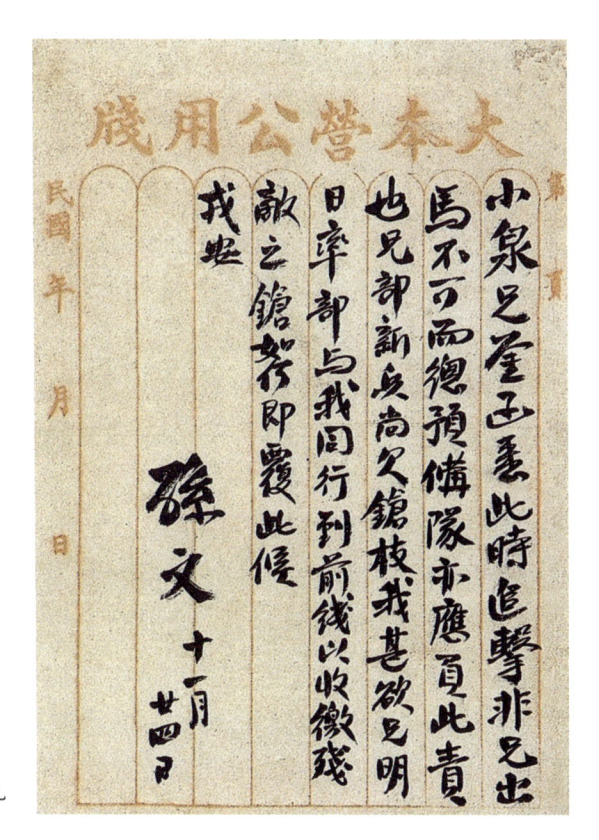

图1.3.1 / 孙中山致范石生书札

籍经营管理政策，古籍善本由国营的古籍书店专营，民间不许经营；而且按照规定，民间也不允许购买古籍善本，国营的古籍书店也不允许将善本书卖给私人。嘉德拍卖公司是股份制，这是全新的体制，政策上没有说明，因此能否提供古籍善本给嘉德拍卖，没有政策文件支持。同时嘉德拍卖的客人，绝大多数都是私人，将善本书通过嘉德卖给私人，是否合乎政策，也不得而知。我与恩总来往多次商谈，最后以北京市文物总店秦公先生已经提供拍品给嘉德的先例，中国书店决定也依文物店先例试一试看。当然中国书店方面与上级领导单位是否有进一步沟通和请示之类，我就不知道了。总之后来经恩总拍板批准，由中国书店古籍科具体经办，问题顺利解决。

对于古籍拍卖究竟拍什么，需要一个明确的范围，这就是征集古籍拍卖的内容和范围。我在国家图书馆善本特藏部工作了八年，知道善本部典藏的藏品，历数一下有宋元明清历代刻本书、历代抄校稿本、敦煌写经、历代公私书牍、金石碑帖印谱、古代地图、老照片、西文善本书。最简单的办法，就是直接将国家善本收藏的范围，移植到古籍拍卖征集的标的范围。之后，开始具体遴选拍品。按照这个范围，中国书店这一次提供拍品36件，占嘉德古籍拍卖首场全部拍品标的一半。中国书店的决定，直接影响了上海古籍书店的态度。上海古籍书店的门市称博古斋，当时的经理是精明强干的朱国强先生。我到上海之后，沿用中国书店的先例，朱经理依葫芦画瓢，向我提供了7件拍品。

由于当时的文物政策规定，中国书店虽然提供了拍品，其中确有明嘉靖、明万历等文物线上的标的，但是绝对不够定级，特别是没有属于一、二级文物的善本书。上海古籍书店更是担忧，提供的所有拍卖标的，都不超过乾隆六十年（1795）国家标定的文物线。

首次拍卖的其余标的，均为通过公司的征集广告，从民间征集所得，包括列为国家一级文物的《孙中山致范石生书札》（图1.3.1）、《鲁迅文稿》。全部古籍拍品共计72件，拍卖标的总底价320万人民币。

古籍经营机构的支持，民间直接送拍卖，很快拍品集中到位了。至此，嘉德第一场古籍拍卖，迈出了第一步。

2. 古籍经营政策改革

征集的拍品到位了，但是其中有很多问题并没有解决，最重要的就是国家有关文物政策的限制。在当时的政策下，嘉德拍卖已经通过了在公安部门的特种经营行业注册，可以经营文玩和文化艺术品。但是，有些拍品是在允许和不允许之间。

最突出的问题是在征集过程中，先后征集到了几件属于国家明文规定的一级文物。在国家的有关规定中表述，国营的古籍书店碰到了可以收购，一旦收购完成即属国家所有，只允许卖给国家的图书馆、博物馆，绝对不允许再进入市场。一级文物、二级文物，均是如此。那么征集回来的《孙中山致范石生书札》、周树人著《鲁迅文稿》5页，内收鲁迅亲笔书文稿两篇：《以夷制夷》（3页），1933年4月21日发表于《申报自由谈》，署名何家干；《言论自由的界限》（2页），1933年4月22日发表于《申报自由谈》，署名何家干。我曾经管理过国家图书馆的手稿库，里面存放有相当数量的鲁迅手稿，我知道这些手稿均属于国家一级文物。而此次征集的鲁迅文稿，是鲁迅先生的杂文名篇，定属国家一级文物无疑。这些都是政策不允许进入市场的文物。于是，我将此情况报告公司领导，请予帮助解决。公司的甘学军副总经理与国家文物管理部门接触，协商解决方案，最后取得了突破性的进展。按照国家文物管理部门的要求，必须在属于国家一级、二级文物拍卖标的下注明："根据国家有关文物之法律及规定，此作品仅限于国家博物馆、图书馆竞投购买，欢迎企业及个人竞投购买后捐赠于国家博物馆、图书馆。"

这段文字的核心内容是两条，一是国家文物部门允许属于国家一级、二级的文物进入拍卖市场；二是对买人资格进行了严格规定，只允许国家所属的博物馆、图书馆和企事业单位购买，鼓励私人购买，但必须是以捐赠国家为目的。这几件一级文物进入拍卖市场的案例，成为日后整个中国拍卖行业拍卖国家一级、二级文物的政策规范。此后，所有遇到的古籍、书画、瓷器工艺品，凡属一、二级文物者，照此办理。此外，国家的有关文物管理部门对二级以下的文物购买人资格没有提出任何限制，默认了二级以下的文物民间可以自由购买和收藏。

如此一来，传统的文物经营管理政策的改革变化，放开了拍卖古籍善本出售和购买的一些限制，嘉德拍卖买卖古籍善本的合法性得到了确认，同时取消了对古籍善本购买人的一些限制。这是文物经营管理政策的一大进步。正是如此，第二次嘉德古籍拍卖之时，属于国家文物定级的一级文物宋刻本书参加了拍卖。古籍善本拍卖的政策法规明确后，为嘉德古籍拍卖的进行铺平了政策法规的道路。接下来就要看自己的本事和努力了。

3. 图录编制和底价确定

按照国际标准拍卖流程，应该编写拍卖图录。说实话，中国书画、中国油画都有国际现成编写模板，照着格式写就可以了。可是，没有中国古籍拍卖图录可以参考。而拍卖图录也不同于学术的古籍目录。因此古籍拍卖图录编写过程中的编排和翻译，都经过了一番研究。

嘉德古籍拍卖图录的目录编排按照"四库全书"的经史子集四部编制，没有系统学过目录学的收藏家和行家就看不明白编排的次第。对于熟悉和掌握四库分类的专家学者就不是一件困难的事。例如，喜欢子部书的客人，到子部去查询，非常方便专业收藏和研究使用。后来有许多拍卖公司也仿照嘉德古籍图录，但大都不明白为何如此编排，原因就是不懂四库分类。

由于面向全社会征集拍卖标的，因此，有时四部分类极不平均，出现不平衡的问题。例如公私书牍，原本属于史部，但是往往数量较多；还有佛经，可以放在子部释家类，数量也是大，放在一起更是加大不平衡。于是将公私书牍和佛经拿出来，公私书牍按时间排序，而佛经原则上按照"大藏经"分类排序。按照四部分类编排有一个明显的好处，就是将各类不同的版本分散开来，在拍卖过程中，间或出现宋元刻本，形成波浪起伏的拍卖高潮。拍卖场里经常会出现拍卖完一件高价拍品，场内议论纷纷，精力很难集中，对接下来的一件拍品就会关注度不够，影响它的成交结果。四部分类就有优势，但是要熟悉掌握四部分类，是需要训练和学习的。

还有书名的翻译问题，是意译还是音译？首先考虑参照国际上的书画著录意译。但是，意译在书量少的时候还可以，数量多的时候就会遇到很多的麻烦。中国的古书，很多书的内容很接近，意译表述出来没有区别。同时，有些中国古书，是同一个作者的作品，有时书名不一样，内容一样，翻译出来也无法体现出其中各自的特点。所以，经过第一次古籍拍卖图录翻译之后，觉得问题很多，后来就放弃了意译，采取《中国大百科全书·文物卷》的音译法，直接音译书名。

还有更重要的问题，就是拍卖标的底价和估价。那时中国古籍市场从来没有公开的成交价格，都是一手交钱一手交货，天知地知，你知我知的一级市场价格。因此，底价的确定基本依据三方面的情况。一是国际上的拍卖公司类似的拍卖标的估价，例如敦煌经卷、明清名人书札、碑帖，这些品种在国际拍卖中常有出现，其估价和成交价可以参考，比如当时的敦煌经卷残卷，大约合一千美金一尺，诸如此类。二是国内的古籍书店向图书馆、博物馆的出售价格。三是卖家的要求，很多的拍品都是第一次出现，例如孙中山书札、鲁迅文稿等，都没有可比性的参照物，因此根据卖家的意见和心气确定底价。孙中山书札、鲁迅文稿的卖家都有节制，底价没有超出我的心里底线，也就顺利地接受了。底价确定了，加上百分之十到二十就可以确定估价。

这样，图录的分类、著录内容、底价都已具备，接下来就是费点工夫编写文字和校对出版了。

4. 嘉德首场古籍拍卖会

按照公司的安排，1994年秋季11月8日，北京长城饭店二楼宴会厅，上午九点，中国嘉德古籍专场拍卖正式开始。拍卖师是张相佑先生，我作为助理拍卖同时登台。原来嘉德公司只有一位拍卖师，高德明先生。94春季嘉德拍卖只有中国书画和中国油画两场，高先生的体力尚可支持下来。秋季拍卖增加了中国瓷器工艺品和古籍善本两场，高先生一人已经无法应付，于是选中了张相佑先生为新的年轻拍卖师（图1.3.4）。张先生相貌堂堂，性格爽朗，处事大度认真，英文不错，反应很快。这也是他作为嘉德拍卖师的第一场拍卖，我很看好他的未来。现在张先生已经是嘉德最优秀的拍卖师了。

拍卖开始前，张相佑来与我沟通情况。拍品到位了，可是买家在哪里？这是心里完全没底的问题。以往我是古籍书店的买家，现在换位了，变成了卖家，真的不知道该到哪里去寻找买家。毫不夸张地说，这是一场不认识一位买家客人的拍卖。

拍卖开始前，我站在拍卖台上，往下一看，坐着的客人，一个都不认识。尽管按照国际著录书画的标准，编制了古籍拍卖图录，也发了出去，也经过三天的预展，可是预展中人来

图1.3.4／嘉德古籍拍卖会拍卖师张相佑先生。

人往，完全不知道谁是古籍善本的买家。完全不知道谁会举牌竞买，至于竞买人有没有支付能力，根本还来不及考虑。拍卖开始之时，场内坐定了一些不相识的客人，为了限制场内的人数，公司当时采取持有门票者方可入内的措施。所以在古籍拍卖场开始之时，没有出现像中国书画拍卖那样水泄不通的场面，但亦是人头攒动。其实，从拍卖场面上看，并不一定要人多，关键看是否有真买家。我曾看到过纽约、香港的一些拍卖场，有时就是只有十来个人，依然是拍得很热闹。但是，这是我们的第一次拍卖，完全不知情，在座的客人究竟是买家，还是看客，一概不知。就这样，嘉德的第一场古籍拍卖，也是中国的第一场古籍拍卖，像高考一样就要接受社会的检验了。卖家、买家、行家、看客，形形色色，各色人物混在一起，真是茫然中的热闹。

中国大陆的第一场国际标准的古籍善本拍卖会，对于拍卖公司、对于买家、对所有的国人来说，无疑是新鲜的事。这与西方成熟的古籍拍卖的情形完全不同。如美国纽约的古籍拍卖会，那可是商界和文化界的一件盛大隆重的事，通常在晚餐过后开始，参与竞买的客人身着体面的礼服，甚至还携带女伴，一切都显得很绅士。在来客彬彬有礼的微笑之下，点头示意，似乎彼此之间一切都谈妥了，礼让三分。可到了拍卖开始后，都变成是毫不留情的冷酷君子，犹如残酷战争才刚开始，表面的和气掩盖着出手的工夫，暗地使劲，公开较量，所有来者都是希望有所斩获的人，谁都不愿空手而归，谁也不愿意无聊地坐半天陪人玩一趟，耽搁时间。而我们的情形完全不同，拍卖公司与客人不相识，客人与客人之间也不相识。换句话说，拍卖公司不知道谁是古籍场里的高手和强手，客人也不知道自己有没有对手，就是有对手也不知道对手的实力。拍卖场里就是一场实力和决心的厮杀，知彼知己，历来为兵家所奉为箴言，可是这一场决斗，就像处在大雾中对阵的两军，还没看清对方的脸，也不知道谁是谁，就杀起来了。

可以说，这是一场拍卖方完全不知道买家的拍卖，同时也是一场买家完全不知道竞争对手的拍卖，用一句"瞎买瞎卖"来形容，一点都不为过。好在拍卖过程非常顺利，一点麻烦事都没有遇到，结果也令人满意，总成交人民币4,116,420元，可谓买卖双方皆大欢喜。

5. 皆大欢喜的首拍结果

第一件拍品：LOT281洪承畴《揭为苏松提督忽有变异谨据报驰》，清顺治四年（1648）七月书，奏折1册12开。估价30,000—35,000元，成交价27,500元（图1.3.5-1）。这是一件清初的公文，严格称是揭帖，是清初著名人物洪承畴的公文。此人万历四十四年（1616）进士，累官至陕西布政使参政，崇祯时官至兵部尚书、蓟辽总督，松锦之战战败后被清朝俘虏，后投降成为清朝汉人大学士。顺治元年（1644）四月，随清

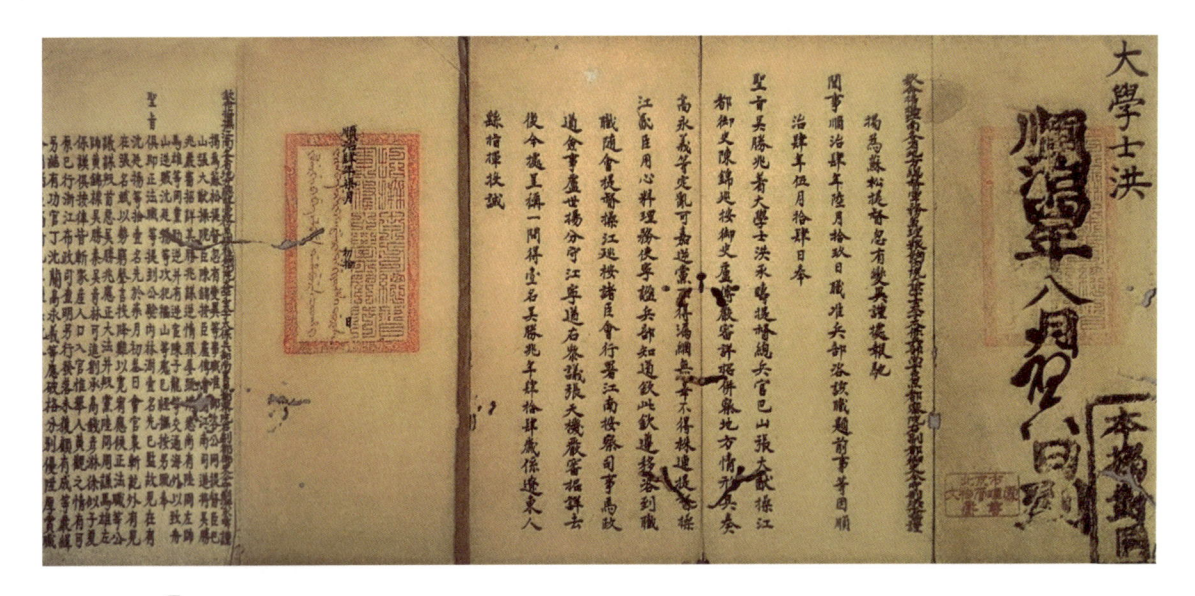

图1.3.5-1／洪承畴《揭为苏松提督忽有变异谨据报驰》清顺治四年手稿本

军入关。抵京后任太子太保、兵部尚书。洪承畴针对顺治皇帝不崇信孔孟,宣扬儒家学术,为满汉的合流打下基础。洪承畴也建议清廷采纳明朝的许多典章制度,完善清王朝的国家机器。为了巩固清朝的统治,他建议满洲统治集团也须"习汉文,晓汉语",了解汉人礼俗,淡化满汉之间的差异。顺治间受命经略湖广、广东、广西、云南、贵州等处,总督军务兼理粮饷。督清军攻占云南。洪承畴对清军入关并在中原地区建立统治地位,立下了汗马功劳。他于顺治十八年(1616)自请致仕,弃甲归田,康熙四年(1665)逝世,谥文襄。这件拍品,著者知名度很高,历史名人,亦属罕见,此后二十年间未曾再见过有关洪承畴的这类公私文牍。买家可以说独具慧眼,收入囊中。当时在场的买家,更多的是在观望,没有出手竞争,因此这第一件拍品仅以底价成交。直到张相佑的成交落槌声响起,所有在场的人才知道了什么是古籍善本的拍卖。第一件拍品成交了,大大鼓舞了现场的买家情绪,接下来几件拍品立刻就有买家出手竞争,大都以高出底价两三倍的价格成交。

拍卖开始大约十分钟后,拍到了LOT286《朝鲜国书》,清道光十四年(1834)写本(图1.3.5-2)。此件有印记"朝鲜国王之印"(汉朝文字合璧),内容是朝鲜国国王李焕上表道光皇帝,称谢礼遇使臣事。估价为6,000—8,000元,拍卖师起叫5000元,场内立刻就有应价,而且好几只竞买牌子在竞买,当时约定竞买价格在万元以下时以千元加价,超过万元之后,以2000、5000、8000元的阶梯加价,结果竞争一路攀升,经过近三十次加价,最后以88,000元成交,超出了底价近十五倍。拍卖师落槌,请买主再次出示竞买牌号,我才看清楚了买家,也才想起了他。在预展时,有一位白白净净的先生,一看就是文化人，在预展时就专门看了这件拍品，并向我提出了两个问题。他问我，这件国书上的字为何写得这么小，我说当时朝鲜是中国的藩国，所有的藩国向朝廷写的文书按规矩就是写小字，以示位置低下。他提的第二个问题是，这国书上的印记为何是画上去的。这个我知道，是因为国书用纸的问题，因为纸很厚很硬，偌大的印鉴如果是钤上去的话，印面肯定不均匀，一定是花的，因此这类硬纸国书上的印鉴都是描画上去的。我专业的回答，他认为很有道理。当时我也不知此公是何人，但是能够提出这等问题来，也一定是高人。没想到，举牌的就是他，而且出手凶狠，势头压人，直到得手为止，我当时从台上就看到他的脸上露出了一丝得意的笑容。下来后我专门找到了他，问起为何对此拍品如此出价，他笑了笑说是有客人要。我这才知道他是位非常专业的艺术投资顾问和收藏家，业余也会充当"dealer"的角色，即在拍卖场里为特定的客人出面竞买的专业中间人。我们后来也成为了朋友，也知道了他的身份，佳士得拍卖的宋宫旧藏《淳化阁帖》，就是他出手为美国著名收藏家安思远买的，这部《淳化阁帖》后来以450万美金的价格由上海博物馆购买回国。此后也是他，在嘉德的书画拍场里以2530万元为尤伦斯购得宋徽宗《珍禽写真图》。7年后这件《珍禽写真图》又以5510万元落槌成交。相比之下，这不过是件小case了。

紧接着的是第十件拍品LOT291王时敏、陈洪绶等《清初名家书牍》，1册39开，钤印：王时敏、海宁陈奕禧字子文号香泉翰墨图书、重光、传是楼、虞山钱曾遵王藏

图1.3.5-2／《朝鲜国书》，道光十四年手稿本

书、钱樾印信、曾藏文辅之处、虞琴审定。此册内收王时敏、查士标、徐枋、恽格（寿平）、傅山、陈奕禧、陈洪绶、朱彝尊、曹溶、汪士鋐、王澍、查嗣瑮、于敏中、永瑆（皇十一子）、笪重光等清初名家书札。估价200,000—250,000元，最后成交352,000元。这是此场拍卖中三件底价最高的拍品之一。竟然也有买家懂得它的价值，坚决出手买到。这件拍品为清初书家名作，品相一流。按当时规定的程序，我将此件携往刘九庵先生处，请老先生鉴定。刘先生为之感叹，请我将其中几页影印，留作标本资料。只是当时的古代书札，没有人认同其价值，所以，拍卖前还很担心能否成交。那时一张开门的四六尺四王的画，也不过10万元人民币，相比之下这个成交价已经令人称叹。

LOT309《观世音普门品经》，明朝泥金写绘本，瓷青纸，梵夹装，4册134开。此经以千字文元、亨、利、贞排序，泥金手写经文，泥金五彩手绘插图，共收精美彩绘图四十余幅，可谓佛光宝卷，光彩照人。估价250,000—350,000元，经过竞争叫价，最后以638,000元成交，这也成为嘉德古籍拍卖第一场的最高成交价，也将本场拍卖推向了最高潮，这件拍品来自于中国书店。

至于那几件一级文物，LOT298、LOT299、LOT300《孙中山致范石生书札》估价分别为70,000—80,000元、70,000—80,000元、180,000—230,000元，最后分别以77,000元、101,200元、187,000元成交。这批孙中山书札，内容为有关广州军政府平息陈炯明事件，是研究孙中山和民国初期历史之重要史料。出货人是范石生的后人，东西来源可靠。1994年9月26日《光明日报》第二版，发表了记者杨建强的报道《孙中山散佚文稿有新发现》，以副标题"三封致范石生亲笔信将定向拍卖"为题，对此拍品进行了专门的报道：

> ……今秋"中国嘉德'94秋季拍卖会古籍善本专场"上，将拍出一批革命历史文物，定向由国家博物馆、图书馆投标竞买。其中三通孙中山致范石生亲笔书札，引起有关学者的关注。

后来《孙中山致范石生书札》为广东某国有金融企业出面购藏。这是中国文物有史以来，第一次通过拍卖程序，由国有企业购藏。这是一个成功的范例，首开先河，此后所有牵扯到一级、二级文物的拍品，均按照此例进行拍卖。

另一件一级文物拍品，LOT334周树人著《鲁迅文稿》，估价75,000—85,000元，以71,500元成交，购买者是新加坡的私人收藏家余奕村先生，他在购买之后无偿捐赠给上海鲁迅博物馆。1995年初，嘉德在上海为余先生举办了捐赠仪式，上海鲁迅博物馆接受了捐赠。仪式简单而隆重，这成为私人通过拍卖公司购买国家一级文物，并捐赠给国家博物馆的一个成功范例。

1994年嘉德古籍拍卖中的几件一级文物成功拍卖，堪称完美，成为而后中国文物艺术品拍卖市场，涉及一、二级文物拍卖的范例。此后，凡中国古代书画、瓷器杂项，属于国家一、二级文物者，均照此办理。

除此之外，其他各拍卖标的成交状况也令各方满意：

LOT293赵之谦《致兰墅书札》，上海古籍书店博古斋提供，估价45,000—60,000元，最后以198,000元成交。这件拍品2016年春天在嘉德古籍拍卖中再次拍卖，成交价1,058,000元。

LOT325康熙焦秉贞《御制耕织图》，清康熙五十一年（1712）内府刻本，1册1函，估价30,000—35,000元，中国书店提供，以60,500元成交。

LOT339《汉泰山都尉孔宙碑》明拓本，一册，钤印：蒋祖怡印，蒋谷孙金石录，谷孙、蒋祖诒、瓶翁曾观。谭泽恺题签称：拓孔季将碑，高口完全不易得。估价50,000—60,000元，成交价55,000元。

LOT304《大般涅盘经迦叶菩萨品》，唐敦煌写经，1卷，26cm×440cm。此件为敦煌唐人手写《大般涅盘经迦叶菩萨品》残卷，字迹工整优美。估价90,000—130,000元，成交价154,000元。这段敦煌写经的成交价大约合每尺一千多美金，已经与国际的拍卖市场价格持平，甚至略有高出了。

最有意思的是，已经拍了快半场了，有一位客人才风风火火冲进拍卖场来，不曾看过预展，一气举牌，买了十几件拍品。拍卖结束后，我与他聊天才知道，他是从广告中得知的拍卖消息，刚刚乘飞机从深圳赶到北京，直接进到了拍卖场里，来不及看东西了。他买到的有几件非常好，包括：

LOT317司马光撰，胡三省注，张一桂校正，吴勉学复校《资治通鉴》二百九十四卷，明万历间新安俞允顺督刻本，100册14函，内有钤印：康生、归公、戊戌人（图1.3.5-3）。扉页上有康生朱笔题记"明万历刻本资治通鉴二百九十四卷一百册"。《资治通鉴》上迄周烈威王二十三年（前403年），下至后周世宗显德六年（959），共计1362年的历史，是中国编年史中记载时间最长、价值极高的一部巨著。此书首有宋代江贽等编集的《资治通鉴前编》五卷。是本系明代万历间新安俞允顺督刻印刷，至今已近四百年历史，而卷帙保存完整无缺，实为难得可宝。估价130,000—140,000元，成交价187,000元。

LOT324孔子、孟子、朱熹《篆文四书六经》，清康熙年间内府刻本，开花纸，28册6函，钤印：归安吴氏两垒轩藏书印。估价50,000—60,000元，成交价66,000元。

LOT340《三希堂法帖》，道光后精拓本，32册4箱。此帖为清代乾隆初年宫廷编制的大型丛帖，全称《御刻三希堂石渠宝笈法帖》。由梁诗正、汪由敦等奉诏编次而刻，镌

新註資治通鑑序

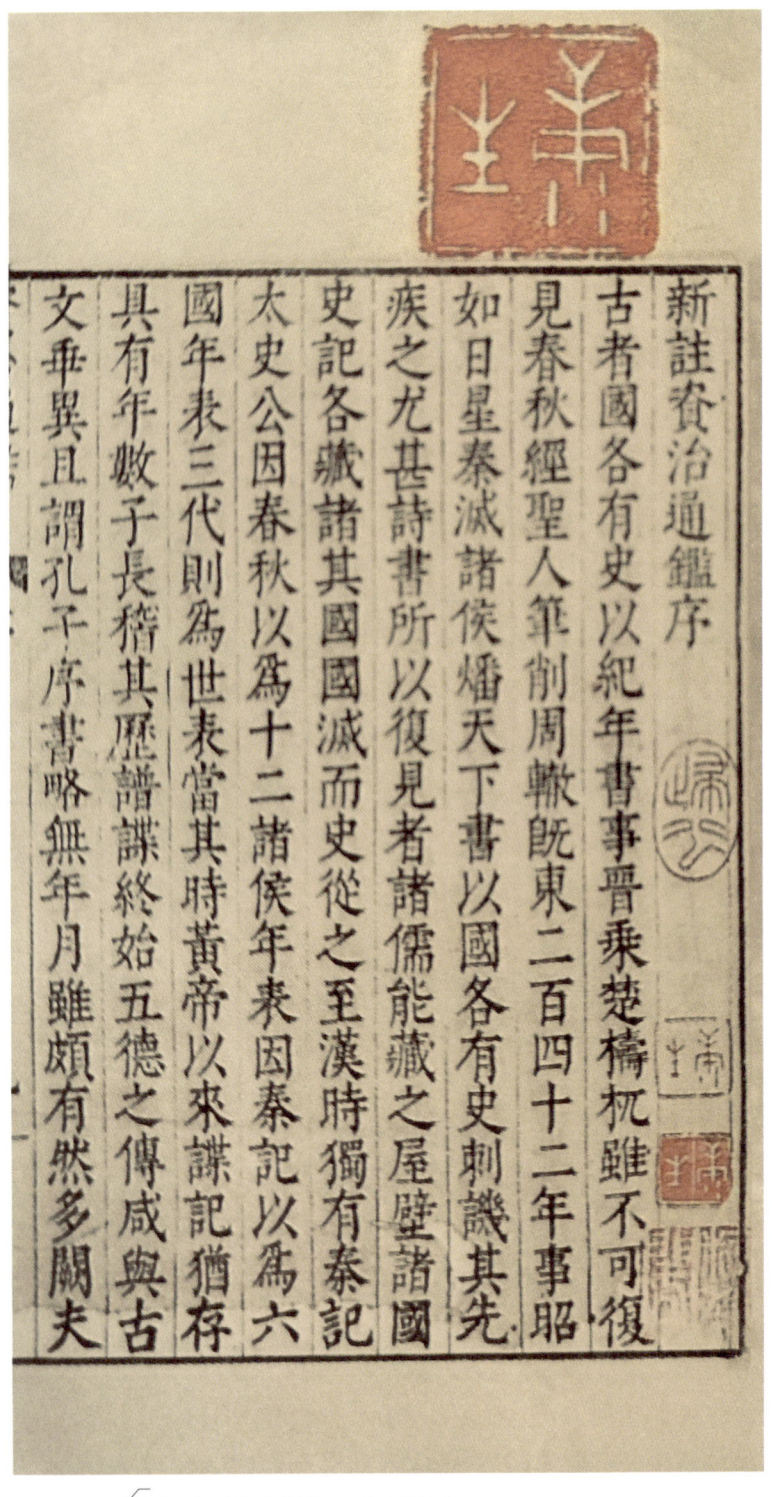

古者國各有史以紀年書事晉乘楚檮杌雖不可復見春秋經聖人筆削周轍既東二百四十二年昭如日星秦滅諸侯燔天下書以國各有史刺譏其先疾之尤甚詩書所以復見者諸儒能藏之屋壁諸國史記各藏諸其國國滅而史從之至漢時獨有秦記太史公因春秋以爲十二諸侯年表因秦記以爲六國年表三代則爲世表當其時黃帝以來諜記猶存其有年數子長稽其歷譜諜終始五德之傳咸與古文乖異且謂孔子序書略無年月雖頗有然多闕夫

图1.3.5-3／司马光撰《资治通鉴》，明万历刻本。

刻者为宋璋等人。三希堂在故宫西路养心殿内，乾隆称王羲之《快雪时晴帖》、王献之《中秋帖》、王珣《伯远帖》为"三希"，并自书《三希堂记》，因而得名。帖中共收入魏晋至明末135家作品，约340件，另有题跋200多段，计1219页。道光十九年（1839）朝廷修整阅古楼及帖石，对每一帖石加刻花边，此本为道光后拓本。估价28,000—40,000元，成交价41,800元。

十年后，这位客人将其中买到的几件交给我再次拍卖，当年4万元竞买所得的《御制三希堂法帖》，卖了四十多万。他高兴，我也为他高兴。可以肯定当年首场拍卖竞买所得的拍品，现今都已经升值了，回报率也远远不止年百分之十、二十。天下还有这等好事，既有好玩的过程和风光，又有经济上如此馋人的回报，真让人心生妒忌。现在想想，好笑的不是这位客人，而是自己，那时真是应该砸锅卖铁买几部书藏藏了。可谁有这后眼，那是需要有钱、有眼、有魄力，这可不是一般凡人。这也就是说说而已，嘉德公司的职业操守规定，不允许业务人员收藏，只能说说，没这个福分了。

以拍卖的方式将善本书卖给出价最高者的销售方式，对于卖家和买家多有益处。对于卖家来说，可以获得更好的回报；对于买家来说，收藏品得到了一个公开、透明的社会公认价值。通过拍卖的方式，将这些经过几百年保存下来的古籍善本，以竞买方式转交给更有经济实力和保护能力的、有兴趣和珍重古籍善本的藏书家，使这些流传不易的善本书得到新的更好的保护。由此说来，拍卖古籍善本就是为其续命，这对于保护文物、保护古籍善本的意义很大。

自此之后，中国有了按照国际规则进行的古籍拍卖。每年春秋两季，古籍善本与中国书画、中国瓷器和工艺品、中国油画和雕塑并列，成为中国嘉德的常设拍卖项目。

第二章

常规古籍拍卖精彩回放（甲）

从1994年秋季开始，中国嘉德每年春秋两季古籍善本拍卖已经走过了二十多年的历程，成为中国嘉德拍卖的一个常规项目。

在这二十多年当中，以往只能在一些外国的杂志、书籍中看到的描述古籍拍卖的热闹而精彩的场景，现在中国嘉德古籍的常规拍卖中，时常地重复上演。一些重要拍品的成交价位在世界的古籍行业中也名列前茅。精彩拍卖的过程和情景，从拍卖师报价，到最后落槌，纪录连破，圆满成交之时，全场旋即情绪鼎沸、掌声雷动，令人难忘，至今想起来还是热血沸腾。

古籍行业并非一个大市场，是一个高品位、高文化内涵的小众收藏市场，无须过多的资金支撑，就会撬动价格上涨，有如股市里的小盘绩优股。即使如此，古籍市场大的波动也要有题材、有故事、有热点，方能博得资金的关注。把握和发掘题材就是拍卖成功的关键：一是拍卖的拍品要保证真善美，必定是名品；二是来源背景清楚，有名家收藏和曲折故事；三是价位一定要略低于市场行情，对买家有足够的吸引力。具备了这些因素，在嘉德常规的古籍拍卖场里，就可坐看精彩的场面出现。

一、名家抄校稿本

抄校稿本，英文为manuscript，包括稿本和抄本，凡是人工手写的书籍，都属于这个范畴，是中国古代印刷出现之前的最早书籍形式。从书籍文化比较看，这一点全世界都一样，比如说古埃及的草纸抄本。在今以色列杰里科（Jericho）死海山洞发现的公元前1到2世纪的羊皮卷死海文书，都是不同载体的抄本书。

抄校稿本大体上有两类：一类是职业人的抄书，常被人称为匠活。在两千年前的汉代就已经产生，文献中称之为"佣书"。直到明代还有常见的蓝格抄本，大都属于书坊匠人抄写。有意思的是，一些具有天资的佣书人在长期的缮写过程中，积累了丰富的知识，许多人因此成为大儒和文史专家。例如班超（32—102），字仲升，扶风郡平陵县（今陕西咸阳东北）人，东汉时期著名军事家、外交家，史学家班彪的幼子，其长兄班固、妹妹班昭也是著名史学家。班超因为佣书而博览群书，后不甘于为官府抄写文书，投笔从戎，北击匈奴，出使西域，平定西域五十多国，为西域回归、促进民族融合，做出了巨大贡献。再如孙吴时期的阚泽也是佣书出身。泽字德润，会稽山阴人，家世农夫，至泽好学，居贫无资，常为人佣书，以供纸笔。所写既毕，诵读亦遍。究览群籍，由是显名。后来成为孙吴的骠骑将军，中书令，加侍中、拜太子太傅，领中书。在中国的古代文献中，职业抄书的佣书人，抄书而读书，后来成为学者名流，屡见不鲜。抄稿本中多名人墨迹，前贤手泽，为世人所珍重。总之古代的佣书者，也不是一般人，至少有一定的文化。

另一类就是抄校稿本，其中包括有名望的思想家、专家学者、艺术家、政治家没有出版的著述，存世量极少；或者是出版前的底稿，也称为出版的底本及其抄本，往往与正式出版本有些不同，可作存世孤本看待，这些都是大德独到的思想、观点，无可替代。即使是一些名不见经传的抄书，也定有来源，这些抄本都会有思想启迪的意义，至少也会有校勘意义。比如说传世的脂砚斋《石头记》现存的抄本，虽都不是曹雪芹的原稿本，依然得到学术界和藏书界的看重。

不论是名家稿本抄本，还是职业佣书人的抄本，相对于刻本书来说，存世量少，历来受到藏书家的特别关注。此外，抄稿本是古籍书中最神秘、最诱人的品种。无论是在中、西方，或是在古代、现代，书籍印刷出版总是和政治、宗教等密切相关。许多书籍的观点、见解、思想，可能会引起当权者的不满，在此之下，控制和审查书籍，禁毁书籍，就成了统治权利下的惯例。但是，这类书籍并不会因此而消失，有思想的人总会以私密的抄本在社会保存，其中包括色情禁书之类。这类书在古代中国藏书中屡见不鲜，比如说《推背图》，就是流行最广的这类书籍。抄本书都是独一无二的，与刻本印刷品完全不同，特别是一些学者思想家的手稿，除了正文之外，抄校稿本中还会有一些随手记录的人和事以及感想感悟，这些内容往往比正文会更有意思，更有研究的价值。

藏书的供需法则是躲在幕后的主宰力量。手抄手稿，毕竟不同于雕版印刷可以化身千百，存世量小的文物，其学术价值就会更高，更况有名有姓的学术、艺术大师也在其中，那就一定会成为最有故事的拍品，也一定会创出价格上的奇迹。西方曾经有达·芬奇的手稿拍卖，惊动世界，以3800万美金买下这份名为《哈默手稿》的人就是当今世界首富比尔·盖茨。中国的名人抄校稿本同样受到国人的认同和追捧。二十多年来，可称偶有所见，一旦出现就会在古籍拍卖市场上引起震动。

1. 枕碧楼藏《两汉策要》（图2.1.1-1）

2011年春季嘉德古籍拍卖中的元抄本《两汉策要》，具备了一切创造中国古籍善本最高价格的要素。由于书中没有最后的收藏家藏书印记，因而直到现在，很少人知道此书的由来和收藏者。大凡藏书中的名品，断非普通人家可得、可有，这部《两汉策要》就是如此。此本清末收藏于京城著名的藏书家沈家本的"枕碧楼"。

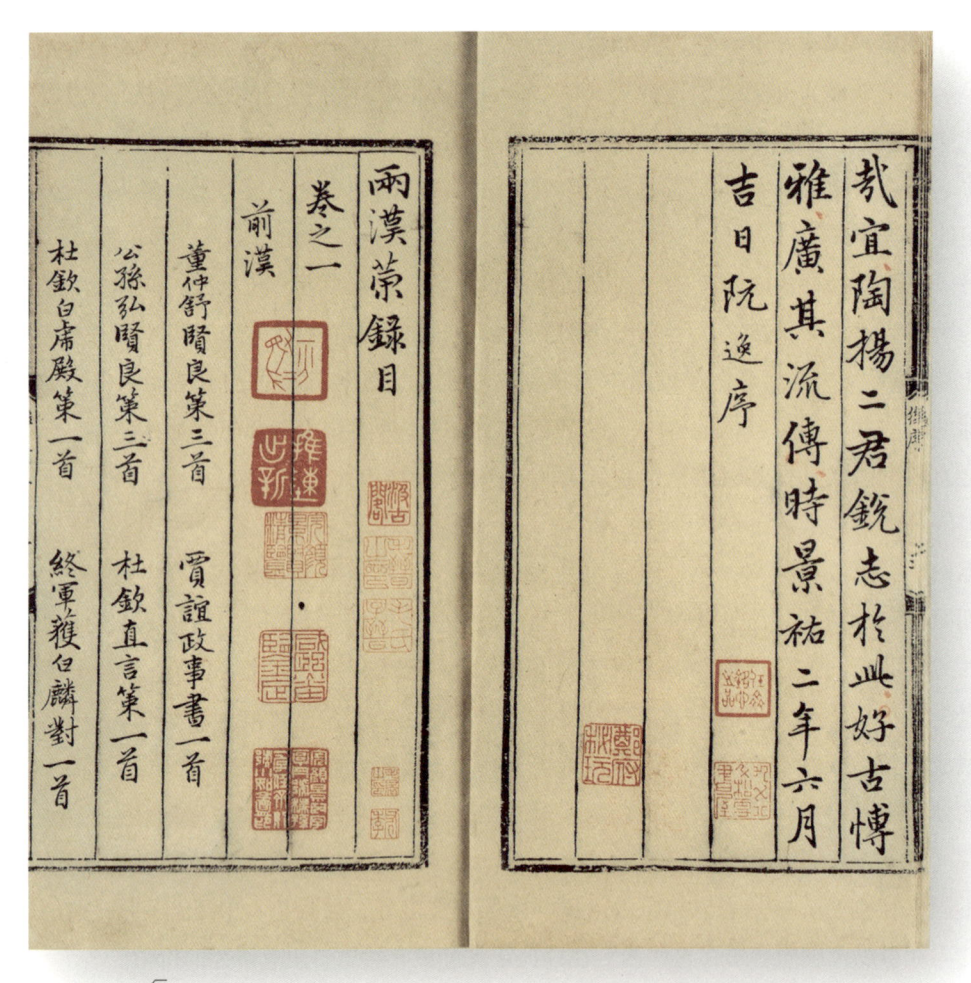

图2.1.1-1／枕碧楼藏《两汉策要》

    沈家本（1840—1913），清末官吏、法学家。历任刑部右侍郎、修订法律大臣、大理院正卿、法部右侍郎、资政院副总裁等。主持制定、修订了《大清民律》《大清商律草案》《刑事诉讼律草案》《民事诉讼律草案》等一系列法典。系中国近代法学的奠基人。家有藏书楼，名曰"枕碧楼"。此楼是沈家本于1905年所建，楼中曾藏书五万余卷。沈家本去世后，藏书散失。然此书仍在家中继承流传，直到"文革"期间，沈氏后人被抄家，此书亦被抄，后流落康生之手，"文革"后退还。沈家除此书之外，还有少量明清版本藏书以及晚清名人书札，如清代陕西巡抚升允书札等。

    此本为历来古今藏书家所重，原因在于所抄书法极佳，直逼著名书法家赵孟頫。此本名动收藏界者，并非其所收两汉政论文章百六十余篇内容，而是其手书者及其书法。明代以来，多有鉴藏家认为此书的抄写者为大书法家赵孟頫。跨越宋元两代的赵孟頫多才多艺，书法、绘画、诗文都颇具影响力，他在中国书法艺术史上有着不可忽视的重要作用，与唐代欧阳询、颜真卿、柳公权并称为"楷书四大家"。近年来，他的书画作品在拍场上也达到过千万级别。翁方纲在此书的题跋中称："今以是书，首尾一气，九万八千余言，使鉴赏家必实指为赵书。"乾嘉考据学大家钱大昕观此书叹称："恍如名人法帖，不独全文之为元人精钞，可爱也。"此书抄写者其精妙的书法，仍被认为是最接近赵孟頫的作品。故四百年来，名家猜度赵孟頫者，亦非少数。若明末清初毛氏汲古阁主人毛晋，在《汲古阁珍藏秘本书目》称：又元人手抄本《两汉策要》十四册，题云："元人手抄二书（另一书指《古文苑》），一笔赵字，或者谓赵文敏为尔。其笔法之妙，不可殚述，一见便知尔。"及至清末叶德辉在《书林清话》卷七《元刻书多用赵松雪体字》云："乾隆五十八年（应五十三年）如皋张氏以毛本重刻，摹仿极工……定为松雪手迹，谓非余子能办，吾亦信以为然。"故翁方纲称："不欲确指为赵书，而于赵书神理，尤得其要焉。"此本书法深得"赵书神理"，所论中肯。

如果说年代久远、名家抄写是《两汉策要》的内在之美，那么，流传有序，名家递藏，传奇般的经历，是罩在这部书上的闪亮光环。据史料记载，明嘉靖年间，著名藏书家周良金曾收藏此书。周氏藏有宋刻《曹子建集》、元建安勤有堂刻本《刑统赋》，这些书，要么是海内孤本，要么现在深藏国内一流图书馆，可知此公非等闲藏家。越百年之后，明末清初入藏毛氏汲古阁，毛晋在书中钤印八十余方，可见对其喜爱之极。又越百年后，清乾隆年间，入赣州知府张朝乐家，乾嘉考据学大家钱大昕在《竹汀先生日记钞》中说："张朝乐竹轩以钞本《两汉策要》见示，此书宋陶叔献所纂，有景祐二年阮逸序，又金大定乙巳王大钧序，行楷甚工，或云赵松雪所书也。"清乾隆五十三年（1788）张朝乐据此精刻《两汉策要》，字纸雕工精美，同样令后世赞叹。再越百年之后，清末入满清贵族、京师著名收藏家完颜景贤。完颜景贤，清藏书家、鉴赏家，字亨父，号朴孙，一号卯庵，别号小如盦，满洲镶黄旗人，户部员外郎华毓子。精于赏鉴字画，清末至民初的北京书画收藏家首应推完颜景贤。编有《三虞堂书画目》（三虞者，唐虞永兴《庙堂碑》册、虞永兴《汝南公主墓志铭稿》卷、虞永兴《破邪论》卷）。可见景贤收藏丰富，质量极高。清帝逊位之后，家道中落，景贤收藏散出，这部抄本分量很重，是最后才出手的两件藏品之一。当时沈家本花了多少银子才得到，现在已经不得而知了，但是可以断定一定也是天价。因为从完颜家接手收藏的只有那么几位超级权贵人家，其中之一就是皇二子袁克文。景氏故后，遗物散出。傅增湘曾叹称："景氏云殂，法书名画，散落如烟，独此帙（宋宫抄本《洪范政鉴》）与赵松雪手书《两汉策要》最为晚出。"此本辗转再入晚清重臣世家沈氏枕碧楼，收藏至今已越百年。"文革"中曾为康生占有，"文革"后退还。

这是一部有明以来，学术界、藏书界无不知晓的书，也是盛传四百余年的元赵孟頫抄本《两汉策要》。"天下何人不识君"，或可谓此也。此书内历代斑斑收藏印鉴，有：昆陵周氏九松迁叟藏书记、周印良金、毛晋之印、毛氏子晋、汲古主人、汲古阁、毛晋、毛扆之印、斧季、覃溪审定、臣大昕印、竹汀、如皋张氏竹轩藏书、退一步斋珍玩、景贤鉴藏、朴孙庚子以后所得、景行维贤、启迪珍藏、周暹、康生、戊戌人。仅明末清初著名藏书家毛氏汲古阁前后所钤印记就多达八十余方，即可想见当年名动天下之状了。此书内历代名人题跋题记累累，有翁方纲（第一册首）、王杰（第一册尾）、钱大昕（第一册尾）、孙士毅（第二册首）、张朝乐（第六册尾）、戴衢亨（第九册首）、姚令仪（第十五册尾）、陆伯焜（第十六册首）、秦承业（第十六册尾）、袁枚（第十六册尾）等，皆乾嘉之际鸿学硕儒。此书历代著录清楚，如毛晋《汲古阁珍藏本书目》、叶德辉《书林清话》、莫友芝《郘亭知见传本书目》、傅增湘《藏园群书题记》、张伯驹《春游琐谈》等等。此本明末清初毛氏汲古阁存时已为14册，乾隆间张朝氏补抄第三卷（第五册、第六册）。

从沈氏后裔处（图2.1.1-2）征集得此书之后，列入嘉德2001春季古籍拍卖图录，图录标注估价为9,500,000—15,000,000元，这是有史以来中国抄稿本估价之最。为宣传此书，嘉德古籍专门编辑印行了小册子《赵书神理》，重点介绍。

2011年5月22日上午，LOT117《两汉策要》开拍。这是一件高价位的拍品，有实力的藏书家可以问津，一般的中小藏书家只有一边观看的机会。所以，参与竞争的买家并不多，只有三四位，拍卖现场只有一位，另两位均在电话委托，其中只有一只电话我知道委托人的情况，他是多年以前过云楼藏书的买家。当拍卖师报出起叫价之后，起叫价为900万，场内气氛凝重，没有那种群狼一拥而上哄抢的镜头出现，但是有意向的买家也不含糊，随即举牌应价，之后竞争者也开始出价，于是价位在这几张竞买牌之间轮流上升，很快就突破了两千万，到此时只剩下两只委托的电话在竞争，价位上升到三千万，还没有停止的意思，只是竞叫的速度逐渐慢了下来，一点一点地加价，价位上升到了四千万。此时此刻，在拍卖场内的其他观战者无不惊心动魄，报以

图2.1.1-2／枕碧楼后人《两汉策要》收藏者沈先生

惊羡的掌声鼓励,很多人都坐不住了,站了起来,为这难以想象的刺激价格而激动,最后以48,300,000元的价格成交。这一次,我认识的客人输了,但肯定是虽败犹荣,倘若没有他的竞争,也就没有这个价位的中国古籍。这部中国古籍善本的成交价进入了当年全世界书籍成交价前十位,也是中国古籍成交价迄今为止的最高纪录。

这是一场实力、认知度的决斗。当时现场有各路媒体的记者,记录了当时的现场情状:

2011年5月22日,北京,中国嘉德春季拍卖会古籍善本专场。当一部元代手抄本《两汉策要》被拍卖师以900万元的高价隆重推出后,拍卖场上顿时狼烟四起,群雄逐鹿的画面再次显现,近70轮激烈竞价,拼的是实力,比的是心理的综合承受能力。最终,一位电话委托的神秘买家以4830万元人民币拔得头筹。拍卖师一声槌响,不仅刷新了中国古籍的拍卖纪录,也宣告了拍场上最贵中国古书的诞生。

(引自经济网《中国经济周刊》记者孙冰:《拍出4830万天价的元代古书》)

5月22日,在中国嘉德2011春季拍卖会古籍善本专场中,一部元抄本《两汉策要十二卷》以900万元起拍后便遭遇疯抢,在经过了近70轮激烈叫价之后,最终一位电话委托的买家以4830万元人民币将其收入囊中。这不仅一举创出了中国古籍拍卖新的世界纪录,也使得这部《两汉策要》成为史上最贵的一部中国古书。

虽然,在今天亿元级别的艺术市场上,4830万并不算什么天价,但是,对于"古籍善本"板块来说,《两汉策要》这个创纪录的价位意义非凡。

(引自人民网《元抄本〈两汉策要十二卷〉创中国古籍拍卖世界之最》)

一段传奇的故事,往往就会继续演义。《两汉策要》,注定就是要出新故事的传奇性文物。这部《两汉策要》从明清两朝到民国间的四百多年流传,可称身负重名,每过一百多年就会出现在公众面前一次,而每一次都会在中国的文化界引起一段振动波漪。这就是不老传奇的故事。

2. 陈伯达藏《五台山记》

陈伯达(1904—1989)曾担任毛泽东的政治秘书。1966年"文革"开始后,任中央"文革"小组组长,中共八届十一中全会和九届中共中央政治局常委,是当时国家的第四号大人物。

陈伯达出身四代书香门第,其高祖以举人出身入京,于道光间任刑部主事,与林则徐、魏源、姚燮等交善。陈伯达喜欢藏书有着很深的家庭环境背景。据陈伯达之子陈晓农回忆，父辈藏书起于50年代。藏书的来源，一大部分是自己购买的，还有一部分是从老家拿到北京的。陈家是读书人出身，有不少藏书。50年代曾回家拿到了北京一部分，其中包括大梅山民姚燮为高祖画的画像。直到1969年庐山会议出事之后，陈伯达感到事情不妙，为不辱祖先，才将其焚毁。其他是在琉璃厂买的。陈的干部级别为四级，每月四百多元工资，在当时可以说是经济上比较宽裕，要买点古籍不是问题。陈伯达经常去琉璃厂，有时与康生、田家英等一同去。在"文革"前去天津调研时，也会到当地的文物店、古籍书店搜寻古籍和文人书札之类。曾经任天津文物店经理的于淑英女士回忆过一些往事，其中就有接待陈伯达看明清书札的故事。陈伯达藏书中有多少宋元重器？陈伯达在世时曾对家人有言：宋元本哪有那么容易得的！但是肯定有。陈伯达在天津工作时，时任副市长的王康之曾经送过两册。陈伯达出狱后还特别关照家中，如此书退还，定当归还王家。陈伯达的藏书范围很广，包括明清名人书札、刻本抄本、碑帖。

陈伯达收藏明清文人书札有家传遗风，比如林则徐致陈伯达高祖书信等，还有包括魏源、包世臣、姚燮等书札，家传都有不少。这些书信陈氏家族50年代已经决议捐赠福建省图书馆，但一直借出存在陈伯达家里，直到陈家被抄，这些书札随之被抄走未还。陈伯达本读书世家，喜欢文人手泽，是正常之事，纯属继承家风而已。按照陈晓农讲述，陈伯达出狱之后，上面（中央）曾经问及抄家文物退还之事。陈表示，所有古籍善本，组织上如果觉得有用就留下，不需要的就退回来。因此最好的版本书没有退还，留在中央某机关，具体数量也不详。

从90年代末开始，陈伯达藏书偶有在中国嘉德参加古籍拍卖的，前后已经有三四十种。其中最重要的是1997年春季嘉德古籍拍卖图录的封面，旧拓武梁祠石刻。另有元吕诚撰《来鹤草堂诗稿》清抄本2册；《清代乾嘉学人书札》清手稿本1册；李贽辑、王世贞、袁黄批《孙子参同》五卷；明万历四十八年（1620）闵氏松筠馆刻朱墨套印本6册；《石鼓文拓本》清初拓本1册（陈秉忱赠陈伯达）等。

2013年春季，嘉德公司成立二十年纪念之时，陈氏后人将顾炎武书《五台山记》清手稿本1册拿出，参加拍卖。估价180,000—220,000元。这件拍品，由于是明末清初的著名思想家顾炎武的作品，备受各方的关注。顾炎武（1613—1682），苏州府昆山人，明末清初的杰出的思想家、经学家、史地学家和音韵学家，学界尊为亭林先生。著有《日知录》《天下郡国利病书》《肇域志》《音学五书》《亭林诗文集》等，与王夫之、黄宗羲并称"明末清初三大思想家"。此件为顾炎武赠李因笃之物。李因笃（1632—1692），号天生，陕西富平东乡人，尤谙经学，精于音韵，长于诗词，兼通音律，崇尚实学，为明清之际的思想家、教育家、音韵学家、诗人，被时人称为不涉仕途的"海内四布衣"之一。著有《古今韵考》《受祺堂诗文集》等。他主张"经世致用"之学，以利于国计民生，与顾炎武志同道合。康熙七年（1668），顾炎武因文字狱牵连，在济南入狱，经李因笃、朱彝尊等友人的多方奔走、竭力营救，于是年十月获释出狱。此后李因笃与顾炎武的情谊愈加深厚，常在一起和诗唱文，讲学质疑。此本是顾炎武应李因笃之请而作。《五台山记》一文收入顾炎武《亭林文集》卷五。

顾炎武传世作品无多，书札小品之类有见，大作罕见之至。所以这件拍品一展出，立刻就成为热点，引来许多藏家和爱好者。在预展期间，除了熟悉的面孔，还有许多生面孔出现，都来鉴赏这件拍品，来客观赏者之多，甚至有时还要排队等候。我从拍卖经验上已经预感到，这件拍品除了原有的熟客之外，还将有不熟悉的客人介入，绝无漏可捡，必经一场腥风血雨的厮杀，方可有分晓。

2013年5月10日下午6点30分，'13年春季嘉德古籍拍卖进行正常，快要到LOT1982《五台山记》时，场子里忽然进来了许多人，大部分站在最后面，其中有好些人不是古籍拍卖场里的熟悉买家。最茫然的是在旁边的古代书画拍卖场里的总经理，忽然间她拍场里熟悉的大买家都集体消失了，也不知道究竟出了什么事。所有对这件拍品感兴趣的买家都在等候着，时间快到了，不约而同地进到古籍拍场内，可称各路豪杰齐聚一堂，华山论剑，一试高低，定有奇迹发生。当拍卖师报出LOT1982起叫价18万，还没有落音，台子底下顿时烽火四起，哗啦啦地举起了好些竞买牌，干脆就有买家直接在台下报价50万，接着就是一百万，再下来就是两百万，不到一分钟，就让所有怀着捡漏心理的买家退出了竞争。此时已经用不着拍卖师叫价了，台下的买家自己报价，不到两分钟，叫价已过500万。这是一个关口，也是一般藏书家们的心理价位，一般的买家到此止步了。接下来一些大买家开始出场，加入竞拍。800万，1000万，1100万，很快又超过了1500万。这种场面很少出现，百万元的加价，看得令人心颤。随着加价的速度逐渐慢下来，说明价格已经接近这批买家的承受能力了。直到这时，最后一波的超级大买家加入竞争，竞叫还是紧咬着不放，逐渐显示出三位买家，分别在拍场的三个区域，左右后方各有一位，中间坐着一位。一直到两千万，右后方的一位退出了竞买。这使得拍卖场里许多在场的客人都站了起来，摇着头看着前面坐着的、左后面站的两位买家竞争，简直就像在网球场看高水平比赛一样，左右摆晃着脑袋。剩下两位把竞叫价位你来我往地推到了2200万，左后面的买家眼看着价格超出了心理预期，已经无心恋战，干脆头也不回地出了拍卖场。在大家都以为就此结束之时，右后方已经放弃竞争的买家，还是不甘心，又咬着牙根再次举起了竞买牌，报出了2250万的价位，中间坐着的买家手里拿着电话，毫不迟疑地回敬2300万。右后方的买家脸都憋红了，无奈地摇摇头表示放弃。有热闹了，拍卖师这时的声音就像是在唱赞歌的拉音，重复着2300万的价位，在等待着客人改变主意。戏剧性的一幕果真出现了，这时原本已经放弃竞叫，出去了的左后方的买家又进拍卖场里来了，真不是轻易甘拜下风的买家，杀了一个回马枪，再次加价，连着叫价，价位攀升，已经超过了2500万，竞争进入白热化。到此时此刻，拍卖大厅里人们窃窃私语，不知鹿死谁手，可是买家好像是注射了肾上腺素一样，不顾一切地竞叫，阶梯已经是十万、五万地加，直到2875万元的报价，最终左后面站着的买家摇摇头，无奈地退出竞争，坐在前面的买家面无表情地成为赢家。这件拍品最终以31,625,000元成交。18万的底价，三千多万成交价，170多倍，谁说不是一个价格的奇迹，拍卖师最后落槌成交之时，全场旋即掌声雷动。拍卖结束后，得知是一位来自陕西的买家最后笑傲江湖，赢得了这件三百年前顾炎武送给陕西大儒李因笃的书法作品，三百多年一个轮回，现在它又回到了陕西乡党中。后来有文章评论说道：

中国嘉德古籍善本专拍中，明末清初著名思想家顾炎武书《五台山记》经过买家激烈竞标，以3162.5万元成交。此书竞拍时，杨丹霞（故宫博物院研究员）即在现场。"尽管当时图录只刊登了两张小图片，但在拍卖现场，基本上脸熟的古代书画藏家都到齐了。"杨丹霞道："顾炎武的书法作品极少，印象中只在上海工美拍过其一幅扇面。另外，故宫藏有一幅扇面和一些信札，台湾何创时书法艺术基金会藏有其一幅尺牍。就书法艺术而言，信札是实用书法，并非作者主观意识下的艺术创作，因此，这些信札的书法艺术价值不如《五台山记》。"

（引自2013年10月《文物天地》马怡运、朱威：《古代书画价格趋于理性》）

3. 毛氏汲古阁《陶渊明集》（图2.1.3）

嘉德常规进行的古籍拍卖会，就像古籍行业收藏家和行家的全国大会，例行的每年两次，人们都会乐此不疲地前来赶场。究竟是为了什么？就是因为不断有文物价值高、稀见、好玩，值得收藏家学习和收藏的善本书出现。美总是要有人欣赏，也要会欣赏，1996年春季嘉德古籍拍卖会出现的一部毛氏汲古阁的影宋抄本，就是值得细细欣赏的古籍。

明末清初的常熟毛氏汲古阁，有大量的刻书，史称毛氏刻书行天下，这些书都是供世人使用的读书。除此之外，毛氏家族还有一门独门绝技，那就是影抄宋本书，简称"毛抄"。毛抄所用的底本大都是宋代流传下来的罕见之本，用纸讲究，像照相制版一样的临摹抄写，精细异常，费工费力。尽管毛氏家族里，连伙房丫鬟无事之时也抄书，但毕竟是一路细活，不类通常的随意用笔抄写，数量极为有限。"毛抄"除了一望字迹端庄，非常漂亮，令人常感抄印莫辨之外，更重要的是抄本的内容罕见，尤其是一些抄本的底本已经不传，依据"毛抄"尚可得知宋本的原来行款、版式、字体等信息，了解其大体风貌。故学界称"毛抄"为下真迹一等，复活了宋代刻书的原貌。

毛抄是典型的为收藏家提供的高级鉴赏藏本。毛抄不是供一般使用的读书和藏书，

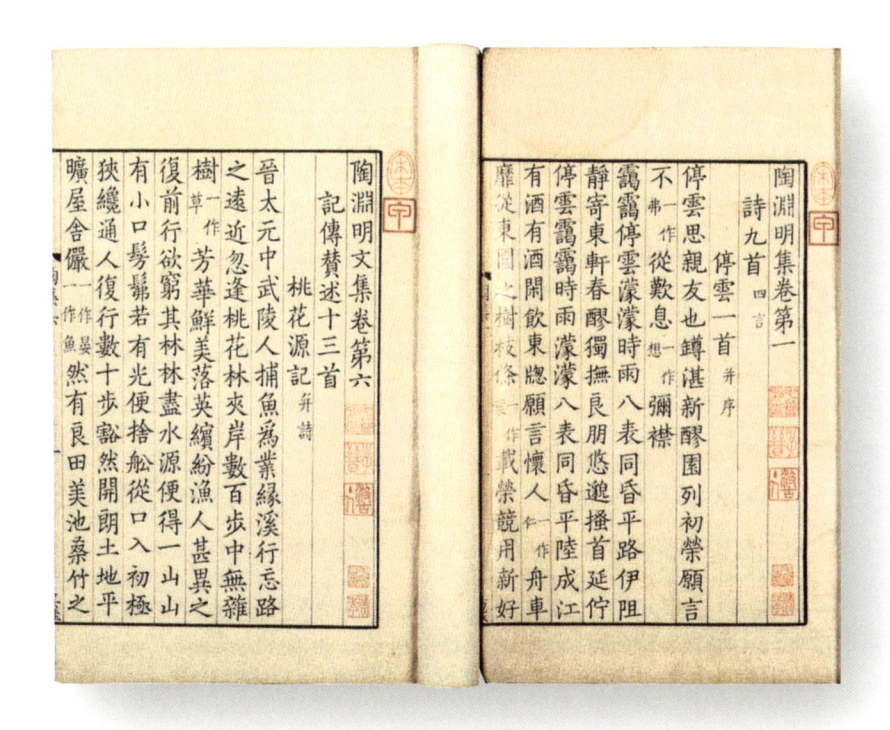

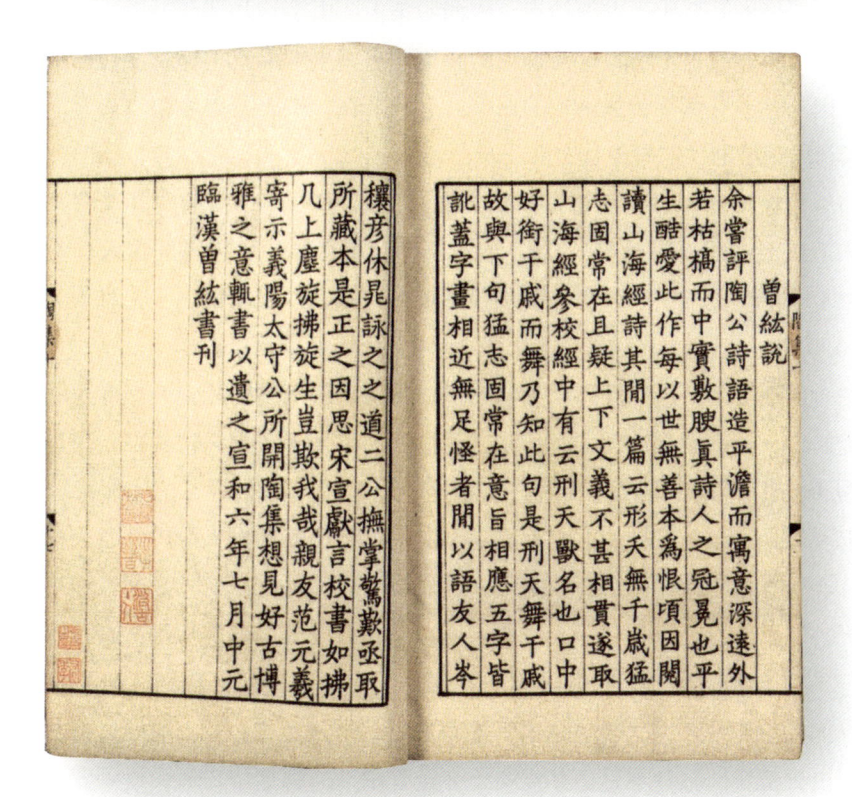

图2.1.3／陶渊明著《陶渊明集》十卷，明末毛氏汲古阁影宋抄本。

它从抄写之时就已经确定是高级鉴赏收藏物。它能满足人生曾经拥有，甚至子子孙孙永保有的占有欲望。毛抄的历史价值，在于保存了极为珍贵的资料。中外古今不乏盛赞藏书和藏书家的功业论述。有些古书，历经千百年流传至今，堪称传奇。其实如果观察一下，就会发现中国两三千年来古人的著述，不计其数，其中绝大多数已经失传了。孔夫子的六经，传为圣人之作，其中的《乐经》哪去了，真的已经没了，彻彻底底地失传了。现在留传下来的，是精华，是幸运儿，后人应该敬畏和珍重。此乃千年古老民族和国家留下来的精神之花。古代的书籍之所以能够流传下来，有赖历代藏书家之功。试想如果没有书和藏书，所有的知识、经验都依靠口口相传，师徒言传手教，如何会有今日的知识文化迅速的积累和传播，更何谈现代的如此发达的科学技术进步。因此毛抄历来为版本学界、藏书界看重，奉为至宝。新中国文物界对于毛抄的文物价值看重之势，无以复加，直接定为国家一级文物。在古籍市场中，它是多年不逢的尤物，市场价值自不必待言。

1996年初嘉德古籍在征集拍品过程中，有幸得到一批重要的收藏，其中包括天禄琳琅旧藏御题诗清康熙刻本《佩觽》、天禄琳琅旧藏清刻本《帝学》等四部极为特别的藏书，而我最看好的是毛氏汲古阁抄本《陶渊明集》。由于这几部藏书出自一位中间人之手，到现在为止，我也不清楚这几部书的来历。有一点可确定，那就是这家藏书一定来头很大，因为其藏有两部天禄琳琅的旧藏，有两部在"文革"中为康生占有。拥有"毛抄"和天禄琳琅藏书，定非普通人家。

此书编排在1996年春季嘉德古籍拍卖图录，列为LOT596陶渊明著《陶渊明集》十卷，明末毛氏汲古阁影宋抄本，2册。内有钤印：毛晋私印、汲古阁主人、毛扆之印、斧季、宋本、甲。此书明末清初原装，抄写纸张打蜡，抄工极精，至为难得。估价定为90,000—120,000元，几与当时的普通宋版书价位相同。

在拍卖前预展中，这部世间罕见的毛抄，是明星级别的拍品，许多专业和非专业的藏家和爱好者，都来到预展现场，一睹"毛抄"的风采。在拍卖过程中，更是有趣。当拍卖师报价一出，就有买家应价跟进，超过十万之后，就剩两人，你加我加，互不相让，真刀真枪地过招。其中的胡先生是道上高手，已经多年出入海内外各大拍卖行，眼力极好，经验丰富。常自称，身家有限，出价极烂。另一位是初入嘉德古籍拍卖场的兆兰堂主人，资金雄厚，投资高手，虽非专家，然背后有道上高手相助，真是旗鼓相当，狭路相逢，只有血拼为上了。两人你来我往将拍卖价推到17万落槌，最后是胡先生以187,000元成交价购得。兆兰堂主人看到东西真好，所用工夫，令人赞叹，但是对它的罕见性和历史价值显然估计不足。在竞叫争夺过程中，一番加价之后，看到竞争的对手也是相识，心中一动仁慈，于是就放手了。拍卖会后，跑到琉璃厂的古书店，四处打听询问，哪里有卖"毛抄"，有的店家告诉说道，从业这么多年，也未曾见过"毛抄"，那是可遇不可求的东西。那么容易见到和买到的东西能成为一级文物吗？在拍卖场上任凭你有富可敌国的雄厚资金，难免也有大意轻敌的失手之时。这一放手的机会，有时就是一生都无法追回的遗憾了。此后近二十年里，走遍大江南北，无论是古籍拍卖会，还是古籍书店，都没有一丝的讯息和可能，心里只有对自己的抱恨了。而竞买购得的买家，并不领情。说法就是，虽没有那么多钱，但是心里有一个价位，没有到这个价位，谁也别想能便宜得拿走。

4. 笏斋藏《霜哺篇》（图2.1.4）

常熟翁氏藏书，自翁心存开始，其子翁同书、翁同爵、翁同龢继之。翁氏家族是有一门两状元、两帝师、两大学士、四巡抚的官僚世家，藏书名闻天下，位列清末藏书第九。至清末民初，翁之憙先生继承翁心存、翁同书、翁曾源、翁斌孙一支四代的古籍书画收藏。翁之憙先生是翁同书的后人，生父翁斌孙（1860—1922），字弢夫，号笏斋。光绪进士，官武英殿修纂、直隶提法使等，喜藏书。翁之憙先生著有《入蒙与旅欧》，记录20世纪20年代以秘书身份跟随北洋政府将领徐树铮将军收复外蒙及考察欧洲各国政治之情形，以及徐树铮之遇害始末。后因恐惧官场残酷争斗而引退，赋闲居家。50年代初，赵万里主持北京图书馆善本部，因与翁之憙先生友善，劝之捐归公家，翁之憙先生慨然应允。自1950年至1952年，他将世守在天津的家藏善本，捐献国家图书馆。其后翁氏家族又将常熟老宅的藏书悉数捐献国家，分五批将珍善本3775册献给国家，编有《常

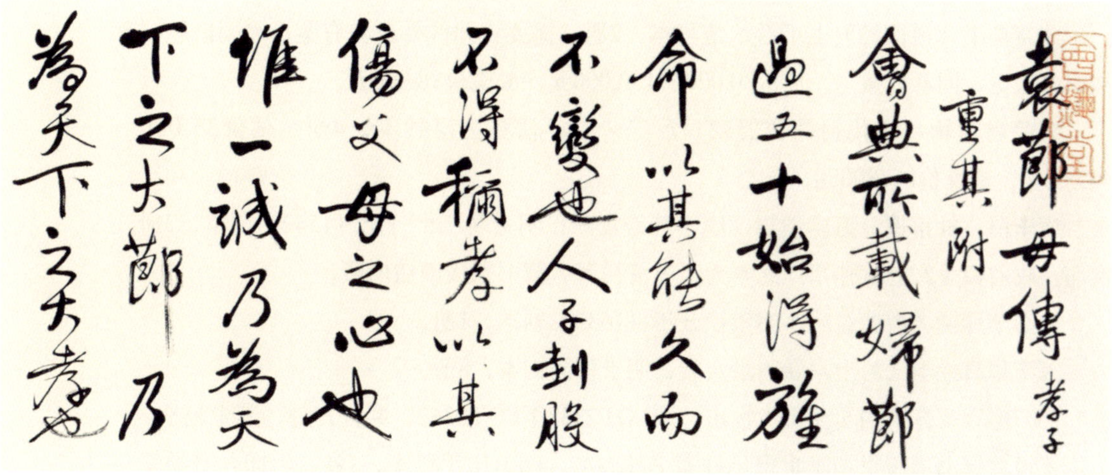

图2.1.4／袁重其《霜哺篇》，明末清初手写本。

熟翁氏捐献书目册》一部。

翁之熹先生于50年代将家藏古籍善本捐赠国家，剩余藏书"文革"中被抄家，之后退还，有近两百种之多。因翁之熹先生已经过世，退还后藏书分散，由子女分别继承。

2006年秋季古籍拍卖会，举办了翁氏藏书的专题拍卖，LOT2577至LOT2595，共18件拍品。在拍卖的图录中，有文字特别介绍翁氏相府的藏书：

> 常熟翁氏藏书，自清咸同间翁心存始，其后嗣子同书、同爵、同龢分产传承，各归其室，多有扩充。虽翁氏藏书迭经战乱，如庚申、丁丑，及"文革"，侥幸完整者只同书、同龢所藏，前者共和国初即捐献北京图书馆（今中国国家图书馆），后者千禧之年收归上海图书馆。然大户人家，屋角所遗，在所难免。今征得同书一脉所藏翁氏藏书廿余种，虽无宋元重器，然多有翁心存、翁同龢、翁斌孙、翁之喜等校跋，可见翁氏一门护持藏书之艰辛，方家鉴之，得者宝之。

重要藏书有：

金元好问撰《遗山先生诗集》二十卷，明汲古阁刻本，2册。钤印：同龢、宋钺之印、张公权印、天津市人民图书馆珍藏图书。

清朱鹤龄著《李义山诗集笺注》三卷，清乾隆十五年（1750）刻本，2册。钤印：徐渭仁印、紫珊翰墨、虞山翁韬友珍藏印、笏斋、翁斌孙印。

汉刘熙撰《释名》八卷，明刊本，1册。钤印：臣心存、遂第珍藏、知止斋、天津市人民图书馆珍藏图书等。首有翁同龢题记"虞山翁氏旧藏，先公题记，同龢敬守"。估价15,000—18,000元，成交价41,800元。

清蒋蘅书《道德经》上下卷，清写本，2册。提要：此件外色袱有鉴，翁同龢题"蒋湘帆书道德，同龢敬藏"。估价80,000—100,000元，成交价88,000元。

宋薛尚功辑《历代钟鼎彝器款识》二十卷，清张力臣抄本，4册。估价35,000—40,000元，成交价85,800元。

唐李白、杜甫撰，万虞恺辑《唐李杜诗集》，明嘉靖二十一年（1542）刻本，3册。钤印：牧翁蒙叟、翁斌孙印。此本为明末清初著名藏书家钱谦益旧藏。

先秦李耳撰《道德经》，明崇祯五年（1632）刻本，1册。

《南华真经本义》十六卷附录八卷，明崇祯间刻本，8册。

2007年春季古籍拍卖会再次推出，从LOT2338至LOT2352，共计15种，其中包括：

王世贞撰书《王世贞王世懋昆仲家书札卷》，明万历手稿本，1卷。钤印：梦禅室、梦禅室书画印、商丘陈淮书画之印、商丘陈氏、陈淮审鉴、德潜、成亲王、诒晋斋印、通州李玉棻韵湖庚子后所考书画印、通州李均湖审定真迹等。提要：此卷首有诒晋斋、翁斌孙题签。估价400,000—500,000，成交价1680,000元。

翁应祥著《杭川集》二卷附录一卷，明天启四年（1624年）刻本，4册。提要：此本为常熟翁氏藏书。此本封面有光绪壬辰年翁同龢题记。估价8,000—12,000元，成交价72,800元。

翁氏旧藏，凭借翁氏两代帝师，翁同龢在戊戌变法中的重大历史影响，以及其家族藏书的历史地位，陆续参加拍卖，得到了收藏界的认同，毕竟是相府藏书，名声在外。

在参拍的藏书中，'07年春季拍出的明末清初袁重其辑《霜哺篇》，最有传奇故事。

LOT1982《霜哺篇》，明末清初手写本，3卷。内有钤印：蕉溪金湖之间、重其袁氏家藏等。

此件为明末清初常熟孝子袁重其以数十年之力所辑，原为四十余轴，至道光已散残，顾开增重付装池成三卷，光绪间归常熟翁同龢收藏。内有明末清初题诗题字题跋者如宋曹、翁应祥、孙永祚、雷琯、汤潜、李模、董弘度、濮琤、徐士俊、孙枝蔚、彭行先、金俊明、徐崧、程秋卿、朱之嘉、郝毓、钱鼎瑞、潘恬如、袁骏、章钦允、章绂、夏澄、徐震、金灏、顾开增、黄晋良、程世英等，计一百二十余人题诗题跋，其中多为明季遗老。按此件原为四十余卷，以此数推之，或有千人。江浙一时的学者、诗人、书家、画家、名流几乎尽在其中，真是费心良苦，因而此卷后来成为一件地方所重的名品。清乾嘉之际，袁重其后裔，苏州五砚楼主袁廷（梼）又仿先祖，重辑《霜哺遗音》，甚奇。此件后归苏州潘景郑先生，其《著研楼题跋记》中有著录。

翁同龢在《日记》光绪二十年二月十二日条，记有购藏此件的记录和经过。称此件为厂肆论古宅送到府上，"皆重价未可得"。然此件后来仍存翁府，可知翁同龢最终还是以乡梓为念，重金购买了这件乡邦文献。可惜的是这件拍品的品相（CONDITION）极差，有许多脱落断裂，但是考虑到其资料性，以及翁氏旧藏等因素，估价定为150,000—200,000元。

这件拍品，引起了两方面的格外关注：一方面是国家有关的图书馆，重其资料性；另一方面是吴中乡邦文献，为苏州收藏家关注，其中就有苏州的姜伟先生。姜先生是道上老手，主要是对中国古代书画感兴趣。人是江南苏州人，说起话来也是吴中软语，但外表却像一位北方汉子。其实，他的做事风格完全与长相相反，人粗心细，特别善于读书查找资料，这一点在行业里也是出了名的，也是他后来一直在这个行业里占得一席之地的基础。他就是在地方文献中见到了有关这件拍品的著录，对此特别有兴趣。在拍卖过程中，实际上就是两家在争夺。国家的图书馆、博物馆参与市场竞买，为国家的馆藏补充藏品，从20世纪90年代中期就已经开始。但是，鉴于国家的图书馆、博物馆，购买藏品通常都会专门题写报告，申请购买款项，获批后才可进入市场，所批示的款项，肯定是有一个上限额度，不能有超过一分钱。这与个人收藏家不同，购买使用自己的钱，虽然心里有一个承受的价位，但实际在购买过程中，多叫几口，增加心里预算完全由自己，即使多个30%—50%，也不是什么大问题。因此，这场较量很有戏剧性，从一开始两家就交上了劲，苏州来的收藏家，回身看着竞争对手，心里也在琢磨着这是些什么人，苏州一带的藏家大都认识，这些人一点感觉都没有。而国家方面也在嘀咕，这是什么人，国家要的资料，也不是大名家的纯艺术作品，这般不让。经过几十个轮回的竞叫加价，最后还是国家方面叫到了他们的最高出价70万，而私人收藏家叫价加一万，犹如压倒大船的最后一根稻草，出价71万，国家方面已经无力回天了，一元钱也不能加了，眼睁睁地让人拿去。姜伟先生对此拍品，志在必得，毫不犹豫，况且价位也不离谱。有趣的是姜先生是位从94年开始就进入拍卖场的老手，中国的北京、上海及香港地区，海外伦敦、纽约拍卖会常见其身影和出手，在拍卖中他已经观察到竞争对手是几位国家机构的工作人员，料定对手的出价一定有限制，所以看到对手出价到70万之时已经无力再争下去了，于是自己又加了一万，轻松地令对手退出了竞争，得到了这件拍品。拍卖有技巧，往往就是差那么一点点，凭什么就多一万、两万就可以得到，或者碰到难得的大件重器，凭什么多一百万、两百万就可以拿去，既然来竞争了，就不在乎那一两万、一两百万。因此，有些买家总是咽不下这口气，不甘心那最后一口，斗气看谁能够坚持到最后。出现这种场面时，拍卖成交的结果就会邪乎了。聪明和有经验的拍卖对手，料定对手的心理底线，四两拨千金，也能手到擒来，这就是拍卖场的精彩一例。

这件拍品拍卖成交价位在我看来，对于买家来说是极为舒服的。想想看七八十年前，家中拥有大克鼎、大盂鼎，以及宋版书数十部的苏州潘景郑老前辈，对于清代的这类手稿本小玩意可以说是不入法眼。但是，在市场上碰到了袁重其《霜哺篇》的后人袁廷（梼）又仿先祖而续作《霜哺遗音》稿本之时，破例以重价从上海当年最有名的古籍书店来青阁收购，纳入收藏，并下了四百多字的题跋。看看陈先行先生整理出版的《著研楼题跋记》中的著录就知道了。一个续本，在潘先生眼里都如此重要，更何况原藏翁相国家的原本，那该是什么文物价值和市场价值呢！要我说，不可同日而语。

5. 明写本《大明会试录》

2016年春季，有一些友情提供的拍品。其中有一件是我在二十年前就看过，此后两度过手的明写本《大明会试录》。初见此书之时，为抄书者的书法所吸引，人称"字法钟、王"，绝非俗手所为，或系书家之作，可惜未有名款，令人颇费猜度。

LOT2067《大明会试录》明写本，1函1册。内有钤印：姚觐元印、彦侍曾观、吴兴姚伯号觐元鉴藏书画图籍之印、吴兴姚氏邃雅堂鉴藏书画图籍之印、曹大铁图书记、吴郡曹鼎、曹鼎、大铁父、绛云旧梦、菱花馆。

从收藏印鉴可以看出，此本清末原为吴兴著名藏书家和书法家姚觐元旧藏，后归常熟曹大铁先生。姚觐元（？—约1902），清代学者、目录学家、藏书家，字彦侍，又作念慈，浙江归安（吴兴，今湖州）人，好聚书，有藏书楼"咫进斋"。

此书尾有朱笔张明弼题跋，跋文称：

> 甲午之秋屠生宗溥游扬还，示余此册。始洪武乙酉终万历壬辰，乃究心国朝科举者所辑也。字法钟、王而采录尤详实，后五十年明社即屋，录此者殆不及见矣。鼎革之际，人君殉国，寇氛横流，壮士义夫无不椎心泣血，肝脑坠地，则后之不及见者，其幸为何如耶？余老耄病发，退居田野，蓬门寥寂，寒夜灯昏，为补成之。因念先朝如梦，故国成尘，风举云摇，尽为碧霄。知已纸劳墨瘁，还书考棘院春榜。呜呼。腊月望日，金坛桥叟张明弼书。

图录提要注明：

> 是书记明洪武乙酉年（1369）至万历壬辰年（1592）间科举开科、监考、及第等事，卷末有明人张明弼朱笔跋语。张明弼（1584—1652），字公亮。江苏金坛人。崇祯十年（1637）进士，早年师从曹大章，古文诗赋名重一时，系复社重要成员。

此书图录标注估价160,000—200,000元，经过一番争抢，最后以近底价三倍的价格成交，成交价437,000元。此书为实稿斋彭令先生竞得收入囊中。彭令先生出此价位得此物，令我惊讶。因为彭先生参加拍卖历来功课扎实，眼光独到是出了名的。

十多年前，彭先生在一家拍卖公司，以当时不菲的价格买到一部钱泳的《钱梅溪手稿》，从中发现和发掘整理出了清末著名作家沈复《浮生六记》中的第五记《中山国记》（又称《海国记》）。《浮生六记》是清朝长洲人沈复（字三白，号梅逸）著于嘉庆十三年（1808）的自传体散文。清末王韬的妻兄杨引传在苏州的书摊上发现《浮生六记》的残稿，存四卷，交给当时在上海主持《申报》的王韬，刊行于1877年，成为文学经典，海内外广为传诵。自清代光绪四年（1878）刊印前四卷至今，一百三十多年间，文化界、出版界中人一直都在努力搜求五、六两卷佚文。2008年6月17至25日的香港《文汇报》，连载彭令先生所撰的文章《沈复〈浮生六记〉卷五佚文的发现及初步研究》，公布了《浮生六记》卷五佚文发现成果，海内外读者为此兴奋不已。《浮生六记》卷五钱泳抄件的发现，成为文学界，特别是中国古典文学研究界的一件重大事情。台湾高雄师范大学蔡根祥教授进行深入研究，并发表《沈复〈浮生六记〉研究的新高潮》一文，论证钱泳的确于道光三年（1823）前后，曾阅读并抄录《浮生六记》一书，而其所抄录之内容实为沈复《浮生六记》之早期抄本，进而推知钱泳抄稿中所载录有关琉球国之记事，当为《浮生六记》卷五《中山记历》之前身《海国记》。此事国内古书行里，人人皆知，后来此书因涉及钓鱼岛，更引起海内外的关注，转手之时，成交价高达1325万元。

彭先生此番再度出手，其中必有不为人所知，或者为人所遗漏的名堂。拍后我即见到彭先生，问为何出手买此书。彭先生笑而抽出几张纸，是文章初稿，粗略一阅，果然不出所料。赘引一段，以飨众人：

> 题跋此册写本的张明弼，顾启与姜光斗所撰的《张明弼事略》中有如下介绍：张明弼，字公亮，明末清初文学家。他的散文《避风岩记》（见冯其庸主编《历代文选》下），将自然景物与自己在封建官场的痛苦感受糅为一体，深刻揭露了明末政治的黑暗与腐朽，由于感情浓烈，风格泼辣，成为我国游记文学园地中的一枝奇葩。他的传记作品《冒姬董小宛传》是十分珍贵的史料，多次被著名学者王梦阮、陈寅恪、唐圭璋等所引用。
>
> 又，该《张明弼事略》一文中有冯其庸说：张明弼，明末江苏金坛人，生平不详……据（乾隆刻本）《金坛县志》卷八《人物志政绩》中称"丁丑五十四始成进士"，可推知他生于神宗万历十二年（1584），"年六十九卒"（同上书），即死于清顺治九年（1652）。
>
> 我们要指出的是，张明弼死于顺治九年（1652）的说法，在中学教辅材料与网络上被广泛引用……该《大明会试录》写本末叶题跋，开始即道"甲午之秋屠生宗溥游扬还，示余此册"。跋中还有"余老耄病发，退居田野"云云。跋中"己酉"（年）前加"洪武"、"壬辰"（年）前加万历，此处"甲午"（年）前未加皇帝年号，显然是因"明社即屋"、"人君殉国"，明朝已亡，作为旧朝遗老的张明弼是绝不愿写上满清皇帝年号的。据此，我们推断此处"甲午"（年），无疑为清顺治十一年（1654），不可能是1594年，或其他的甲午年。
>
> ……该册古籍文物明示我们，明末清初文学家张明弼清顺治甲午年（1654）农历腊月望日（12月5日）尚在人世。张明弼的卒年，按公历纪年，无疑在1654年以后了。张明弼的真实卒年，正如冯其庸先生所说的"生平不详"，一时难以考实。

彭先生的考证，言之凿凿，令我惭愧，过手看了不止三遍也没有发现其中的问题。因此，现在的书道上的行家不可小觑。藏书道上有经验，蛀书虫分南北，南方的成片蛀书，北方的一个孔往下钻，因此一看到书被成片蛀过，定当为南方藏书，如果是一个孔从上到下，那肯定就是北方的藏书了。从业拍卖的职员主持一场常规的古籍拍卖，少则两三百件，实难面面俱到，无暇深入研究，就像南方的蛀书虫。而行家就感兴趣的一件或几件拍品，挖地三尺，探究深奥，就像是北方的蛀书虫一个劲往下钻，其成果真的可以有时令专家们汗颜。最近看到网络上说，马未都说：行家胜过专家。这话是有点被夸大了，但是如今的行家水平真的很高，借助于网络、出版物等，可以在某一点上与专家叫板和对赌。不过，我对于赌有四句格言：小赢是福，小输是乐，大输是悲，大赢是祸。偶尔一为之无妨，常为者请戒之。所有藏书的和书道上的行家，要都向彭先生这样认真就好了。

6. 严氏淳斋珍藏《瘉埜老人遗稿》

侯官严群（1907—1985），字孟群，号不党，严复先生侄孙。幼时多受严复先生钟爱，以为可成大器。1931年毕业于燕京大学哲学系，继而入研究院深造，于1934年获硕士学位。次年获洛克菲勒基金会奖学金，赴美国留学，先后在哥伦比亚大学、耶鲁大学就读。先生对古希腊文、拉丁文有深厚造诣。民国二十八年（1939）回国，任教于燕京大学哲学系。民国三十六年，任浙江大学哲学系教授，兼之江大学教授。中华人民共和国成立后，任浙江大学外文系希腊文教授、浙江师范学院逻辑学教授、杭州大学政治系、哲学系教授，受聘为中国社会科学院哲学研究所特约研究员。严先生是中国古典希腊哲学研究的奠基人，著述甚丰。十年浩劫中，使先生最痛心的，除藏书损失外，更有积累多年而尚未付梓的大量译稿几乎"全军覆没"。严群先生在学术上研究西方哲学，但喜欢中国传统文物文献，特别是严复先生文稿，并于2000年后陆续进入拍卖市场。其中嘉德有十数件。如2009年秋季古籍拍卖，LOT3073萧敬书《明萧敬真行草书卷》，明正德六年（1511）手写本1卷。

2011年春季，严氏后人又将严复的文稿《瘉埜老人遗稿》送至嘉德古籍拍卖。此件拍品列入2011年5月22日古籍拍卖图录，编号LOT152，图录标注估价2,300,000—2,800,000元。

此件为严复手稿，内收《论小学教科书亟宜审定》《祭高妣室文》《清诰授光禄大夫太保陈公暨德配王夫人七十寿序》三篇文稿。

《论小学教科书亟宜审定》为严复著名论文，论述童稚教育之重要，又细数中国传统教学之弊，称："欧洲久讲教育之国，莫不于小学之教科书，尤兢兢焉。此其事不独学部重之也……鄙意吾国欲祛前弊，学部于教科书，莫若除自行编辑颁行外，更取海内前后所出诸种而审定之。"文中朱笔增删颇多。《论小学教科书亟宜审定》，原载光绪三十二年三月十四日（1906年4月7日）《中外日报》。

《祭高巍室文》，作于宣统元年（1909）三月二十八日，为严复祭高凤岐悼文。此文见录于《严几道诗文钞》，王蘧常藏有抄稿，较此手稿均有不同。

《清诰授光禄大夫太保陈公暨德配王夫人七十寿序》作于1917年，贺陈宝琛夫人寿。文中畅议古今中外，称："今所云西人之学说，其广者，曰平等，曰自由；其狭者，曰权利，曰爱国。之四者，岂必无幸福之可言？顾使由之趋于极端，其祸过于为我兼爱与一切古所辟者，殆可决也。"可见其晚年对西方文化的反思。此文王蘧常藏有抄稿，较此手稿有删减。

此卷严复手稿，具有极高的学术研究价值，同时也是有清一代最重要的启蒙思想家的手迹，珍贵异常。

严复（1854—1921），原名宗光，字又陵，后改名复，字几道，晚号愈野老人，别号尊疑，又署天演宗哲学家。福建福州人。译有赫胥黎《天演论》、亚当·斯密《原富》、斯宾塞《群学肄言》、孟德斯鸠《法意》等重要著作，为中国近代思想启蒙者。

此卷内有钤印：天演宗哲学家、几道六十以后作、精骛八极心游万仞。尾有张尔田、邓之诚、吴闿生、张子高等名家题跋。此件为严复后人旧藏之物。

这件严复手稿长卷来路正，保存品相一流，是一件民间所能见到的严复手稿之王，无有能超此完美者，尤其是严复作为中国近代启蒙思想家的重要影响和历史地位，吸引了许多收藏家的关注。在拍卖过程中，这件拍品也引得各方竞争，最后以2,875,000元成交。

7. 朱国祚《册立光宗仪注稿卷》

一件拍卖品，定位是否准确，对于拍卖的结果来说影响很大。当年乾隆皇帝的《石渠宝笈》将所有大德手迹和碑帖都收了进去，其中许多具有重要历史资料性的文献，结果都变成了书法作品。《颜氏家训》中就有一条，写字不必写得太好，写得太好就会令后人只关注书法而忽略了其中的思想。王羲之的《兰亭序》就是一例，现在的人都知道这是件著名的书法作品，很少人知道这是列入《古文观止》极具人生思想的文章。所以，乾隆的水平也就是看看书法，对于历史、文学等就免谈了。如何定位拍卖品，也是如此。2010秋季嘉德古籍拍卖中的朱国祚《册立光宗仪注稿卷》，就是曾经被混同于一般书法的重要历史文献。

此件拍品，原出于2007年12月17日第12期嘉德四季书画专场，注明为《朱国祚书法》，估价50,000—70,000元。朱国祚在书法史上可以说是名不见经传，他的书法影响和地位完全可以忽略不计。由于其中有十几位在后世极有地位的学者题跋，包括阮元、冯登府、张廷济、李嘉瑞、金蓉镜、王国维等十余人，最后成交403,200元。虽是底价的八倍，也只能说卖了题跋的钱，其中的朱国祚的文稿可以说就是白送。因此，买家买到这个手卷的藏家两年后，将其交给了嘉德古籍再次拍卖。在古籍拍卖时，改换拍品名称，突出朱国祚文稿的价值和意义，改称为《朱国祚册立光宗仪注稿卷》。原题《先太傅文恪公册立光宗仪注稿》，明万历二十九年（1601），手稿本，1卷，估价提高到800,000—1,200,000元。图录提要说明：

> 此卷包首签题"先太傅文恪公册立仪注稿十一世孙口瑞谨藏"。内有梁同书题"明太傅先文恪手定册立光宗仪注稿"。此件为明万历二十九年十月，礼部侍郎管礼部事朱国祚手定册立明光宗朱常洛为太子仪注稿。万历一朝因郑贵妃欲立生子朱常洵为太子，更张国本，致外朝群臣反对，万历亦避群臣攻击，避政十数年，最终诏立光宗为太子。此件为时任礼部侍郎朱国祚手草册立光宗仪注稿，为册立仪式大典的详细步骤、仪式、礼节等安排，此系有关重大历史事件的文件。册立后，万历至天启间红丸、梃击、移宫三大案连发，均围绕光宗立太子之事，为大明王朝衰落的标志性重大事件。此件行文中，依阮元考证，皇太子以下四王，为同日所封福王、瑞王、惠王、桂王；妃有恭妃、郑贵妃、端妃。此卷金蓉镜考《曝书亭文集》两记文恪公于册立东宫事特详著录。据王国维《明太傅朱文恪公手定〈册立光宗仪注稿卷〉》跋，知此卷至清中嘉庆间仍为朱氏世藏。至王国维跋时称："今归吾友蒋孟频学部。"阮元、王国维、金蓉镜等长跋，是为明季政治重要史料文献。朱国祚，字兆隆，浙江秀水（今嘉兴）人，万历十一年进士第一，授翰林，历官礼部侍郎，署理尚书，东阁大学士，文渊阁大学士，武英殿大学士，太子太保，太傅等。天启辞官回乡，死后谥文恪。朱国祚曾著《明史》，其稿为庄廷龙买得，后引发清代文字狱大案——庄氏明史案。朱国祚之曾孙朱彝尊，清初著名词人、学者。
>
> 著录：朱彝尊《曝书亭集》卷三十二。《王国维集》第一册。

图录文字着重介绍此卷的历史文献价值，而不是简单的书法价值。将明万历时期围绕争立太子十余年的斗法，号"国本之争"。争斗结果，朝纲乱，内外不安，揭示大明王朝从此迅速中落的背景，说明此卷的成文原因和意义。

朱国祚（1559—1624）字兆隆，秀水（今浙江嘉兴）人。明万历十一年（1583）举进士第一，为皇长子侍班官，擢礼部右侍郎，代理尚书。曾主定国本而嫡长为皇储上疏数十次。光宗继位后，拜朱国祚为礼部尚书兼东阁大学士，入阁参与机务辅政。天启元年（1621），加升太子太保，进文渊阁大学士，再进少保、太子太保、户部尚书，改武英殿大学士。朱国祚乃国本之争中力排外戚干政的中坚，且官掌礼部，最终迫使万历皇帝一拖再拖之后，无奈立嫡长子为太子。为朝廷立太子的大礼仪式安排，朱国祚秉笔起草。观此册立仪注稿，形式郑重，威仪森严，过程繁琐，制度规矩，有天命正统，宣示天下，祭告祖宗之效。且看此稿，行笔流畅，一气呵成，删改涂抹，神采飞扬，可以想见当年朝臣争得万历皇帝下旨，诏立光宗，确立国本之时的得意情状。此稿此后两百余年至清咸同年间，一直藏朱氏后裔，可谓藏舟于壑，直至清末转归蒋孟频学部收藏。朱彝尊《曝书亭集》卷三十二、王国维《观堂集林》均有著录。故此稿卷，乃晚明国本已乱，大明朝廷走向颓势的重要历史标志性文献，其价值远非一般书法可以相提并论。结果在拍卖中，买家均为古籍文献收藏爱好者，明白其中的历史文献价值，因此最后以2,128,000元成交。买到这件拍品的金主，不是一般人，是当今最大的藏书名家韦力先生。他在后来出版的《古书之美》中说道：

　　此卷（手卷）出现在嘉德拍卖场中，底价不菲，我本以为不会有什么竞争，没想到付出高于底价两倍的价格才到手。此后半年，我在上海华东师大开会时遇到了一位嘉兴的朋友，他聊到自己在拍卖会上力争此稿而未能到手的遗憾，我脱口而出：现在在我手中。他再三劝我给他一套完整清晰的图片，以便能够复制，因为朱国祚是他的乡贤，这是他最看重的藏品。

　　藏书家在拍卖场里，最怕遇到的就是拍品的乡党，乡梓关系，乡贤情节，都会令人冲动和疯狂，遇到这情景只有自认倒霉了。这种场面经常会出现，可称屡见不鲜，这次只能说韦力先生惨了。尽管如此，我还是要说：值。

二、宋元名刻

　　自古以来，士人对宋版书独有情钟，嗜好者无可数计，其中有近似痴迷者，如清乾隆嘉庆间的著名古籍版本鉴定家和收藏家黄丕烈，其人自号"佞宋主人"。佞，《说文解字》释义:巧谄高材也。佞宋，谓特别喜爱宋版书。叶德辉《书林清话·藏书偏好宋元刻之癖》："佞宋之癖，入于膏肓。其为不情之举，殆有不可理论者矣。"为何古往今来竟有如此之多的宋本喜好痴迷者？究其原因，必有根源所在。第一，传世罕见。宋元刻本，经历元末、明末、清咸同庚申等数大劫，流传至今，至为罕见，藏书家素来看重。物以稀为贵，宋元刻本就是古籍中的稀罕之物。第二，开本阔大。宋本书的开本往往巨大，尤其是浙江、江西庐陵等地，给人强烈的震撼。第三，字迹优美。宋刻本的字迹，往往是名家手书上板，字体书写优美，极具书法美感。如宋代著名学者周密的《草窗韵语》，据说就是周密自己手书上板刻成，书法之美，晚清著名书法家沈增植看到之后，惊呼为"妖书"。北宋时期的刻本佛经，法书灵动，味道直上魏晋，有延续隋唐写经遗风，可与任何名家书法作品媲美。第四，纸韧墨黛。世间常有一种误解，凡是书籍很残破、很模糊不清的就是年代久远的古籍，其实差矣。年代久远，追及宋版，往往是书品触手如新，字迹触目如黛。至今纸张坚实柔韧，恍若新造一般。第五，版式疏朗。名贵的宋刻本书，总给人雍容华贵之感。或是版面字距行距，疏朗得体，端庄大方；或是字迹错落有致，浑厚古朴，雄劲威仪。明清宫廷、民间刻书，同样喜好宋版书雍容华贵的仪态。如清康雍时期的金农，他的诗集，累有仿宋字体版式者，如今金农的这些版本书籍，都已经成为书林中的精品和绝品。第六，学术价值。宋代为中国版刻书籍初兴之时，宋刻有些就是时人著述，加之出版时校勘严谨，错别误脱字较少，因此后世学者读书立说，引用资料，以为信物。特别是后世有些书籍重出不穷，其中错别误脱在所难免，以宋版书校勘，最为可信。宋刻本外在的美和内中的慧如此之多，归结起来表述，就是字文版雅，如此诸般诱惑之下，以平常心处事，岂有不堕落者。如此尤物，何人不喜，何人不重焉。自明以降，五百年来，宋元刻本一直就是藏书家追逐的目标，也是藏书家水准高低的标尺；在市场中也是最为抢手，甚至宋元版书籍以叶论价，以黄金交易，可见贵重。

宋元版是古籍拍卖中的重中之重，也是整个古籍书市场行情的风向标和定海神针，因而在古籍拍卖场上，历来都是文物性最重的成分。有鉴于此，宋元刻本也成为藏书家争夺的焦点，也是古籍拍卖中最大的看点。在嘉德二十多年的常规古籍拍卖中，一些宋元刻本拍卖，异常精彩。

1. 蜀刻中字本《春秋经传集解》（图2.2.1）

古籍拍卖是一件很有学术性的商业活动，不仅以超常的价格将沉积在社会和民间的一些稀奇的珍贵藏书，展现到公众面前，而且在拍买过程中研究考订藏书的版本，时常会有惊喜和收获。蜀刻中字本《春秋经传集解》，就是典型的例证。

1995年，此书初现市场，嘉德古籍就曾接手。从专业的角度看纸张、收藏印鉴、装帧都很到位，应属宋刻本。但是，近七八百年来，未见任何收藏的文献著录，因此一时不能断定其准确的刻书年代和地区。此书三十卷，原装为16册，缺最后一册两卷。由于不能确定版本，也不见收藏家著录，估价受到极大影响，于是买家拿回，分散出售。1995年之后，此书在嘉德古籍等多家拍卖公司的拍卖会上出现，其实是一部书，不过已

图2.2.1／蜀刻中字群经本《春秋经传集解》

拆成零本，估价大体都在10—15万元，成交的结果也不尽人意，常有无人问津而流标的情形。直到2005年春，将近此书出现于市场的十年之后，我才最后搞清楚了此书的真实版本，为南宋高宗（1127—1162）蜀刻中字群经本，并且经过美国亚利桑那大学的碳十四测定纸张年代，测试数据与书中宋代避讳年代吻合。于是，此书再次拍卖之时，嘉德古籍图录提要说明：

> 此本半叶十一行，行二十字，小字双行，四周有句读附音。此本内最末宋避讳至高宗（1127—1162）"构"字，经美国亚利桑那大学同位素c14测定为距今895年±45，与避讳字年代吻合。参照元初岳氏相台编撰《九经三传沿革例》称：宋刻本唯

有蜀刻中字本，有句读附音，与此本相吻合。此本自岳氏著录后，七百余年间，未见各家书目记载，诚为八百年来之遗孤。此本明末清初归虞山汲古阁收藏，并依毛装装订。实为骇世秘本。此书为明末著名藏书家毛氏汲古阁旧藏，此刻本流传罕见，未见国内文献著录。

为了将研究的成果介绍给读者，我和傅敏先生合写了一篇文章，题为《破解七百年的谜局》，副标题：蜀刻中字本《春秋经传集解》。文中说道：

元朝初年（13世纪）相台岳氏撰刻《九经三传沿革例》，其中关于宋刻群经本《春秋经传集解》（以下简称《春秋》）的版本罗列有："京师大字旧本、绍兴初监本、监中见行本、蜀大字旧本、蜀学重刻大字本、中字本，又中字有句读附音。"此后至今七百余年间，关于蜀刻中字群经本《春秋》，学术界、收藏界没有任何记录和研究，成为一段难以破解的谜局。

1997年，一部毛氏汲古阁旧藏，徐乾学、季振宜递藏的《春秋经传集解》（参见中国嘉德1998年秋《古籍善本拍卖专场图录》LOT628），惊现于古籍拍卖市场，引起各方关注，一时关于此本的版本问题众说纷纭，莫衷一是。为了彻底搞清此本的版本问题，几年来经过多种方法，多种比较，初步得出了一个令人兴奋的结论，此本正是自《九经三传沿革例》著录之后，七百年来学术界、收藏界苦苦觅求的宋蜀刻中字群经本《春秋》。

根据此书中的避讳字，判断年代。书中避讳极为严格，匡、玄、敬、竟、殷、泓、征、让、桓、构，均缺末笔避讳，"慎"字不避讳，可以确定避讳最后一字为宋高宗赵构的"构"字，为公元1127—1162年。为了进一步确定此本的印刷年代，1999年我们将此书的纸样，送往美国亚利桑那大学同位素碳十四（C14）测定实验室，两次实验之后的测试报告表明，此本的纸张年代为距今895年正负加减45年（参考值为公元1040—1213年，准确度为68%；1029—1224年，准确度为95%。这两个参考年代的中心均为公元1126年），这与书中的避讳字所反映的年代完全吻合。因此可以断定此本为北宋末南宋初年的刻本，当属无误。

此本《春秋》的行款，为半叶十一行，行二十字。参考我们已经知道的两宋时期四川地区刻书，蜀刻本前后可以分为两个体系：一是在北宋到南宋初年的唐人集，如《骆宾王文集》《李太白文集》等均为半叶十一行，行二十字。另一个是南宋中叶的蜀刻唐人集，如《孟东野文集》《新刊权载之文集》《许用晦文集》等，皆为十二行，行二十一字。所以，此本《春秋》的行款与蜀刻唐人集的前一个体系相符合，正是北宋末年南宋初年蜀刻本的标准行款体系。

最后的问题，此本究竟是蜀刻本《春秋》的哪一个刻本呢？我们通过文献的记载，即《九经三传沿革例》的说法，所谓群经本有蜀刻大字旧本、蜀学重刻大字本与蜀刻中字本，行文中特地说明了蜀刻"中字有句读附音"，而此本《春秋》内正有句读附音，实物与有关中字本文字记载的特点完全一致，由此可以断定此本《春秋》必是中字群经本无疑。否则，无法解释"中字有句读附音"的定语。此本《春秋》可以认定为蜀刻中字群经本中的孤本，按《九经三传沿革例》所记载，它是最早的带句读附音本。

由于搞清楚了此本的版本，证明了此本为存世孤本，且弥补了版本学术研究的一大空白，因而其学术价值和市场价值倍增，嘉德古籍的新估价定为450,000—500,000元，将此前估价提高了三到四倍。这部书在图录中出现，立刻引起了学界和收藏界的关注。有实力的古籍收藏家，摩拳擦掌，跃跃欲试，准备在拍卖场里一搏高下。拍卖之时，竞叫者论群，最后以1,056,000元成交。

此本成交后，最有意思的是有买家颇有讽刺意味地说道，此本半年前曾于某拍卖行10万元流标，现在花了一百多万元来买，是不是冤大头啊。我以为拍卖场里经常会有这等人物，没有买到心里发酸，风言风语说些风凉话，不必理会，后边等着看。八年之后，即2013年5月10日这本书再次出现于市场，那时学界的研究也跟上来了，北京大学图书馆研究馆员张丽娟著《宋代经书注疏刊刻研究》一书，其中一节专门论述蜀刻中字本《春秋经传集解》，详细考证了此书源流和版本。这次的估价再次抬高为3,000,000—3,500,000元，最后以3,450,000元成交。所以说，拍卖的价位是买出来的，只要买的没有错，没有假，那就不用慌，文物放在手里，不论之后多久，它依然还是文物，而且随着时间推移，更加珍贵。

2. 觉今是斋旧藏宋版《考工记解》（图2.2.2-1）

胡若愚，本名言愚，字如愚（后改为若愚），室名觉今是斋。北京大学毕业，法学士。民国时期历任法制院参事、参政院参政、京师税务监督、清室私产清理局总办、卫生部政务次长、青岛市市长、青岛特别市党务指导委员、代北平市市长、故宫博物院理事等职。因与张学良结为义兄弟，为其心腹，在"东北易帜"事件中起到重要牵线作用。张学良早年在京津地区收藏古代书画时，得到胡若愚和结拜兄弟周大文两人的指点。两人根据张学良喜欢明史的特点，帮他确定以明清书画和明清名人墨迹为主的收藏方向。胡卸任后寓居天津，直至离世。1949年后，胡若愚不再涉及政事，虽然前半生风光无限，但晚年经济并不宽裕，没有官职，没有买卖，主要靠卖名人字画或古董生活。

胡若愚的收藏和藏书数量不多，但是质量很高。1995年春季嘉德古籍从胡氏后人（是位老太太，我管他叫大姑）处征得部分藏品，参加嘉德的各项拍卖。此次包括明世德堂刻《六子》，明刻本柳宗元撰、莫如士重校《柳宗元文集》，明拓本苏轼书《仙游潭碑记》等，拍卖结果很好，付款也很正常。只是在给大姑汇款时，遇到了点小问题，嘉德财务按照大姑指定的银行汇款后，大姑几番去银行，总是告知款未到。逾期一周，我很是着急，找到了王雁南总经理，告诉她这是一位非常重要的客人，失信会影响以后的合作。王总闻悉之后，破例指示立刻提取现金送到大姑府上。这样赢得了大姑的信任。随后家里的藏品翻箱倒柜地任我挑。'95年秋季，大姑继续提供给嘉德的拍品，其中名品有：

书画类：

石涛《高呼与可》画卷，嘉德书画印制单行册页；

瓷器杂项类：

成化高脚杯，为当季瓷器杂项拍卖图录的封面；

乾隆青花花囊（俗称鱼篓），为当季瓷器杂项的门票用图。

拍卖中，石涛《高呼与可》画卷为故宫购藏，瓷器的成化高脚杯、乾隆青花鱼篓，为收藏家竞得，在此买家现在也可以知道了，它们的上一手藏家，就是胡若愚先生。

2005年秋季，胡氏后人又找到了嘉德古籍，欲将两种古籍善本拍卖。

第一种，唐韦应物撰、宋刘辰翁生校本《韦苏州集》十卷，《拾遗》一卷，元刻本，8册，估价2,000,000—3,000,000元，成交价22,000,000元。钤印：季振宜印、神品、百宋书藏、胡氏所藏宋本、新安吴氏（图2.2.2-2）。《邵亭知见传本书目》卷十二上本条云："元刻本，十行十六字，细黑口，左右双阑，版心记字数，上下不一。首刘辰翁序，次王钦臣旧序，次目录。行间有点掷，异字注本字下，评语在每句或首之末。末附《拾遗》一卷，诗八首，又有德祐初刘辰翁跋七行，与孟浩然并举。末镌'孟浩然诗陆续刊行'二行。其《拾遗》标题改为'须溪先生校点韦苏州集'，与卷首作'校本'者异。有季振宜藏印，袁君克文藏。余尝借校。"本书与前述均附，应即此本无疑。前有袁克文题跋。是书迭经名家收藏，罕见之至。著录：清莫友芝撰《御亭知见传本书目》卷十二上。

第二种，宋林希逸撰《鬳斋考工记解》二卷，宋刻本，8册，估价3,000,000—4,000,000元，成交33,000,000元。此本历经明晋府、明盛当时、明赵宧光、清内府收藏，藏印累累：乾隆御鉴之宝、宜子孙、晋府书画之印、燕超堂书画印、吴郡赵宧光家经籍。林希逸（1193—1270），字肃翁，号竹溪，又号鬳斋，南宋渔溪人。宋理宗端平元

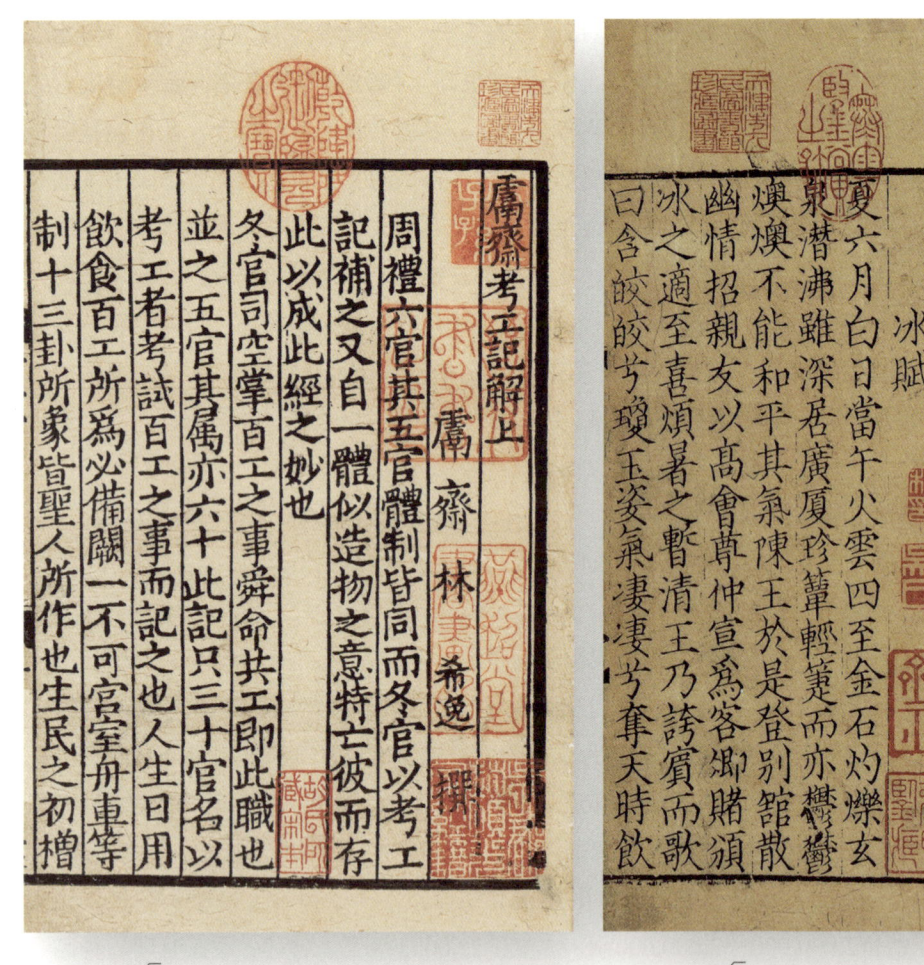

图2.2.2-1 / 胡氏觉今是斋藏宋刻本《考工记解》　　　　图2.2.2-2 / 胡氏觉今是斋藏唐韦应物撰、宋刘辰翁校点《韦苏州集》元刻本

年（1234）解试第一，次年省试第一，成进士甲科第四人。为平海军节度推官，为官清白，受人称颂。淳祐六年（1246）迁秘书正字，明年历翰林权直学士兼崇正殿说书，后年以直秘阁知兴化军。宝祐三年（1255）为饶州太守，终官中书舍人。此本历经明晋府、明赵宦光、清内府收藏，藏印累累。内中字体、版画镌刻精美，可谓刻、印、藏三绝。真罕见之物。

这两种书，我在1995年春与大姑初识之时，就曾看过。那时候，古籍拍卖初始，民间收藏也在复苏，对于善本书的认识还很幼稚，善本书与普通古籍书、宋元本和明清本、抄校稿本和刻本书，都没有拉开差距，特别是一些宋元孤本、珍本，价位一般也就是十万、八万元。所以我当时就对卖主直言，这些善本、珍本此时拿出来拍卖不合时机，先放一放为好，只拿了一些明清版本书和碑帖参加拍卖。大姑答应了，说您真不像个生意人，太厚道了。十年后，国内包括北京古籍拍卖有很多家了，大姑还是坚持又找到我，不是为别的，就是因为人厚道。大姑见我第一句话就是：现在卖这书时机成熟了吗？我说：成熟了。其实拍卖藏书永远没有成熟或不成熟的问题，也永远不可能卖到最高价，因为明天会更高。只能相对而言罢了。

这两部书版本好，品相也好，况且还是历代名家收藏，就是常说的"招人"的拍品，在预展过程中，虽然觉得底价定得不低，依然为客人看好，结果双双拍出。那时大姑卖书，是要出家了，为给菩萨重塑金身筹资。所以，这是在修来世，就别嫌贵了。

3. 康生旧藏《唐柳先生集》

1996年春季嘉德古籍拍卖会，有一件拍品值得注意：LOT598柳宗元撰《增广注释音辨唐柳先生集》，明初刻本，16册。钤印：归公、康生、戊戌人。此刻本风格有元代遗风，雕刻精良，墨色如漆，保存如新，是一件甚为难得的拍品。这部书，与御题《佩觿》天禄琳琅旧藏、清刻本《帝学》天禄琳琅旧藏、毛氏汲古阁抄本《陶渊明集》同出一人之手，知此藏家断非寻常百姓之家。其中《佩觿》亦有康生题记，可见此家藏书早已为康生所垂涎。此书品相一流，保存完好，估价甚低，图录标注估价120,000—140,000元，因此为收藏家看好，拍卖成交价143,000元。

从新中国建立以后，民间的藏书家，一方面是主动或被动地响应国家号召将其藏书捐赠国家的图书馆，诸如北京的双鉴楼傅增湘、天津的自庄严斋周叔弢、上海的潘景郑等老一代藏书家，将家中所藏古籍善本收藏捐赠国家，其余未捐赠的藏书旧家或出走了，或改造了，或已失去大部分经济来源，因而这些清末民国的藏书旧家在1949年之后，虽家中仍有保存藏书，但在市场中基本退出了。代之而起的是一些新中国拥有权力的藏书爱好者。在这些高级干部里面有康生、陈伯达、李一氓、王力、郑振铎和喜欢明清文人手迹之类的田家英等，号称有十八大玩主，其中康生为班头。从今天看来，收藏水平最高的就是康生。康生（1898—1975），中国山东胶南县（今属山东青岛市黄岛区）人，曹汶张氏后人。康生出生于书香世家，受家族熏陶，幼年时代便开始接触文艺作品，擅长中国传统书法、中国画及收藏，其艺术造诣曾被指为是众多中共领导人中最为优秀者。康生收藏主要有古籍、砚台、印章等。近年来在市场上看到的康生致赵万里书札，里面就有许多康生与赵万里先生讨论版本，以及康生关于《西厢记》等的书信。暂且不论康生是如何得到藏书的，近些年嘉德古籍过手的康生藏书就有不少。列举（不完全统计）如下：

司马光撰、胡三省注、张一桂校正、吴勉学复校《资治通鉴》二百九十四卷，明万历（约1600年）新安俞允顺督刻本，100册14函。钤印：康生、归公、戊戌人。内有康生朱笔题字于扉页"明万历刻本资治通鉴二百九十四卷一百册"。

蒲留仙先生著《聊斋杂集》，清末敬业斋抄本，4册。

清曹雪芹著《程甲本红楼梦》，清乾隆五十六年（1791）活字印本。是书乃著名红学大家俞平伯先生收藏旧物，为郑振铎先生所赠，"文革"中被康生所得，并钤印记，"文革"后重归俞氏。1985年，俞先生87岁时重观是书慨叹并作题记云：《红楼梦》最初只有抄本八十回，后有百二十回。清乾隆时，程伟元始以活字排印，其第一次，今称"程甲"，为是书最早的刊本。是为程甲残本，凡六册，存首三十回，原有周氏家藏印，不知何人。50年代余治《红楼梦》，西谛兄惠赠，后钤衡芷馆图记，及丙午家难，并书而失之，遂辗转入他人手，余初不知也。今其图记尚在，阅二十载而始发还，开卷怅然。爰属孙女华栋为钤新印以志经过，并留他年忆念之资云。乙丑夏四月信天翁识于京都，时年八十有七。"

关于康生收藏，王力近年在香港出版的《王力反思录》中有论述，其中包括康生的工资和对于钱的态度、收藏古籍砚台的爱好等。可以肯定古籍藏书是康生最主要的爱好，他曾买了不少古籍善本。但是其中可能有不实之处，如康生晚年刻了一方印，名曰"交公"，并在自己所有的收藏品上都打了"交公"章。他把自己所有的收藏品都捐献给国家，一分钱也没有要。这种说法，令人怀疑。因为，我所见的康生藏书，经常可见的是"归公"印和"大公无私"印，并不是"交公"印，而且这些印鉴大都是钤在一些来路不明的古籍善本书上。更况康生的收藏和藏书至死也没有归国家，我所知道的是康生死后被抄家，他的收藏也是被抄归国家，而不是捐献。诚如上面所引这些康生藏的善本书，大都为"文革"后退还原收藏家之物，说明康生不过是以"归公""大公无私"之名，窃据己有而已。所以，我觉得对于康生的收藏及其藏书应该怎么看，王力先生的说法并不能服人。这也不能怪罪王力，他只是听说，那时他还被关在秦城监狱里，并不详实了解狱外发生的事。

4. 九峰旧庐旧藏宋版《蒙求》（图2.2.4）

宋版书，经过元末战乱，明代以后就已经成为罕见之物。之后迭经明末、清咸同间庚申（太平军下江南），以及民国丁丑（日军侵华）等劫难，传至今日，在民间已经成为神话。从嘉德'94年开始古籍拍卖，都只有见过和征集到零本，也就是常说的不全，或零本。所谓求一本已经很难，求一部全本难上加难，可遇不可求。

'96年秋季，嘉德古籍自沪上吴建刚先生处征集得一部宋刻本《蒙求》，这是极为难得一见的宋版书，关键是全本，至为罕见。吴先生家世极为复杂，其人是常熟曹大铁先生的外甥，也是与文物艺术行业有关系的人，故曹先生藏书大都经过吴先生之手进入拍

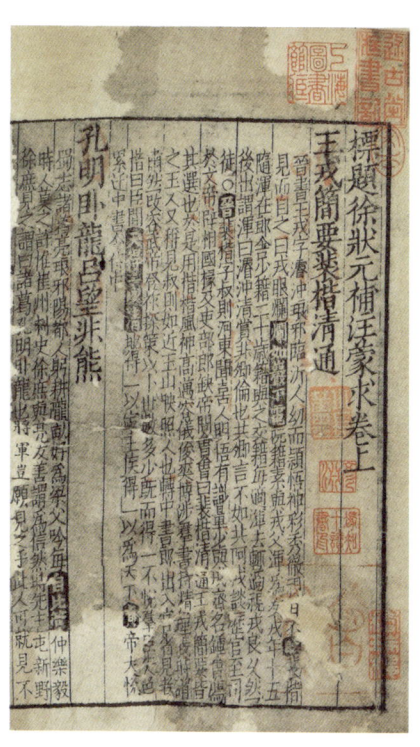

图2.2.4 / 宋刻本《蒙求》

卖。吴先生夫人为杭州九峰旧庐王绶珊先生后人。故吴先生家庭承载着民国以来杭州、常熟两大藏书家的余脉。《蒙求》就是王绶珊九峰旧庐旧物。此本"文革"期间抄家入上海图书馆,"文革"后退还。除此本外,尚有宋刻本《监本纂图重言重意互注礼记二十卷》(参见'96年春嘉德古籍LOT547),此书为建本翻刻南宋国子监刻本的精品,雕工精湛,纸墨俱佳。明季此本归文徵明玉兰堂收藏,明末归毛氏汲古阁,清初曾归季振宜收藏,民国间为藏园傅增湘藏。内有玉兰堂、毛氏子晋、季振宜读书、藏园、双鉴楼考藏宋本、杭州王氏九峰旧庐藏书之章。清末海内闻人杨守敬有长跋。民国间此本归传藏园并校点。此本为海内外孤本,于海内外俱有盛名,著录于《中国善本书总目·经部》,也是一部难得的宋版全本。

王绶珊(1873—1938),浙江绍兴人。名体仁,字绶珊。清末秀才。王氏以经营盐业起家,嗜典籍,室名"九峰旧庐""东南藏书楼"。王氏为近代大藏书家,在其所藏书中,方志占有相当的数量。据杜国盛撰《九峰旧庐藏书记》载,王氏藏宋本百余种,各省府、县志达两千余种。又据朱士嘉撰文,王氏藏地方志中属海内孤本者达29种,尤其著名的是宋绍定刻本《吴郡志》。其他不见于各大图书馆及藏家目录者约四百种。朱遂翔（杭州抱经堂主人）为之著录所藏浙江一省之地方志目录，达236种。宋版《蒙求》为其所藏宋本之一。

徐子光补注《标题徐状元补注蒙求三卷》宋刻本，3册带楠木盒。内有钤印：宋本、述古堂藏书记、稽瑞楼、冯知十读书印、冯彦渊、小长庐、元璐之印、王印翚、韩荧之印、绶珊收藏古本、杭州王氏九峰旧庐图书之章等。图录文字提要：

> 此书取《易·蒙卦》之"匪我求蒙童，童蒙求我"之意命书，采辑正史人物言行，编成四言韵语。宋徐子光注，以每二句八字一节，取正史传记注出人物故事，颇为精赅。此书旧时多作为蒙学课本，流传至今，竟成孤本。
>
> 自明以降，此书备受名家珍重，书内明季有沈石田、倪元璐、冯知十藏印。清初首归钱尊王述古堂，而后朱彝尊小长庐、王翚、韩荧、陈揆稽瑞楼等先后递藏。清末至民国，收归邓邦述之群碧楼，继归杭州旧庐王九峰，可谓名家护持，流传有序。此书邓邦述二跋，历考此书源流。
>
> 此本著录于邓邦述《寒瘦山房鬻存善本书目》《中国善本书总目·子部》（稿）。估价520,000—600,000元。

20世纪90年代中，古籍拍卖市场初开，古籍收藏中断多年，认识、恢复尚需时日，对此类高等级之文物和高价位藏书认知欠成熟。因此，展览中虽令各方称奇，拍卖中应价仅一人，最后底价成交。有此先见之明购得此书者，乃兆兰堂主人赵先生，此书现在已成先生收藏镇库之物。

王绶珊先生身有妻妾，余脉不止一家。除吴先生家之外，另有一支，亦与嘉德古籍往来日久，"文革"后退还古籍数量逾两百种，曾辟为专题参加嘉德古籍拍卖。其中2012年5月春季嘉德古籍拍卖图录LOT165至196，三十余部均为杭州王九峰先生旧藏，其中包括：

杨维桢著《东维子文集》三十一卷，旧抄本。

内有钤印：南昌彭氏、宗室盛昱收藏图书印、宗室文懿公家世藏、宗室盛昱、结一庐藏书印、绶珊六十以后所得书画、上海图书馆藏、上海图书馆退还图书章。提要：此书为元杨维桢著，曾为彭元瑞、清末宗室盛昱、朱学勤之结一庐、王绶珊之九峰旧庐递藏。彭元瑞（1731—1803），字掌仍，号芸楣，江西南昌人。乾隆二十二年（1757）进士，官至工部尚书、协办大学士。为《四库全书》副总裁、编撰《秘殿珠林》《石渠宝笈》《西清古鉴》《天禄琳琅》等图籍目录。著有《恩余堂辑稿》《经进稿》《宋四六话》《知圣道斋读书跋》等。朱学勤（1823—1875），字修伯，仁和人。咸丰三年

（1853）进士，入军机处，历任鸿胪寺少卿、大理寺卿等。著有《结一庐文集》《剿平粤匪方略》《剿平捻匪方略》等。喜藏书，家有"结一庐"，编有《结一庐书目》《朱修伯批本四库简明目录》等。朱学勤殁后，结一庐藏书多售与其婿张佩伦。其《结一庐剩余丛书》之版片归刘氏嘉业堂。

高启著、陈邦瞻、校王汝淳校《重刻高太史大全集》十八卷，明刻本，4册。

周立校正重编《缶鸣集》十二卷，明刻本，6册。

毛一鹭汇编《范忠宣公集》十卷，万历三十六年（1608）刻本，2册。

王维撰、顾起经编《王右丞文集》四卷，明嘉靖三十五年（1556）顾氏奇字斋刻本，3册。此书提要：

此书内收唐《王右丞文集》四卷、《历朝诸家评王右丞诗画抄》一卷、《凡例》一卷、《唐诸家同咏集》一卷。卷三、卷四为抄配。版心上镌"奇字斋"，下镌"吴应龙书"及王诰、何钿、何镒、何鏻、何钤、何鑑、何应元、何朝宗、何应亨等刻工名。卷一末刻"丙辰夏首顾伯子付刻于圆锻亭上"；卷二末有牌记"太岁在丙辰夏孟月尾锡山顾起经与（橋）李陈策四覆校于青藜阁中越月乃授之梓"，知其为明嘉靖丙辰年（1556）顾氏奇字斋刻本。

顾起经（1515—1569），字长济，又字元纬，号九霞，别号罗浮外史，室名奇字斋，无锡人。明诗文家，素负才气，著述甚富。

此书未见于《中国古籍善本总目》。

《岑嘉州集》八卷，明刻本，4册。

《吕氏春秋》二十六卷，明嘉靖七年（1528）许宗鲁刻本，16册。内有钤印：张穆、群碧楼印、正闇收藏、绥珊六十以后所得书画、九峰旧庐珍藏书画之记、上海图书馆藏、上海图书馆退还图书章、朱遂翔所见善本。

房玄龄注、梅士享诠叙《诠叙管子成书》十五卷，卷首一卷，明天启五年（1625）刻本，16册。

唐顺之著《荆川文集》十八卷，康熙间精刻本。内有钤印：文弨读过、卢文弨、弨弓、数间草堂、杭州王氏九峰旧庐藏书之章、浙东朱遂翔四十以后所见善本、遂翔经眼、曾经民国二十五年浙江省文献展览曾陈列、上海图书馆藏等。图录提要文字：

此书为明代儒学大家唐顺之所著，刻印极精。内有清乾隆甲午（1794）年间卢文弨朱笔批校。卷一、卷四、卷六、卷十一、卷十二、卷十五、卷十七、卷十八后均有校书题记，题记内容甚广。1936年此件曾参加浙江省文献展览，卷十八有展览纪念戳记。曾为王氏九峰旧庐旧藏。

卢文弨（1717—1796），字召弓，一作绍弓，号矶渔、抱经，晚年号弓父，人称抱经先生，仁和人。卢存心子。乾隆进士，官翰林院编修、上书房行走，翰林院侍读学士、湖南学政等。乞养归故里，主讲江浙各地书院。文弨一生好学，校勘的古籍有《逸周书》《孟子音义》等210多种，并镂板刊印，汇成《抱经堂丛书》15种。喜藏书，有"抱经堂"书数万卷。著有《抱经堂集》34卷、《礼仪注疏详校》17卷等。

估价120,000—150,000元。

此书是清代著名学者卢文弨批校本，且为民国间浙江省文献展览的名品，引得收藏界的关注，在拍卖中多方竞争，最后以1,035,000元成交。竞得此件者为胡星来先生。

5. 宋版《活人事证方》（图2.2.5）

宋元刻本藏书零本，自古以来都为藏书家所重视。即使是仅存一叶，也是一段历史的见证。嘉德古籍曾经拍卖过一叶宋版书，《丹阳后集》，列为国家一级文物。原因就是这部书在诞生后的八百年里失传了。公藏目录和私家藏书目录均已不见著录。这一叶是从内阁大库八千麻袋流出来的一叶残纸，确是宋代曾经刊刻此书的唯一证据。而《活人事证方》零本一册，宋刻本，海内外孤本，它的意义也是证明了这部书宋代曾经有刊刻。

零本藏书非常有讲究。零本的首册，或者最后一册，特别重要，不可当作一般的零册来看待。宋代淳祐年间刻过一部朱熹的著作《资治通鉴纲目》五十九卷。20年前，此书有零本存于国家图书馆、上海图书馆，东北、天津、山东各馆也有收藏著录，但都不是第一本和最后一本，仅仅从版刻字体、纸张、版刻风格判断为南宋刻本。至于具体的刊刻时间、地区、何人刊刻一概不明。但是，忽然在古籍拍卖市场上出现了一本第五十九卷，恰为此书的最后一卷，在这本零册的卷尾的尾跋，不仅说明了刊刻的时间为淳祐年，而且说明了刊刻地区为江西庐陵地区，刊刻者为江西庐陵儒学。它的出现，将现存的这部书其他零本的版本问题彻底解决了，其文物和学术价值非同一般。有藏书家来电话询问，这书何价可以购藏。我回答，已经有客人起步为30万。来电者一惊，问道，宋本书现在通常零册不过是10万左右，这部书即使是版本不错，如何可以这么看重？我回答，现存知道的有六、七册零本，每册如果都是10万，那该是多少，可是将这六、七册都给我，我不要，我就要这一册。所以从文物价值和市场价值，这个起步价位合理。宋版《活人事证方》类似，是第一册。

LOT573南宋《活人事证方》，南宋建安余恭礼宅刻本，1册。钤印：称意馆藏书记、

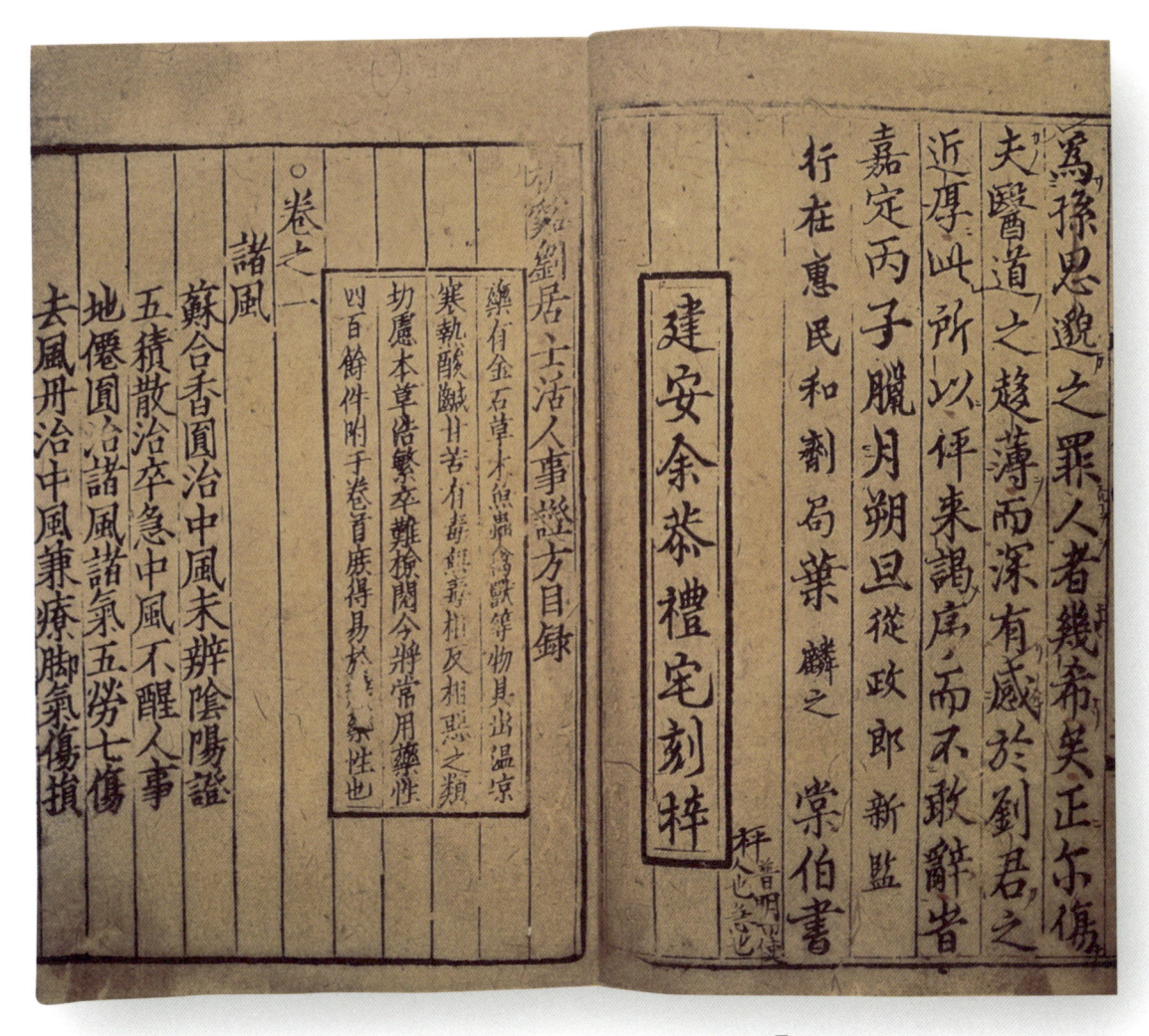

图2.2.5 / 南宋建安余恭礼宅刻本《活人事证方》

伊泽氏酌源堂图书记、淳化馆主珍藏、陈介海外搜奇印记、周暹。图录提要：

存一册，含卷首总目、著者牌记、序言、刻书牌记、目录、歌诀、药性解说等。

此书是海内外孤本，且为早年流传至东瀛之中土佚书，清末杨守敬在日本访书时发现，以后由国人购归，民国期间曾经著名藏书家周叔弢、莫伯骥等人递藏；全书初印精湛，字风峭，为南宋建刻本典型，无论是文物价值或版本、医药两方面的资料价值均弥足珍贵。

本书为南宋儒医桃溪居士刘信甫编著，并由当时的医官叶麟之作序，书中薏苡人、郁李人，人字不作仁，而字均作图，与传世的宋代医书相符。卷首共有三块牌记，叙述编著缘由、刊刻人地、目录体例甚详，在宋版书中亦属少见。有"建安余宅刻梓"等牌记，为目前所知的孤证。而且书品保存良好，著录详尽，极具收藏价值。

图录标注估价170,000—220,000元。成交价429,000元。

现在回头来看这部《活人事证方》，存的是第一卷和卷首，它提供了此书几乎所有的版本信息。一是刻书牌记，共有三块，为"建安余恭礼宅刻梓"刻书牌记，其余为刻书原由；二是此书的卷数和内容概貌可以由此尽览；三是历代收藏印鉴。有的藏书家喜欢钤印，一本书不仅钤十几枚不同的收藏印鉴，而且每卷都会钤印，比如明代的项元汴、明末清初的汲古阁毛晋，都是如此。有的藏书家，仅在藏书的卷首或卷一钤印，也会在卷末钤印，中间各卷不钤印。如果出现中间的存卷，就看不到收藏印记，也就无法考订收藏的源流。而这本书存的是第一卷和卷首，书内的莫氏三十万卷楼藏书印，说明了此书原系广东近代著名藏书家莫伯骥之物。有了这本零册，此书的版本、内容就已经大体了解了。

由于这本书的文物和学术价值极高，直接定为当季的嘉德古籍善本图录的封面，并入选《嘉德十年精品录》。

这部书为海内外孤本，日本的内阁图书寮今存一部抄本。最近国内某拍卖公司又出现了六叶此书的零叶，竟然成交价高达200万，如此说来这本共44叶的首册，那该是如何估价，市场价格又该几何？此书的收藏家回首往事之时慨叹：当年人说我是钱多人傻，但我是因为对文史的热爱，升华成古籍的收藏，不小心20年后账面似发大财！此公就是我常说的上海北京路和西康路交会口的"二潘"藏书家之一，潘思源先生。"二潘"的另一位是老一代藏书家潘景郑先生。

三、天禄琳琅

清乾隆九年（1744），乾隆谕令内臣检阅内府明代以前宫廷秘藏书籍，挑选宋、元、明善本进呈御览，阅毕择其精善者置于昭仁殿，赐名"天禄琳琅"，亲书匾额。昭仁殿是乾清宫的东暖殿，为一南向三间小殿，康熙在位时，常寝于此，乾隆不敢居住，因以贮善本。所谓"天禄"，是取汉代时的"天禄阁"旧称，是汉朝宫廷的图籍档案馆，由刘邦的谋臣萧何主持建造，既是存放档案的库房，又是撰史著述、校勘典籍和学术交流的场所。"琳琅"为美玉之称，意谓内府藏书琳琅满目。自此之后，天禄琳琅成为清廷收藏善本珍籍最重要的书库。

1772年，乾隆下诏编纂《四库全书》，广搜民间善本。搜访进呈的图书数以万计，是编纂《四库全书》的主要资料来源，同时"天禄琳琅"藏书也得到补充。随后，乾隆在1775年命大臣于敏中、王际华、彭元瑞等十人，将"天禄琳琅"藏书重加鉴定整理，并仿前代旧制，将图书辑成书目，方便管理利用。编成《天禄琳琅书目》十卷，即《前编》，以经史子集四部为宗，又以宋、金、元、明本刻印时间先后为序，计收宋版71部、金版1部、影宋抄本20部、元版85部，明版252部，总共429部。乾隆退位后第二年十月二十一日乾清宫突发大火，天禄琳琅藏书未能躲过此劫，所藏429部善本典籍全部焚毁。

天禄琳琅藏书与石渠宝笈藏画，犹如乾隆皇帝的一双筷子，是这位太上皇晚年的精神寄托，非同小可。于是嘉庆皇帝急忙诏令重建昭仁殿和天禄琳琅，并于宫内各处收集古籍善本贮入。重汇"天禄琳琅"的善本，统称为"天禄继鉴"。同时命彭元瑞等，仿前编体例，编成《天禄琳琅书目续编》20卷，收录宋、辽、金、元、明五朝善本书663部，其中宋版241部。

天禄继鉴藏书极具特征，易于辨认。部分书籍外表曾经送至琉璃厂特殊装帧，明黄丝线，织锦图案，明黄绢包角，玉玺。书内最明显的就是有乾隆晚期的诸印。每一部编进书目的善本书均加盖钤印，分别是"五福五代堂古稀天子宝""八征耄念之宝""太上皇帝之宝""乾隆御览之宝""天禄琳琅"等属于乾隆帝的玺印，共6枚。及至《后编》既成，每部书另钤"天禄继鉴"。有两点值得注意，一是有许多藏书在书目中未列，即所谓存在此类钤印特征的目外书籍。书目中所列均为全本，疑残书未入书目，嘉德古籍1996年秋曾征集得章伯钧先生旧藏明抄本《资治通鉴纲目》1册，据朱家溍先生认定确系天禄琳琅旧藏，未见书目记载。二是乾隆去世后，嘉庆间补充进入，有"嘉庆御览之宝""天禄琳琅""天禄继鉴"，共三枚御印。《续编》完成后，嘉庆后昭仁殿续有庋藏，一直延续至清末。传有《三编》《四编》，今皆未见。

1924年溥仪出宫前，通过赏赐溥杰之名，将宫中天禄琳琅藏书177部带出，至1925年清宫善后委员会查点故宫物品时，天禄琳琅藏书仅存311部。其余176部下落不明，或系宫中太监盗出，不知去向。

至于留在故宫的天禄琳琅藏书，抗战爆发前为躲避日寇侵略，民国政府将故宫国宝奇珍运往南京、上海、武汉、重庆等地，史称"古物南迁"。抗战后，内战爆发，遂转运台湾，今存台北故宫博物院及"台湾中研院"。

乾隆天禄琳琅的藏书，部分自1945年从伪皇宫散出民间，一直在市场中备受追捧，尤其是这二十年间，市场所见的乾隆天禄琳琅藏书，80%都是出自于嘉德古籍拍卖。

关于天禄琳琅藏书，收藏界存在着诸多的误区。这些误区多少都与天禄琳琅藏书的曲折悲惨历史有关。

第一个误区是与当年的天禄琳琅重建及其《续编》有直接的关系。天禄藏书，皆宋元古刻名抄，几百年留下来的文物是不可再生的。嘉庆皇帝的御旨一下，臣工四处搜寻，哪里能有那么多得宋元刻本，只有以新充旧，以明清充宋元，重建天禄琳琅藏书。如此这般，为满足乾隆以最快的速度重建"天禄琳琅"盛世藏书的愿望，四处拼凑，仅用了7个月时间完成，仓促编出了《续编》，错误甚多。据统计《续编》版本著录错误比例高达三分之一，宋元版部分更是几近三分之二，后世学者多有诟病。那时乾隆已是太上皇了，老眼昏花，真赝莫辨，全然蒙混过关了。因此后世的版本专家和古籍收藏家，都暗自笑话乾隆的学问，对于天禄琳琅的藏书也大都认为没有学术价值。因此收藏天禄藏书者，也常被笑话为买和藏那几方大印的有钱人。其实这是一个误区，天禄琳琅是一个历史的遗迹，天禄琳琅的藏书不仅是文献资料，更重要的是文物。文物就是物化的古人历史遗迹，它可以揭示一段无法再现的历史场景，令人想到曾经的某些历史片段。这与明末清初的绛云楼过火烬余古籍一样，应当得到后世的尊重。

第二个误区是与天禄琳琅藏书散失过程有关。现存的天禄琳琅藏书大都是零本，这与溥仪长春伪皇宫小白楼内发生的哄抢事件有关。哄抢事件后剩余藏书的整理过程极不专业，再次造成了天禄琳琅书籍的分散。加之市场转手，再次加重了散失状态，以致现在所见的天禄琳琅藏书多为零本。一般藏书家都会认为明清版本的零册书无大用，亦无大价值。这里也是犯了同样的毛病，只关注了天禄琳琅藏书的版本价值，而忽略了天禄琳琅藏书的文物价值。其实每一本天禄琳琅藏书，都存在着合璧的天机。有胆有识者，不会放过这种天机，而天机是否有朝一日变成现实，那就看收藏家的命运和造化了。说道这里，我已经泄露了天禄的天机了。

第三个误区是重民轻官的藏书理念作祟。天禄琳琅藏书是大清皇上的藏书，除了身边的几位重臣有条件一睹全貌之外，一般的外臣和民间的老百姓最多就是能看到天禄琳琅藏书的目录。因此，藏书界不敢问天禄旧藏，注意力和兴趣都不在宫里的藏书。清代皇家的承德文津阁、杭州文澜阁，都名气在外，实与乾隆倡导藏书为天下风尚有着千丝万缕的联系。轻视乾隆天禄琳琅藏书的意义，完全没有道理。天禄琳琅是有清一代第一国家藏书，不否认两千年历史上官私家藏书并重的史实，那么就不能漠视天禄琳琅藏书。

正因为这些误区，这二十多年里，天禄琳琅藏书的文物价值实际上是被低估了。

1. 宋刻本《春秋经传》（图2.3.1）

1999年春季，嘉德古籍征集到的宋刻本《春秋经传》，是嘉德古籍拍卖迄今二十多年所见，最为气派、最为漂亮的一部宋刻本书籍，可说是具备了一切宋版书的优点，堪

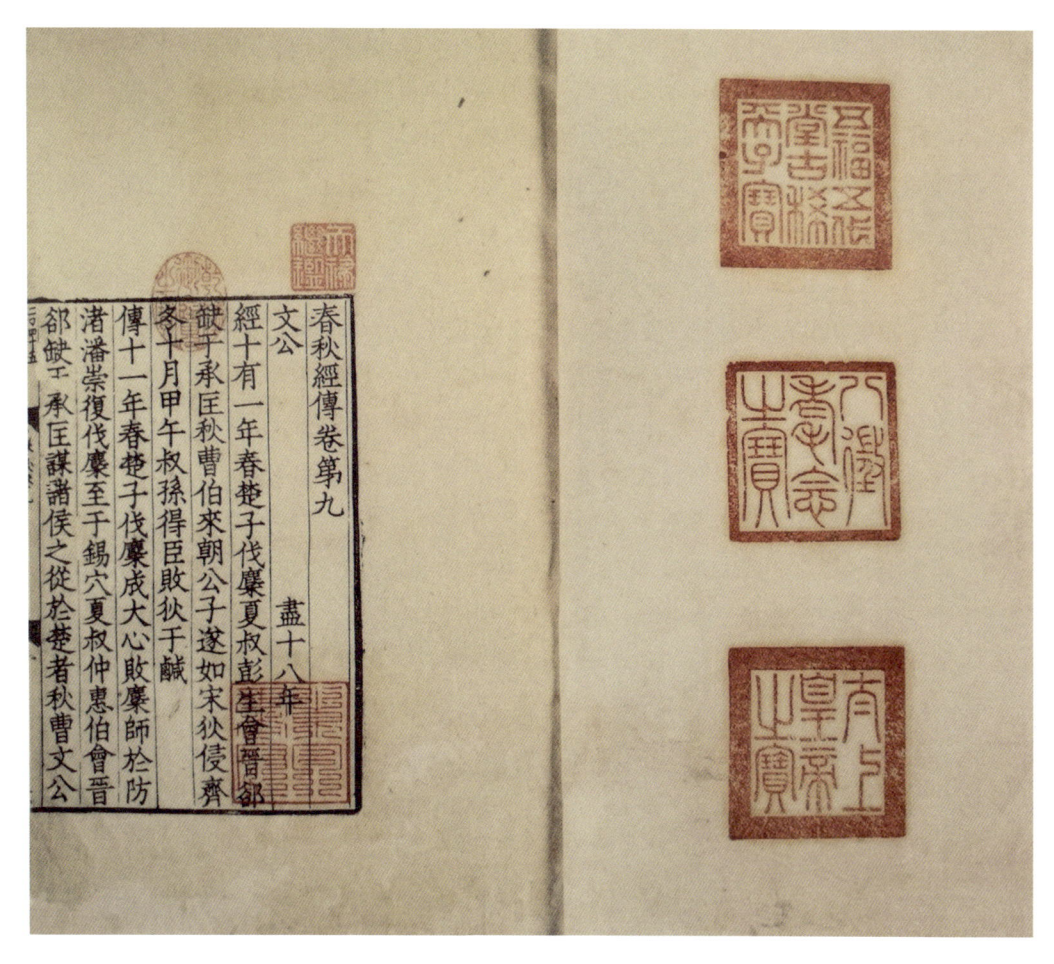

图2.3.1 / 宋刻本《春秋经传》

称国之宝物。

　　天禄琳琅旧藏宋刻本《春秋经传》，南宋杭州地区刻本，4册。系战乱之后，散失不全的天禄琳琅旧藏古籍。内有钤印：东宫书府、乾隆御览之宝、天禄继鉴、天禄琳琅、五福五代堂古稀天子宝、八徵耄念之宝、太上皇帝之宝。估价650,000—850,000元。

　　此本《春秋经传》当为南宋晚期浙江地区刻本，藏书家素来将浙江地区的宋刻本视为一等上品，简称"浙刻"，字体优美，近于欧体，纸张白净，版面舒朗，漂亮之极。此书给人的震撼是刊本阔大，高有一尺半，宽有一尺，如此之大的开本，世间罕见。按宋代出版制度，各地各公私家刻印的书籍必须送到宫里，供皇上御览，此乃所谓"呈进本"，不惜工本印制，开本硕大，用纸极为考究，初刻初印，墨浓字清，所谓纸如玉，字如黛，千年之后触手如新，足可与当世任何高级印刷品媲美。另外，这部书保存得非常好，干干净净，装帧端庄，蓝绫封面，明黄签条，楷书宋版《春秋经传》，所谓"崭新如初"，就是如此罢了。可惜之处，此书为残本，清宫原装为16册，此处存4册。查询得知，另外8册藏国家图书馆。此书印制之精美，传承八百年保存品相之完好，令人惊叹。据此本内"东宫书府"收藏印记，知此本原为明朝内府之物。

有趣的是在得到此本的同一年，即1998年末，国家图书馆出版了《历代官藏书印藏书票》，此书装潢讲究，印制精美。其中第二枚藏书票，就是"东宫书府"，与这部《春秋经传》中的藏书印是同一枚藏书印。可是我当时在图录中依据我的判断和鉴定，认为这是一枚明初的藏书印记，应该是朱元璋得天下之后，将原属宋元以来宫廷中的藏书赏予诸子，这部书应该是留给太子的藏书。所谓东宫，历代均为太子在宫中的居所。《诗·卫风·硕人》："东宫之妹，邢侯之姨。"毛亨传："东宫，齐太子也。"孔颖达疏："太子居东宫，因以东宫表太子。"唐贾岛《送董正字常州觐省》诗："春来懂侍阻，正字在东宫。"清李渔《玉搔头·收奸》："朱彬冒姓称儿，有窥伺东宫之想。"《曶鼎铭》："以匡季告东宫，东宫乃曰：求乃人。"东宫就成为太子的代名词。可是这张"东宫书府"藏书票，著录为："据王国维先生考证为宋皇太子藏书籍印鉴。"我不由得大吃一惊，如何可能是北宋藏书印，心中顿起疑心。经与国图联系得知，国家图书馆藏的五代后蜀孟昶广政元年《蜀石经》，宋拓本上有此印鉴，为著名学者王国维先生鉴定。而后，查阅了王国维先生的《观堂集林》，在卷二十有《蜀石经残拓本跋》，节录跋文如下：

东宫书府一印，于古经籍书画中俱未经见，惟宋人所编《南唐二主词》其《阮郎归》一阕下注"呈郑王十二弟"。后有隶书"东宫府书"印。案隶书当是篆书。"东宫府书"当是"东宫书府"之讹。考《南唐二主词》一书，系宋人从总集及真迹辑录……而其所见后主真迹已有"东宫书府"印。则此印必是东都之物。

王国维先生在国家图书馆善本部藏《宋拓蜀石经》内题跋原文：

"东宫书府"印，古书画中不甚经见。惟传世《南唐二主词》，《阮郎归》词下注呈"郑王十二弟"，后有隶书"东宫书府"印。考南唐二主词，系南宋高、孝间人从真迹辑录，则"东宫书府"一印，自是汴宋之物。此拓此印乃篆书，与后主《阮郎归》词后隶书印不同，然当是一时之物。蜀石经并有此印，当是北宋拓本矣。丙寅仲夏海宁王国维书于析津旅次。

案：王国维先生题跋文中所说的"此印必是东都之物""自是汴宋之物"，意即北宋印鉴。王先生所考证依据的其他文献，可称广引博征，所言俱未所知，故无力指责。于是按下，暂不去说。然而时隔不久，国家图书馆来电告知，在元大德刻本沈括《梦溪笔谈》上也有这枚印。这部书太有名了，它的版心极小，只有巴掌大，而板框硕大，是中国古代印刷史上独一无二的，元代茶陵东山书院所刻的孤本。于是我赶忙寻找来影印本，果然第一叶右下角钤有"东宫书府"大印。元代的书籍上，断然不可能有宋印。事实上，靖康之变，东都洛阳宫里的印鉴已经荡然无存，目前古籍碑帖中所见的"内殿文玺""缉熙殿宝"都是南宋时期宫里的印鉴，从未见北宋印鉴继续使用。《春秋经传》为南宋末年刻本，断无可能有东都北宋的印鉴。元朝和明朝绝不会启用宋代宫廷印鉴。因此，"东宫书府"出现在元刻本上，必在元代或元代之后，为明代东宫藏书印鉴无疑。但这段小插曲并不妨碍这部书流传有序和历代皇家收藏的身份，不影响他的文物和文化价值，当时做出了一个很高的估价：650,000—850,000元。

天禄琳琅藏书，是藏书家关注的第一热点。乾隆皇帝的藏书，最容易令人接受。因此，在拍卖过程中，这部版本好、品相好、年份好的天禄琳琅藏书，博得诸多大买家的注意，在拍卖前预展之时，就吸引了无数人的眼球。其中慕名专程来观看的有中央高层的官员，也有国家文物鉴定委员会的委员，其中包括现在的国家文物鉴定委员会主任傅熹年先生。在拍卖之时，成为竞标的焦点，买家众多，经过一番竞标，最后成交价1,760,000元。

这位买家行里人都知道，是当时的翰海拍卖公司总经理秦公先生。秦公先生是新中国文物经营行业里的一代枭雄，为人正，眼力好，有魄力，敢为天下先，以中国特色，成立了瀚海拍卖公司。秦先生研究碑帖，对于文献资料的认识高人一等，嘉德古籍拍卖之初就已经介入。秦先生是有实力、有认知的买家，最关键的是做事清正，心中无愧，身上无秽。秦先生在拍卖场里，花国家的钱，一掷千金，自己并没有贪腐，而且让国有资产还能增值，所以那么多年里，没有听到对先生的闲话，去世后更是令众人怀念，真的是难得。

其后这部书又有两本出现在嘉德古籍拍卖，均为秦公先生竞标所得。此前，天禄琳琅零本在市场上的价位通常都在十余万元，秦公先生介入之后，天禄琳琅藏书，由于本身数量就极为有限，就像股市里的小盘绩优股，忽而有大资金介入，价位迅速地就推高到百万以上。

2. 元刻本《昌黎先生集》（图2.3.2）

乾隆天禄琳琅的藏书，就是名人藏书，不论其学术价值几何，其文物价值不能否定。名人藏书所赋予藏书的历史意义无可估量，全世界对名人藏书的价值认同都是一样

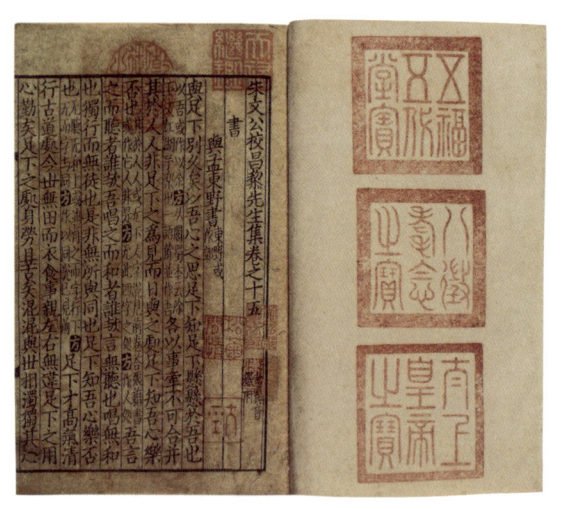

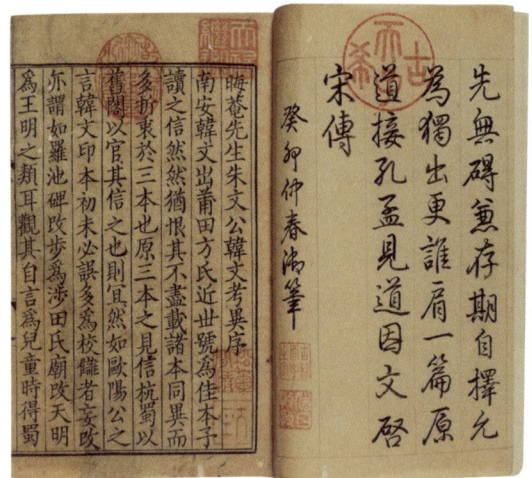

图2.3.2／乾隆御题元刻本《朱文公校正昌黎先生集》

的。早在1890年的美国费城，曾经举办了一场华盛顿家族某后代家当拍卖，其中有一本玛莎·华盛顿自用《圣经》。当时目录编辑遗漏，开拍时临时加入，底价750美金，结果一位名叫A.J包登的英国人一槌就购得了。在场的人全都嘲笑他是傻冒。他见状缓缓站了起来，不无讽刺地慷慨陈词说道：以一普通英国人，依稀犹记华盛顿对他的祖国作出的贡献，在场的诸位大佬、专家将此重要历史文物留给一个英国人，盛举实在可敬可歌。并称他自己认为此书至少价值5000美金。当时在座者皆大失颜面，情形立转，在他离开拍场前，已经有人喊价1800美金，可他坚持5000美金，后来一位豪客以5000美金得到了这本书。玛莎·华盛顿（1731—1811），美国第一夫人，1759年与乔治·华盛顿结婚，赞襄夫君美国独立战争事业，盛名有加。西方开国总统夫人的藏书就这样珍贵，那在中国拥有十全武功的乾隆皇帝藏书，并在书中留下亲笔墨迹，题写御制诗一首，这样的书应该卖多少钱呢？中西方藏书，虽然远隔千山万水，也没有交流，但是人性在某些地方是相通的，文化在本质上有些也是相通的，对于在民族和国家的政治、经济、文化上有卓越贡献的名人，他们所留下来的一切，都会得到后人的尊重。一个民族的文化脊梁需要偶像作为代表，有偶像就会有崇拜，这就是民族文化文物的本质。美国人崇拜华盛顿，中国就有崇拜孔夫子，这没有什么本质的不同。乾隆皇帝因其对国家的贡献，理所当然地成为中国人崇拜的诸多偶像之一。乾隆天禄琳琅旧藏的这部元代刻本《朱文公校正昌黎先生集》就是一例。

2000年春季的嘉德古籍拍卖会图录LOT629拍品，乾隆御题《朱文公校正昌黎先生集》，元刻本，6册。存目录、卷十、十一、十三、十四、十五。为清宫天禄琳琅旧藏，宣统十四年（1922）八月流出宫外。在清宫天禄琳琅的数百部大内藏书中，有高宗御题的刻本书，仅存7部，此乃其中之一，倍显珍贵。估价1,000,000—1,100,000元。

这部书，在嘉庆二年（1797）补充进入重建的天禄琳琅，为天禄继鉴藏书之一。由于当时重建仓促，急于凑出数量，嘉庆皇帝及其臣工，不惜用一些元刻本、明清的翻刻本，冒充宋刻本，一并混入。乾隆皇帝时已老眼昏花，不能仔细辨认是否为真宋本，还是伪宋本了。这部书，就是原题宋本，实际上是元刻本。南宋后期的刻本书，本身与元代初期的刻本书难以辨认，纸张、字体、版式风格也极为接近，对于已经进入耄耋之年的乾隆皇帝确有点难度。人就是这样，已经老了，但心还是不服老，强作年轻状，就难免要摔跤了。不辨真伪的乾隆皇帝，看过提笔书写御题诗一首于卷端。在天禄继鉴的六百多种藏书里，仅有七部藏书有乾隆御笔题诗，称之甚为罕见，毫无夸张。

自1995年后，嘉德从天津、长春的三位藏家手中，陆续征集到元刻本《朱文公校正昌黎先生集》6册，仍不及原来全部的四分之一。在嘉德古籍拍卖，为一位收藏家所得，其中包括第一册御题诗在内，前后总共大约花费七十余万元。当时一些看客认为，此书非真宋本，而且为零册，没有多大文物和学术价值，只是买个乾隆御笔题诗、大印和装潢，不值。实际上，不论天禄琳琅藏书全或不全，重要的是它本身已经成为了文物，是一段历史的见证物。因此，有位国家文物鉴定委员会的委员说过一句话，天禄琳琅藏书都是三级以上文物，说出了天禄琳琅藏书的真实价值。非常偶然的一场天灾人祸，牵扯到了买到此书的买家，出于各种特殊的原因，这位藏家将这部收集了近五六年的天禄琳琅旧藏的御题《朱文公校正昌黎先生集》元刻本6册，被迫一次出手，送回嘉德古籍再次集中拍卖。有时世事就是如此残酷，多年培养的藏书爱好者，就此退出了收藏行列，真是可惜。在拍卖预展的过程中，这部御题天禄琳琅藏书得到各方的关注。在拍卖过程中，买家有好几位，而且都是有实力的收藏家，轮番竞叫争夺，最后以2,090,000元成交，将底价翻了一倍。这个不错的成绩，也算是对原藏家，辛苦数年，集此六册之功的回报。

藏书内容之外的收藏家名声和故事，对于市场价值影响很大。藏书的好和坏，是一个相对的概念。客观上相同的东西，有时在拍卖场里的结果完全不一样，这里就有一个藏书文化附加价值问题。同样的一部书，一本有文化附加成分，另一本没有，价值判断的结果会大相径庭。在收藏界里，一件有名藏家的拍卖品，视其名声大小，影响着买家的看法和态度，任何收藏品都不例外，东西方一概如此。如美国第35任总统约翰·肯尼迪的夫人杰奎琳，她以高贵的气质、优雅的举止、独立的个性，成为美国人心中最美的"第一夫人"，赢得了世人的崇拜。1996年4月，世界上最大的拍卖公司苏富比举办的杰奎琳5914件生活用品拍卖。这场拍卖从名牌打火机到特制的汽车、钻戒珠宝以及木头小板凳，应有尽有，完全像个杂货铺，堪称全球最大的拍卖会。拍卖结果，譬如一条假珍珠项链，市值100美金，以21.12万美金成交。这场拍卖会历时一周，分成8个部门分别进行，拍卖成绩最佳的部门拍得3.4亿美元。人人喜气洋洋、兴高采烈，因为这些东西都曾经属于杰奎琳，她的光芒早已盖过一切昂贵珠宝。当时就有评论说，藏品的价值在于它的年代、工艺以及珍稀程度，至于花巨资购买一串塑料项链，则完全是因为它的主人所赋予这件物品的特殊价值。因此当有人指出项链是假珍珠时，买到这条项链的女士却不屑一顾说道："这又有什么关系？"美国《时尚》总编哈米士·博利斯注释诸如这条项链的物件时说，它"给白宫，乃至美国带来了品位和优雅"。

书籍是最好的名人声名附着物，所谓签名本，尤其是名人的签名本，就是最好的例证。同一本书，有签名可能价值成千上万，没有的就可能是百十元，差别就这么大。这种名人效应在中外都一样。收藏家看重的就是藏书所附着包含的名人文化价值，并不单纯看重书籍的版本文物价值。

古籍收藏家除了成就伟业的名人之外，更多的是一些没有什么惊天动地的民间藏书家。一部好的藏书，必有一段好故事，不论是千辛万苦的寻觅，还是殚精竭虑的守护，均为藏书附加了无限美妙而精彩绝伦的故事。比如说，清咸丰年间，太平军下江浙，兵至常熟，铁琴铜剑楼主人瞿秉清，为避战乱，舟载藏书，周旋藏匿于湖汊之中，风餐露宿，流落四年，备尝艰辛，直到战乱结束，带藏书安然归来。此事一时传为佳话，著名画家吴俊绘制《虹月归来图》以志功业。这些为了保护藏书的佳话和著名故事，也为藏书附加了厚重的文化价值。这种价值往往是无法估量的。古籍因名气大小，有无精彩故事，其最后的成交价格完全不同，有名、有故事，与没有名、没有故事的结果，无法同日而语，差距十倍八倍，一点都不奇怪。

3. 元刻本《资治通鉴》

在外界来看，嘉德古籍善本每次拍卖都会有不错的古籍版本书籍参加拍卖，对于买家来说，好东西似乎年年有，不愁，实际上不是那么回事。天禄琳琅旧藏古籍，前些年嘉德古籍拍卖会上几乎每次都有，现在就已经很少见了，即使是偶尔有，价位也早已经不是从前那么便宜了。对于嘉德古籍拍卖来说，每一件拍品的征集，都费尽跑断腿、说破嘴的工夫，得来很不容易。2003年秋天的天禄琳琅旧藏元刻本《资治通鉴》就是典型的一例。

1997年嘉德第一次到台湾预展，就已经注意到了台北西门的一家古书画店"国华堂"，在台湾很有名，老板是邱先生。初到国华堂，看看上面的大牌匾，是当年国民党大佬中常委的手书，就知道这家书画店的来头不一般。在台湾的行家里，盛传着一段故事，国华堂做生意与众不同，一般的店铺都是笑脸迎八方来客，哪有敢于得罪前来买货的客人。而国华堂就不是，有东西，不怕，东西好，就是牛，想要得到就得拜求，高兴了就卖，不高兴就不卖，请您走人，别拿钱来说事吓人。据说有一位客人，背后的金主可称赫赫有名，就是话不投机，让国华堂的邱先生赶出了门外。我从1997年后，慕名常有拜访，经常是给喝茶，招待吃饭，也陪着聊天，可是就不给拍卖的东西。抹不开情面，不好见你之时，由邱太太出来挡客，讲着重复多遍的艰辛故事。据说，在90年代初，邱先生夫妇得到消息，美国有位老藏家有一批田黄要出售，邱先生夫妇冒着零下近三十度的严寒，去了美国东北的深山老林，路途艰难，住在简陋的乡村小旅馆，往返商谈，好不容易做成买卖。用邱太太的话来说，得来之物如此艰难，为何要便宜地出卖呢？就这么磨来磨去，磨了好几年，直到2003年才第一次得到国华堂出品。

沈枢撰《通鉴总类》，元至正二十三年（1363）吴郡庠刻本，18册，4函（图2.3.3）。内有钤印：五福五代堂古稀天子宝、八征耄念之宝、太上皇帝之宝、天禄继

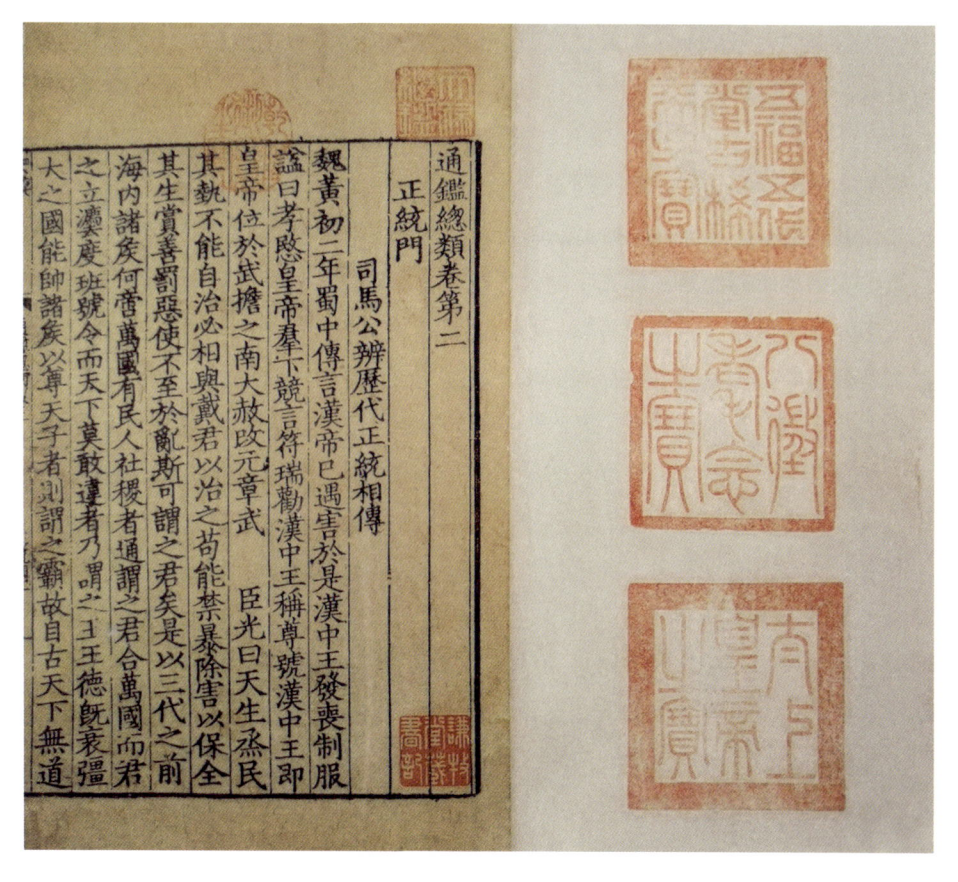

图2.3.3 / 元刻本《通鉴总类》

鉴、天禄琳琅、乾隆御鉴之宝、谦牧堂藏书记、兼牧堂书画记。《天禄琳琅书目后编》卷四、《溥仪赏赐溥杰书画目》均有著录。此本存卷二至卷十四，原题宋版《通鉴总类》，据书口刻工"古""祥""何"，均为元泰定间刻工，故定此书为元至正二十三年（1363）吴郡庠刻本。

此书也是属于天禄继鉴藏书中以元刻本冒充宋刻本的古籍，原为揆叙谦牧堂藏书。此书为元代的官刻本，开本阔大，版刻疏朗，字体工整，初刻初印，保存品相完美，黄绫装帧豪华，不失为难得之物。1922年九月初一溥仪以赏赐溥杰名义带出宫外，后散落民间，未知何时何地因归了国华堂。国华堂本以书画生意为主，很少涉及古籍，因此非常看重此次拍卖，经过商谈最后敲定拍卖底价为150万人民币。2003年秋季嘉德古籍拍卖，图录显示的估价为1,500,000—1,600,000元。在拍卖过程中，除了场内的竞争之外，主要是电话委托竞投出价，以1,705,000元成交。

作为买家来说，简直就是捡了一个天大的漏，只要看看现在天禄琳琅的拍卖估价就知道啦，天禄琳琅旧藏的宋元刻本书，莫谈全本，就是零本单册，估价都是在百万以上，成交有两百万以上。如此说来，十来年工夫，十多倍的增值，天下有人能碰到这样的好事，不是神话。

4. 宋刻本《周易本义》（图2.3.4）

1996年春季，嘉德古籍拍卖征集到朱熹集录《周易本义》，宋刻本，1册。这是嘉德古籍拍卖征集所得的第一部真正的天禄琳琅旧藏宋刻本，是乾隆天禄继鉴藏书中难得的真宋版。此本系零册，存周易图一卷，而其余部分藏国家图书馆。据《中国古籍善本书目》经部著录，国家图书馆存宋刻本《周易本义》十二卷，易图一卷、五赞一卷、筮仪一卷，存十三卷，唯缺易图一卷。天下事就这么巧，不巧不成书嘛。国家图书馆存的这部宋版书，与此本同为天禄琳琅旧藏的同一部书，国图所缺的恰好就是这一本，因此被列为残书。此书流传至今八百年了，到近代才成了两部残书。

书中钤有历代收藏印，项氏万卷堂图籍印、毛氏子晋、汲古阁、甲、宋本、天禄琳琅、天禄继鉴、乾隆御览之宝、太上皇帝之宝、五福五代堂宝。知此本明朝万历曾为项氏万卷堂收藏。项笃寿（1521—1586），字子长，号少溪，别号兰石主人，秀水（今浙江嘉兴）人，明著名藏书家。嘉靖四十一年（1562）进士，授刑部主事，历官兵部郎中。性好藏书，与弟项元汴有同好，见秘册则令书童传抄，储于藏书楼中。家筑有万卷楼，收藏和刊刻图书。其藏书多从季弟项元汴处购得。曾以"嘉禾项氏万卷堂"名刊刻图书多种，有《今言》《金史论赞》《郑端公奏议》《今献备遗》《东观余论》等，多为精善之本。此书清初归虞山毛氏汲古阁，因系海内孤本，宋刻宋印，字大如钱，墨

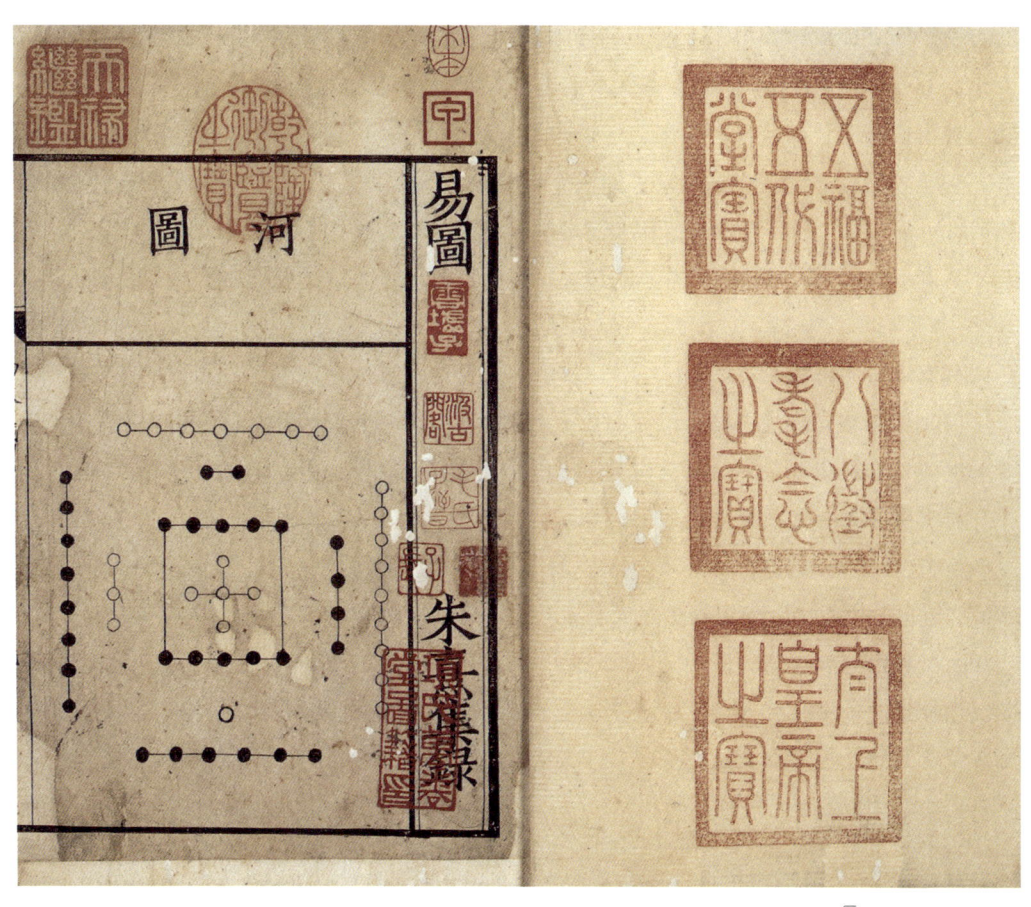

图2.3.4／宋刻本《周易本义》

浓如漆，被列为汲古阁甲宋本，嘉庆间充入昭仁殿之天禄琳琅。1924年此本流出宫外，《溥仪赏赐溥杰书画目录》有记载。故此书可称流传有序的天壤仅存，是学术价值与文物价值兼备的名品，堪称天禄琳琅藏书的最佳历史见证。列入1996年春季嘉德古籍拍卖LOT545号拍品，当时的估价130,000—150,000元。经过一番竞叫，最后以187,000元成交。

此书是宋刻本中的精品，又是清宫天禄琳琅旧藏，文物和学术价值兼具，后曾参加国家图书馆举办的首届民间古籍善本收藏大展，著录为兆兰堂藏，即北京赵先生收藏。赵先生藏书，入道就进高端，故藏书数量虽不多，但均为存世藏书名品重器。而这部书的独特价值在于，它如果与国图所藏合并，将令一部残破的宋代刻本书合璧。民国间有一段著名的藏书故事，说的是"北周"周叔弢。周先生喜欢收集山东聊城海源阁旧藏是出了名的。一日，有书贾从山东来，携有杨氏海源阁旧藏的宋版书上册，周先生以巨款收下。时隔不久，这位书贾又来了，手持下册，周先生一看差点昏倒，来人开价是上册的数倍，周老先生已经得了上册，是残本，得此本将合璧，可是要价简直要命，无奈周先生出让了两百部精心收藏的明刻本书，还搭上筹集来的款项，才咬牙买下了这本下册。残书成圆璧，那是自古以来最传奇最美好的故事，可是也往往最令人吐血。现在看来，当年的那位书贾是狠狠地宰了周先生一把，但是令一部宋版书合璧，它的文物价值和学术价值倍增，而且这种美德和大义之举，已经永载史册。

不可小觑了天禄琳琅藏书零本的意义，都存在着他日重圆的梦。

5. 宋刻本《童溪易传》

1996年春季，嘉德古籍可以说是好运连连，在征集到天禄琳琅旧藏的《周易本义》零本之后，又征集到王宗传撰《童溪易传》，宋刻本，1册，也列入1996年4月20日上午举行的嘉德古籍拍卖，图录号为LOT544。

此书内有钤印：毛晋、毛晋之印、谦牧堂藏书记、谦牧堂书画记、天禄琳琅、天禄继鉴、五福五代堂宝、八征耄念之宝、太上皇帝之宝、乾隆御览之宝。

此书1册，存卷二十三至二十四。此书明末清初为毛氏汲古阁收藏，康熙雍正间归揆叙谦牧堂，乾隆间收入清宫，成为天禄琳琅旧物。此本民国间流出宫外，参见1924年《溥仪赏赐溥杰古籍书画目录》。此书宋刻宋印，皇宫装裱，兼毛晋、揆叙名家递藏，及皇家五玺，倍增不凡气派。

此书明末清初为常熟毛氏汲古阁旧藏。清康熙归当朝权贵纳兰家族所有。纳兰揆叙，字端范，纳兰氏，异名纳兰揆叙，满洲正黄旗人，叶赫贝勒金台石曾孙，清康熙时期重臣纳兰明珠次子。历任佐领、侍卫、翰林院侍读、日讲起居注官。之后累擢掌院学士，兼礼部侍郎、工部侍郎、都察院左都御史等。著有《益戒堂集》《鸡肋集》《隙光亭杂织》《后识》等。其父明珠是康熙朝最重要的大臣之一，曾名噪一时，权倾朝野，人以"相国"称之。纳兰揆叙的大哥为清代著名多情善感的词人纳兰性德，弟纳兰揆方。后来因为涉及"八爷党"，争夺立储问题，令康熙震怒，又被疏劾以流言盛传遭指责。至雍正朝，其身后名又进一步被贬，直到乾隆当政之后才得以恢复。自明珠开始，纳兰家就喜藏书。纳兰性德，与著名藏书家徐乾学关系甚密。纳兰性德在徐乾学、朱彝尊、严绳孙、顾湄等著名学者的指导帮助下，主持编纂了大型儒学汇编《通志堂经解》。徐乾学家有传世楼藏书，朱彝尊有曝书亭藏书，均为清初著名的藏书家。可惜纳兰性德天不假年，刚过而立便散手人寰。故纳兰家自明珠有"谦牧堂"藏书，经过纳兰性德，传至纳兰揆叙，已成藏书大家。收藏宋元刊本数十种，藏书数万卷。其中名品有明抄本《革书》1卷，著者刘济为明英宗御马侍从。英宗被掳后，因无纸书写，刘济遂记事于皮革之上；抄本金张师颜《南迁录》1卷；宋刻本《施顾注东坡先生诗》，此本乾嘉时期为学士翁方纲所得，如获至宝，遂以"宝苏斋"命其室，并自号"苏斋"。其藏书编辑成目，名《谦牧堂藏书总目》，2卷，共收收录善本2,480种，后来由诸城碑版专家家刘喜海刊印行世。嘉庆重建天禄琳琅，钤"谦牧堂藏书记"及"谦牧堂书画记"两印的古籍善本，计有98部，占到天禄继鉴的六分之一，包括这部《童溪易传》。至于谦牧堂藏书何时何故进入清宫，有说为明珠进献康熙皇帝，有言揆叙失势后被抄家，没入清宫。依书中揆叙钤印观之，后者更贴近情节。

这是二十多年来，中国古籍拍卖市场上第一次公开出现的宋刻本天禄琳琅藏书。无论是文物界和藏书界，都对这类高等级古籍善本的出现没有做好准备，当时图录中的估价是130,000—150,000元，成交价209,000元。

6. 赵氏小宛堂刻本《玉台新咏》（图2.3.6）

20世纪八九十年代，中国经济体制改革对原有的经济模式冲击巨大，一些公有制经营的企业，面临着市场经济的竞争和体制改革问题，北京的群众出版社就是其中之一。好在社里原来的老领导喜欢名人字画和古籍善本书，在条件好的时候收藏了不少东西，这个时候还真的派上了用场。以前只听说过某人家有变故，出售书画古籍救急维持生计，一个偌大的国有企业，竟然也有这种时候，真是世事难料，也是天无绝人之路。

群众出版社原属国家某部，古籍善本书存放在京城有名的秦城监狱。为了看这些书，从中挑选一部分进入拍卖，我先后四进秦城监狱，每次都是小住两三日，所以常开玩笑说，四进秦城者，除了有工作关系人员以外，恐怕只有我一人了。群众出版社的藏书数量非常大，而且质量相当高。宋元明清各本俱全，其中黄跋宋本赫然在目，国家定为善本的藏书逾两百部，可列北京前十位大藏书之一。

在连续一两年时间里，群众出版社藏书已成为嘉德拍卖客人熟知的货源。但是外人不知，按照当时的约定，凡是属于国家已经确定为善本的古籍书，一律不动，只能选取一些非善本书参加拍卖。因此，很少有明代以上的善本书参加拍卖。唯有一部书例外，就是明崇祯赵氏小宛堂刻本《玉台新咏》。此书为晚明的著名刻本，号称仿宋影刻，素为书林所重。而群众出版社所藏的这部版本、印制和收藏都非常奇异，令人颇为费解，一度引起颇多的争议。知见奇书异本，原本就是古籍善本收藏和鉴定、欣赏和品玩过程中最为刺激的乐事。想想看，都是见过的藏书和版本，都是读过的内容和故事，再看再读肯定没有未知的新奇和莫名的亢奋刺激。

宋代以降，《玉台新咏》多次刊刻，流传版本很多。唯明崇祯六年寒山赵均小宛堂刻本最佳最善。赵氏跋语说明据宋刻翻印，小字精雕，宋讳且有缺笔，颇有摹宋之风。书后有嘉定乙亥永嘉陈玉父重刻跋，最为完善。此本问世即受到了学者和藏书家的珍视

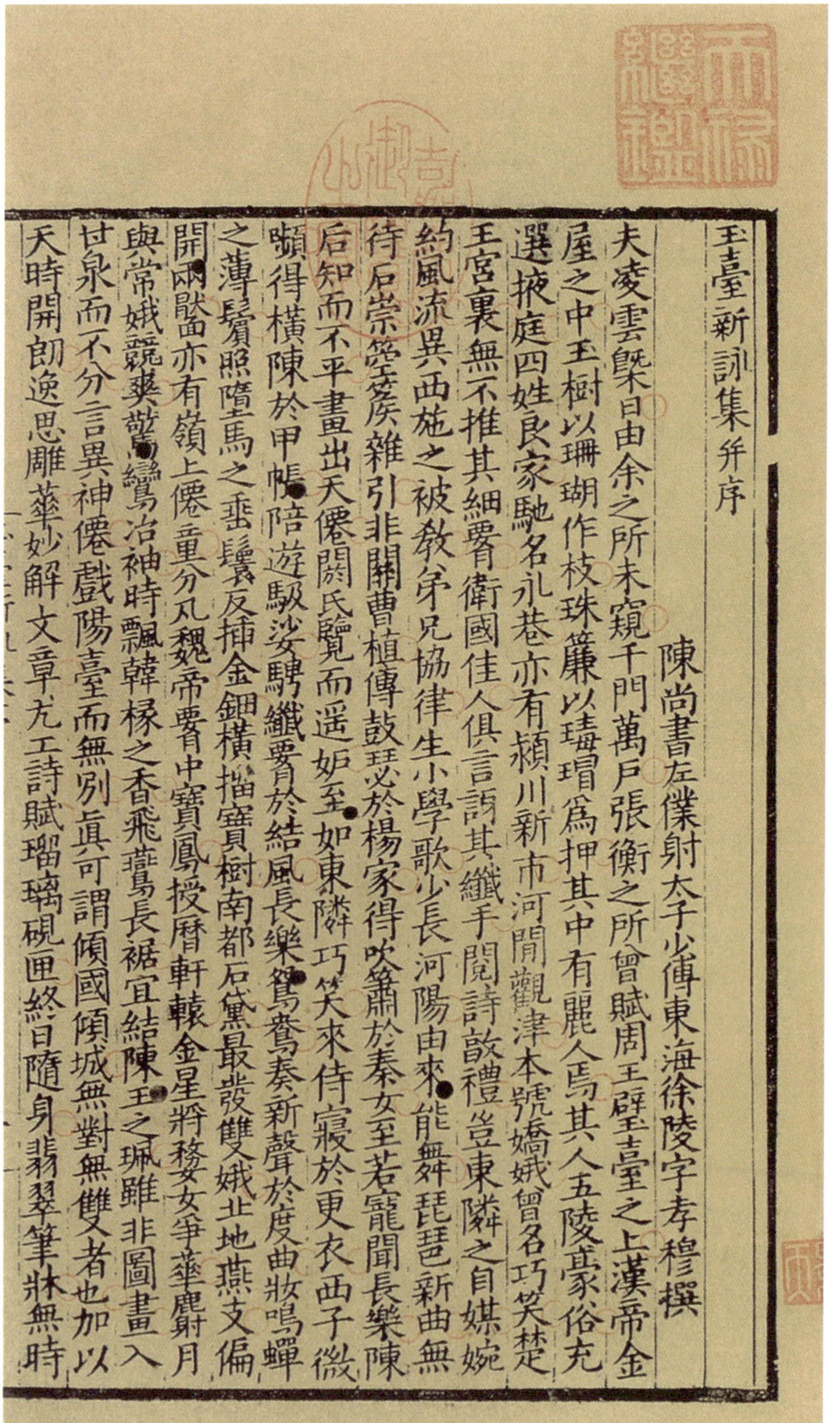
玉臺新詠集并序
陳尚書左僕射太子少傅東海徐陵字孝穆撰
夫凌雲槩日由余之所未窺千門萬戶張衡之所曾賦周王璧臺之上漢帝金屋之中玉樹以珊瑚作枝珠簾以瑇瑁爲押其中有麗人焉其人五陵豪族充選掖庭四姓良家馳名永巷亦有潁川新市河間觀津本號嬌娥曾名巧笑楚王宮裏無不推其細腰衛國佳人俱言訝其纖手閱詩敦禮豈東鄰之自媒婉約風流異西施之被教弟兄協律生小學歌少長河陽由來能舞琵琶新曲無待石崇箜篌雜引非關曹植傳鼓瑟於楊家得吹簫於秦女至若寵聞長樂陳后知而不平畫出天仙閼氏覽而遙妒至如東鄰巧笑來侍寢於更衣西子微顰得横陳於甲帳陪遊馺娑騁纖腰於結風長樂鴛鴦奏新聲於度曲妝鳴蟬之薄鬢照墮馬之垂鬟反插金鈿横抽寶樹南都石黛最發雙蛾北地燕支偏開兩靨亦有嶺上仙童分丸魏帝腰中寶鳳授曆軒轅金星將婺女爭華麝月與常娥競爽驚鸞冶袖時飄韓掾之香飛燕長裾宜結陳王之珮雖非圖畫入甘泉而不分言異神仙戲陽臺而無別眞可謂傾國傾城無對無雙者也加以天時開朗逸思雕華妙解文章尤工詩賦琉璃硯匣終日隨身翡翠筆牀無時

图2.3.6╱明崇祯赵氏小宛堂刻本《玉台新咏》

和看重，至清代中后期，藏家能得到赵氏小宛堂刻本，已是书缘匪浅。于是射利之徒和作伪之家，撤去赵氏重刻跋语，混充宋本。世人不察，往往误以为宋刻真本。

这部书引起质疑和争论的焦点有三条。一是收藏钤印。清宫大内天禄琳琅乾隆藏书，一般都会有"五福五代堂宝""八征耄念之宝""太上皇帝之宝""乾隆御览之宝""天禄继鉴"和"天禄琳琅"六方印记。这六方印记是清宫"天禄琳琅"的藏书标志，通常所见的天禄琳琅的藏书，概莫例外。但是，此本仅有"天禄继鉴""天禄琳琅印"，另有一方未曾知见的"嘉庆御览之宝"，这枚椭圆印章，与"乾隆御览之宝"相似。此前在天禄琳琅藏书中从未注意有过此印。

二是版本。此本封面书签原题"宋版玉台新咏"，绛红色绢面，明黄签条。可知此书与天禄继鉴藏书一样，属于以明本充宋本之物。

三是用纸。这部《玉台新咏》极为特殊之处，在于用纸。中国古代印书很有文化，雕版大规模印刷之外，还会有一种特殊的印刷，即用旧纸印制。这种旧纸，不是当时市场中通行使用的纸张，是特地找来的前朝纸张，因此这种印本极为罕见，且这种印本不是作为供给市场交易的商品，而是专供收藏和赏玩的高级品种。这种赏玩性印本，从宋代就出现了。现知有三类旧纸印本。第一种是公文纸印本。例如保存在台北"中央"图书馆的宋乾道刻本《李贺歌诗编》。用前朝废弃的公文纸印刷，这就是所谓的公文纸印本。明刻小宛堂刻本《玉台新咏》，未曾见到过公文纸印本，但是清末徐乃昌覆明崇祯赵氏小宛堂刻本《玉台新咏》，就有用乾隆时旧公文纸印刷的。第二种是拼接旧纸印本。这是与公文纸印本性质相仿的旧纸印本。此系明刻小宛堂《玉台新咏》的印制中，更为稀见的印书纸张玩法。拼接前朝旧纸来印制，即将前朝留下来的旧书的天头地脚空白纸，裁剪下来，由于截取下来的纸张幅度尺寸不够，将两张裁剪下来的纸张拼接起来，再进行印刷。这种印本20世纪90年代中国书店曾经出现过一部。第三种是拆旧书扉页印本。这部《玉台新咏》即是。在此之前，仅知道历史上曾经有清代著名的书画家、扬州八怪之一的金农金冬心，为印制他的《冬心先生续集自序》，拆了一部宋版大藏经的前后空白扉页印制。这部《玉台新咏》也是拆宋元刻本佛经空白扉页印制，时代显然早于金冬心。

"嘉庆御览之宝"的钤印、以明版冒充宋版的版本，以及印制纸张特殊等一系列疑点和问题，对这部书不产生争议那才真叫奇怪。看来当年北京市文物局的专家在定级之时，对这部书肯定也有不同看法，吃不准，故此书不在标注的善本行列，成为漏网之鱼。

1998年秋季嘉德古籍拍卖图录刊出后，引起多方面的关注。有新奇者，也有质疑者。进入拍卖后，拍卖场上出现两位买家竞争，一位是拍卖场里的高手胡先生，一位是新秀韦力先生，好买家之间实际都是冤家，常言冤家路窄，碰到一起就会有一场拼杀。

这部书所定的底价较低，有足够的吸引力，即使一时争议问题尚未解决，也可以一赌。毕竟胡先生素称只有"烂价"。胡先生是拍卖场里最有绅士风度的买家，从不问别人的出价，过了我的烂价，无话可说。胡先生在资金上根本不是韦力先生的对手，不到两分钟工夫，结果已见分晓，估价18,000—20,000元，这部书最后以162,800元落槌成交。得主是韦力先生。拍卖此书的事情到此本已结束，然而过了不久韦力先生以"嘉庆御览之宝"印迹不好，以常见的天禄琳琅印章不能解释，提出退货。当时的确没有证据来支持我的看法，取向不一，争论何益，因此最后决定予以退货处理。那时韦先生初入拍卖场，偶有失手，情有可原。现在韦先生已是道上顶级高手，决不会再有这种低等错误了。

于是这部书第二次又上了嘉德古籍拍卖，前次没有买到的收藏家胡先生，因竞争对手的退出，结果轻舒猿臂就将此书收入囊中。拍卖有时真的很奇怪，一部真的好书，第一次上拍卖流标了，再次上拍卖，总会有人怀疑，版本有问题吧？价钱高了吧？等等不好的猜想都会横加上去，这就如常说的"美人黥面"，真正的高手是不会受此影响的，但是大部分买家是会受到影响的。直到数年之后，我参与编辑《祁阳陈澄中旧藏古籍善本书图录》时，审核国家图书馆藏的宋刻本《切韵指掌》，发现该书的印鉴与这部小宛堂《玉台新咏》完全一致，只有嘉庆御览之宝、天禄继鉴、天禄琳琅三枚清宫收藏印鉴。《切韵指掌》宋刻本，系海内外孤本。这个发现，证明了嘉庆年间的确对天禄琳琅藏书有过补充，而且具有一定规模，也就证实了朱家溍先生说的清末曾准备编辑嘉庆后补充天禄琳琅书籍目录的可能性。直到近年，清华大学图书馆的刘嫱教授，出版了《天禄琳琅研究》的专著，对清末编辑嘉庆后补充天禄琳琅书籍目录资料进行了系统梳理和研究，再给以证明，现在这已经不是一个问题了。这部明赵氏小宛堂宋元旧纸印本《玉台新咏》，以翻刻宋本精美、宋元旧纸精印、清宫天禄琳琅旧藏，称为千古绝品，当不为过。初入古籍拍卖场者，尚非老手，失手也不奇怪。但是毕竟是错过了已经得到的罕见之物。接手现藏者，胡星来先生，满意之情，又是另一番景色。失书易，得书难，得好书更难。有些书错过可以补回来，而有些书错过，就会错过一生，令人追悔一生。

自古以来的历代私家藏书，除了保留在古籍善本书中的灿灿印记，皇皇题跋题记之外，要使得藏书家与古籍声名永在，藏书就要有特殊性和故事性。藏书家的声名是附着于书的，人在，古书在；人不在，古书仍在；古书仍在，名就在，故事就在。西方有位名人说过一句话，大意就是：你想留名青史，最简单的办法就是买几本好书。所表达的意思，不过同工异曲而已。这就是留在这部明刻《玉台新咏》一书上的故事。

附注：近得国家图书馆出版《希古右文1940—1941抢救国家珍贵古籍特选八十种图录》。其中第66种徐陵编《玉台新咏》十卷，明崇祯癸酉（1633）吴郡寒山赵氏复刊宋陈玉父本。提要说明文字称，"1998年10月中国嘉德上拍一赵氏刊本，以清宫旧藏之宋藏经纸印行，或系旧时书贾欲冒充宋刻手法之一"云云。此说存疑是说有二问不得其解：一问，"以清宫旧藏之宋藏经纸印行"，有何据可证必为清宫旧藏的宋藏经纸？二问，赵氏刻板入清后存于何处，清宫得以用宫藏藏经纸后印？三十年所见，未曾得见崇祯赵氏刻本《玉台新咏》有清季印本者。况以旧纸印书赏玩，宋以来既有之，并非皆系书贾冒充宋本所为。

7. 康熙刻本《佩觿》御题（图2.3.7）

如果说，天禄琳琅乾隆御题《朱文公校正昌黎先生集》，以元刻本冒充了宋刻本，那还有情可原，毕竟元代刻本还继承了宋代晚期的风格，甚至还是宋代的刻工，界限有时不明确。类似这样的错误，历史上常常有见，不为新鲜事。但是，将清代初期的刻本，误作宋代刻本，差了四百年，这就差得有点远了。可是，在天禄继鉴当中，这种事实在不少。1996年春季嘉德古籍拍卖征集所得的清康熙本《佩觿》一部，就是最为典型的荒唐例证。当年的图录文字说明：

> 郭忠恕撰《佩觿》，清康熙四十九年张士俊刻泽存堂五种本，4册。钤印：天禄琳琅、天禄继鉴、乾隆御览之宝、五福五代堂宝、八征耄念之宝、太上皇帝之宝、古稀天子、古稀天子之宝、康生。乾隆御题诗、康生题签。提要：此书为清宫昭仁殿天禄琳琅旧藏，原题宋刻，1924年流出宫外，参见《溥仪赏赐溥杰古籍书画目录》。后为康生收藏。此书卷首有乾隆皇帝亲笔御题《宋版郭忠恕佩觿》诗一首。封面有康生题记："此书非宋板，系清刻伪充宋刊。"

前辈傅增湘先生丁巳间（1917）于宫中曾观此书，在《藏园群书经眼录》卷二云："天禄后目载此书御诗及玺印均同，即此书也。以清初印本而认为宋刊，致劳九重之题咏，可异甚矣。"可是当年乾隆皇帝御览此书之后，没有看出其中的破绽，反而是龙颜大悦，信笔还在这部书里题写了一首七律《题宋版郭忠恕佩觿》御制诗。新中国建立之后，此书曾经归康生，并题记称"系清刻伪充宋刊"。然而，在整个天禄继鉴藏书中，有乾隆御题诗的仅有7部，不比乾隆题书画那么多，属于极为罕见。因此，作为一代文物资料和历史资料，尽管乾隆的题诗有误，仍然具有极高的价值。因此，当时给出了120,000—150,000元的估价。倘若没有乾隆的御题诗和天禄琳琅旧藏的经历，这部书当时最多估价也就是5,000—8,000元。

这部书拍卖过程中，在两位都有来头的买家之间竞争，一方面是康氏兄弟，一方面是兆兰堂主人赵先生。康氏兄弟那时在拍卖场里势头很冲，特别是背后有国家重量级的

图2.3.7 / 御题清康熙间泽存堂刻本《佩觿》

文物机构专家掌眼和把关，所以对竞争的拍品价值有充分的认知。另一方面的赵先生，也是从商高手，收藏一入道就是从精品开始下手。因此这场角力，从一开始就是棋逢对手，势均力敌。当拍卖师报出起叫价后，两家就开始争夺，一路价位攀升，直到300,000元，最后赵先生认为作为一部清刻本的拍卖价格已经太高了，于是忍痛撒手。拍卖师落槌，加百分之十的佣金，以330,000元成交，康氏兄弟得到了这件拍品。康氏兄弟很少买古籍书，此次不是来竞买一本清康熙的刻本书，而是来买天禄琳琅里的乾隆御题诗的。因此，双方价值认同的取向有本质的差异，按照这种文物价值判断，这个价位还远没有到位。后来聊天知道，他们心里的底线在50万。可见，在拍卖市场上，每一件拍品都有收藏家的一些共同价值判断，同时在一些细节上的认知程度是有区别的，这种区别最终决定了收藏家对拍品的价值判断。

有时候人算不如天算，时隔三四年后，康氏兄弟忽然急于将一些购藏的古籍出售，以购买的价位平推，其中就包括这部御题康熙本《佩觿》，辗转找到了我。在第一时间我就通知了兆兰堂主人，结果顺利完成了转让，因为前次失手，赵先生心里一直在惦记着这部书，现在终于如愿得到了。这也是收藏家与文物的缘分，该是你的，迟早都会是你的，不论多么离奇的原因；不该是你的，就是捅破了天，你也得不到。讲的就是缘分。只是康氏兄弟自那之后，音讯皆无，想起来心里还是很惦记的。

8. 清刻本御题《尚书详解》（图2.3.8）

2000年春季，简直不敢多想的好运再次降临，嘉德古籍又征集到了御题清康熙通志堂刻本《尚书详解》6册，钤印：乾隆御览之宝、天禄琳琅、天禄继鉴、八徵耄念之宝、五福五代堂宝、太上皇帝之宝、古稀天子、古稀天子之宝。此本卷首有乾隆皇帝御题诗七律一首。

说道这部书，还真的是有缘分。当我第一眼看到这部书之时，就有两个判断：一个

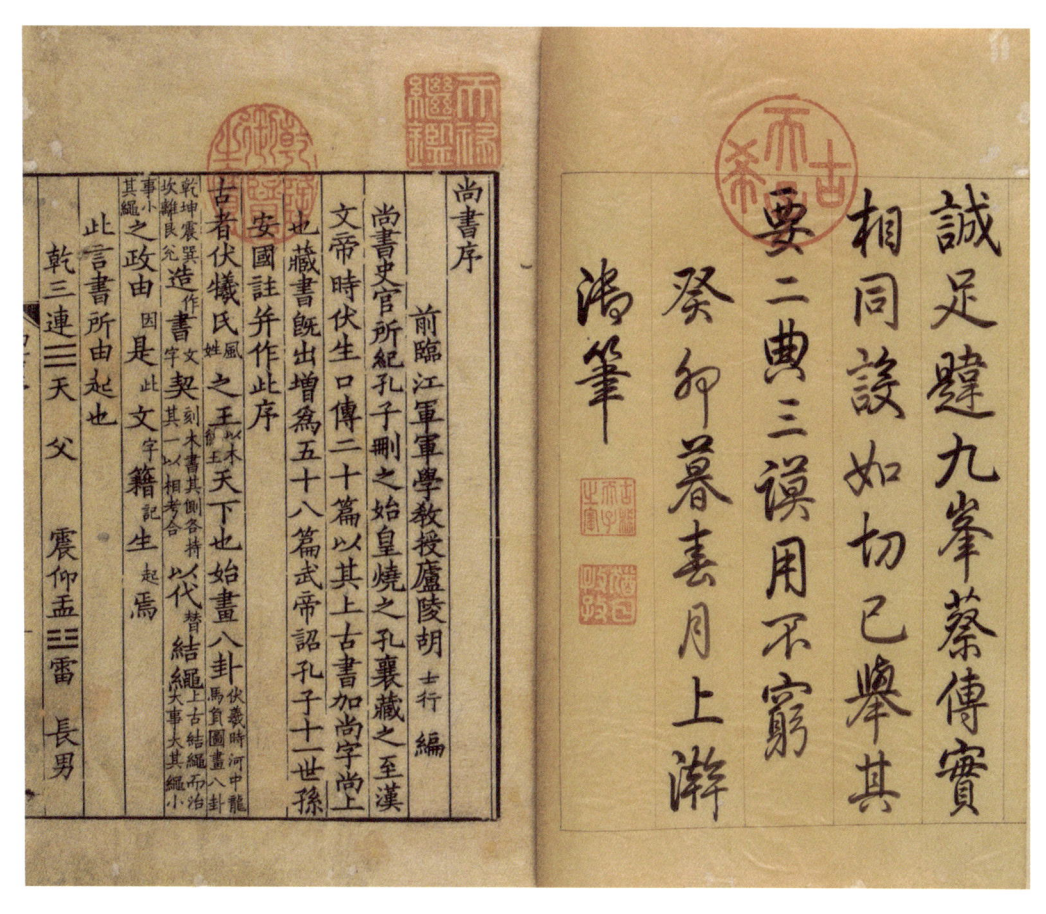

图2.3.8 御题清通志堂刻本《尚书详解》

是这部书封面有签题"宋版尚书详解",肯定有误,必是清代刻本,又是一部大臣们为了迎合乾隆圣心之举,用清刻本来冒充宋刻本,蒙骗已经老眼昏花的太上皇乾隆;二是这部书又是一部带有乾隆御题诗的天禄琳琅藏书,怎可能有这样的好运气,天禄琳琅总共只有7部乾隆御题诗的书,已经过手两部了,这将是第三部,这般过手的频率和概率,真令人感到惊喜。

当我如实地告知卖家真实版本之时,卖家犹豫了,因为封面上的题签说是宋版,这怎么可能错了,那也是当年清宫里的专家定的版本。于是暂时放下,待请专家鉴定后再定。回来后,查阅了资料,确定此本当系康熙年间纳兰性德刻本《通志堂经解》的零种,书口下原有"通志堂"字样,显然是有人将书口的"通志堂"三个字遮挡,然后印刷,以冒充宋刻本。嘉庆时编纂的《天禄琳琅书目续编》中,此书著录最后称:"是书《通志堂经解》内翻刻,此其原本也。"完全是贼喊捉贼,多此一举。后来,又接到客人的电话,再去之时,卖家已经找人鉴定过了,也认为是清刻本。我问及是何人鉴定,回答说"秦公"。闻听之后心中不禁一愣,秦公先生是碑帖专家,对书的鉴定也竟然有如此功力,让我吃惊。又问及,为何此件不给秦先生?回答说,还是你更专业。经过如此周折,我更坚定了信念,凡事真是不用着急,应该是你的,那就跑不掉;不是你的,急死也没用。

这部书尽管是以清刻本冒充宋本,但毕竟是列为天禄继鉴藏书目录的第二部藏书,在乾隆的眼里那可是宝贝,况且乾隆御笔题诗,世存能有几部,人生又能几回见,理所当然列入珍稀之品,并且做了2000年春季嘉德古籍拍卖图录的封面,以昭告天下,引起藏书界的注意。图录标注的估价450,000—550,000元。在后来的拍卖过程中,没有激烈的竞争场面出现,所以最后以底价成交,成交价506,000元。

我只能恭喜这位有胆有识的买家了,运气真的好,这可以说是买得最值的天禄琳琅藏书,其文物价值和市场价值远未实现。

四、明清刻本

拥有宋元重器,固然是很开心,很有成就,但是对于玩书来说,也不是非得如此不可,自己依据经济实力,选取一些小东西,价位并不一定很高,依然也是好玩。比如民国年间有玩清代精刻本的,有玩民国红蓝印本的,这些书籍刻得很精,保存品相干净,也有许多的说头,以前也不是很贵重,初入道藏书的就可以玩得很开心。当然这对于财大气粗的大藏书家来说,那就更不是一个问题,如民国年间的大藏书家陶湘,就玩明末套印本、清代的殿本书,照样玩得很有成就。东西不在大小,在于有心,在于有趣,在于有志。

西方有藏书家认为，好书不怕重复，至少要藏三本才好。这种观念在中国也同样适用，只不过内涵有别罢了。中国古籍是雕版印刷，存在着大量的翻刻本问题，以及挖版补版问题。书名是一样的，但是版本是否一样很值得注意，例如明嘉靖年间的顾氏世德堂刻六种，翻刻本极夥，从一本看几乎无法辨别真伪，只有将多本书拿来同时比对，从其中很微妙的一些感觉上，方可看出区别。中国古籍鉴赏很重要的内容之一就是校勘，只有同一部书拥有多个版本，才能进行对校、群校。这就是老话说的：好书不怕多，尤其是明清刻本。

1. 过云楼藏《仪礼注》（图2.4.1）

嘉德古籍拍卖从1994年秋季开始，陆陆续续从顾氏过云楼取得一些古籍善本参加拍卖。内有一些重要的版本，'96秋古籍拍卖图录中LOT1201《仪礼注》就是其中之一，并且做了这一季古籍拍卖图录的封面。由于当时的各种原因，不能对外说明出处，多少影响了这件拍品的宣传的力度。

《仪礼注》明嘉靖刻本，6册，白棉纸。内有钤印：钱印经藩、顾广圻手校、水北

图2.4.1／顾千里校跋明嘉靖刻本《仪礼注》

阁、徐时栋、徐时栋柳泉氏甲子以来所见书画藏在城西草堂及水北阁中、曹印元忠、司吴曹氏收藏金石书画之印等。内有顾广圻跋、徐时栋跋。图录标注的估价80,000—120,000元。

此本嘉庆丙寅年（1806）顾广圻以唐开成石经宋严州本批校。顾广圻（1770—1839），清校勘学家、目录学家。嘉庆诸生，博览四部图书，人称清一代校勘学巨匠。他提出校勘古书要做到"唯无自欺，亦无书欺；存其真面，以传来兹"。经他亲自校过的图书，都具有较高的学术价值。顾广圻可以不需要参照版本理校，全凭理念上的判断，订正是非，这需要极高的学识和记忆，世无几人可比。顾广圻一生于经史、训诂、历算、舆地、诸子无不贯通，又精目录学。晚年被孙星衍、张敦仁、黄丕烈、胡克家、秦恩复等人相继延聘为校书，先后校有《礼记》《仪礼》《国语》《战国策》《文选》诸书，考异、校勘必综其所定。乾嘉间与卢文弨称雄于东南。顾批本素为学界看重，号称顾批，堪称清季批校第一家。顾广圻校本与黄丕烈题跋本，按国家文物定级标准，不论底本均为一级文物。批校《仪礼》是顾广圻用力深者，为其批校代表作品，学术价值极高，故此本位列一级文物，时仅限于国家博物馆、图书馆、国有企业单位购买。此本道光年间归水北阁徐时栋收藏，同治光绪间转归曹元忠收藏，光绪后归元和顾鹤逸收藏。此本得自元和顾氏过云楼后人，自嘉庆至今两百年间，名家递藏，流传有序。

因各种限制，在图录、预展过程中均无法向收藏家介绍来源，外界不知此件为顾氏过云楼旧藏善本。除此之外，还有重要的几部，如明刻本《贯休集》，1册，黄丕烈题跋，在拍卖过程中为韦力先生购得。这是韦力先生在嘉德古籍拍卖所得的第一部重要拍品。明万历钱谷抄本《唐朝名画录》，1册，为胡先生所得。可惜都是在不声不响的情况下展览、拍卖。同样这件拍品在当时的拍卖过程中，没有过多的竞争，最后以成交价101,200元成交。在当时看来已经不是低价，现在看来都是买得太值了，只能说买家太有眼光和远见了。

在古籍书的收藏和古籍善本市场都不成熟的情况下，尤其是对这类珍本、孤本等高级别文物等级的拍品，市场价位没有充分认知，以独到的眼光购藏此本，那是福分。捡漏也是本事，也是一种精彩，令人羡慕，值得为这些幸运儿喝彩。总的来看，在最初敢为人先，先期进入古籍市场，捡的是市场的大漏，就是闭着眼参与竞买，现在看来也是已经有了巨大的回报。没有办法，市场是买出来的，不是靠嘴吹出来的。现在，藏书家个个都聪明过人，人人都有了这种认知，这时就是拼的知识水准、功课程度，以及在拍场中的竞投经验了，那就不是一般藏书家可以问津的了。

2. 王力旧藏《金冬心集》

20世纪60年代中期以前，王力并不知名。王力（1922—1996），江苏淮安人。著有《王力反思录》，在其病逝后由香港北星出版社出版。80年代王先生出狱，后来住在通州。进家门就有一幅康生的左手章草书法。王力早在战争年代就在康生手下工作，充当"笔杆子"。因此王力尝说，60年代初中共中央的"九评"，一评康生起草，二评三评，一直到九评都是王力起草。受康生的影响，王力也喜欢古玩，并且拥有古书和古代书画收藏，成为当时中共高级干部中的玩家之一。当然在玩赏水平上与康生相比，那就差一大截了。嘉德公司成立后不久，在辛冠洁先生的引见之下，王力与嘉德取得联系。那时王先生很瘦，有点仙风道骨的气味，"笔杆子"出身，就是喜欢字画书籍。陆续拿出了一些藏书参加拍卖，也不忌讳公开他的名字，所以拍卖图录里都有"王力藏书"印记，前后大约有百八十种。数量不是很大，以抄校本居多。最罕见、最有特色的一部书，就是1996年嘉德春季古籍拍卖会中的LOT606金农撰《金冬心集》。

《金冬心集》雍正十一年（1733）广陵精刻本，2册。内有钤印：西园翰、南阜、袁征良、贵阳赵氏寿华轩藏、涤庵藏书之印、钓鱼秀才王力等。

金冬心为著名藏书家吴焯弟子，深受其影响。后在扬州抄写北宋佛经，书法大进。故金农对宋刻本字体风格多有崇拜，所出版文集、诗集，均以仿宋刻本行世。此书是其中之一，集宋体字精刻精印，开本大方，纸张墨色上乘，为中国二十多年古籍拍卖仅见。首页有高凤翰收藏之印，知为高凤翰客居南中所得，必其北还携归之旧物，甚为难得。估价6,000—8,000元，成交价9,900元。现归小残卷斋主人孟宪均先生所得，其人所藏金农著述版本之精、之全，当今可称独步天下。

3.《大顺律》零叶（图2.4.3）

2000年春季，嘉德古籍上拍了《大顺律》。此书是明末李自成的大顺政权所刊刻者，在此之前研究界和收藏界从来都不知道有这样一本书的存在。

LOT543《大顺律》李自成大顺年刊本，8叶。"存卷十五（工律、营造）八张。此本从未面世，版刻舒朗，开本大方，是了解李自成大顺政权典籍、法律、刻书的珍贵资料。李自成政权1644年元月建立于西安，1644年入北京，据史称曾经编纂大顺律，明末清初政权，烬毁大顺遗迹，此为现知大顺官印书之仅存者，为海内外仅存孤本，可谓珍贵之史料。"估价35,000—45,000元，成交价38,500元。

《大明律》为明朝最主要的法典，洪武年间更定颁行。其篇目为名例、吏、户、礼、兵、刑、工七篇，隋唐以来沿袭已久的封建法律篇目至此一变。从《大顺律》仅存的零叶来看，本卷为"工律"，应沿用明律，推之，《大顺律》应有十六卷。是书刊刻

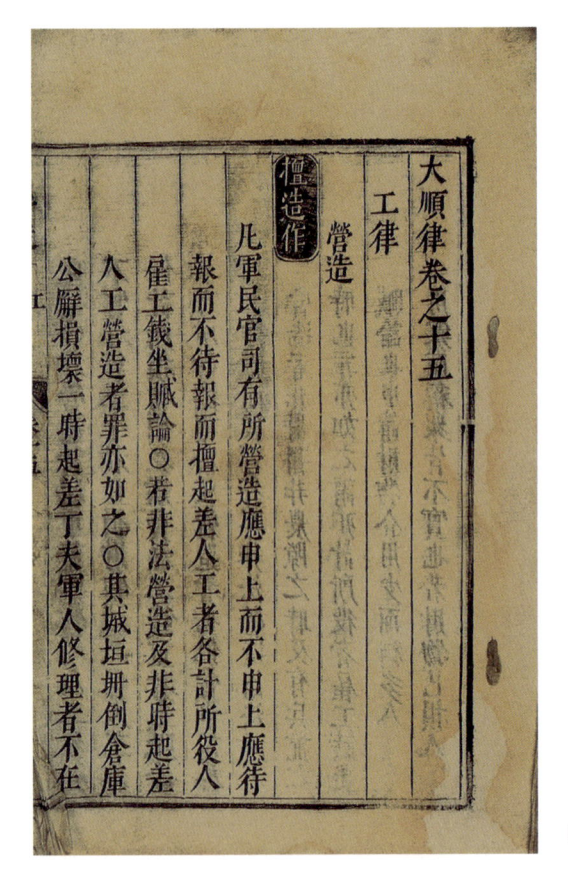

图2.4.3／李自成大顺年刊本《大顺律》

从版式、字体来看，是典型明代晚期风格。书品宽大，诚为大顺政权官刻无疑。此书虽然只有残存的8叶，但是文物价值和学术价值极高。

在此书鉴定之时，邀请了法律和版本专家田涛先生。田先生在目鉴此书之后，随即在2000年4月29日《中国商报》上发表了《闯王法律上拍台》一文，观点非常专业和独到，在此节录部分内容如下：

> 中国嘉德国际拍卖公司日前征集到一册李自成建立的大顺朝的成文汉典《大顺律》，这是迄今为止我国发现的唯一一册大顺朝的法律，依然是唯一的一部李闯王的出版物。这部法律的发现，为我们研究明末农民起义的历史和中国古代法律沿革，提供了非常宝贵的文献资料。
>
> 这部《大顺律》残存第卷十五，共八页，律目为工律部分。雕版印刷，半叶九行，二十字，小字单行同为二十字，白口，单鱼尾，四周双边，书口上部刻有律目，中部有卷数及页码。白棉纸，稍有水湿，纸捻手装，未经装订，无封面。字体端庄，刊刻精良，文中避讳"自""成"二字，一望便知为李闯王时期的出版物。该书残

存工律中的营造部分,共收律条11条。笔者曾参与鉴定,确是李自成大顺朝所颁之法律,并且是最初的刊印本。

……

那么,《大顺律》是在何时进行刊刻颁行的呢?笔者认为,李自成占据西安即立国号为"大顺",一方面是当时政治条件的促使,另一方面也是效仿明初朱元璋起兵占据江南自立为"吴王"的前朝故事。据史载,当年朱元璋起兵占据江南时,曾于1364年立国号为"吴",自立为"吴王",史称"吴元年"。并且在这一年朱元璋就曾在立足未稳的情况下颁修了一部法律,即所谓《吴元年律》,而四年后,朱元璋便夺取了天下,改国号为明,是为洪武皇帝。李自成效仿朱元璋是完全有可能的,而且在封建社会,既然已经立了国号,就应该颁布法律,即所谓的"国有国法"的写照。而且此时的李自成已拥兵百万,立志夺取天下,在占领西安并改称西京之时,修订法律并将其刊刻成书是完全可行的。另一方面,从这部法律的条文结构上,可以看出是完全沿用了《大明律》的内容,也说明时间非常仓促。至于李自成进京后,一则是时间更为不足,二则面临着在军事与政治更新更为复杂的局面,若是在此时修订的法律,应当在修定新法律时更加富于变化与增加新的内容。因此,将这部《大顺律》的刊刻修定,定在1644年李自成占据西安建立大顺朝时,即1644年一、二月间,于西安所刻,是较为合理的。

田涛先生,是当代中国古籍收藏的先知先觉者,见多识广,以其专业的法律史和古籍版本知识,跨两大知识领域,研究和介绍了《大顺律》残叶的文物和学术价值,对当时的学术界和收藏界产生了重要的影响。2004年《文献》杂志第4期发表了李坚《关于国家图书馆2000年入藏的《大顺律》的文章,叙述了国家图书馆购藏这部残书的原因和经过。称:"嘉德古籍善本春季拍卖会上出现了一册《大顺律》残本(已定为国家二级文物)。《大顺律》是明末农民战争中李自成大顺政权颁布的法律,各种史料中均未见记载。因此,这次《大顺律》残本的出现,当然地引起了收藏界和学界的普遍关注。经过现场竞拍,国家图书馆成功购得此《大顺律》残本。"

另外,韦力先生也在他的著作《失书记》里说道:

2000年,嘉德上拍了《大顺律》,此书是李自成的大顺政权所刊刻者,在此之前研究界从不知道有这样一本书。1643年时,李自成占领了西安,在第二年宣布建国,国号就是大顺,而年号是永昌,这部《大顺律》应当就是刊刻在这个时期。然而上拍的这册《大顺律》,仅存第十五卷的前八页,底价竟然在三万以上。当时我对此书认识不足，没有举牌，被人以三万元买去，后来了解到买此书者乃是国家图书馆，再之后听说国图善本部的人为此书有些生气，并不是因为这本书买错了，或者有真伪的疑问，而是国图的人听说《大顺律》的书主并没有把收得的该书全部上拍。此人收到该书除此卷十五的八页之外，另外还有卷十四一整卷，但书主把这第十四卷压在了手里，仅拿出第十五卷的前八页来上拍。然而，国图决定买此书时，认为这部《大顺律》就残存了这么八页，所以花这么高的价钱买了下来，为此，而产生了心里不愉快。

其实，韦先生所说的国图有点生气，我又何尝不是，直到后来才知道《大顺律》卖家手里还有一整册。但这已经是后事了。我与韦力先生不同的看法是，当时我认为买家买得非常值，值到现在为止，还是认为买得物有所值。因为，一件文物出现，贵在第一时间告知了天下此物的真实存在，尽管是残缺不全，以后再有出现，只不过是证明和完善此前的存在而已。这有点像考古发现，如新发现了一枚残缺而从未知晓的钱币，或者瓷片，已经证明了这种钱币或瓷器的存在，以后再出土更多更完整的也只能是补充和完善意义，而不能称之为"发现"了。这就是区别。如此说来，科学发现有时就这么残酷。这就是人所特有的"新鲜"感，才有轰动的效应。人就是那么奇怪，总是对新鲜玩意感兴趣。这残本八叶出现，已经表明了这段历史的真实存在，再有多余的也只是研究的资料丰富程度和研究的深入问题了，可是那时的新闻和人们的关注点早已转移了。因此这残存的八叶，就是历史和记录，就是发现。

4. 明活字本《太平御览》（图2.4.4）

明代的活字本印刷书籍为收藏家看重，不是现在才如此，而是在清代、民国时就已经如此。自晚唐以来，到宋代兴盛的中国传统雕版印刷已经普及和发达。可是这种印刷方法与版画的印刷方法和工艺，没有太大的区别。因此，在世界印刷史领域，并不将中国的雕版印刷看作改变和推动世界文明史的重大进步，而是将15世纪末到16世纪初的古腾堡活字印刷术的发明看得更为重要。因此，研究和探讨中国古代的活字印刷就成为捍卫中国古代发明的重要课题。宋代的活字印刷虽有沈括在《梦溪笔谈》里记载，但是没有实物可证，元代王桢《农政全书》也有类似记载，也没有实物例证，只有明代中期以后，包括明嘉靖无锡华燧会通馆、华坚兰雪堂以及安国桂坡馆诸家之书，活字印刷才有了实物例证。即便如此，明中期的活字印本，品种、数量与当时的西方印刷行业相比，应该还是在一个起跑线上，为何在后来的发展过程中逐渐落后，是值得进一步深究的问题。收藏明代的活字印刷本，就是收藏中国曾经的一段辉煌历史和文明。明活字本，就是现存最早的活字印刷实物例证，与西方人收藏古腾堡印刷书籍的"摇篮本"概念相

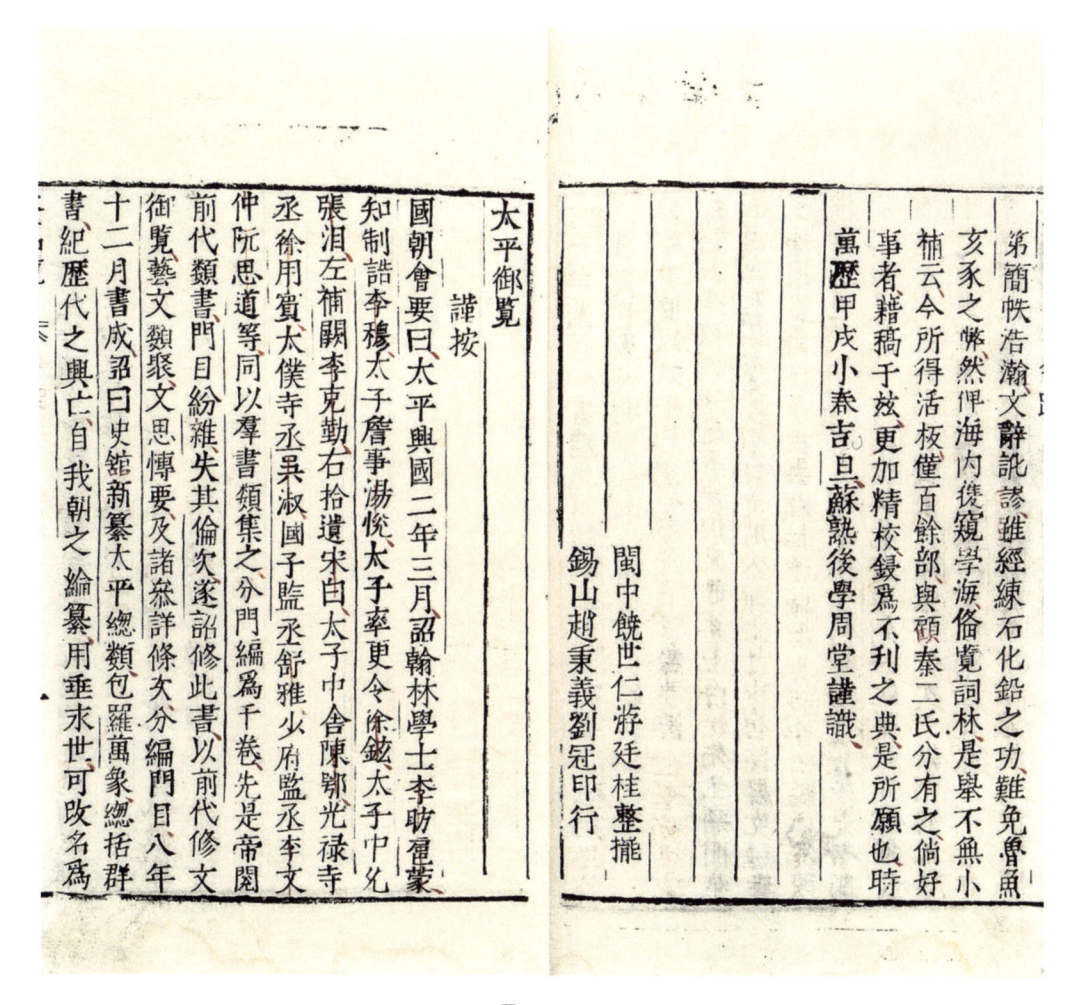

图2.4.4　宋李棠撰《太平御览》明万历二年（1574）周堂铜活字印本

同。明万历二年（1574）周堂铜活字印本宋李棠编《太平御览》是代表性作品之一。

2003年春嘉德古籍图录LOT1542（宋）李棠编《太平御览》，明万历二年（1574）周堂铜活字印本，140册。图录提要说明文字如下：

> 是书为北宋四大类书之一。翰林学士李棠奉诏主纂，扈蒙、王克贞、宋白等十三人参预修纂。全书1000卷，分55部，5363类，总字数4,784,000，引用古今图书及各种体裁文章共2579种。该书的编纂，始于宋太宗太平兴国二年（977）三月，完成于八年（983）十月。初名《太平总类》，宋太宗赵炅诏改今名。纂辑时，充分运用了皇家的藏书，并多用前代类书为蓝本，修订增删而成。所以《太宗实录》说它是以前代《修文殿御览》《艺文类聚》《文思博要》及诸书编纂而成。该书卷首载有《太平御

览经史图书纲目》，详记引用诸书名称，共列1689种。此《纲目》是成书以后好事者所作，已载于南宋刻本。该书纂集宏富，所引用五代以前的文献、古籍，十之八九今已失传。该书有很高的史料价值。是书为明代罕见之铜活字印本，藏家得一册即珍视之，而此书为全帙140巨册，前有序跋，详记排印诸事，故此本能传四百系年而不损一页，至为难得。据《中国古籍善本书目》记载，收藏全帙者，唯上海图书馆、浙江图书馆。

估价250,000—350,000元。

明活字本存世的数量非常有限，民国时期的一些大藏书家几乎垄断了明活字本。随着1949年后的捐赠，现存的明代活字本私家收藏和市场可见者，为数不多，绝大部分已经收归国家的图书馆。比如，赵元方，就是一例。赵元方，原名赵钫（1905—1984），光绪时军机大臣荣庆之孙，姓鄂卓尔氏，蒙古正黄旗人。后移居天津，任天津中南银行副理，建国后任中国人民银行参事室参事，并迁回北京。早年受业于吴江沈兆奎，遂通版本目录之学。喜收藏古籍，收藏多宋、金、元、明著名刻本，收藏明代铜活字印本精品较多。赵先生藏量虽不太多，但所藏皆为名家精刻精印之本和多种珍贵的活字本，藏书室名有"无悔斋"。建国后，择其精本，捐献给北京图书馆，多是罕传善本，最成系列的是明代活字本，包括：

《容斋随笔》十六卷，（宋）洪迈，明弘治八年（1495）华燧会通馆铜活字印本。

《渭南文集》五十卷，（宋）陆游，明弘治十五年（1502）锡山华珵铜活字印本。

《白氏长庆集》七十一卷，目录二卷，（唐）白居易，明正德八年华坚兰雪堂铜活字印本。

《西庵集》十卷，（明）孙蕡，明弘治十六年（1503）金兰馆铜活字印本。

《玉台新咏》十卷，（陈）徐陵，明五云溪馆铜活字印本。

《曹子建集》七卷，（魏）曹植，明铜活字印本。

《吴中水利通志》十七卷，明嘉靖三年（1524）锡山安国铜活字印本。

《颜鲁公文集》十五卷，《补遗》一卷，（唐）颜真卿，明嘉靖锡山安氏馆铜活字印本。

《凤洲笔记》二十四卷，（明）王世贞，明隆庆三年（1569）黄美中活字印本。

以上诸本，皆为活字本中的精品。由于各家的捐赠，原本存世无多的明代活字印本，留给民间收藏的机会已经极为罕见了。而此周堂活字本《太平御览》，是整个中国古代以活字印刷术印制的最大的一部书籍，是中国活字印刷工艺和能力的标志性作品，何况在成品后的近五百年历史，未经任何水火虫潮等损害，可称有神物护持，异常珍贵。想想看，五百年当中，一点损伤都没遇到，是奇迹吧。

这部《太平御览》展出之时，就有多位藏家观看，对其保存完好状况，为之惊叹。在拍卖之时，多为行家藏家出手竞争，最后以超出估价三倍落槌，成交价为715,000元，可称物有所值。

另外，这部书是在'03年春季嘉德古籍拍卖的拍品之一，说来在夏季7月举办春季拍卖会，本身就是一件不寻常的事。这场拍卖，是中国古籍拍卖史上的一个里程碑，值得铭记。因为在这一年的春季，一场突如其来的瘟疫笼罩在中国的大地，SAS病毒，令当时的一切大型商业活动都暂停了。每一个人都面临着生与死的威胁，而且在魔鬼般的瘟疫面前显得无奈和孤独。也许是经此灾难之后，人们才忽然明白，原来人是如此地脆弱，如此地渺小，如此地琢磨不定。所以这场拍卖会延期举办，此时所有的收藏家和藏书家好像都明白了，无法掌控大自然，总可以掌控自己的人生乐趣呐。这场拍卖会成绩突出得好，令人大跌眼镜。中国艺术古玩以及古籍市场的价位，自此登上了一个新的台阶，几乎所有的拍卖标的价位翻了十倍。

古籍市场的冷暖也可以看到世态和人生观，说起来有点过于玄妙，但是看到了这部大部头的藏书亦如此高价成交，令人看到了在自然灾难后的乐观和美好向往。

5. 萃文书屋活字本《红楼梦》（图2.4.5）

古籍善本书，不类瓷器和书画，看上三五分钟就明白了，超过十五分钟还看不明白，那就别再看了，肯定不开门，不是典型的作品。而一部书，别说十分钟看不明白，就是看了一辈子，也许也还没看明白，这是经常有的事，不然怎么说书这东西耐玩呢。比如说脍炙人口的《红楼梦》，最早的程伟元萃文书屋活字本的版本问题，自20世纪初胡适先生提出有乾隆五十六年（1791）的程甲本、乾隆五十七年（1792）的程乙本两个版本之后，到如今，过去已经不止80年了，程印本《红楼梦》到底有多少版本，有谁能说得清楚呢？

2008年秋季嘉德古籍拍卖图录LOT2658曹雪芹、高鹗著《红楼梦》一百二十回，清乾隆五十六年（1791）萃文书屋活字本，4函32册。图录提要：

> 此本首高鹗叙残，图赞自元春以下俱全，以上有不同程度残损。内中纸色黄白不一，似为配刻而成者。此为曹雪芹《红楼梦》书成后的第一个印刷本，程氏所印甲乙本俱已流传至今如星凤者，故仍为天下至罕之物。

> 估价800,000—900,000元。

图2.4.5／曹雪芹、高鹗著《红楼梦》，清乾隆五十六年（1791）萃文书屋活字本

这是多年来，中国古籍拍卖市场上罕见的全本程印本《红楼梦》。此书经过与国家图书馆出版社出版的国家图书馆藏程甲本、杨承凯先生提供的日本仓石武郎藏程乙本，进行了校对，结果发现，文献本与仓石本的程伟元序叙、目录，为两个版本，嘉德本与文献本相同，由此判定嘉德本为程甲本。

喜欢《红楼梦》的读者太多，有兴趣红学研究的热心人也不少。因此，社会各色人等都慕名到拍卖预展现场或者嘉德办公所在地，专程一睹。记得胡德平先生也专程来看书，在交谈中，对红学研究的当时名家都很熟悉，而且问的问题也很在行。如此关注度下，这部书拍卖必会有一番竞争。果不其然，拍卖师报出起叫价后，立刻就有数位卖家竞相出手，经过二三十轮的叫价，最后以212万元成交，得主是韦力先生。韦力先生对此有段回忆，赘引如下：

> 2008年，嘉德又上拍了一部程甲本，估价是80万至90万元。我跟众人拼抢一番，以190万元拍下此书。拍完之后，我匆忙赶到故宫去开会，在会场上马未都先生恰巧坐我旁边。他开口问我嘉德的那部《红楼梦》拍了多少钱，我如实相告，他吃惊地说："怎么这么便宜？"我告诉他是自己买到的，本来还觉得很贵，他怎么说便宜，我反问他，你觉得这个书应该值多少钱？他认为至少要拍500万元以上。我问他为什么？马先生说："《红楼梦》中国人谁不知道啊，名著中的第一部，又是该书的第一个印本，怎么不值这么多钱呢？"这句话我听着很舒坦，本来因为花钱多而隐隐作痛的心，顿时间变得无比畅快。

拍卖结束后，我曾与韦力先生交谈，简单地叙述了校勘的结果，并将校勘的一些影印材料送给韦先生。但是，对于这个研究结果，我真的是心存疑问，程甲本和程乙本前后相差近半年时间，程伟元的序为何会有两块不同的雕版？一般说来，雕版使用和保存百年都没有问题，为何半年时间刻了两块，百思不得其解。所以，将这个问题作为研究课题，在近些年一直注意，先后又与中国书店程乙本，台湾存程丙本、程丁本，上海图书馆存"沪本"进行了校勘，终于有了一些新的进展。其中两条，一是仓石程乙本的程伟元序完全是伪造的，用一个伪造的版本进行校堪比对，肯定是不准确的；二是仓石程乙本，不是标准的程乙本，是程甲本与程乙本配补而成。因此，有些观念必须修正，最初校勘的结果认为，嘉德本是程甲本，现在看来也是程甲本与程乙本配补而成。嘉德本与仓石本的区别在于，嘉德本是以程甲本为基础，而仓石本是以程乙本为基础；嘉德本没有作伪，而仓石本有作伪的嫌疑。这些研究结果，将有专门的论文叙述。

不论怎样，嘉德本是研究程印本《红楼梦》的一个重要版本，没有这个版本，以及仓石本、程丙本等诸多版本，红学研究也不会这么热闹。学无止境，研究也无止境，有时的确要能够坐得住冷板凳，耐得住几分寂寞，舍得花费精神才能搞清一点小问题。学术的事情，来不得半点捷径和取巧。我没有韦力先生那种财大气粗的感觉，韦先生说："我不研究《红楼梦》，活字本是我收藏的一个专题，我买得此书只是在自己的活字本专题中多了一个品种而已。"可是对我来说就没有那么轻松了，作为嘉德古籍拍卖的主管，有责任把问题搞清楚。

程甲本《红楼梦》，市场中全本第一次出现，引起了舆论界的轰动，也引得无数红学爱好者的关注，不分是民是官、是学者还是非学者。因为关于程本《红楼梦》至今仍有许多未解之谜，包括嘉德此件，因而它给所有喜欢《红楼梦》的爱好者留有研究破解的机会和运气。这正是一部书的魅力所在。

有时候一部古书，版本或内容存在着问题，不仅不影响其市场的价值，反而引起争议而名扬天下，市场价值反而更高。事实上，这部书的价值已经不在书的本身了，它已经成为一段历史和历史事件的存在信物，这就是文物。

总之，一部好书、有名的书，即使是有争议的书，都应该在拍卖市场里见，接受公开的价值判断。俗话说，是骡子是马，拉出来遛遛就知道。现在要得到好书，不类过去那种到古籍书店，拉拉关系，就可以得到，现在谁都知道拍卖往往会出更高的价格，所以好一点的书都是先送往拍卖公司，包括全国各地的古籍书店，也不直接给藏书家好东西，都希望他们到大拍卖场里去竞争，这样古籍书店也会得到更大的利益。所以逼得一些以往对拍卖有成见，或者有抵触的藏书家，不得不乖乖地来到拍卖场，公平地参与竞拍。

第三章

常规古籍拍卖精彩回放（乙）

一. 名人书札

　　历代名人书札，是古今中外最古老、最受藏家青睐的收藏项目之一。书札有两个重要的看点：一是文献资料性。书信人之间除了客套寒暄之外，大都有特别的内容，或系议论官场人和事，或系评论身边熟悉的人和事，再或系亲戚家眷的人和事，一定会有思想、看法和安排，这些内容往往是正史研究的辅助材料，甚至可以修正一些正史的观点和史实，因为书信内容往往很私密，可以说真话，而正史修撰很难做到秉笔直书。二是书札为书信人信笔而书，绝无矫揉造作之感，体现了书写者的书法境界，特别是名人书札都是有影响的政治家、文学家、思想家的手笔墨迹，号称大德手泽，弥足珍贵。故从中国魏晋时期，书札收藏已经蔚然成风。当今保存下来的所谓"三希"，包括王羲之《快雪时晴帖》等均为书札。再看宋代宫中所藏魏晋名人书法，也大都是书札，北宋《淳化阁帖》，其中书札占了很大一部分。宋代以后存量渐多，元明清三朝，书札收藏已经成为整个社会的风气。大家名家有收藏，士人学子亦有收藏，不外是名头大小、数量多少有别罢了。

　　新中国建立以后，由于书札兼具资料性和艺术性，特别是书信的资料价值，为国家看重。国家在文物管理方面，对于书信的管理和限制，更为严格。五六十年代，国家根据当时的一些经济建设和财政金融需要，对外销售出口一些旧物，换取外汇，按照国家的有关规定，均以乾隆六十年（1895）为限，超过此年代的器物不予办理出境手续，不允许出售给外籍人士。书画类旧物也如此。古籍刻本书以1911年辛亥革命为限，之前的一律不准出口。历代名人书信，也就是通常所说的书札，格外苛刻，按照国家的文物政策规定，不论年限，一律不准出口。可见，对于国家来说，较之一般的器物更为重视保存书札文献，书札文献的重要性由此可见。

　　书札收藏历代都有名家辈出，明末项元汴，清初朱之赤，清中王礼治，清末顾氏过云楼、魏稼孙，民国间钱镜塘、张珩等等。嘉德古籍自1994年首次拍卖，就将历代公牍私牍（书札）列为专项拍卖，现在已成常规古籍拍卖项目。

1. 钱镜塘旧藏《明代名人书札》

　　2002年秋季，嘉德古籍征集到一份令人叹为观止的明代名人书札。首先就是数量巨大，20巨册，内中名头之多，无有堪比；其次是每人只取一通，件件挑剔，件件精选；

最后是除了极个别罕见者外,品相一流。可称大家积数十年之功,成此一代巨制者。这就是由沪上钱氏后人提供的《钱镜塘藏明代名人书札》。

LOT1603《钱镜塘藏明代名人书札》明手稿本,20册。钱镜塘先生(1907—1983),著名书画鉴赏收藏家。原籍浙江海宁,名德鑫,号鹃湖渔隐,晚号菊隐老人。其祖父笠群、父亲鸿遇,皆喜好书画和收藏,于地方颇有声名。钱镜塘身受家庭熏陶,酷好书画和收藏,远胜父祖前代。后寓居沪上,毕生专事书画鉴定、收藏,成为一代书画鉴赏和收藏名家,影响至今犹存。钱镜塘先生收藏书画逾万件,慨然捐赠上海、浙江、广州、南京、海宁等地博物馆者几达三千件,内中包括宋元真迹,而钱镜塘先生一生过手经眼的书画以数万计。有斋号称"数青草堂"。此明代名人尺牍,概钱镜塘先生倾半生精力所孜孜以求,严审精鉴,最终辑成的一部明代名人尺牍集册,厘为二十巨册,整齐、壮观、豪华。

图录提要:

内收明永乐朝之后至崇祯朝名贤共四百余人,六百余叶,其中王侯将相、文人墨客、忠烈奸佞,莫不备焉,可称名人书札大全。如果仅以明代的人物数量论则是独此一家,古今以来无可比拟。

此集所收四百余人,每人只收书札一通,盖不重复收录,这与其他同时代的各明代书札收藏家不同。筛选出现存的这四百余通明代名人尺牍,定是当时多方确定认为最真、精、新的作品,同时也保证了此集庞大的收藏涵盖面,内中不乏罕见之作和仅见的孤品。

此集有一定的系统性,于研究颇有裨益。如一之10至二之20,共三十通,为毛科、程敏政、傅瀚、闵珪、梁璟等致韩文书札,这些人物大都是尚书、侍郎一级的高官;三之1至三之21,共二十一通,为衍圣公孔闻韶、户部尚书吕钟、南京工部尚书韩重、南京刑部尚书臧凤、兵部尚书王时中等致毛宪书札。此外,如徐光启、严嵩等重要历史人物的书札不仅极为罕见,且都有实际内容。某些书札甚至可以补充《明史》的资料。此集涵盖了明代两百年历史的四百余重要历史人物,可称是明代仕宦大全;四百余通书札,政治文化内涵极为丰富,可称文史资料大全;所有书札真草行书,可称是性格、流派各异的明代书法大全;六百余叶各色瓷青研花笺纸,可称是明代不同时期造纸技术大全。钱镜塘辑明代名人尺牍本身已成为一份宝贵的历史文献文物遗产。

著者考证倪禹功(1911—1964),浙江嘉兴人,寓居上海,喜书画,山水扇面自成一格;好鉴赏,整理了大量历代书画家资料,著有《嘉秀近代画人搜铨》等。

书名题签张石园(1898—1959),又名入玄,一字蔼如,江苏武进人。擅画山水，书法深具功力，曾任上海书画院画师。

为了配合宣传，嘉德古籍专门聘请了故宫博物院研究员杨承斌先生释文，中国社会科学院历史研究所研究员陈志超先生考证，编辑了《钱镜塘藏明代名贤尺牍》，共六大册，上海古籍出版社出版。这份明人尺牍，数量大，资料性很强，而且系统，国内罕见，选取精良，可成明代名人手迹的标本，因此得到了博物馆的关注。由于当时确定的底价比较高，因而这件拍品在图录中没有公开的估价，而是用咨询价。如果有买家对此件拍品有兴趣，可以向嘉德公司资询拍卖底价。这是拍卖行里的惯例，凡属底价很高的拍品，为了保护出品人的拍品影响，拍卖公司可以向有兴趣的买家告知这件拍品的估价。后来，果然是上海博物馆出手以9,900,000元的成交价拿下了这件拍品。在当时看来，这件拍品价格不菲，但是从今天的市场来看，那简直就像毛毛雨了，此后几年，数量仅此四分之一的另一件拍品《明人书札》成交价高达三千多万元人民币。更有甚者，这件拍品在嘉德古籍征集到前，已经为他人从中抽取三十余通，为购回这三十余人书札，一位客人最后出价逾1500万元，还是看着很多人的情面才得到。

2. 张学良旧藏《明人尺牍》

张学良在20世纪30年代，曾经是军界和政界叱咤风云的人物，但是1936年末"西安事变"之后，就结束政治生涯。张学良虽是一介武夫，在其好友胡若愚等影响下，遂有收藏雅好。张学良的古代书画收藏开始于20年代，尤喜明代绘画书法之类，收藏室名"定远斋"。九一八事变之后，张学良留在沈阳老宅的书画藏品633件，均为伪满洲国作为"逆产"藏于奉天博物馆。这批藏品在"八一五光复"前，被日伪人员抢劫一空，许多藏品后来流往海外。除了留在沈阳老宅之外，张学良还有一些收藏，虽经数端劫难，一直陪伴到他的晚年。1994年4月10日台湾苏富比拍卖公司举行"定远斋中国书画珍藏"拍卖会。这是苏富比进入亚洲市场以来，首次举办的收藏家专场拍卖会，更因为收藏家是大名鼎鼎的张学良，拍品共有207件（套），其中古代书画作品一百六十余件，占总数的十分之六，经过激烈的竞拍，定远斋所藏拍品全部成交，拍卖总成交额一亿三千二百余万台币，因而轰动一时，至今犹为收藏界和拍卖业界人士称道。

2010年春季，嘉德古籍征集到张学良定远斋旧藏李梦阳、王宠等撰书《明人尺牍》一册，明中期手稿本，为当年苏富比公司"定远斋藏书画"专场拍卖LOT71号拍品。内有著者和收藏印鉴王履吉、朱之赤鉴赏、之赤、卧庵所藏、尚友斋、运百甓斋等。内收：（1）王宠书过毗陵访郑博士。（2）王宠致汤珍（子重）一通。汤珍，字子重，长洲人，与王宠兄弟读书石湖治平寺15年，为蔡羽、文徵明推重，工诗文，著有《迪功集》。（3）李应桢致德甫书一通。（4）李廷相致胡世宁（静庵）书一通。胡世宁，字永清，号静庵，仁和人。弘治六年（1493）进士，官兵部尚书。《明史》《皇明世说新语》有传。（5）祝允明致内翰书一通。（6）徐源致吴宽（匏庵）书一通。（7）顾鼎臣致董先生书一通。（8）李梦阳致西泾先生书一通。（9）亨之泰致丹仪先生书一通。

这件拍品为张学良先生定远斋旧藏之物，90年代大陆与台湾的往来艰难，而且大陆的艺术品收藏拍卖刚刚起步，对海峡对岸发生的热闹事，也只是隔海观望。15年后张学良定远斋的旧藏，越海到了大陆，因此得到了格外的关注。2010年5月15日下午2点30分，定远斋藏《明人尺牍》在嘉德古籍拍卖场里拍卖，编号为LOT8221，图录标示的估价为1,200,000—1,500,000元，经过一番竞价，最后以1,568,000元成交，为大陆收藏家所得。

3.《熊开元存札册》

书札鉴赏不类书画，需要有一定的历史文化积淀。单纯鉴赏书法仅是收藏书札的内容之一，越是玩赏到后来，更重的是品赏和整理书札的内容，特别是明代和明代以后，内容越发重要，书法退居其次。因为，书札毕竟是个人的隐私之物，官方的正经正史，都是依据官方的主旋律修订，所谓秉笔直书，那是一种愿望而已。而私人信件中，或有真情实意，可补正史不足。其中若有所发现，可以修订某些历史片段观点，这才是收藏书札的乐趣和最高境界。同时，书札的种类也非常地多，后人多以书家尺牍、忠烈尺牍、傍武尺牍、学者尺牍、名人尺牍等明目分类，总是以上下款为一人内容集中的为上品。或者以书家命名尺牍、或者以收件藏家命名等等，均以内容归类。在这些分类尺牍中，最难的一类，恐怕就是释家的尺牍了。因为出家人的起居生活，读经研经，与世俗有很大的距离，几乎是两个不同的世界。

2004年春嘉德古籍征集到了一份重要的明末清初的书札，LOT2450清初《王时敏等清初书札》1册42页。拍卖时考虑到收藏界对熊开元知之甚少，而王时敏为清初四王之首，名声响亮，故名。然依此册内容，名曰《熊开元存札册》更为贴切。此人是明末清初的一位重要政治人物，也是清初遗民出家，是佛教界颇有影响的人物。熊开元，字玄年，号鱼山，湖北嘉鱼陆溪口人，生于明万历二十六年（1598）。从著名儒生龙韬、童以明读书，成年后与金声、尹民兴、李占解并称"嘉鱼四才子"。天启五年（1625）中乙丑科进士。南明弘光朝亡之后，唐王立，熊开元起工科左给事中，连擢太常卿、左佥都御史，随征东阁大学士，居相位。汀州破，弃家为僧，法名檗庵正志，隐苏州以终。著有《诸方语录》《檗庵别录》《渔山剩稿》。《明史》列传第一百四十六有传。

明末士大夫，一方面朱明王朝已如粪土，令人彻底绝望；另一方面，又不甘于在异族统治下俯首称臣，于是逃禅成为一时风气，是特定历史条件下民族气节的特定表现形式。陈垣先生曾于《清初僧诤记》中指出，法藏禅系"门多恩义，亦易为不喜者生咳"。明末遗民士大夫怀旧国之思考，曾纷纷相聚于法藏门下。其著名者如继起弘储的重要弟子檗庵正志（熊开元）、月函南潜（董说）等。正因为此，汉月法藏禅系与明末清初士大夫的结合，令清廷忧虑不安，以致雍正皇帝下令将法藏禅系"剪除"，"永不许复入祖庭"，并将该系诸禅师的语录等著作"尽行毁板"。

此册书札内容重要在于，一是正志原本为官，入法门后仍与遗民联系密切，此册内有与石溪等往来书信；二是内容涉及清初临济宗内部的"密月之诤"；三是关于正志的行踪，苏州灵岩、安徽黄山，均有见史料，可补正志大师传记资料之匮乏。

常熟三峰清凉禅寺，明末有高僧汉月法藏（1573—1635），是禅宗临济宗大师，门徒极盛。清初禅宗，临济的天童、磬山和曹洞的寿昌、云门两个派系相对峙。汉月在三峰开法，《五宗源》一书引出与天童派的纷争，提出对禅宗临济、曹洞二宗的宗教改革，引起巨大的争议，在清初影响巨大。汉月塔铭由董其昌作，黄宗羲补，熊开元作行道碑。身后继者有十弟子，以杭州灵隐的具德弘礼和苏州灵岩的继起弘储最著。据此札内硕揆原志题跋，称此本为常熟白雀寺道济和尚收藏之物。硕揆原志禅师（1628—1697），号借巢，盐城孙氏子。清代名僧。嗣法杭州灵隐具德弘礼门下，为汉月法藏再传弟子，临济三峰宗门下俊杰，著名的禅宗大师，庆云禅寺中兴后第八代住持，著有《正源略集》《七会语录》《借巢诗集》等。可知近四百年间，此札册一直保留在常熟，提供此拍品的藏家就是常熟萧氏晨星楼后人。

此札册内有：

继起弘储（1605—1672），明末抗清志士。是苏州灵岩山寺临济宗第三十二世，号继起，又号退翁、担雪老人，南通人。弘储为汉月法藏门徒，熊开元出家后拜此人为师。弘储以道德高节、气质魅力、智慧学问，聚集了清初一批富有民族节气的遗民知识文人，俨然东南世俗宗教文化领袖。

王时敏（1592—1680），初名赞虞，字逊之，号烟客，自号偶谐道人，晚号西庐老人等，江苏太仓人。大学士王锡爵之孙，翰林编修王衡之子。清初画坛"四王"之首，为一代画苑领袖。此册内有王时敏书札四通，二十多叶，可见熊、王之间关系密切，交往颇深。人们都只看到了他在画事上的成功，却没有注意到他在亡国后内心的痛苦，毕竟是大明的显贵后裔。此前，人们很少知道王时敏与逃禅的明朝达官之间竟有如此密切的关系。

髡残，清初著名画家。本姓刘，出家为僧后名髡残，字介丘，号石溪、石道人、残道者、电住道人等。湖广武陵（今湖南常德）人。与石涛合称"二石"，又与八大山人、弘仁、石涛合称为"清初四画僧"，与程正揆齐名，并称"二溪"。

郭都贤，字天门，号些庵，益阳桃江县人。天启进士。官吏部文选司员外郎、江西巡抚等。明亡削发，号顽道人，又号些庵先生。博学强记，工诗文，书法瘦硬，兼善绘事。

钱朝鼎，常熟大姓，生卒年不详。清顺治、康熙年间人。字禹九，号黍谷，清顺治进士，官至太常卿。曾官刑部主事、浙江按察使、都察院右副都御使、大理寺少卿。与钱陆灿合撰《永庆寺志》。

此札册内容隐晦极深，不失为清初遗民研究、佛教研究的重要史料。由于内容过深，非晚明专家与晚明清初佛教史专家，不能胜任，图录编写，未能称意。此书札册估价250,000—280,000元。拍卖之时，为北京马路芝先生所得，成交价为385,000元。马先生论长相五大三粗，怎么看都不像一个玩书札的人，与人相处漫不经心，大大咧咧，其实都是外貌。马先生实际上凡事心细超常，一板一眼正经办事，外人常被其外表所欺。马先生书札收藏有《钱镜塘藏明季忠烈书札》两册，钱镜塘、顾氏过云楼旧藏明清书札若干，《端方存札》（台湾曾出版），曾氏后人家旧藏《曾国藩之曾国荃书札》，以及此《熊开元存札》等等，件件开门，数量之大，质量之高，当今鲜有能叫板匹敌者。

4. 林氏家藏《林文忠公书牍》手稿（图3.1.4）

2002年秋季，嘉德古籍在上海，征得清林则徐撰书《林文忠公书牍》手稿，清道光二十六年至二十八年（1846—1848）林氏手稿本，65页另3开。编入拍卖图录LOT1604，提要文字如下：

> 内收林则徐道光二十六年至二十八年至同僚书札共计七十余封，待查者三页三封。系林则徐1842年谪贬新疆后，1846年至1848年间，任陕西巡抚、云南总督期间之书牍文稿。这批手稿过去都未曾发表，一直保存在林氏后人手中，历经一个半世纪之久，是研究林则徐之重要文物和文献资料。
>
> 此拍品由林氏后人直接提供。
>
> 上海古籍出版社1985年出版。

估价200,000—220,000元，成交价220,000元。

与此件同时出品的还有一批林则徐与同僚往来书信，内容更为重要，从时间上来看，直接涉及1840年至1842年间中英第一次鸦片战争。图录LOT1605《林则徐同僚书札》包括：

邓廷桢等《致林则徐书札》（1840—1842）手稿本15开，其中有邓廷桢1841年致林则徐书札三通。

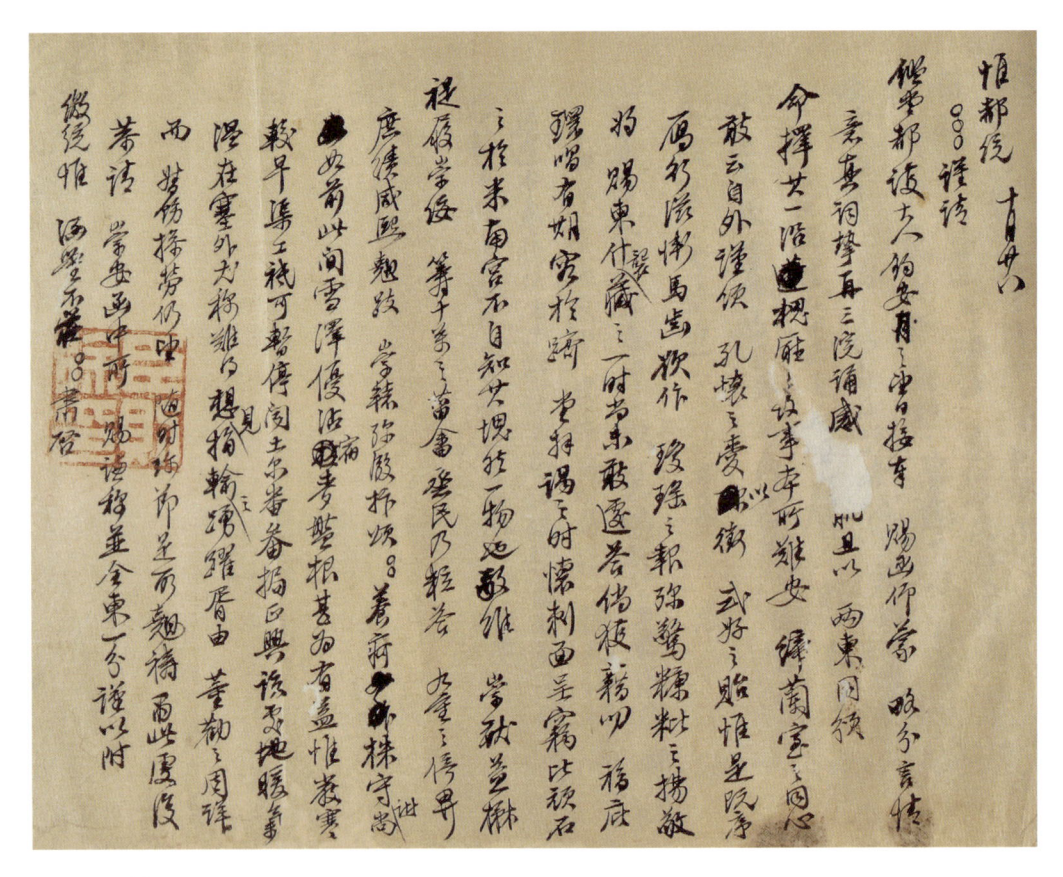

图3.1.4／林则徐撰书《林文忠公书牍》手稿，清道光林氏手稿本

裕谦1841年。《致林则徐书札》一通。裕谦曾任江苏巡抚、两江总督。

吴廷琛三通。吴廷深为嘉庆状元，官至云南按察使。

李兆洛三通。

何凌汉一通。何凌汉官至户部尚书，何绍基之父。

杨文荪三通。

吴其濬类二通。吴其濬官山西巡抚。

陈功一通。陈功官江苏按察使。

李星沅四通。李星沅历官云贵总督、两江总督。

张岳崧四通。张岳崧官江西道台。

吴嘉宾一通。

吴荣光一通。吴荣光官湖南巡抚。

忠清一通。

程祖洛五通。程祖洛官闽浙总督。

汪本铨六通。汪本铨官浙江布政使。

这批书札大都系1838年至1842年林则徐赴粤禁烟，以及被谪贬于河南开封河工时，内容多有关禁烟、鸦片战争战事和开封河工，内容极为丰富，是研究禁烟运动、鸦片战争的重要文献史料。此拍品经林氏后人保存一百五十余年，大都从未发表过。本拍品由林则徐后人直接提供。图录标注估价80,000—90,000元，成交价88,000元。

我是中国近代史专业硕士，就研究价值而言，或许林则徐存同僚书札更有意义，因为书信时间是林则徐政治生涯中最辉煌、最起伏跌宕的时间段，研究价值更大。而林则徐书牍部分，皆属晚期于新疆、陕西、甘肃流放期间，虽重新起用，人已老矣，且已经不在政治中心，相较而言，更有文物和书法价值。林则徐是揭开中国近代历史的第一人，资料研究均极为重要。当年上海仅仅将其中的林则徐手书部分影印出版，我以为将林则徐存朋僚书札一同影印，资料价值将会更高。

二. 碑帖法书

碑帖，俗称"黑老虎"。老虎不吃人，那是卡通里的故事。碑帖的作伪，手段千变万化，形形色色，令人防不胜防，吃亏上当的人多了，教训深刻，被老虎咬了一口，岂不令人望而生畏。

但是，碑帖这东西，一是太有意思了，越是有名堂，才越有刺激，能在万军之中，拨开迷雾，得一善拓，犹如于万军之中去取上将首级，那是何等的快感和惬意。二是研究和欣赏书法，碑帖是绕不开的内容。上古时期到魏晋隋唐，哪里还有那么多的真迹原件保存下来，欲想了解宋元以来的书法源流，不了解碑帖书法，那就是无源之水。三是碑帖也是第一手的原始历史资料，尽管人常说树碑立传，多是歌功颂德，只拣好听的说，毕竟是当时的记载，总比改朝换代之后写的史书要更接近于当时。中国古代的传拓技术，至今已有一千五百多年的历史。《隋书·经籍志一》就有记载"相承传拓之本，犹在秘府"，足见"传拓"已经有之。自传拓技术发明之后，历朝历代的收藏家对于碑帖的收藏，始终占据着重要的地位。在黑老虎口中夺食，就成为收藏老饕的嗜好了。

碑帖集文化历史内涵和书法艺术于一体，具有历史文献资料和艺术双重性质。有鉴于此，历朝历代碑帖的收藏，侧重也有所区别。如乾隆就将碑帖与书画并藏，著录于《石渠宝笈》，侧重的是其书法价值。1949年后，公共图书馆迅速发展，国家看重碑帖的文献史料价值，因此碑帖划归图书馆收藏。

作为一个古老的收藏品种，宋代碑帖买卖已经是一个成熟的行业，同时也拥有众多的碑帖收藏名家，如六一居士欧阳修、集录三代以来金石遗文一千卷的赵明诚和李清照夫妇、宰相游似专藏《兰亭序拓本》，以及贾似道等等。拥有一本最早的、拓工最好的碑帖拓本，是学习书法和收藏的最高境界。

在传统的古玩市场中，古书店和古书画店，兼有经营，甚至还有碑帖的专营店铺，如民国时期北京琉璃厂的来薰阁，就是很有名的以碑帖经营为特色的书店。自宋以来，碑帖法书，就成为市场中最为昂贵的品种。直到近代，照相技术的发明和印刷技术的不断提高，珍贵的碑帖法书可以复制，水平已可以假乱真。但是，不论印刷技术如何提高，印刷品无法复制古老碑帖的文物性。碑帖作为古籍中的一部分，市场也经历一段起伏，特别是经过1949年后，古籍善本收藏断档，碑帖作为最难鉴定、最为凶悍咬人的"黑老虎"，其市场价值相比较古籍刻本、书札，长期未得到应有的市场文物价位。其实不必担心，常言说风水轮流转，今年到我家，谁能简单地断定古玩市场的热点变换。有一点可以确认，那就是有文物和文献价值，兼具书法艺术价值和赏玩价值的碑帖迟早也会有崭露头角的机遇，只是时机未到而已。前些年，上海博物馆以重金收购了美国收藏家安思远先生的宋拓本《淳化阁帖》，无疑给碑帖市场打了一针强心剂，让世人将目光逐渐开始聚焦到碑帖收藏上来。同时，近年来已经有收藏家在古代书法收藏的过程中，为了认识和研究古代书法，上追书法源头，自觉或不自觉地已经开始对碑帖产生了关注。中国古代早期的书法作品，绝大多数都是依靠碑帖传承保护下来。离开碑帖研究中国古代书法，那将无从谈起。其实只要仔细体会一下《中国美术全集》书法卷，唐以前的书法作品大都是碑帖，就可以体会到碑帖的重要性了。

可以说，现在的碑帖市场，远未及曾经的价位。碑帖自唐宋以来曾经是古玩行里最贵重的品种，诗人杜甫《李潮八分小篆歌》中说到"八分一字直百金"，可见碑帖法书之市场贵重，唐代就开始，由来已久。中国嘉德1994年秋季首场古籍拍卖，上承传统经营，下兼顾国内馆藏分类，将碑帖法书纳入古籍拍卖的系列。其中也有许多著名的版本，在市场上也频频出现，引得收藏界关注。在碑帖这个小众的、冷门的市场中，时有一些亮点出现。

1. 整张拓《天玺纪功碑》残本（图3.2.1）

碑帖拓本价值判断，包括文物价值和研究价值，以及市场价值，首在于椎拓年代早晚；其次是整张原拓，还是剪裱；再后就是拓工水平。至于题跋、收藏印鉴，都是拓本以外的鉴定、欣赏参考依据而已。嘉德古籍1996年秋季，征得整张拓《天玺纪功碑》残本一件，明拓本，可以说是集中了所有的碑帖拓本研究欣赏要素，而且其恢宏气势，不论是谁收藏都是可以拿出来炫目的藏品。

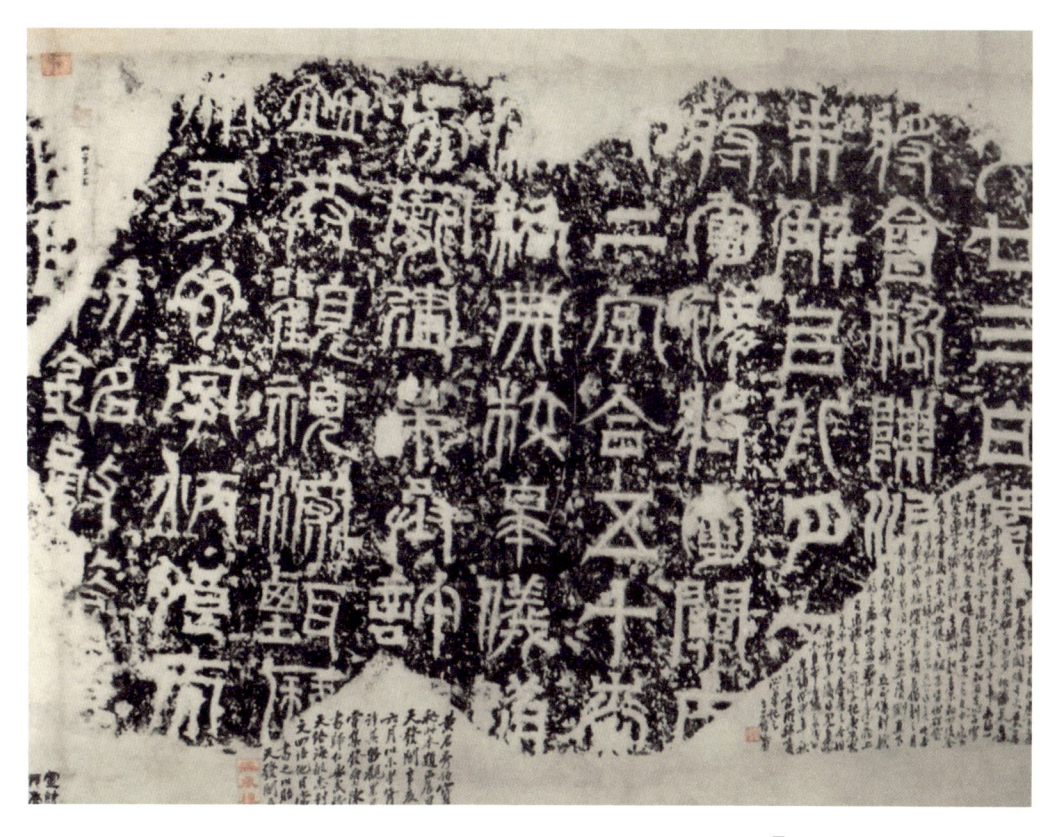

图3.2.1 / 明整张拓《天玺纪功碑》残本

《天玺纪功碑》整张残拓，明拓本，1张。内有钤印：两罍轩收藏古拓善本、两罍轩、归安吴云平斋收藏金石文字印、吴云字少青号平斋晚号退楼、琴归室、天玺堂藏、孙某有缘、孙爱棠、沈翔云假观、大兴赵氏收藏金石文字印、海藏楼。题跋：吴昌硕、郑孝胥、褚德彝、赵亏密、马家桐。《天玺纪功碑》又称三段碑，此件仅存中段、下段部分。图录标注估价70,000—90,000元。

吴天玺纪功碑，是三国东吴刻石。因为东吴末帝孙皓为维护其统治，制造"天命永归大吴"的舆论，伪称天降神谶而刻，故又称天发神谶碑。通体篆书。阴刻21行224字。因石断为三，俗称"三段碑""三击碑"（一说是分刻于三段石碑上），为吴国四大名碑之一。关于此碑有这样一个记载：264年，三国吴孙皓继帝位，由于他残暴昏庸，政局日益不稳。276年，改元天玺。为了稳定人心，佯称天降神谶文的舆论，以为吴国祥瑞。相传为东观令华覈撰文，书法家皇象所书。原石立于建业城南岩山断石岗上，后几经迁徙，置于江宁县学宫（今夫子庙）尊经阁。石呈圆幢形，环而刻之。宋代时原石断为三段。上段21行，中段17行，下段10行，共存213字。后有宋代胡宗师、石豫亨，明代耿定向题跋三则。清嘉庆十八年（1813）八月毁于火。历代书家藏家对此碑评价尤佳。

由于此碑原石早毁，流传拓本很少。现存最早的碑文拓本为故宫博物院所藏北宋拓本，尤以断裂之前的宋拓本极为珍贵。著名的画家齐白石，他的书法和篆刻，字体就是基于此碑。此本虽为残本，旧题为宋拓本。整纸未经剪裱，拓工极精，且历经名家收藏，为晚清金石名家吴平斋两罍轩旧藏之物；名家题跋，吴昌硕长跋，可称传拓、收藏、题跋三绝。此本后来流传于沪上，辛亥间为黄君秀收藏，视为至宝，以此拓本命其室号"天发阁"；后转归孙爱棠，珍重有加，以此拓本命其室名为"天玺堂"，并延请张大千题写"天玺堂"室名，字大逾斗，甚是壮观。

孙爱棠（1896—？），又名孙浩然，民国时上海实业家，著名书画家张善孖、张大千的莫逆之交。张大千兄弟客居上海时曾住孙爱棠家。大千在上海遇到经济上的窘境，曾求助孙爱棠先生，得到资助。知恩图报的大千自不会忘记好友的慷慨，常有书画作品相赠。孙氏书画收藏，尤以大千为重。

此拓本曾为两家大户斋号，足见世人珍重。嘉德古籍拍卖此件成交价为77,000元。现在看来这真是太舒服的成交价格，买家肯定是遇到肥猪拱门美事了。

故宫博物院藏有此碑宋拓本，号称天下无双，而市场所见此碑明拓整张者，仅此而已，称之可亚故宫未尝不可，不可以其残失上部而轻视。

2. 旧拓本《嵩山三阙铭》（图3.2.2）

1995年春季，嘉德古籍征集得到汉《嵩山三阙》旧拓本，1卷。嵩山三阙是太室石阙、少室石阙、开母庙石阙三阙的合称，位于河南嵩山地区，是我国现存最古的庙阙。阙为古代宫室、陵墓、庙观门前的特殊建筑，常呈对称形式分立于行道两旁，中间阙然，故名。嵩山三阙均为石筑，是我国现存最古的庙阙。

太室石阙位于嵩山太室山前中岳庙南，有两段隶书铭文，行间有界格。阙身其余石面满雕各种姿态生动的人物、车马、动植物等图案，是研究汉代绘画及社会风习的珍贵实物资料。《太室石阙铭》的隶书圆润古朴，兼有篆意，为传世西汉碑铭之上乘。

少室石阙在河南登封县城西六公里少室山下，为少室阿姨庙神道阙，东汉安帝延光二年（123）颍川太守朱宠所建，形制与太室阙相仿。《少室石阙铭》刻于西阙南面，篆书，存字二十行，行存四字。西阙北面上部有双钩阴文篆书题额"少室神道之阙"六字。东阙北面另有隶书题名四行，无年月。阙身其他石面亦如太室阙满刻汉画像，因年深日久，剥蚀严重，尚可看出有赛马、踢球、射猎、斗鸡、角力等图案。《少室石阙铭》的篆书宽博朴厚、气象恢宏，有大家之风。清王澍评云："石甚粗劣，篆文亦未尽善，然刻虽未工而字殊朴茂，商彝、周鼎、清庙、明堂，可以寻常耳目间珊巧之物同日

而语乎？"(《虚舟题跋》)

开母庙阙位于登封城东北万岁峰之开母庙前，这里有著名的古迹启母石。开母庙本名启母庙，据传建于西汉武帝时期。武帝为避其父景帝讳，改名开母庙。开母庙阙亦为东汉延光二年（123）颍川太守朱宠所建。无额。铭文篆书三十五行，前十一行，行七字，后二十四行，行十二字，铭文词意为颂扬夏禹治水以及启母的事迹。《开母庙石阙铭》下方，另有东汉灵帝熹平三年（174）中郎将堂溪典《嵩山请雨铭》，隶书，十七行，行五字，字多剥蚀。阙身有汉画像。《开母庙石阙铭》的篆书，较《少室石阙铭》更为严谨，比李斯诸刻方紧，而秦篆浑朴茂美之气，尚依稀可见。

杨守敬在《平碑记》中对三阙铭评价极高，云："汉（指西汉）隶之存于今者，多砖瓦之文，碑碣皆零星断石，唯《太室》《少室》《开母》三阙字数稍多，且雄劲古雅，自《琅邪台》漫漶不得其下笔之迹，应推此为篆书科律。"

嘉德古籍所得拓本，在图录中全称《嵩山太室少室开母三阙铭太室后铭少室题名季度铭合卷》，旧拓本，内有钤印：孟清王氏觉斯鉴定印、何印昆玉、石谷书画、伯瑜所得金石、未谷、桂馥之印、何印绍基、子贞、蝯叟眼福、南皮张氏可园收藏庚壬两劫所余之一、曾存淡氏玉、钱笛道人。前后有多人题跋。

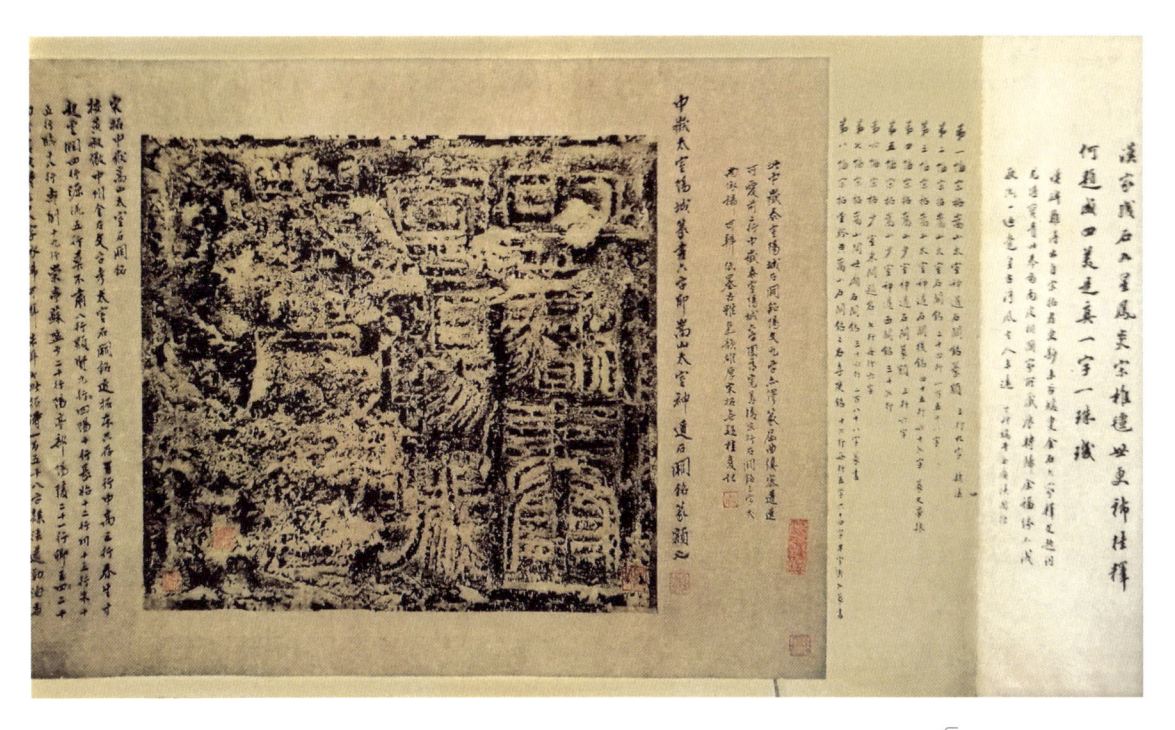

图3.2.2／旧拓本《嵩山三阙铭》

桂复题跋：

引中岳泰室阳城石关铭，阳文九字迹缪篆，屈曲缜密，犹逸可爱，前二行中岳泰室阳城六字，固为完善，后末行石关铭三字迹尚依稀可辨，纸墨古雅，气韵雄厚，宋拓无疑。桂复记。

何绍基题跋：

石经隶刻峙宫墙，篆古纵兹付渺茫。珍重嵩山三阙，千秋遗憾蔡中郎。大石如小山，堕自万仞巅，盖杜浑洞时，堕迹似镜镌。讹云启母石，周末野人传。孝武乃崇信，识纬托文宣。东京造石阙，冯神习雉翩。祈福祀圣母，炳朗延光事。事理本夸诬，文字却确研，遂与少室三。

淡国桓跋称：

汉家残石如星凤，炎宋椎甈世更稀。桂释何题成四美，是真一字一珠玑。汉碑难得，出自宋拓者更少。未谷、蝯叟金石大家，释文题词，尤堪宝贵。此卷为南皮相国家所藏，展转归余，福缘不浅，敬阅一过，皇古淳风，去人未远。丁卯瑞午玉庵淡国桓。

可见清中期桂复等名家鉴定此本为宋拓本。另外，此卷自明末清初王觉斯以下，清中期桂未谷、道光咸丰间何绍基、咸丰同治间何昆玉、清末光绪间南皮张可园，一路名家收藏，也是极为难得之物。图录标注估价60,000—70,000元，最后成交价77,000元。这个成交价格在今天看来，简直就是一个令人妒嫉的公开捡漏。

清代民国收藏家和碑版家，对于汉魏碑拓本的年代往往都有夸张，明拓定为宋元拓，清初拓本定为明拓都是司空见惯之事。宋元之后帖学大盛，魏晋隋唐碑拓本受到冷落，存世极为罕见。明末之后，宋明理学受到质疑，加之清初之后考据学派兴起，学术上追魏晋秦汉，乃至先秦，碑版与之相参，魏晋秦汉碑拓、先秦钟鼎彝器、商周甲骨，走得更远。因此汉魏碑的学术价值和市场价值日隆，夸大魏晋秦汉碑拓的年代在所难免。此本《嵩山三阙铭》也不出这一时代制约，号称为宋拓，也定有夸张嫌疑。依纸张墨色拓工收藏诸因素，审为明末清初拓本。清代学者袁枚有句说读书的话："双眼自将秋水洗，一生不受古人欺。"在古籍碑帖鉴定上，此话也是很管用。当然，这种现象并不影响此本的价值，纵观二十年间中国古籍拍卖市场，仍是所见最好的一卷三阙铭拓本。

3. 苏轼书《仙游潭碑记》

碑帖收藏有两个要点，一是拓本越早越好，二是拓本传世可见者越少越好。苏轼书《仙游潭碑记》就是传拓罕见之物。

1995年春季，嘉德古籍征集到苏轼书《仙游潭碑记》，明初拓本，1册。内有钤印：海上精舍藏本、王懿荣、王氏家藏、东壁、廉生所考金石刻辞、翰林供奉、三为祭酒、纲印纶、雪浪斋、永庐珍秘、张焊私印、张印念祖、陈和昱、若愚所得、觉今是斋、胡氏金石。题跋者有盛昱、胡石查（代王懿荣）、樊增祥、陆润庠、李桂林、仑恩、陈三立（散原）、吴树梅、陈祀立、徐世昌、徐世章、杨晋、袁思亮、章梫、胡若愚等。

此石拓本极为罕见。据毕沅《观众胜迹图》志七记载：《仙游寺通志》在盩厔县南三十里仙游潭。明王九思《游南山记》仙游寺，榜曰普缘，盖此地故有仙游宫，因以名寺。寺四面皆山，黑水经流其门，盖奥区也。殿前石塔，塔下空中塑一病佛，侧睡且死，诸罗汉按摩哭泣吁祷，备极情态。寺门西濒水，二石塔上刻吴道子画诸佛像，有东坡题名。

宋时，苏轼在陕西为官，也曾到此，留有《留题仙游潭中兴寺》诗。另外坡公《仙游潭五首》诗序称："潭上有寺三，二在潭北。循黑水而上，为东路至南寺；度黑水西里余，从马北上，为西路至北寺。东路险不可骑马，而西路隔潭，潭水深不可测。上以一木为桥，不敢过，故南寺有塔，望之可爱，而终不能到。"据史载，苏轼尝与章惇同游南山，抵仙游潭。潭下临绝壁万仞，岸甚狭。章惇推轼下潭书壁，苏轼胆小不敢。章惇履险而下，以漆墨濡笔大书石壁上曰："苏轼章某来。"坡公心惊，章惇曰："何也？"轼曰："能自拼命者，能杀人也。"章惇听后大笑。

章惇（1035—1105），字子厚，号大涤翁，浦城（今福建省浦城）人。北宋著名的政治家、战略家、军事家、改革家、书法家、诗人。与苏轼同游仙游潭之时，章惇任陕西商州令，苏轼任陕西凤翔府节度使判官。苏轼认为，人如果不珍惜自己的生命，他也不会珍惜别人的生命。后来章当上宰相，大权在握，整治政敌毫不手软。他甚至提出掘开司马光的坟墓，曝骨鞭尸。又因政见不同，对苏轼也下狠手，把苏轼贬到偏远的惠州。此碑所记内容，正是与章惇同游仙游潭的铭文游记：

> 嘉祐九年正月十三日，轼与前商洛令章惇子厚同游仙游潭。始轼再至潭上，畏其险不渡，而心甚恨之。最后并潭水而西，至其稍浅可涉处，乱流而济，得唐人之遗

塔，上有石刻，天王鬼神飞仙，十有六方，为二□谁摹刻之迹，而其顾瞻俯仰睢盱哆冶之状，非吴道子不能至也。轼既叹其神妙，而悲其不以世人之所观，采于？以墨，大□而记其上，□□□佥意。凤翔府节度判官厅公事苏轼书。

此拓本清末为著名碑版学者王懿荣收藏，民国间为天津胡若愚觉今是斋递藏。

此本是胡氏觉今是斋首次参拍之物。由于存本罕见，而且年代为明朝，遂为国家文物部门定为国家二级文物，此拍品仅限于境内博物馆、图书馆、国有企事业单位竞买。估价45,000—50,000元。拍卖预展之时，这件拍品引得碑帖喜好者的关注，多获好评。册内有清宗室盛昱、胡石查（代王懿荣）、樊增祥等晚清民初诸多学者专家的题跋，更添壮观。在90年代中期，此件拍品已经属于高估价，况且碑帖尚属冷门，属小众收藏范围。在拍卖之时，场内一反平静场面，拍卖师报出起拍价之后，顿时就有多位买家出手竞叫，实出乎人意料之外。经过数十轮加价，结果以198,000元成交，是估价的四倍，这在碑帖拍卖中是罕见的，为当时嘉德古籍拍卖碑帖有史以来的最高成交价，且此价位已经超过了乾隆天禄琳琅旧藏的宋版书零册价位。

碑帖收藏，贵在传世罕见，是为第一要点。如唐柳宗元书《神策军碑》海内外孤本；又如北魏《张黑女墓志铭》亦为海内外仅存之物；汉隶《华山碑》海内仅存四本等等，不仅书法优美，更以传世罕见而为世人所重。陈散原先生题跋明拓《仙游潭碑记》称："此拓为世所罕见，即坡公书体亦与平昔稍异，洵凤毛麟角也。"

所重者亦为罕见，更况此题记碑文，坡公文集未载，当可补文献轶失。坡公文章，古今膜拜者众，而独得此拓本，独占坡公文章，或有君临天下之感，岂不快哉。如此观之，何贵之有？

4. 明拓《张猛龙碑》

2014年春，嘉德古籍征集所得明拓《张猛龙碑》，内有钤印：王戟门平生真赏、觉今是斋、东武王戟门氏审定金石文字、胡氏金石、若愚所得、戟门所得金石。此本内有胡澍题签、赵之谦题签（木刻封面）、王戟门跋、王襄题跋、吴玉如跋。图录文字介绍：

张猛龙碑，全称《鲁郡太守张府君清颂碑》，北魏正光三年（522）正月立，无书写者名姓，碑阳二十四行，行四十六字，碑阴刻立碑官吏名计十列。此碑石在山东曲阜孔庙。此碑书法，杨守敬评"书法潇洒古淡，奇正相生，六代所以高出唐人者以此"，沈增植称"此碑风力危峭""与北魏他刻纵意抒写者不同"，康有为谓"结构精绝，变化无端"，为"正体变态之宗"，故自清季北碑之风兴起之后，此碑被誉为北碑第一。

此本第十行"冬温夏清"之"冬"字完好，下端未泐；第十七行"庶扬休烈"之"庶"字完好，"休"字"木"部半损；第十八行"冠盖魏晋"之"盖"字不连石花，同行"河灵岳秀"之"河"字尚存；第十九行"清晋"之"清"字尚可辨。可定此本为明拓本。

此本清咸同年间为东武王戟门长物，民国年间归津门胡若愚觉今是斋。1988年此件选入北京市文物局、日本东京"中国书法名品展览会"。后日本同朋舍影印出版。

《张猛龙碑》，全称《鲁郡太守张府君清颂碑》。碑文内容记颂魏鲁郡太守张猛龙兴办学校功绩。现存山东曲阜孔庙，有额有阴，碑阴为题名。楷书二十六行，行四十六字，是魏碑后期佳作之一。碑文书法用笔方圆并用，结字长方，笔画虽属横平竖直，但不乏变化，自然合度，艳丽多姿。碑文中的"冬温夏清"四字被认为是鉴别有关张猛龙碑古拓、今拓、原拓、翻拓的重要依据。据说有些古人拓碑，每拓一次之后就要把原碑上的某字去掉一点或留下某种印记，使后人之拓永远不能与前人之拓相雷同、相媲美，更不用说伪造作假了，可见古人用心之良苦。

《张猛龙碑》为正宗北碑书体，古人评价其书"正法虬已开欧虞之门户"，向被世人誉为"魏碑第一"。书法劲健雄俊，运笔刚健挺劲、斩钉截铁，可以看到北魏龙门造像《始平公》的影响。但也并非笔笔都方，而是变化多端，有方有圆，比《始平公》更精美细腻。

此本清代咸丰同治年间为胡澍收藏，同治光绪间归东武王戟门，均为碑帖收藏名家。民国间为津门胡若愚收藏，后入北京市文物总店。1988年此件选入北京市文物局"中国书法名品展览会"，秦公先生曾携此本赴日本东京展出。后翰海拍卖拍出。时隔十数年后为嘉德古籍再次上拍卖会拍卖，图录标注估价400,000—500,000元。拍卖预展之时，碑帖喜好者称赞有加。参与竞拍者以群计，不可胜数，经过数十轮竞相加价，鹿死谁手，北京孟宪均先生者也。成交价1,127,000元。

孟宪均先生，原文物出版社编辑，北京市文物鉴定委员会委员，责编有《西谛书目》等。素喜碑帖、清代名家精刻，尤喜金农诗文集。

5. 宋元间拓本《姜遐断碑》（图3.2.5）

2014年春季，嘉德古籍从海外征集得一本罕见的宋元间拓本《姜遐断碑》。

此件列入嘉德2014年春古籍拍卖图录LOT2585《姜遐断碑》，宋元间拓本，1册。印内有钤：九丹鉴藏、玖玥、朱印桯之、九丹一字淹颂。图录提要文字：

姜遐碑，原称姜遐断碑。此碑原为唐昭陵物。至清仅见断碑下半，1974年上半碑出土发现。此本为宋元间拓本，端方旧藏。据张彦生《碑帖鉴定》，此拓最佳本为潘祖荫、吴湖帆旧藏本，今入藏上海博物馆；又武林韩泰华本，今藏中国历史博物馆。张彦生称韩本较端方本拓工精，是即端方本。知姜遐本明前拓本海内外仅存三部，潘吴本、韩本皆入公藏，而唯此端方藏本留于民间。故罗振玉称此为"巍然为海内之冠"。

此本杨守敬、罗振玉、胡棣华、王闿运等一时名流，俱以长跋考订，笔墨灿烂，可称碑帖、题跋双绝。

估价150,000—200,000元。

《姜遐碑》，全称《大唐故吏部尚书姜府君之碑》，出于唐昭陵。姜遐（640—691），字柔远，秦州上邽人（今甘肃天水市）。姜遐是大将军姜行本之子。姜行本随太宗征讨高句丽时，中流矢身亡，追赠郕国公，陪葬昭陵。姜遐18岁入弘文馆，寻升为通事舍人，后官左豹韬卫将军、左鹰扬卫将军、内供奉。天授二年逝于洛阳，葬于昭陵立碑，姜遐侄郕国公晞撰文并书。姜晞，唐秦州上邽（今甘肃天水）人，开元初官左散骑常侍。工楷书，尝撰并书姜遐断碑。《旧唐书本传·金石表》：姜遐碑约唐玄宗即位后（712）刻。此碑早年断裂，碑首及上半截遗失，仅剩下半截，故《金石萃编》著录为《姜遐断碑》。1974年在礼泉县昭陵乡庄河村姜遐墓附近发现碑首及上截，昭陵博物馆将其与旧存下截相接，始成全碑。此碑现移入昭陵博物馆。下截因捶拓既久，字已磨灭殆尽；上截断为两块，碑首与碑身相接处亦已断裂，然因出土不久，文字大部清晰。其于姜遐事迹记述甚详，足补正史。

此碑书法绰约，正书中略带行意，体势规模虞世南，笔画柔圆而有力，大方而姣媚，为书家、藏家看重。据张彦生《碑帖鉴定》考，此碑明代以前的拓本海内外仅存三部：一为潘祖荫、吴湖帆旧藏本，现藏上海博物馆；一为武林韩泰华旧藏本，现藏中国历史博物馆；还有一部端方旧藏本，即是此本。端方（1861—1911），清末大臣，金石学家，字午桥，号匋斋，满洲正白旗，历任湖广、两江、闽浙、直隶总督，时称午帅。翁同龢称端方满族雅人，以其醉心于碑版金石收藏，收藏颇富，颇多精品。嘉德所得拓《姜遐断碑》即是端方旧藏。观此拓本，纸墨如新，拓工老到，精光四射，品相极佳。不同凡响之处，有杨守敬、张祖翼、蒋黼、胡棣华、王闿运等诸金石名家题跋，"墨宝奇皇""寰中剧迹"，多所颂扬。罗振玉更赞此拓本"巍然为海内之冠"。罗振玉（1866—1940），浙江上虞人，字叔蕴、叔言，号雪堂、贞松老人等，中国近代金石文

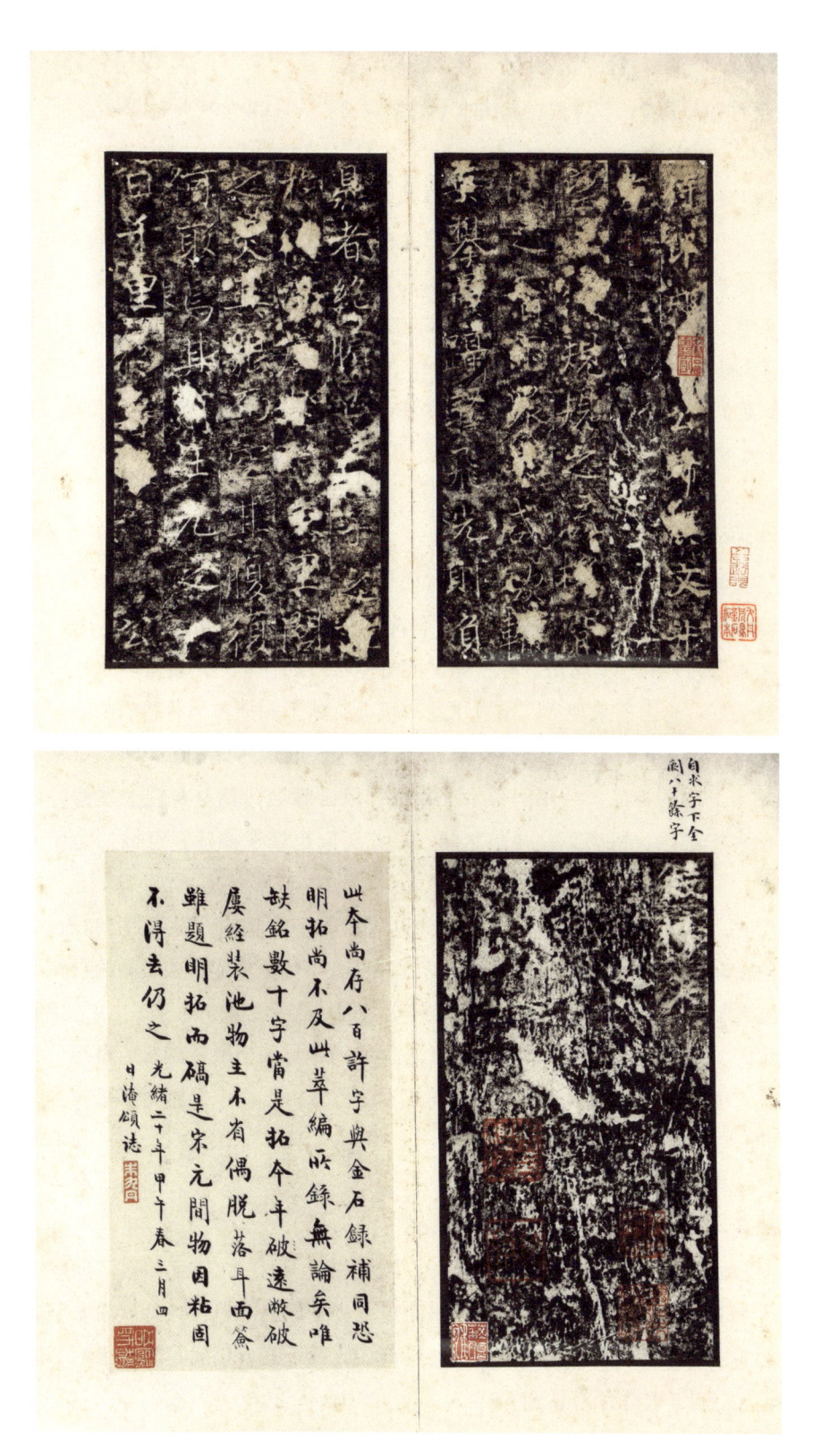

此本尚存八百許字與金石錄補同恐
明拓尚不及此幸編既錄無論矣唯
缺銘數十字當是拓本年破遠敗破
屢經裝池物主不省偶脫落耳面簽
雖題明拓而碻是宋元間物因粘固
不得去仍之　光緒二十年甲午春三月四
日漪頌誌

图3.2.5／宋元间拓本《姜遐断碑》

字学研究的集大成者。罗振玉在此拓本上的题跋曰：

> 昭陵陪葬诸臣碑，以姜柔远及崔敦礼二碑为难觏，《金石萃编》著录姜碑仅二百二十字，陆贾夫《续古刻丛钞》著录此碑存六百余字，蒋生沐《东湖丛记》据原拓整本得字九百余，足见王、陆两家正未见善本。此为匋斋尚书所藏，玉据以录入《昭陵碑录考》，以徐梧生监丞藏本得字九百有三，半字十有二，凡改正蒋录讹字二十有一，补蒋录缺字四十有四，可想见著录之难。然非得善本，亦何能为？徐本仅存百余字，蒋氏所见本今不知存亡，则此本巍然为海内之冠。惜不能得见崔敦礼碑为可憾耳。宣统二年上虞罗振玉。

此碑1994年曾出现在纽约佳士得拍卖会。日本大阪的当铭藤子小姐，远渡重洋，代客出征，披挂上阵，重金斩获此本。当时佳士得同时拍卖的有宋拓本《淳化阁帖》，为美国收藏家安思远获得。此次拍卖均为著名碑帖收藏名家张寒庐旧物。

此拓本海内外除国家馆藏之外，是民间可见唯一的存本。因此在预展之时，有诸多碑帖收藏爱好者慕名前来观赏，错过了这次机会，将不知何年何月再有机会可以上手一观了，也许十年八年，也许是一生，那又谁能知道？观者对此拓本，好评如潮，以为是多年碑帖市场中的神品。百年间，水火兵虫，风云际会，竟全身现于嘉德公司春拍之上。偶然多于必然，机会只在弹指之间。一些买家也摩拳擦掌，意欲拍卖场上一试身手。

拍卖时，犹如群狼叼羊，毫无相让，经过数十轮竞叫加价，最后以1,552,500元成交，将原来的底价翻了十倍之多，是近二十年来国内拍卖市场上成交价位最高的唐碑拓本。

民国五年（1916）徐珂编著《清稗类钞》之时，距今已百年，称："端忠愍藏宋拓唐《姜柔远碑》。唐昭陵诸碑，以宋拓唐《姜柔远碑》与《崔敬礼碑》为难得，且此碑石久佚，跋志极多，端忠愍藏。"百年之前此本已称难得，而今善拓更不易得，当奉为至宝矣。

6. 墨王楼藏《宋拓敕字本十七帖》（图3.2.6）

《十七帖》是王羲之草书代表作之一，因卷首"十七"二字而得名。原墨迹早佚，现传世《十七帖》是刻本。在中国古代书法史上，王羲之的地位独特。唐太宗李世民力倡王羲之的书法，确认为古代书法艺术的典范。此后千五百年间，王羲之的书法艺术地位一直非常牢固，被尊为"书圣"。

此《十七帖》是一部汇帖，内凡27帖，134行，1166字。据史载：唐太宗好右军书，搜

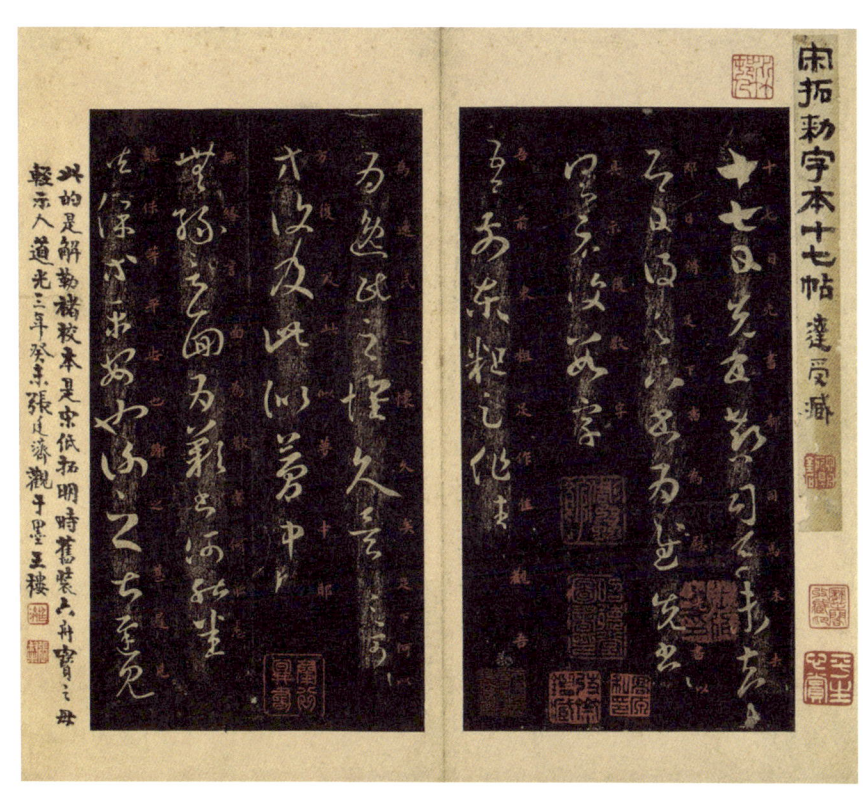

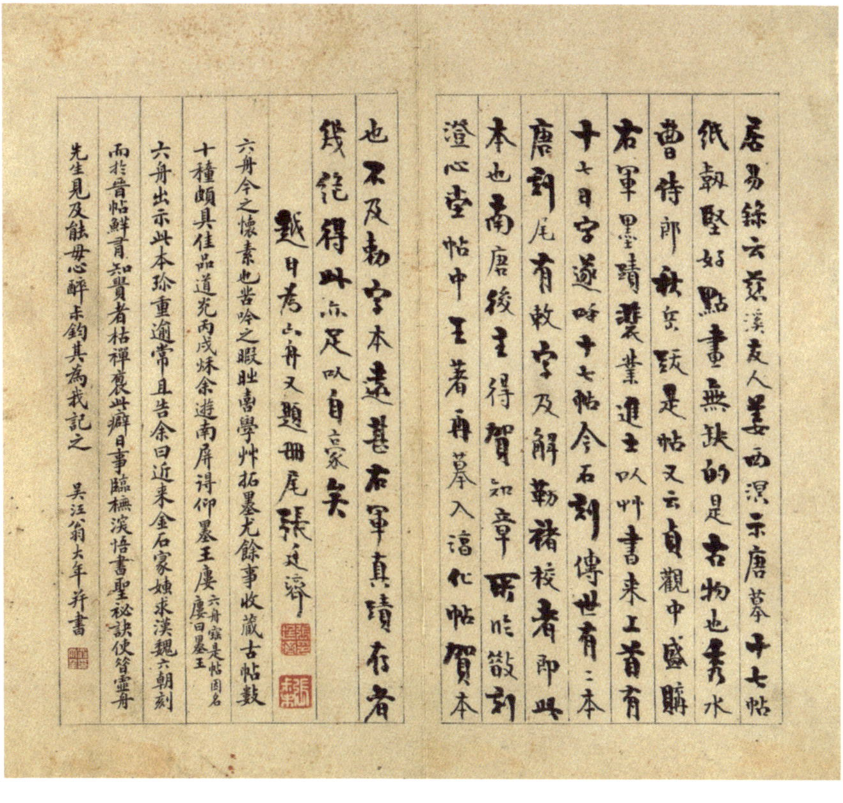

图3.2.6 / 宋拓敕字本《十七帖》

集王书凡三千纸，率皆以一丈二尺为一卷，《十七帖》即其中的一卷。唐张彦远《法书要录》云："《十七帖》长一丈二尺，即贞观中内本，一百七行，九百四十三字，煊赫著名帖也。"此载略与今传本异。此帖摹刻本甚多，传世拓本最著名的有邢侗藏本、文徵明朱释本、吴宽本、姜宸英藏本等。据称唐刻尾有"敕"字，故称"敕字本"。

2000年秋季嘉德古籍拍卖图录LOT829《宋拓敕字本十七帖》，旧拓本，1册。内有钤印：六舟所得金石、雕虫馆、庞芝阁收藏印、昭德堂图书印、吴雁客藏、韬斋鉴藏、水竹村人、韬斋真赏。题跋张廷济、翁大年、朱景彝、胡拭、庄蕴宽。估价30,000—50,000元。

此本为宋拓敕字本《十七帖》，内有清中期达受和尚隶书题签，并有达受收藏印鉴，知此本原是达受和尚墨王楼中之物。

释达受，号六舟，又字秋楫，自号万峰退叟，浙江海宁人。出家为僧，居盐官北门外白马庙。后主持西湖净慈寺。达受耽翰墨，不受禅缚，行脚半天下，名流硕彦，无不乐与之交。精鉴别古器及碑版之属，阮文达尝以金石僧呼之。间写花卉，得徐渭纵逸之致。篆、隶、飞白、铁笔，并皆佳妙。得马起凤传授全形拓技法，擅用淡墨。摹拓彝器精绝，能具各器全形，阴阳虚实无不逼真，时称绝技。又善刷拓古铜器款识。尝游黄山，为程木庵剔汉雁足灯。自厉太鸿（鹗）、翁正三（方纲）以来所疑为残蚀温漶者，一旦轩豁纸上，纤毫毕见，因作剔灯图，征海内诗人歌咏之。收藏精富，唐代怀素小草《千字文》尤为稀世之珍，因以自号"小绿天僧"（怀素所居曰"绿天庵"）。曾筑墨王楼藏王羲之《清宴帖》及怀素墨宝。著有《小绿天庵吟草》《金石书画编年录》《两浙金石志补遗》《白马庙志》《宝素室金石书画编年录》二卷等。

清末此本归庞芝阁收藏。庞泽銮（1866—1916），河北河间人，字芝阁，号味道腴斋主人。其父庞际云，原为曾国藩的幕僚，曾藏《忠王亲笔答辩》一种。癖嗜金石文字，其鉴藏碑帖至为精审，海内鉴赏家颇推重之。据《清稗类钞》鉴赏类四记载，庞芝阁旧藏碑帖名品有：

汉《吴天发神谶碑拓》，篆书《吴天发神谶碑》与《国山》并重，石久不存。有金冬心题签及张叔未跋识。

初拓《魏郑文公碑》，初拓《郑文公碑》，有吴让之、沈韵初题签。

原拓《隋董美人墓志铭》，《董美人墓志铭》早毁于兵燹，原拓本希如星凤，谓为铭中绝品。

唐拓《醴泉铭》，唐拓《九成宫醴泉铭》，经翁覃溪、王梦楼、顾南雅、吴荷屋鉴定题志，定为真宋拓本，或推为唐拓本，得见率更之神髓。

宋拓《唐争坐位帖》，颜鲁公《与郭英人书》，世谓之《争坐位帖》，为鲁公草书

杰作，有翁覃溪等跋。吴荷屋旧藏，后归庞芝阁。（此本现存国家图书馆古籍馆）

唐《李元静碑》，张司直书。其所书《李元静碑》，与颜书《元静碑》同毁于明。此拓为张叔未旧藏，后归庞芝阁。有张叔未、黄锡蕃二长跋及题签。

可见庞芝阁碑版收藏亦非等闲人家。庞芝阁之后，此本归徐世昌退耕堂收藏。嘉德古籍直接得自于徐氏后人。徐世昌（1855—1939），光绪十二年（1886）进士，光绪三十一年（1905）曾任军机大臣。徐世昌深谋远虑，颇得袁世凯的器重；民国五年（1916）3月袁世凯被迫取消帝制，恢复民国年号，起用为国务卿。民国七年（1918）10月，徐世昌被国会选为民国大总统。民国十一年（1922）6月通电辞职，退隐天津租界以书画自娱。徐世昌国学功底深厚，一生编书、刻书三十余种，如《清儒学案》《退耕堂集》《水竹村人集》等。他嗜古好文，被人称之为"文治"总统。嗜好收藏古籍，家藏书达8万卷，其中宋元珍本极多，有藏书楼"晚晴簃"、"书髓楼"等，意即古籍精品。藏书印有"弢斋藏书印"等。2000年前后，徐氏后人陆续将"文革"抄家退还之物，送嘉德古籍参加拍卖，前后参拍约有近百种古籍善本。如：

徐世昌撰《水竹邨人诗稿》，民国徐氏手稿本，8册

朱彭撰《南宋古迹考》《北史识小录》旧抄本，2册

章钰、郭则云节录《徐世昌年谱》旧稿本2册

徐世昌撰《徐世昌自订年谱》旧稿本，10册

徐世昌撰《水竹邨人集》民国稿本，4册

此帖拓工精湛，装潢考究，保存品相尚佳，且为王右军书法名迹，历代名家收藏，深得碑帖喜好者青睐，预展之时，颇受好评，拍卖亦得善价，成交价192,500元。

据称民国间罗振玉藏唐拓《敕字本十七帖》，有王弇州、朱竹垞、钱徵士、王烟客、曹溶、成亲王等数十跋，后归唐风楼，为《十七帖》中之冠。唐风楼者，上虞罗振玉斋名也。此唐风楼敕字本为千金不易之物，天下第一，而此墨王楼藏本当可步后称亚者也。

7. 清初拓本《石鼓文》（图3.2.7）

唐代是一个书法大家辈出的时代，但是唐代文人最为欣赏的却是石鼓文。开元年间的书法家张怀瓘在《书断》中道："体象卓然，殊今异古；落落珠玉，飘飘缨组；苍颉之嗣，小篆之祖；以名称书，遗迹石鼓。"之后诗人杜甫、韦应物、韩愈名家歌赋鼓噪，推崇流行。越千年之后，石鼓依然是书道和收藏界的热门之物。

1995年10月秋季嘉德古籍拍卖LOT141《石鼓文》清初拓本，1册。此本是嘉德古籍此后二十年间所遇的《石鼓文》最佳拓本。

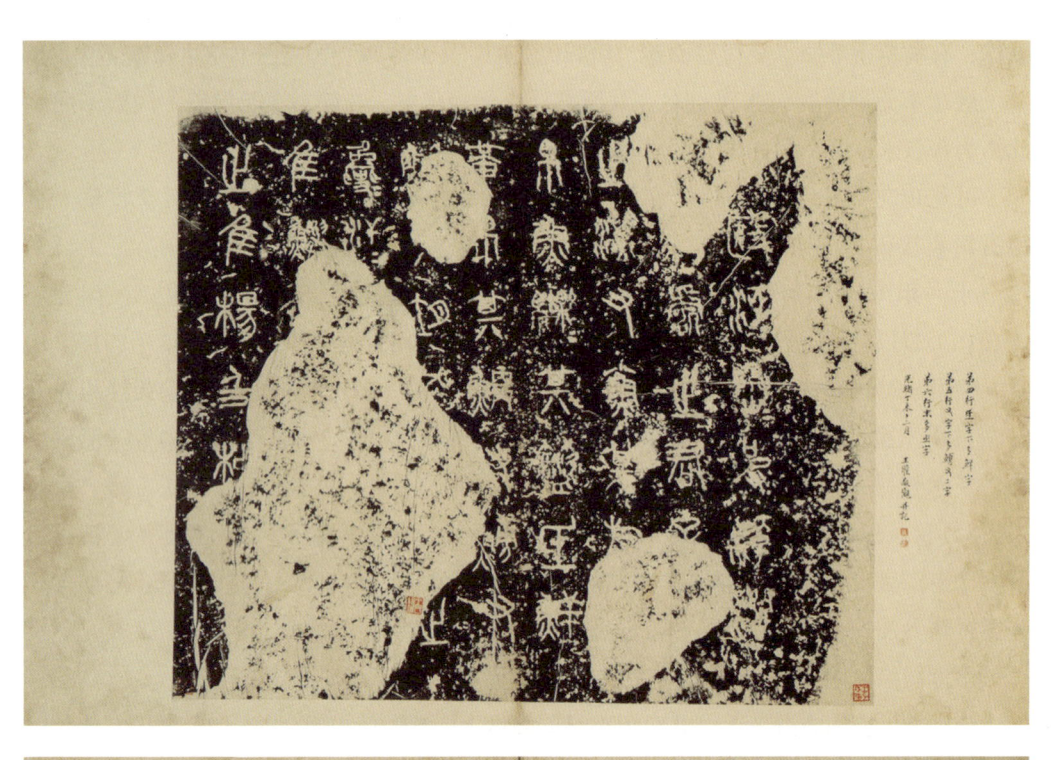

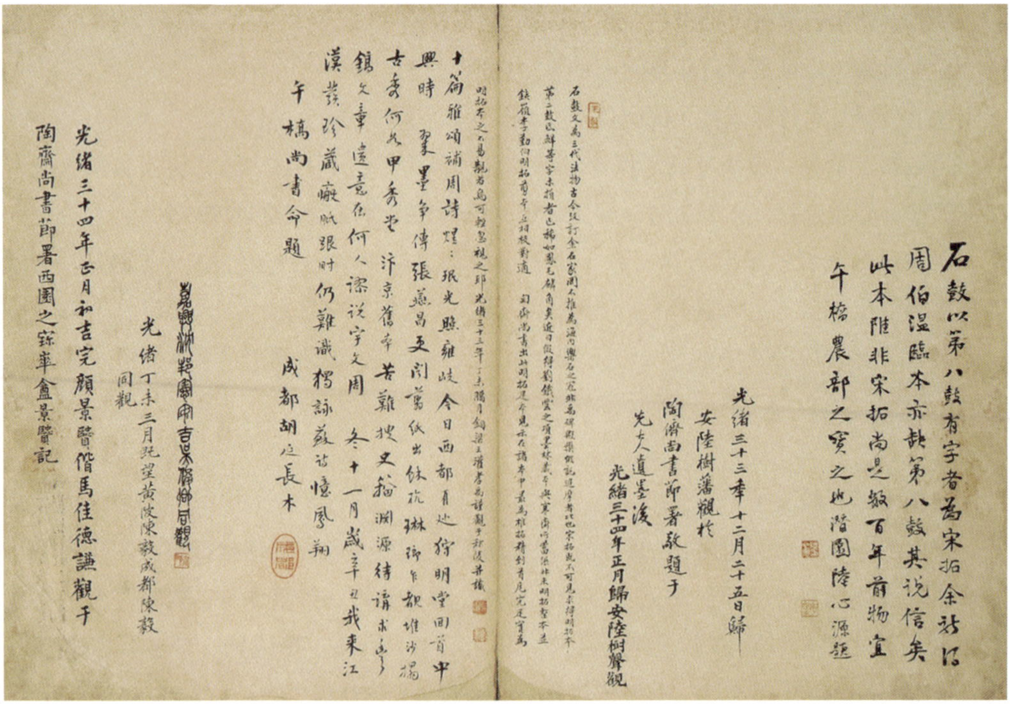

图3.2.7 / 清初拓本《石鼓文》

石鼓文，亦称猎碣或雍邑刻石，现存中国最早的石刻文字，因其刻石外形似鼓而得名。石鼓之名始于张怀瓘《书断》。发现于唐初，共十枚，高约三尺，径约二尺，分别刻有大篆四言诗一首，共十首，计七百一十八字。内容最早被认为是记叙周宣王出猎的场面，故又称"猎碣"。石鼓刻石文字多残，北宋欧阳修录时存465字，明代范氏天一阁藏本仅462字，而今之"马荐"鼓已一字无存。有关石鼓的字数，各家所见，有所不同，如赵夔见417字本，胡世将见474字本，孙巨源见497字本，吾丘衍见430字本，此后的拓本基本多为三百字本，现存272字。

石鼓两千多年的流传，经历曲折，因被弃于陈仓原野，也称"陈仓十碣"。所刻为秦始皇统一文字前的大篆，即籀文。石原在天兴（今陕西宝鸡）三畤原，唐初被发现。其后又散散落落，辗转流落汴、燕二京。直至1937年抗战爆发后，石鼓南迁至蜀，战争结束后始运回北平，现藏故宫博物院。

石鼓文的拓本，唐代就有。据唐代诗人韦应物题赞石鼓文的诗句"今人濡纸脱其文，既击既扫黑白分"，韩愈的"公从何处得纸本，毫发尽备无差讹"，又在《石鼓歌》说道："张生手持石鼓文，劝我试作石鼓歌。"唐肃宗至德时之书法家窦臮《述书赋》上下二篇，内有注云："岐州雍城南，有周宣王猎碣十枚，并作鼓形，上有篆文，今见打本。"所言"打本"即是石鼓拓本，说明了至德宗时已有石鼓文拓本流传于世。现存传世最好拓本，为安国旧藏三种北宋拓本，称为十鼓斋《先锋》《中权》《后劲》等北宋拓本。抗战前，此三本皆被秦文锦售给日本东京财阀三井银行老板河井荃庐氏，藏日本三井文库。传世墨拓善本有元代赵孟頫藏本，即范氏天一阁藏本，此本存422字，清乾隆年间张燕昌摹刻后，才被人熟知。咸丰十年（1860）原拓本毁于兵燹，今失传。

唐代文学大家韩愈看了石鼓文字之后，大加赞赏，得出"羲之俗书趁姿媚"的结论。近代书家吴昌硕临写石鼓造诣极深，唐张怀瓘《书断》云："《石鼓文》开阖古文，畅其戚锐，但折直劲迅，有如铁针而端委旁逸又婉润焉。"近人康有为《广艺舟双楫》谓："《石鼓》如金钿委地，芝草团云，不烦整裁自有奇采。"

嘉德1995秋季所得《石鼓文》清初拓本，内有钤印：陶斋鉴藏石墨、陶斋鉴藏、陶斋、王瓘孝禹、长春王氏家藏等。题跋：陆树藩、陆树声、王瓘、沈邦宁、吴昌硕、陈毅等。费念慈题签"石鼓明拓本陶斋藏西蠡署"。

此本清末王瓘逐鼓注释文字。王瓘（1847—？），字孝玉，清末民初书画家。书画碑帖收藏精道丰富。中国嘉德2012秋季拍卖会董其昌《仿黄公望富春大岭图》手卷，即王瓘旧藏。知此为王瓘为端方幕府时所做。王瓘题跋中称：

宋拓既不可见，求得明拓本第二鼓"氐鲜"等字未损者，已稀如凤毛麟角矣。近日假得刘铁云之项墨林藏本，与寒斋所蓄张叔未明拓整纸本，并铁岭李勤伯明拓剪本互相校对，适陶斋尚书出此明拓足本见示，在诸本中，最为椎拓精到，首尾完足，实为明拓本之不易见者。

陆心源题跋："此本虽非宋拓，尚是数百年前物。"

费念慈题签，称此本为明拓本，或有过誉之嫌，定为清初拓本，当更稳妥。此拓本整张未裁，拓工精良，名家收藏，题跋印鉴累累，实不多见，为碑版藏家乐见之物。估价38,000—60,000元，拍卖成交价90,200元。

对于碑帖，历来藏家与买家，审视宽松，掌握不平衡。此件也许定为清初，似乎有些严苛。此本内有诸家题跋，均以为明拓本，或以为亦可。诚如鉴藏家所言，《石鼓文》明代拓本，已经稀如星凤，或谓凤毛麟角之物，属二十年来嘉德古籍拍卖所见最佳拓本，况中国文物艺术品拍卖市场，二十多年几乎未曾再见，故此清初拓本亦是顶级拓本，一如王瓘跋语："乌可轻视之耶？"当为藏家所重。

8. 清《武梁祠画像拓本》

东汉石刻画像。在今山东嘉祥县武翟山（旧称紫云山）下，为东汉末年嘉祥武氏家族墓葬的双阙和四个石祠堂的装饰画。其中以武梁的祠堂为最早，故名。现存画像石43块，雕刻精细，造型生动，画像内容丰富，取材广泛，包括历史人物、历史故事、孝义故事、烈女故事、神话传说和各种车马出行、宴筵乐舞、庖厨、水陆攻战、祥瑞灾异等，从不同的角度反映了东汉时期的社会状况、风土人情、典章制度、宗教信仰。石上除刻有众多故事及一百多个人物外，还有文字二百余字，是精美的古代石刻艺术品，也是研究东汉时期政治、经济、文化的重要实物资料。年深日久，河流改道，武梁祠石室损毁，许多石刻佚失或埋于地下。清乾隆五十一年（1786）被黄易访得，后经翁方纲、李东琪等人倡议捐资兴建了汉画室，加以保护，画像石流传至今。

1997年春季，嘉德古籍图录LOT701清《武梁祠画像拓本》，清拓本，4册。内有钤印：胡澍、甘伯、陈伯达印。题跋：胡澍。

《武梁祠画像拓本》，现存最好的版本为故宫藏宋拓孤本，内容是第一石的上二列画像。第二列为"曾子""闵子""老莱子""丁兰"孝子四图，榜题清晰，有名人书跋及观款，钤"古盐州官马氏章""吴乃琛印"等印共127方。拓本曾藏唐顺之、马曰璐、黄易等名家。清道光二十九年（1849）后被火烧，李汝谦得火后残本，将其重裱成册，并增题跋一册。马子云、施安昌编著《碑帖鉴定》一书封面即是此本。

嘉德所得拓本，当为黄小松访碑发现后拓本，拓工精良，内有清末胡澍批注极夥。

胡澍（1825—1872），清代医家。书法师邓石如，但遒劲中多有柔媚，飘逸中又有委婉。胡澍是晚清大家赵之谦认识最早、交往最久之金石友人。胡澍工于篆刻，其书篆隶，坚实灵动。赵之谦对他推崇备至，曾赞曰："我朝篆书以邓顽伯为第一。顽伯后，近人唯扬州吴熙载及吾友绩溪胡荄甫。"并称"荄甫尚在，吾不敢作篆书"。胡澍在篆刻上有其独特见解："彝鼎权洗文字，简繁疏密，结构天成，以之入印，实为雅制；再如汉魏碑版、六朝题记，以及泉货、瓦砖，措画布白自然入妙，苟能会通，道均一贯。"显而易见的是，这乃是"印外求印"的创作理念。赵之谦篆刻艺术创作后期，逐渐广泛取金石碑版文字入印，受胡澍之见的影响深巨。

此本后为陈伯达收藏。陈伯达收藏有碑帖，只是喜欢，对碑帖没有专门的研究。帮助陈伯达掌眼碑帖的另有其人。当时中共中央办公厅有一人，名陈秉忱（1903—1986），潍坊人，清末著名金石收藏家陈介祺曾孙。1956年调中共中央办公厅工作，任秘书室副主任。他喜爱鉴藏古籍碑版，并擅长书法。1949年底，曾随同毛泽东主席访苏，担任技术秘书工作。实际上毛泽东出访苏联之时，陈秉忱是毛的文案抄手。毛泽东与斯大林签订的《中苏友好同盟条约》中文本就是陈秉忱抄写。陈秉忱对于碑帖研究的家传功力也很深，所以，陈伯达的碑帖收藏大都是此人掌眼。辛冠洁老先生也曾经回忆说过，康生等经常活动时，除了高官之外，还有一个中办的秘书，也经常在一起参加鉴赏活动，虽不很起眼，也是高人，就是说的陈秉忱。陈家后人至今还保留着一段关于陈秉忱的文字资料，这是陈秉忱送给陈伯达的两本书，一本是翁大年《翁大年旧馆坛碑》，一本是《张长史郎官石记序》影印本，陈伯达将这两书合订为一册，请陈秉忱题跋，内容抄录如下：

> 前年为收集近代各家印集，求吴江翁叔均篆刻而不得，仅得"旧馆坛碑考"。碑早于明万历中毁于火，叔均依据潘稼堂藏本，议定碑文。此碑拓本殊不易见，窃想或有复印本行世，能得一册冠此书之前，亦大快事。今年竟获此影印临川李氏藏本，惜印时只曾熙一跋，不知是否即叔均缩据之潘氏本。后又归纯湖。伯达同志年来收集碑版甚富，亦不可无此希若星凤之影印本，仅连同《张长史郎官石记序》一册奉赠，以备一品。伯达同志将此影本与翁辑碑考合装成册，嘱为题记，缘志数语于册末，即请教正。秉忱。一九六二年冬。

此本内胡澍批注，洋洋数千字，已是专门考证著述，学术价值非同一般，已非单纯的拓本，特选为当季嘉德古籍拍卖图录封面，重点推介。估价35,000—40,000元。可惜无人相争，竟以底价成交。成交价22,000元，可称大漏，太便宜这位有胆识的买家了。

9. 赵烈文藏初拓《散氏盘》（图3.2.9）

清末民国，钟鼎彝器，不以体型重量论价，于学者和藏家，更看重的是铭文，以字数多者为胜。钟鼎彝器固有器形、尺寸、重量、纹饰等工艺艺术价值，如果缺乏铭文，则与研究史实无补。因此，古玩行里所谓"重器"者，非指重量而言，而是指铭文甚夥者。二百年来，第一钟鼎彝器，当推散氏盘。

周散氏盘，旧称矢人盘。清乾隆时期陕西凤翔出土，后为阮元所藏；嘉庆十五年（1810）阿林保将此盘呈嘉庆帝贺五十寿辰，后在内府尘封百余年，于民国十三年（1924）溥仪出宫前，内务府核查宫内陈设，马衡发现于养心殿库房，现藏台北故宫博物院。此盘内底铸有铭文19行、357字。内容为一篇土地转让契约，记述矢人付给散氏田地之事。散国位于今陕西宝鸡凤翔一带，西北方与矢国为邻。由铭文内的人物推知，此盘的铸作年代约在西周厉王时期。

此盘之拓本，据不同时期，大致可以分为三类：其一为清中期器未入内府前拓本。此时拓本，字口肥粗，未经剜凿，呈现散盘之原始面貌，此为散盘拓本最佳者。其二为

图3.2.9　初拓本《散氏盘》

民国时期溥仪赏赐本。宣统出宫前于1924年重新发现散盘，令名拓工周希丁用六吉绵连纸传拓五十份，分赐重臣，此时始有全形器物拓本传世。其铭文由于常年尘封未拓，字口生锈，经重新剜凿。此时拓本，钤"养心殿精鉴玺""希丁手拓散盘""金谿周康元所拓吉金文字印"三朱文印。其三为民国时期故宫博物院拓本。当在1925年之后，为周希丁等人传拓，有器形，钤"故宫博物院古物馆传拓金石文字之记"朱文印。

2015年秋，嘉德古籍征集到赵烈文藏初拓《散氏盘》，清中期器未入内府前拓本，1册。内有钤印：赵、烈文私印、烈文、赵氏惠父、赵烈文所得三代以下金石文字、赵烈文之印、能静居、杨、辛巳、濠老、鞠裳、孙伯渊、潘、景郑等。内有叶昌炽题名"周散氏铜盘铭文原本"，龚澄、赵烈文跋语；后有杨沂孙散盘释文，及有赵烈文考证文字。故知此本为毕沅、龚澄、孙伯渊、赵烈文、潘景郑递藏。估价60,000—80,000元。

铭文右上有叶昌炽（字鞠裳）题名；右下有龚澄跋"此钞籍陕督毕沅家真本至难得"；左中钤"孙伯渊"白文印。孙氏为上海书画碑帖藏家，所藏尽宋元拓本，传世孤本《宋拓张长史郎官石记》即为其所藏，今藏上海博物馆。天放楼主人赵烈文（号能静居士）于1882年跋语，时赵氏50岁，从赵氏跋语中可知，此本为1879年归天放楼。后有杨沂孙于1881年为赵烈文作散盘释文，时濠叟69岁，为其卒年，又钤"历劫不磨"朱文印，其往往在得意之作加盖此印，由此可见此为杨氏用心之作。后又有赵烈文于1889年书考证文字，时赵氏57岁，为其晚年所书。散盘传世多为民国时期拓本，器未入内府前所拓，也多为阮元翻刻本。此本较为真实地反映了铭文的原貌，传承有序，名家题识，当为散盘所知见者最佳拓本。

此本于拍卖预展之时，就得各方好评；在拍卖之时，群雄四起，逐鹿拍场，拍卖起价6万元，竞叫价位推高极为迅速，一两分钟就已经升到百万，买家心理价位虽然不等，许多心理价位在百万以下者，甚至举牌示意的机会都没有。经过数十轮的竞叫加价，最终以1,840,000元成交，高出原图录的估价30倍。

10. 龚心铭旧藏《商鞅量拓本》（图3.2.10）

碑帖如因原石损毁而拓本不易得，事出有因，无有怨言。然百年间，最令人匪夷所思的是，钟鼎完好，而其拓本极不易得，此乃《商鞅量拓本》之故事也。

商鞅量，又称商鞅方升，一称商鞅方斗，因其方形形制而命名，青铜制，战国时期秦国的量器，今藏上海博物馆。方升全长18.7厘米，纵7厘米，横12.5厘米，深2.3厘米，容积202.15立方厘米，为长方形的有柄量器。商鞅量器的底和外壁刻铭文。前壁铭文"重泉"为铸造地，在陕西省蒲城东南。右壁刻"临"字，地名。此字字体秦小篆与底部诏书为第二次加刻。此器方升初铸造于"重泉"（今陕西蒲城），后转发至临地。《史

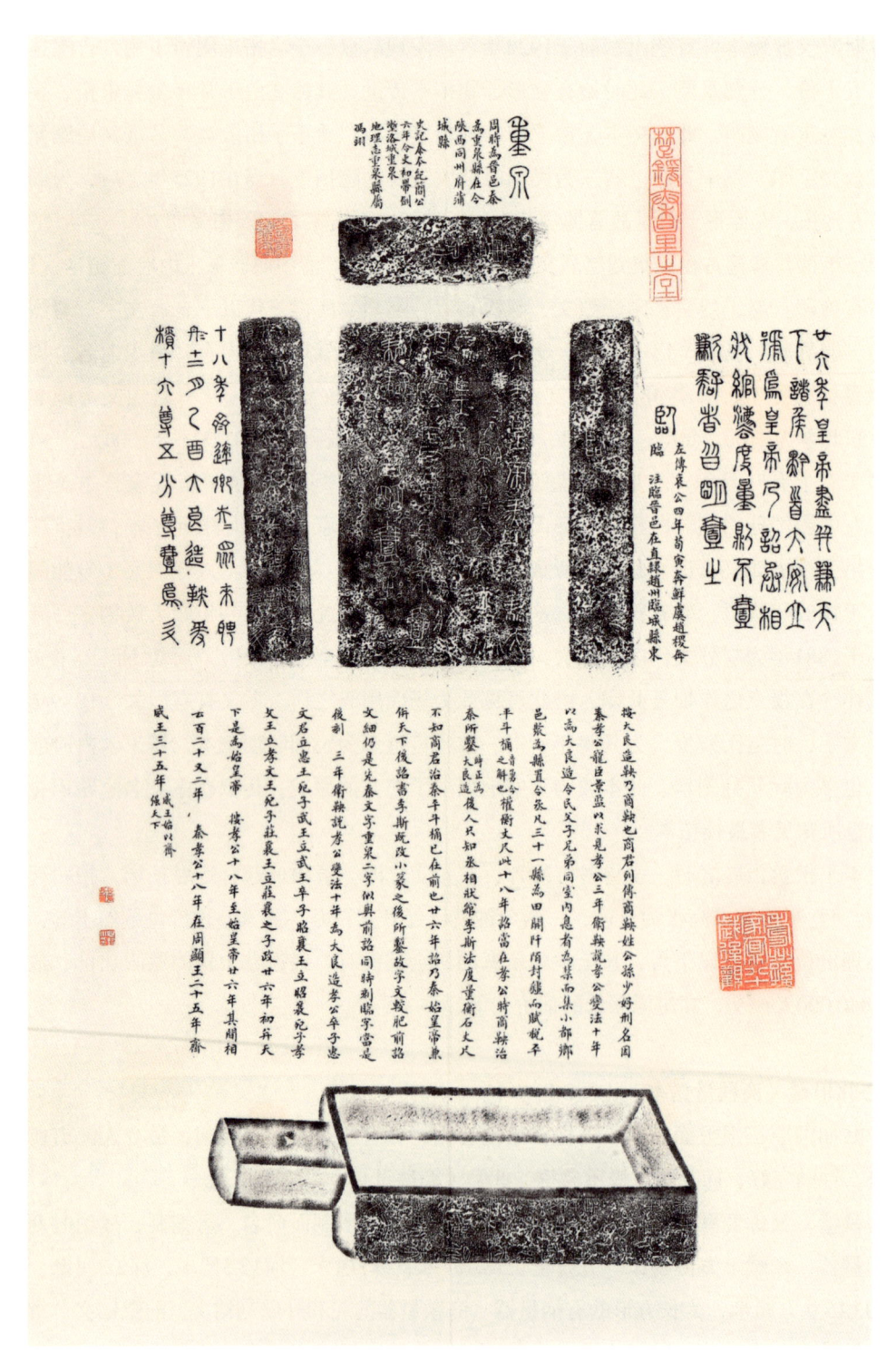

图3.2.10 《商鞅量拓本》

记·秦本纪》：孝公"十年，卫鞅为大良造"。此量铭文中的十八年，即秦孝公十八年（前344）。此量铭文中注明为商鞅任"大良造"期间制造和颁发的标准量器。商鞅量为海内孤品，何时何地出土，史料记载不详。然此件清末为著名收藏家龚心钊旧藏。龚心钊平生笃好文物收藏，精品颇多，有秦商鞅方升、战国越王剑、楚国郢爰。龚氏收藏的商鞅量，为其室名，所谓"楚爰秦量之室"者。收藏甚秘，不轻示人。自清末龚氏家族收藏商鞅量，至1949年龚心钊去世后，此量仍秘藏家人府中。直至1966年"文革"，龚氏家族多次被抄，不见下落。最后被逼无奈，供出所在，收入上海博物馆。商鞅量深藏龚氏家族半个多世纪，外人无有见者，商鞅量拓本，亦极为罕见，乃至于各家著录均无此本著录。

2016年秋嘉德古籍征集得《秦商鞅方升》拓本1册，付诸拍卖。此册内有钤印：楚锾秦量之室、长寿万年、景张长寿、心铭小印、寿州孙家鼐八十岁后观。龚心铭题跋释文。估价：60,000—80,000元。

关于商鞅量拓本，知见者，仅两本，龚心钊藏本和龚心铭藏本。一为民国初年龚心钊于浦口筑汤泉别墅，并编撰《汤泉小志》，内有龚心钊藏本，一并出版。二为此本。另有《汤泉小志》原稿，附有此拓一份，拓工墨色均非一事，相比之下，龚心钊、龚心铭藏本传拓更为精良。龚心钊藏本，内有亲笔题跋，另有常熟翁斌孙题记，钤印：合肥龚氏金石刻辞、同龢、翁斌孙印、家鼐获观。拓片后有龚心铭民国丁卯年《商鞅量考》。《汤泉小志》为龚氏家族私家出版，存世极为罕见。此龚心钊藏商鞅量拓本，今未知所在。龚心铭藏本，即此本，包括器形拓、底部、左右上三壁文字拓。与龚心钊藏本为同一拓工。钤印有：楚爰秦量之室、长寿万年、心铭小印、寿州孙家鼐八十岁后观等收藏、观赏印鉴。有龚心铭释文，与龚心钊藏本不尽相同。由此可知：一、《商鞅量拓本》自清末藏于龚氏家族，清末翁同龢、翁斌孙等曾观记录，至少在1904年此量已收藏在龚氏家族；二、清末民初，孙家鼐曾经观龚心钊藏拓本，也曾观龚心铭藏本，两者均有孙家鼐观赏印鉴，两方印鉴不同，当为分别所见；三、商鞅量龚氏家族对外诈称遗失，秘藏半个多世纪几无人一睹风采，且《商鞅量拓本》数量极少，诸如帝师翁同龢、枢相孙家鼐等达官及碑版收藏家亦不曾拥有，仅在龚家曾观而已；四、此量拓片及文字考释，均为龚心铭撰，曾经发表于《汤泉小志》，文字略有出入，后世金石文字书籍著录，均应从此转录而来，民初王国维等诸多学者关于商鞅量研究，资料均应来源于此；五、《商鞅量拓本》，龚心钊所藏原拓本未知下落，龚心铭藏本在此浮出于世。

此件拍品一经拍卖预展亮相，得到碑帖收藏界和爱好者盛赞，拍卖之时，群英追捧，起拍价6万元，举牌应价者无数，价位蹿升，迅速突破50万、100万，经过数十轮加价，最后以1,322,500元成交，成交价高出估价二十余倍。

文物不在大小，在于有意义。商鞅量总重量不过0.7公斤，巴掌大小，但是铭文资料事关重大，故龚氏家族，视此量等同身家性命。收藏六七十年间，几无外人一睹原件风采，文献资料中不见有关此量的任何记录，唯有极少量的拓本，世人才得知商鞅量存在。难怪抄出此量时，有人以为是煤铲。得此本者，知此故事，得此故事，续此故事，是为有缘。

11. 章寿麟《铜馆感旧图》

2010年春季古籍拍卖中，有一件奇物，这就是章寿麟《铜馆感旧图》。

历史上发生过的事，有时好像会有重复，所以才有历史是螺旋上升的理论。春秋战国时期，晋公子重耳出亡时，一次真的是没有吃的了，随从介子推，割下腿上的肉为公子重耳熬汤，度过了最艰难的一程。可是，当重耳后来回到晋国，成为一国之主晋文公，随行的人都论功行赏，偏偏忘了曾有救命之恩的介子推。介子推遂带着母亲避入山中，晋文公烧山驱人，结果将介子推母子烧死于山中。后人将该地方起名叫介休，清明节前一日定为寒食节，家中忌开火，为的就是纪念这位忠臣。两千多年后，清代咸丰年间，重演了这一幕，而且扮演晋公子重耳的是大名鼎鼎的中兴领袖曾国藩。

这一段鲜为人知的旷世奇闻，令世人慨叹世事弄人，才成就了一部史诗般的壮观之作——《铜馆感旧图》。

故事说的是咸丰年间，洪秀全金田举义，师出两广两湖两江，直克金陵，朝廷震动。时在湖南老家丁母忧守制的曾国藩，组织地方团练，编成了一支与八旗不同的军队——湘军，于1854年发布《讨粤匪檄》，出师湖南，征讨太平军。同年五月靖港首战。当时曾国藩错误估计太平军的西征军主力驻扎在湘潭、岳州、武昌，像靖港这样的小地方绝不可能有数量很多的太平军，仅点水师一千多人、战船四十艘，选陆勇八百人出战靖港。曾国藩的指挥船，驻在靖港上游的白沙洲。大队湘军水师战船直扑靖港，到达太平军营垒时，发现是一个空城计。只听得一声炮响，太平军从铜官山上杀出。芦苇荡中太平军数百条战船同时出击。湘军陆勇水师大败兵溃。李续宾命令陆师从岸上冲锋，抵挡铜官山上杀下来的太平军，但兵败如山倒，如何可以抵挡。一向自负的曾国藩面对靖港惨败，感到奇耻大辱，有何颜面对朝廷，有何颜面对乡梓父老，如何突围脱险，曾国藩无法面对这一切，自觉得苟活无意，便走出船舱，"猝赴水"，跳入了滚滚湘江。这一跳可是非同小可，关系大清和中国的历史命运。因为之后的大清朝命运、中国近代的命运，都与此人的命运息息相关。这时出现了一个人——章寿麟。章寿麟，字价人，是曾国藩府中一位不起眼的幕客。随曾国藩攻靖港，见兵败危机，料到曾国藩会投水求死，于是暗中尾随。就是这样一个不起眼的幕客，在关键时刻发挥了重要作用。

当曾国藩跳入湘江之时，湘江上依旧炮火连天，看见曾国藩跳水的没几人，幕僚章寿麟赶紧纵身入水，奋不顾身"掖公登舟"，扶进船舱中。一心求死的曾国藩想再次跳水自杀，被章寿麟死死抱住，并冒称湘潭大捷，以稳曾国藩的心。此时的曾国藩既然有台阶可下，也便不再说什么了。此后的历史证明，章寿麟的奋水一跳，不仅救起了曾国藩，也挽救了内忧外患、风雨飘摇中的大清王朝，因而有人称之为"援一人而援天下""救一人而救天下"。然而，就是这样一位"援天下""救天下"的功臣章寿麟，在镇压太平天国之后，满朝文武论功行赏之时，偏偏被遗忘了，从未沾到曾氏的雨露，最高只做了县吏，是一个微不足道的职位，便告老还乡。如果没有当日章寿麟的奋身一跃，不知稍后将是谁家之天下了？

左宗棠评论说："公不死于铜官，幸也。"否则"荡平东南，将无望于继起者乎"！

知此事者，且有评论称：

> 价人（章寿麟）之坎坷不遇，且欲天下后世共知，公之戡定大乱皆由艰难困顿中而来，而价人之拯公所关为不小也。

清光绪丙子（1876）秋，在章寿麟告老还乡之际，道过靖港，遥望铜官山，山川无恙，而曾国藩已经归道山，不禁怆然。于是遍请当年湘军故旧，作画题跋题诗题识。此时朋僚故旧，门生故吏，莫不看重这一段故事，纷纷借此一陈旧情，成此皇皇《铜馆感旧图》八大册巨制。所谓铜官者，即是靖港旁边的山名，当年太平军就是在此设伏，大败曾国藩。其中仅左宗棠一人，就洋洋洒洒地写下了十叶数千言，就此将曾国藩的人生功过是非评论一番，评判功过，所论可敌《清史稿·曾文正公传》，同时慨叹命运不公。

《铜官感旧图》共8册，内有绘感旧图计中国画7幅，题跋题识者二百余人，包括左宗棠、王闿运、章寿麟、张之万、李元度等湘军将领幕僚。此图从清末至民国间，颇受名流看重，故后世名贤追随前人题跋题识，有陈三立、黄节、冒广生、章钰、瞿鸿禨、周树模、邵章、宋伯鲁、章梫、丁惠康、鹿傅霖、罗惇㬊、朱益藩、康有为、易顺鼎、陈宝琛、姚华、樊增祥、蔡元培、章士钊、林纾、盛昱、李瑞清、夏寿田、皮锡瑞、夏孙桐、刘世珩、宝熙、何维朴、程颂万、费念慈、郑沅、郑孝胥、吴士鉴、徐世昌、李文田、罗复堪、徐行恭、郭则沄、夏仁虎、梁鸿志、何震彝、吴汝纶、曾熙、汪荣宝、袁励准、吴郁生、王耕心、俞樾等百余人，可谓将清末民国初的遗老名流一网打尽，终成今日之壮观。此图民国间曾经影印出版。

这等文物，是用一生委屈、贫困来赢得和捍卫的一人之荣誉和尊严，那是无法用金钱来衡量和换取的纪念，价值说多说少都是了。当时的估价2,000,000—2,200,000元。2010年5月15日，又是那个特殊的好日子，嘉德古籍拍卖会在北京国际饭店会议中心三层紫金大厅举行，经过一番竞叫加价，最后以4,816,000元成交，一位来自湖南的买家竞得。乡邦文献，那里有无限的乡情，有无限的乡愁，无限的乡思所托，一般的买家碰到有这般情怀的买家之时，那可就惨透了，不是空手而归，就是被顶得价位很高很高，即使是赢得了，可早已超出心理承受，谓之惨胜。不过这都是玩赏的事，过不了多久就过去了，全忘了。这就是拍卖场的公理，道上高手相逢，血拼为上，一旦撒手了，迟早要后悔。

12. 严氏旧藏《萧敬书法卷》（图3.2.12）

2009年秋季，中国嘉德古籍拍卖会中有件拍品，是自古以来为士人所不齿的宦官作品，当时在拍卖图录中是这般介绍的：

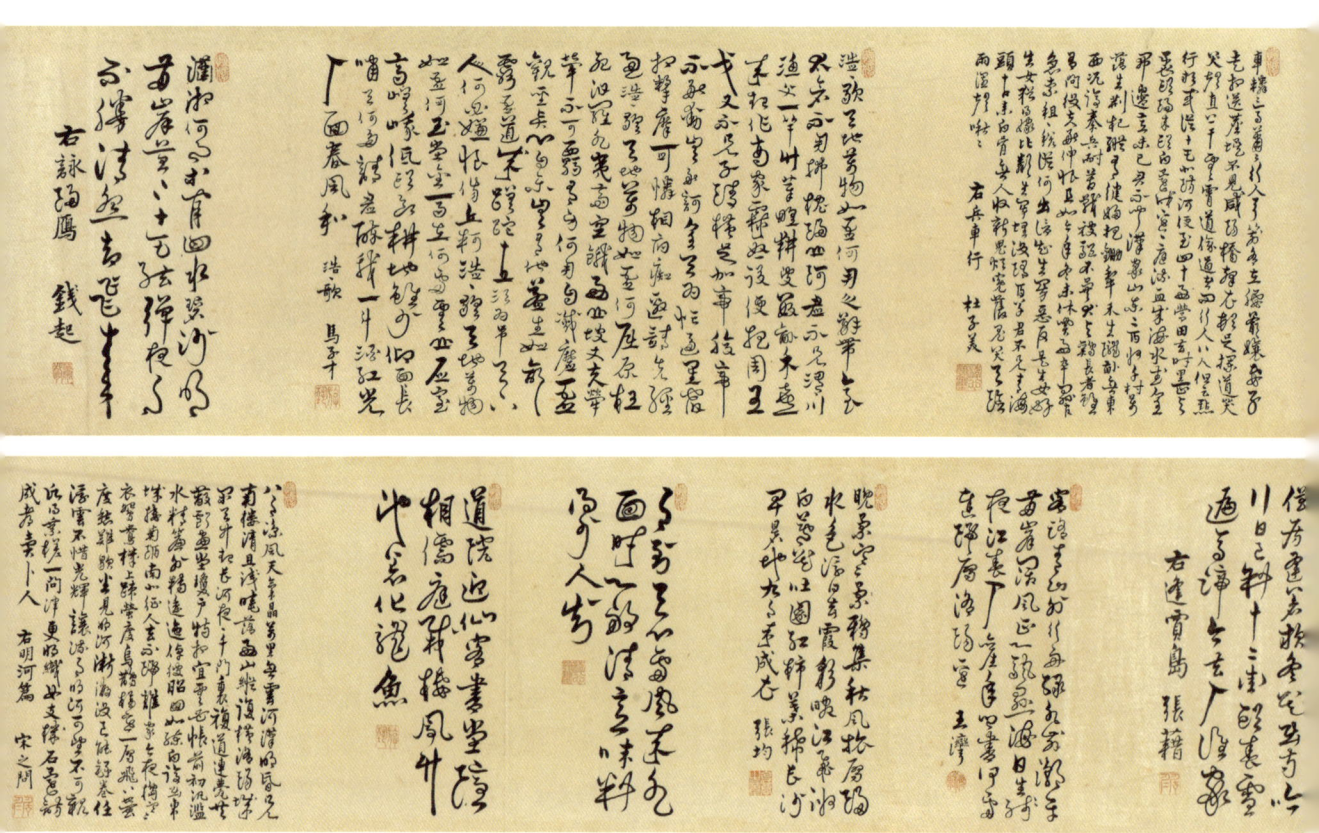

图3.2.12／明《萧敬书法卷》

《明萧敬真行草书卷》，明正德六年（1511）手写本，钤印：慎独、萧敬、克斋之章、梅东、侯官严氏淳斋珍藏。

此卷为明季司礼太监萧敬真行草诸体书法卷，有楷书出师表、楷书李密陈情表、行草钱公辅义田记、行草司马光独乐园记、草书苏东坡空惠院海棠、游丝书张汞崖劝酒惜别等。尾有萧敬题款，称此本为正德辛未秋为贤友吴忠书唐宋人诗文。

这件壮如牛腰的明人萧敬书法卷，为民国间福建侯官严氏收藏，即严复后人收藏之物，展读一观，楷书、行书、章草、草书皆有，尤其是其中的游丝书，不禁令人称奇。说句实话，此前也见过游丝书法作品，但看到了这件萧敬的游丝书法，可以说以前所见的就不能再看了。萧敬的游丝书法，一丝墨迹，有如蚕丝，连贯均匀，气息沉稳，神清气定，元气凝然。如此书法，常人纵有练气功者，也罕有如此定力，观者不禁抚掌叫绝。

萧敬（1438—1528），字克恭，别号梅东，福建延平府南平县人。萧敬自幼入宫，历侍六朝皇帝，四任司礼监秉笔太监，四任司礼监掌印太监，前后长50年，行步不差尺寸。告老退休后，嘉靖帝准请，并念他过去的功劳，除年俸外，每月再加米十石，并每年拨人夫十人给他役使。如此待遇，超过致仕的内阁大学士待遇。嘉靖七年（1528），在宫外私宅病逝，大学士翟銮为他撰墓志铭，内阁首辅杨一清为他撰写墓志，赢得了士人官僚的尊重。他是有明一代令人称奇的书法名家，可称雅宦。此萧敬书法卷，可称明初以来的书法集大成之作，包括真草行各种书体。

游丝书，宋吴说创造的一种书体，因连绵不断，状若游丝，故名之。宋高宗《翰墨志》："至若绍兴以来，杂书、游丝书，惟钱塘吴说。"宋代楼钥在《玫瑰集》赞誉说："春蚕一缕来不断，万钧笔力归毫芒。"东莱吕公诗云："非烟非云断复续，缓步徐行不拘束。断崖一落千丈滑，远望笔行如一发。""游丝书"是一种很美的高难度字体，纯用笔尖书写，不铺毫，笔尖始终在笔画中运行，写出的笔画瘦圆秀丽。它瘦而不弱，细而不脆，圆而不胰，每行起笔后一笔到底，婉转连绵，不作间断，流畅飞动，一气呵成。结字大小、长短，信手而成，如游丝飘空，轻而且韧，风吹不断，婉转多姿，无不趣味盎然。柔中寓刚，绵里藏针，毫尖所行，石破天惊，有"百炼刚化为绕指柔"的含蓄之力，如画人透衣见肉，透肉见骨，透骨见髓。游丝书像夜空里一颗瞬息即逝的流星，是中国古代书法中瑰丽的艺术奇葩，惜已失传。但它在无尽的天空上划过一道闪亮的弧光，深深地印在人们的记忆。令人奇怪的是，日本人对此游丝书法，倍感兴趣，直接影响了日本的游丝书法。萧敬的游丝书，继承了宋元明以来的传统，可称宋元以来游丝书之大成者。此卷萧敬书法卷中的游丝书，细如真丝，游走气贯流畅，绝无断丝之迹，上不见其头，下不见其尾，定是一代气功高手，屏息运气，从头至尾不见任何间断，不见丝毫轻重变化致令粗细不匀称之地。无高深定力，无吐纳气运，绝无可能书此骇世之作。二十余年间所见公藏、私藏明代游丝书者，无有堪比媲美之者，可称世无第二，水平之高，直追宋人吴说，惊天地之神品，令人叹服。萧敬之书，也是古代游丝书法的绝响，是后五百年间无人企及。

难怪明人陈宏谟曾称，宦官萧敬为文雅不可多得的人物。也难怪近代严复后人收藏此卷，可能是因为萧敬乃乡梓人士，不避太监残废，以为收藏，更不能不说是爱才护能之心胸博大者也。这件拍品，在拍卖预展时，并没有出现特别的情况，看这件拍品的观众也没有什么特别的反应和说法，只有一位买家表示出对此件拍品的兴趣。在拍卖场里待得时间长了，就会知道，一件拍卖品是否能够卖出高价位，至少要有两位买家对此表示出强烈的兴趣，一旦两相争起来，才会出现离奇的高价位。

有意思的是在拍卖时出现了两位收藏家，对明代书法感兴趣，而且都是拍卖场里的重量级人物。一位是预展时对此拍品有兴趣的买家，另一位是在拍卖开始才匆匆赶来的，也许此前已经委托代理人看过了这件拍品，为此专程赶来，完全是位半路杀出来的程咬金。这两位买家也互相认识，拍卖时两人碰到了一起。嘉德古籍拍卖会就像是定期举行的行家、收藏家的聚会，半年未见面了，见了面不免是有说有笑，其乐融融。买家与买家之间，时间久了，谁喜欢和收藏什么东西，都心知肚明，因此只要一看到相识熟人的，知道对手在否，就会预感到结局。越是有名的收藏家，往往越是隐藏得最深，在拍卖时通常不会直接出面，太过于引人注目，大都是委托代理人出面竞拍。可巧在此拍卖时，两人都是由委托人在拍卖场子里举牌，本人各自在场外一边聊天，一边遥控指挥。于是一场好戏上演了，当拍卖师报出起叫价，参与竞拍的买家并不多，场内两位委托人之间的代理战事打响了。代理人不用理会雇主的朋友和社会关系，只是各为其主，尽到努力而已。有时行里人会妒忌这些代理人出手大方慷慨，称他们是在花别人的钱玩，不会心痛。因此报价从20万元开始杀起，一路竞争，几十轮出价，很快就过了百万，场内的双方代理可称已经是杀得红了眼，场外两个收藏家仍在嘻嘻哈哈聊天。竞叫价位突破了两百万，仍不停息。尽管就是两人在争夺，也是杀得惊天动地，全场的买家、观众大都不知道为何为这件拍品竟然厮杀得这般难解难分，但是对这般出价相争，无不惊愕。甚至有人在问，这究竟是件什么玩意，竟然如此相争。毕竟是亲自看了这件拍品的买家心里有底气，志在必得，最后以两百多万成交。

买到这件拍品的客人心里自然高兴，的确是物有所值。唯有一点不太舒服，那就是原本以为应该在百万元之内就可以轻松拿下这件萧敬的作品，现在却意外出现竞争者，让舒服的美梦变成了一场噩梦般的鏖战。多了一位买家，就多出了一百多万，也不是小钱。

13. 宋克书《急就章》（图3.2.13）

眼看着一部书隔三差五地出现在拍卖市场，也是一件很有意思的事。藏品在藏家之间辗转易手，虽有国家经济起伏的跌宕变化，但是令所有收藏家眼睛一亮的藏品，或者说是令人眼馋的尤物，总是不论年成光景如何，都会有不俗升值幅度，有时简直让人大跌眼镜，让世人知道什么收藏品是贵者恒贵。1996年秋嘉德古籍拍卖图录LOT1342宋克书《急就章》、LOT1343宋克书《张怀瓘用笔十法》两件，就是在这二十多年当中，三次上拍卖，每一次上拍卖，都会大幅升值，以至于令人望价兴叹。

宋克书《急就章》初见拍卖市场之时，同时拍卖的还有另外几件章草书法拓本，均

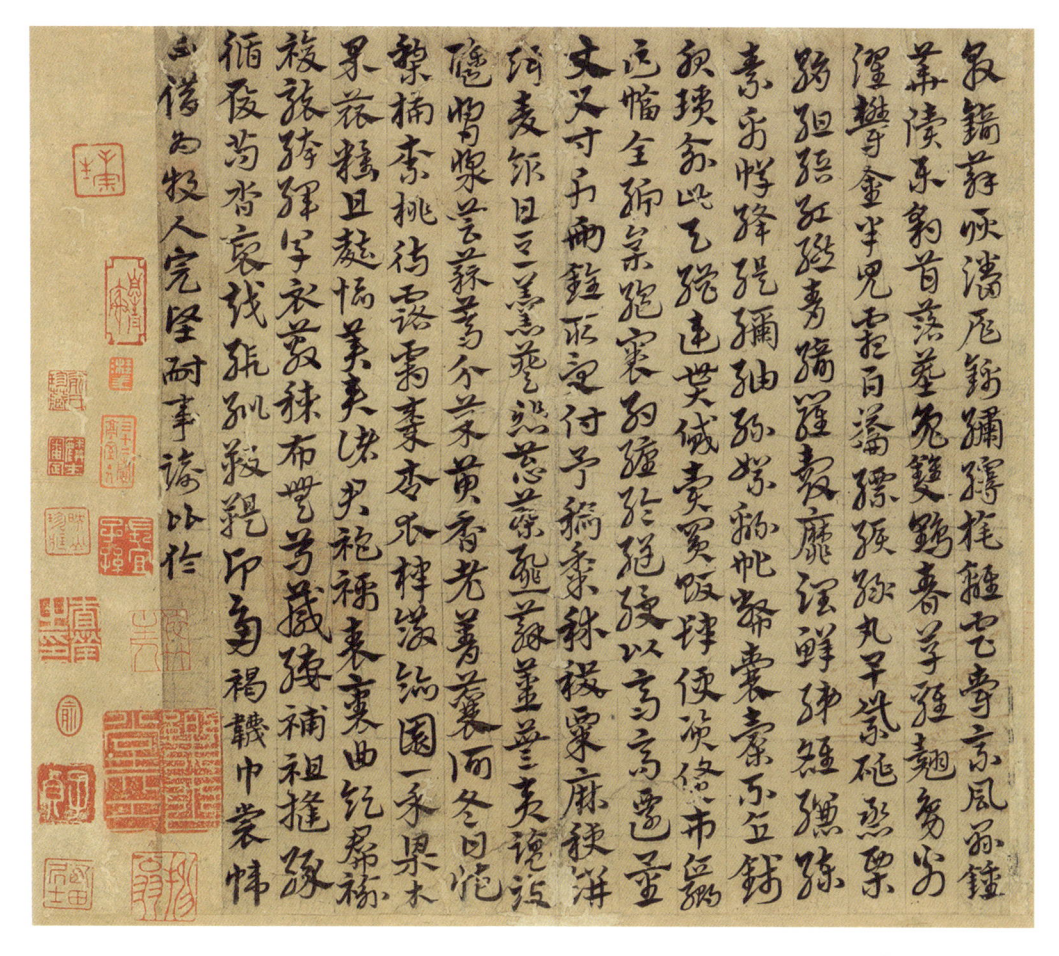

图3.2.13 宋克书《急就章》

来自同一位收藏家后人。说起这两件拍品来历,还真的是有一段故事。

1996年夏,嘉德仍在最初的北京长城饭店办公。一日到公司,进门就碰到当时瓷器杂项主管陈连勇先生,告诉我说,替你收了两本宋克,放在库房,看看能否上拍。我一听,两本"宋刻"("宋克"与"宋刻"音相同)?这还了得,不等落座就先去库房看东西。找到一看,乐了,原来是宋克的书法法帖,而不是"宋刻"古籍书。我大略一看,这好东西自己会说话,宋克的章草书法,卓君庸的收藏,罗振玉、梁启超、姚芒父一帮名家的题跋,康生的过手,足以令人目眩。第一感觉就是遇到难得的东西了,至于是宋刻,还是宋克,就不必去追究了。于是赶忙出库房,找到陈先生,问道:底价几何?陈先生说,一万一件,可否?我立刻说道:这价钱太低了,不合适。陈先生见我如此,就说:那你自己与卖家谈吧。于是陈先生将卖家的电话姓名交给我。我立刻就与卖家联系,约请他们到公司来,就拍品底价重新商议。之后,卖家来到了公司,来者是兄弟二人。一番先自我介绍后,也不绕弯子,直接告诉他们,这两件东西很好,底价定的有点太低了,可以提高。兄弟二人闻听之后,一时没有准备,很是犹豫。对我说,出去商量一下。于是二人出了办公室,在走廊里站着嘀咕。过了一会,二人进屋,对我说道:每件的底价定两万可以吗?我一听差点晕了,我将您叫来,就是因为定得太低了,商量了半天,结果就加了一万,那我还有必要叫你们专程来一趟公司吗?还未等我将此话说出口,二人接着反问我,两万卖不出去,还要收手续费吗?我回答说,两万卖不出去,我把它吃了。兄弟二人一听我这么说,心里顿时踏实了,说:那就定两万。我无语了,这兄弟二人完全不在行,一点都不懂,再多说也没有用了。当时我认为底价提高十倍、二十倍都可以接受,这也差得太远了。没有办法和时间补课了,只好就此定了底价。在交谈中,我知道了这件东西的藏家是陈叔通,著名的人物。

合同重新签订后,开始编写图录。此件内有钤印:查莹之印、依竹主人、映山珍藏、子贞、澍年、三十二兰亭室主人、长宜子孙、俞氏珍藏、麟生审定、西田居士、乐古堂印、抑翁、自青榭、康生、康生之章等。前后题跋题签甚夥。

封面和扉页有郑孝胥、陈宝琛、罗复堪、林志钧、卓孝复题签。

尾有诸家题跋:卓君庸、姚华、罗惇、林志钧、余绍宋、梁启超、罗振玉、周肇祥等。其中最有玩味的是姚华、梁启超、罗振玉等人跋语,节录共赏。

姚华题跋:

> 此《急就章》,君庸与《张怀瓘用笔十法》同时得之,亦无署款。然以书论,益足证为宋仲温无疑也。宋元以来,为章草者,徐鼎臣、赵子昂皆有传刻(徐刻戏鸿堂、赵刻三希堂中)。仲温少晚,大抵用赵法而小变之,古朴虽视汉晋为逊,要其体

势，犹存古法于什一，因知旧刻徐、赵章草美溢于朴者，正亦同此。盖楮墨与古异制，笔势亦屡受诸体之变。固不必事事复古，惟变而不失古法，斯可谓善变者矣。仲温章草在近代确是中兴，其横翔捷出之致极耐寻味。得此墨笔，益进而求之，更参汉刻如武氏祠壁画榜，当更有一变，以补宋元人之所不足。余尝有此志而未成，君庸耽玩章草，因以所见附书之尾，惟博识审览焉。戊辰端阳后旬又五日莲花盦跋。

林志钧题跋：

前年闻均子贤藏有宋仲温真迹一纸，借得约君庸同赏，相与叹美。今春君庸获此卷，即持视余。初一展观，墨光扑人，视子贤所藏尤精绝。笑谓君庸，正以卷后不署款，待吾辈摸索，弥觉有味耳。仲温自谓右军笔意心虽稍知，笔下未至。余谓仲温用笔，转折处深得右军法，特书以劲利取势，遂觉浑朴虚厚之气较逊耳。然以视赵吴兴，时有冰寒于水之奇（若三希堂所刻赵书《急就篇》，则决非吴兴作也）。仲温墨迹得一二纸已足珍宝，况此卷多至六百十四字，所书又为《急就篇》前十章全文，取校杨政刻补本，又不尽雷同，合观尤足收异本对勘之益。暑中留寓斋三日，挥汗题后归之。戊辰七月十四日，闽县林志钧。

余绍宋题跋：

仲温书学全得力于《急就章》，平日临写之本必甚夥。此本当亦其随意临写之作，故未署款，然通体无一弱笔，无一懈笔，即此所见古人致力之精，岂胜叹服！君庸吾兄命题。甲戌（1934）九月，余绍宋。

梁启超题跋：

比年朋辈中，颇有以兴复章草相淬厉者，宰平、越园、复堪皆勤勤有事焉。君庸愿力尤伟且挚，广搜善拓而不以自私，汲汲景印流布。有难读者，时复为之释文，思以沾溉艺林，光大斯学，甚盛也。章草盖中绝于晚唐，千年来稍振其绪者，元初惟赵子昂，明初则宋仲温。然子昂诸体微伤软美，仲温矩矱钟王，达以劲气，龙跳虎卧，仿佛遇之，可谓复古而能变，豪杰之士也。顾年祀虽距今非远，而作品传世绝稀，求一佳拓已难若星凤，况墨迹多至六百余字邪！物聚所好，君庸无意中以贱值获兹瑰宝，信为厚幸。然此纸久尘霾故纸之堆，非经具眼拂拭而表褫之，几何不与鼠牙蠹腹同尽，抑不可谓非仲温之幸尔。或曰：既无署款，而诸君子遽同声归诸仲温，毋乃武断。答曰：此王武子所谓闇中摸索可得者。千年留作者只有此数，宗风学力丝毫不相假借。试问舍仲温外畴能为此？君庸并得《四体书论用笔十法》一纸，纸墨行款悉同此本，别装潢，勿俾杂厕，于是温公手墨乃有两册在人间也。戊辰中元，新会梁启超。

罗振玉题跋：

《急就篇》予平生所见易州传本第一章及西陲所出木简为最先。至前贤写本，于海东见弘法大师写本，寒斋旧藏丰人叔坊、詹东图景凤两写本。甲子秋，奉命审定内府旧藏，见赵文敏写本。诸本中木简用隶书，弘法大师本用草书外，其余诸本大率出于叶石林所摹皇象本，故点画、笔势多相同。松江郡庠石刻叶本中有夺佚，据宋仲温所书补之。此本亦出仲温手，计第一（按：此二字点去）自篇题讫第十凡十章，以诸本校之，间有异同。如第二章"京君明"，它本皆作"景君明"；"由广国"，叶本作"田广国"，它本均作"由"，与此本同。第五章又有"田㽵儿"则作"由"者是也，"所不便"诸本均作"所不侵"，惟赵本作"便"，与此同。第七章"豹首落莽兔双落（点去）鹤"，仲温补书松江石本作"豹首落落"，它本皆不重"落"字，与此本同。第九章"稻黍秫稷麻𥞥"，松江补书本脱"𥞥"字，颜本、弘法大师本、宋太宗本"𥞥"作"秔"，颜注字或作"𥞥"，而王伯厚补注本引碑本、赵书本并作"𥞥"，与此同。第十章"裳帻不借为牧人"，补书石刻本作"尚韦不借为牧人"，此本"尚"作"裳"，与颜本、宋太宗本同。"韦"作"帻"，与宋太宗本同。"完坚耐事踰比伦"，补书石刻本作"愈比伦"，与王伯厚所引碑本同。此作"踰"，则与颜本及宋太宗本同也。此均足资校勘者。往岁亡友海宁王忠愨公尝校松江本为考异。时予所藏丰氏、詹氏二本正在海东，出以易米。而予得见此本则又在公完大节一年后，颇以不得据校为憾事也。戊辰七月，自青榭主人出此属题，爰书其后。至仲温书法之精妙，有识者皆能言之，不待予之喋喋矣。贞松翁罗振玉书于津沽嘉乐里侨居之四时嘉至轩。

此件图录编写和鉴定又遇到问题，主要有二。

一则如何确定此件为宋克真迹。此件拍品本无署款，拍卖之前已经有多次出版，均确定为宋克真迹。这些出版有：

1.《中国古代书画目录》第一册，第17页，文物出版社，1984年。

2.《明宋仲温急就章真迹》，（明）宋克书，卓君庸藏，京华印书局，民国十七年（1928）九月初版。

3.《明宋仲温急就章真迹》，（明）宋克书，卓君庸藏，和记印书馆，彩华制版局，民国二十三年（1934）六月二版。

4.《中国古代书画精品录一》，法书五，文物出版社，1984年12月版。

5.《中国古代书画图目》（第一册），73页，京4-01，文物出版社，1986年10月版。

但是，罗振玉将此本与所见《急就章》诸本，逐字校对，发现多有出入。最大的问题是"松江郡庠石刻叶本中有夺佚，据宋仲温所书补之"。两个同为宋克底本，文字亦有出入。就此我曾专门拜访了刘九庵先生，他当年参与全国古代书画鉴定，曾经过目此件。先生曾鉴定此本，并认为系真迹。意见大体有几条：一是从纸张、墨迹年代看，应是明代早期之物；二是宋克临写《急就章》的底本不止一本，肥瘦、文字不尽相同，余绍宋题跋说"仲温书学全得力于《急就章》，平日临写之本必甚夥"即是此意；三是以排除法，明代早期写章草者无几人，能写到如此水平者，舍宋克而谁能为之？梁启超题跋称"试问舍仲温外畴能为此"，就是此意；四是从文物保护角度，主张从宽，一旦轻易否定，则打入冷宫，不为人注意保护，就会损失，梁启超所言此册"不与鼠牙蠹腹同尽，抑不可谓非仲温之幸尔"，"勿俾杂厕，于是温公手墨乃有两册在人间也"，不无爱惜之意。故此本诚如林志钧题跋所说："卷后不署款，待吾辈摸索，弥觉有味耳。"当年启功先生、徐邦达先生、傅熹年先生、谢稚柳先生、刘九庵先生、朱家溍先生、杨仁恺先生等一致审定，别无异议，认定为宋克手笔。虽系意断，并非武断。

二则还是底价问题。一件重要文物拍卖品，有一定的市场价值，就是一级市场买卖的价格。稳定的一级市场价格，是二级拍卖市场价格的基础，如果二级拍卖市场与一级交易市场价格差距过大，卖家可以从一级市场以更低的价格就得到，估价太高就不易拍卖成功，太低会引起买家对拍品的真伪等问题产生怀疑。此件即使与卖家协商修改了底价，但是仍然太低。为了使买家打消疑虑，于是决定打破常规，嘉德古籍图录估价大幅度提高。通常图录的估价低端是与底价相同，或者高出10%—20%，而此件拍品如此估价显然过于失真，图录最后标注出估价的低端为80,000—120,000元，是底价的4至6倍。

这件拍品，在拍卖预展过程中，就成为明星拍品，引起多方的关注。在拍卖之时，拍卖师报出起叫价，全场都明显感到诧异。原因是一般来说，拍卖的起叫价，通常都是低估价的60%—80%，但绝不能高于底价。而此件的底价就是2万，起叫价绝对不能高于2万，这与估价相差太远，所以令众买家不由自主地一愣。但是，很快就反应过来了，于是硝烟四起，群雄逐鹿的场面出现，诸多买家举牌加价，经过数十轮的竞叫，最后这件宋克书《急就章》以48万落槌成交。另一件也是宋克的《张怀瓘用笔十法》，以27万落槌成交。买到这两件拍品的是一位站在拍卖场最后面的一位年轻帅小伙，那时我还不认识他。拍卖结束后与之交谈，对他买这两件拍品很是纳闷，如此年轻怎会对这类高年份文物古籍感兴趣，而且有这么深的了解，敢于出此重价。经过一番闲聊，才知道这两件拍品是为北京文物店秦公先生买的，他不过是代理人。经此一说我就明白了，背后有高人。

此后，宋克的这件《急就章》又经秦公先生之手，再次拍卖，转入新的收藏家之手。如今已经过去近二十年了。2016年春季嘉德拍卖会，这件拍品又亮相在公众面前，估价是已经60,000,000—80,000,000元，最后的成交价已经高达92,000,000元。我真的没见过这么多钱，真有点吓人。百年前卓君庸无意中以贱值获兹瑰宝，被称为"厚幸"，怎么也不会想到而今会有如此高价，要是能够长只后眼，打死都不会卖出了。收藏贵在时间，快出快进那是小贩博取蝇头小利，真正最后获大利者，往往都是有意和无意之间的收藏家。不过依我之见，这件拍品正如梁启超先生所说的：

> 子昂诸体微伤软美，仲温矩矱钟王，达以劲气，龙跳虎卧，仿佛遇之，可谓复古而能变，豪杰之士也。顾年祀虽距今非远，而作品传世绝稀，求一佳拓已难若星凤，况墨迹多至六百余字邪！

毋以市场价值论，鉴赏与收藏为上。

三. 敦煌写经

汉魏时期，佛教传入中国，到魏晋隋唐之时，已经发展成为影响国家政治和民众生活的重要宗教信仰。而佛教的传播和信仰，都需要抄写佛经，因此在魏晋之时，除了高僧讲经笔记之外，传统的佣书（抄书）又派生出一支，即抄经生。现存的敦煌经卷中，经常可以看到这些职业的抄经生名字。为人抄经，属于雇佣劳动，必须给予报酬。虽然名义上不称为有买卖关系的"佣书"，而是为人做功德的抄经，实际上确属市场交易的经济行为。汉魏以来，随着佛教发展迅猛，出现了专业依靠抄写佛经维持生计的行业。所以说抄经生可以定性为佣书派生出的一支，职业抄写佛经的人。隋唐到北宋之时，各地抄经生仍然多见。随着雕版印刷的发展，抄经做功德逐渐为捐助印经取代。这类职业的抄经生，宋代以后消失。有一个值得关注的现象，就是在当今的日本奈良等地的寺庙，不仅保存着中国唐代寺庙的建筑风格，而且也保留着一些类似唐代抄经生的习惯，在寺庙中出售僧人的写经，有长有短，有贵有便宜，游人和香客可以随意买，当然名义上也是做功德，不是买卖。

唐人写经，传世极为罕见，收藏研究更无从下手。直到1900年敦煌洞开，世人才对唐宋和之前的魏晋隋时的写经有所认识。然而，敦煌所出文献经卷，流失严重，以至于陈寅恪先生在《敦煌劫余录序》发出感叹：

> 敦煌者，吾国学术之伤心史也。其发见之佳品，不流入于异国，即秘藏于私家。兹国有之八千余轴，盖当时垂弃之剩余，精华已去，糟粕空存，则此残篇故纸，未必实有系于学术之轻重者在，今日之编斯录也，不过聊以寄其愤慨之思耳！

当今世界，敦煌学已是学术之新潮流，国际汉学研究的显学。国际国内的敦煌文献，大都为重要的博物馆和图书馆收藏，民间散落也有相当数量，故而在国际拍卖市场也时有出现，已经是传统的收藏和文物交易品种。中国嘉德古籍拍卖，自首场拍卖开始，就将敦煌文献纳入，并且嘉德古籍拍卖1994年秋首场图录的封面，就是以敦煌写经《大般涅盘经迦叶菩萨品》残卷做封面。二十多年间，过手嘉德的敦煌文献已不下百种，诚如寅恪先生所言，多系"垂弃之剩余"而已。依我所见，可入法眼者虽然无多，"聊以寄其愤慨之思"，犹怀故国情思者众耳。

1. 唐人写经《心经》（图3.3.1）

嘉德古籍1995春LOT413《心经》唐写本。内有钤印：许莼父游陇所得、孙尧私印、张印伯驹。并有许承尧题记：敦煌鸣沙山石室唐写经。张伯驹题记：此唐人写经残本，仍可宝也。估价13,000—15,000元。

这是中国古籍善本拍卖二十多年来，唯一的一件唐人写经的整经，虽说很短，但是完整的。有的写经虽说有长达十米的，但多数是《妙法莲华经》《楞严经》等大部头的零卷，再长也是不全。所以这段唐人写经，具有特殊性，这也就是作为一代大家张伯驹能题字的原因所在。

许承尧（1874—1946），曾单名苪，字际唐、苪公、婆娑翰林，室名眠琴别圃、晋魏隋唐四十卷写经楼等，徽州府歙县人。近现代方志学家、诗人、书法家、文物鉴赏家。著有《歙县志》《歙故》等。许承尧素喜爱收藏古物，为官甘肃时，收集唐人写本藏经二百余卷，直到晚年仍藏有晋魏隋唐四十卷写经。许承尧逝世后，家人遵照他的遗嘱，将所有藏品和手稿都捐献给了安徽省博物馆。许承尧为人大方，常有将所收藏的敦煌经卷分赠友人或与友人交换乃至出售的。收藏售出部分，分别由叶恭绰、龚心钊等购得，约七八十卷，现分藏于国家图书馆等处。许先生收藏最重要的一件敦煌文献是现安徽省博物馆珍藏的《二娘子家书》。珍贵性在于，它是唐代纸质私人信件，现存最早的民间家信。此物在邓之诚民国二十二年（1933）的《骨董续记》就有记载，为旷世所无

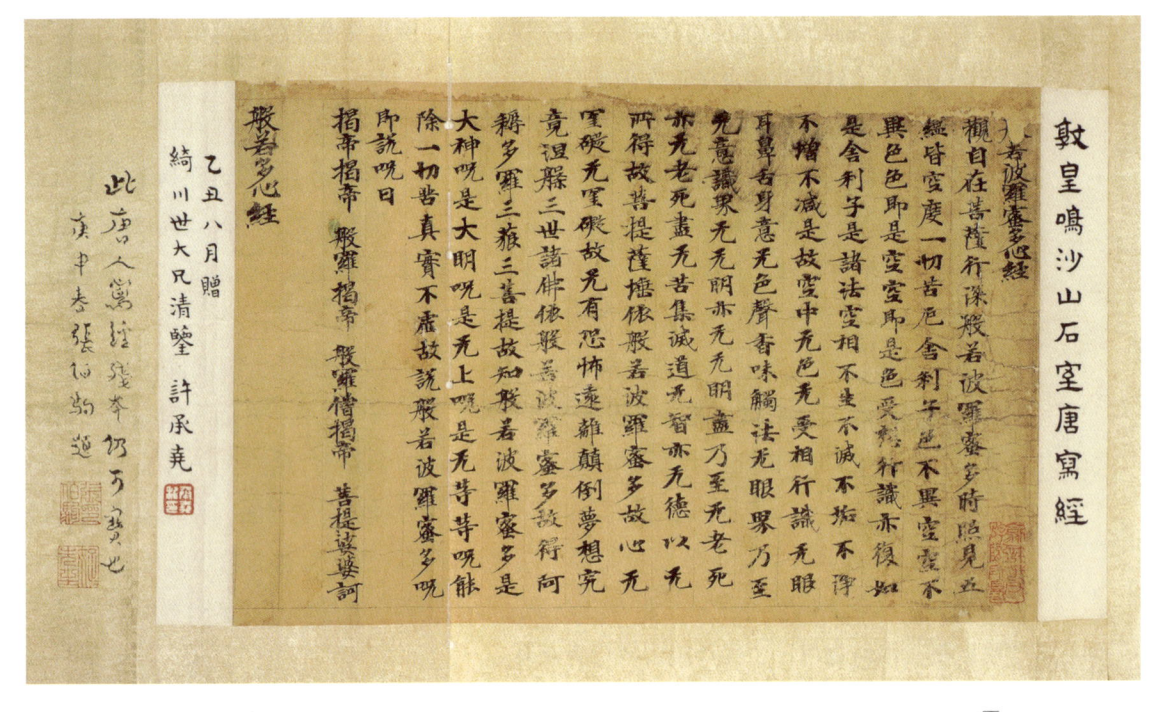

图3.3.1 《心经》，唐写本

的奇品。据资料称，许先生送唐式遵（国民党第23集团军司令，曾驻防安徽徽州）敦煌经卷三卷。此件为许先生乙丑年（1925）赠"绮川世大兄"之物。

此件敦煌经卷曾经于庚申年（1980）为张伯驹先生所见，并写题记。试想张伯驹先生，曾为京城四大公子之一，一生醉心于古代文物，致力于收藏字画名迹。从30岁开始收藏中国古代书画，当初仅为爱好，曾买下中国传世最古墨迹——西晋陆机《平复帖》、传世最古画迹隋展子虔《游春图》、唐代大诗人李白的《上阳台帖》等等，经他手蓄藏的中国历代顶级书画名迹见诸其著作《丛碧书画录》者便有118件之多，被称为"天下第一藏家"，所见所藏是何等级别，普通的敦煌写经张先生恐怕不会称其"仍可宝也"。

《心经》为最短的、最著名的释家经，此件长仅为一纸，硬黄纸书写，书法遒劲，敦煌经卷中的上品之作，审为中唐之物。且为佛经整经，世所罕见，故见多识广的张伯驹先生也称其"可宝"。此件为千五百年神物，且来路清晰，名家收藏，又是释家经典，首尾完整，颇得喜好者钟情，拍卖之时以68,200元成交。

收藏之事，贵在藏品有特性。此件特性就在于，世间纵有敦煌写经数万卷，而整经者唯见此件。此等无上品，何人再有？

2.《唐人写妙法莲华经残本》（图3.3.2）

嘉德古籍拍卖二十多年当中，关于唐写经所遇到最蹊跷的拍品，莫过于1997年征集所得的一本《唐人写妙法莲华经残本》。此件为北京群众出版社旧藏之物。当季古籍图录著录如下：

LOT579《唐人写妙法莲华经残本》，唐写本，1册4开。

藏印：天水郡图书印、云间王鸿绪鉴定印、树铭、世骏长寿、浚仪赵氏秘笈之印

题跋：吴荣光、朱益藩

估价：35,000—50,000元

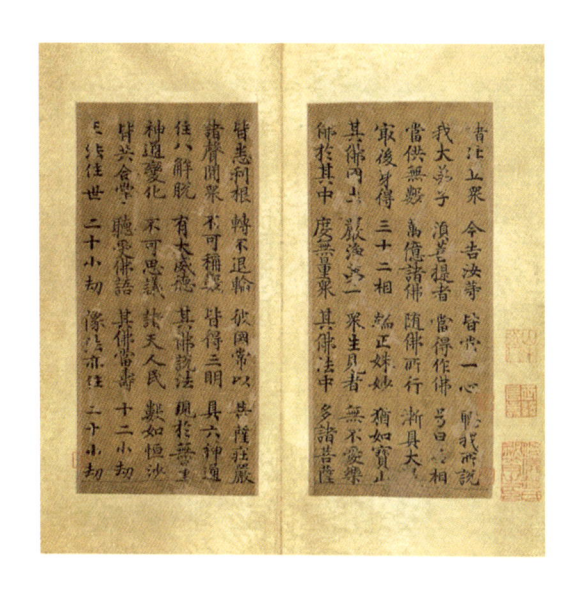

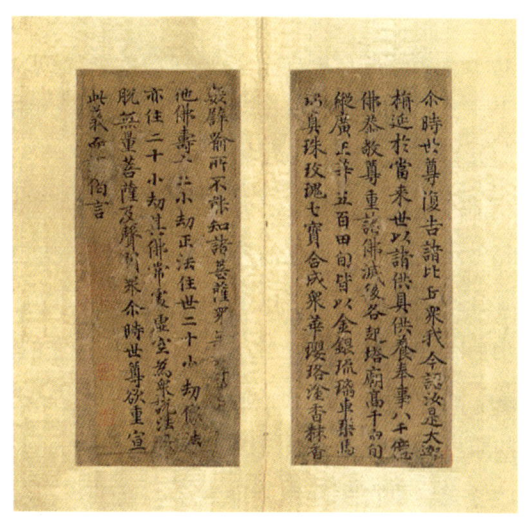

图3.3.2 /《唐人写妙法莲华经残本》，唐写本

这是1900年敦煌17号藏经洞洞开之前的传世唐人写经。这件唐人书写的经卷，如何而来，已无可考，但是，在清初已经为收藏家关注是不争的事实。从钤印和题跋可知收藏源流。

王鸿绪（1645—1723），清代官员、学者、书法家。初名度心，中进士后改名鸿绪。字季友，号俨斋，别号横云山人，华亭（今属上海）人。康熙十二年（1673）进士，授编修，官至工部尚书。曾入明史馆任《明史》总裁，与张玉书等共主编纂《明史》，为《佩文韵府》修纂之一。后居家聘万斯同共同核定自纂《明史稿》三百一十卷，献与玄烨，得刊行。一生精于鉴藏书画。书学米芾、董其昌，具遒古秀润之趣。为董其昌再传弟子。著有《横云山人集》等。

吴荣光（1773—1843），字伯荣，一字殿垣，号荷屋、可庵，晚号石云山人，别署拜经老人。广东南海人。喜金石、书画鉴藏，且工书善画，精于诗词。著有《历代名人年谱》《筠清馆金石录》《筠清馆帖》《辛丑销夏记》《帖镜》《石云山人文集》《绿枷楠馆录》《吾学录》等。吴荣光的宋元书画名品收藏多达一百二十余件，如五代张戡《人马图》轴，梁清标（1620—1691）旧藏；五代佚名《按乐图》轴，项元汴（1525—1590）、高士奇递藏；宋赵佶《御鹰图》轴，安岐（1683—？）旧藏；元倪瓒《与张德常札》册，汴永誉（1645—1712）《式古堂书画汇考》著录并藏；倪瓒《优钵昙花图》轴，吴升《大观录》著录；元王蒙《松山书屋图》轴，孙承泽（1592—1676）《庚子销夏记》著录、缪曰藻（1682—1761）收藏；元王蒙《听雨图》卷，朱存理《铁网珊瑚》、卞永誉《式古堂书画汇考》著录之物；《宋拓五字不损真定武兰亭叙》卷，元代乔篑成、王芝，明代韩逢禧、项元汴，清初梁清标递藏；宋米芾《多景楼》等。

赵世骏（？—1927），字声伯，号山木，江西南丰人。久居在北京，为陈宝琛弟子。擅长书法，工寸楷，亦善画花卉，初学钟、王，晚学褚遂良，所书几可乱真，孙荫亭见其书法谓"睹此君书，几疑河南尚在人间"，可见得褚法之深。后因近视不能悬腕作书，乃钟情于金石碑帖鉴赏达三十余年，书肆所印古碑帖能得其评鉴者即为时人所重，与翁方纲同称为金石名家。

另外，此件上有"天水郡图书印"，此系赵孟𫖯自篆自用的书画鉴赏印。天水郡是赵姓历史上最为重要的郡望之一，赵孟𫖯的郡望乃是天水赵氏。因此，吴荣光在题跋中称，此件书法高古，以为赵孟𫖯所书。实际上应该是一件标准的唐人写经。因此，这件拍品有两个重要的看点，一是从唐人写经的流传方式看，确是有传世品，至于是何种方式，缺少资料。不论何种方式，均说明在敦煌洞外有唐写经的存在。二是从学术研究史的角度看，清代的书家、学者都已经距离隋唐太遥远了，也没有丰富的藏品可供比对，已经完全不认识隋唐的抄经了，真的唐写经放在面前，也被误作宋元间的写经和书法了。直到1900年敦煌洞开之后，中国的学术界才对魏晋隋唐的写经有了系统、正确的认识。因此这件拍品虽然只有残页数张，却是一件重要的历史文物。在拍卖时，这件拍品最后以46,200元成交。

这件拍品的出现，令我产生了一个至今仍在苦苦寻思的念头，那就是我已经在许多文章中透露出的观点，就是敦煌17号藏经洞外有唐人写经的存在。我认为藏经洞不应该是孤独的偶然事件，中国地方大，应该还有其他方式的集中唐人写经的秘藏存在。此件拍品就是证据。

藏品不能单以市场价值论，小东西，有意义，就是上品。此件藏品就是如此。

3. 唐经室藏《唐贤写经遗墨》（图3.3.3）

有一些拍品，三米开外一望，或者随手一翻就知道是"开门亮"（真赝品毫无争议之意，行里也另有表述"一眼货"）的宝物，但是又非常难于把握其中的"魂"。《唐贤写经遗墨》就是这样一种拍品，在这二十多年中碰到的真不多。出去郊游，或去公园之类，常常可见参天大树，枝繁叶茂，鲜花盛开，人们的视线都被吸引到红花和绿叶之上，很少人去仔细观赏支撑繁枝花叶的主干。试想一下，如果没有强壮和巨大的主干，哪里会有枝叶的茂盛，这主干才是红花绿叶的"魂"。大到一个国家、一个民族，小到一件文物、一本书，都要有"魂"。那究竟什么是《唐贤写经遗墨》的魂？是赵之谦的书画，还是张大千的书画？显然不是，必是唐宋人的写经残卷。不论怎么说，这都是千五百年前的古物，是释家护持的神物，赵之谦、吴让之、张大千之类都是帮手，是附属之物，没有唐宋人写经，就没有了统属，附属之物就将不成为一件东西了。只有千年的神物，才能让所有的后来人顶礼膜拜。唐宋人的写经尽管是残卷，那也是神，是魂。

这件拍品首次出现于拍卖市场，是1997年秋季，拍品来源是上海方家。当时我与其后人一同到外滩的某银行保险库，取出此件，带回北京，参加嘉德古籍拍卖。编写图录时列为LOT529《唐贤写经遗墨》，1册63开，内有钤印：赵印之谦、沈树镛、郑庵审定、古玉佛庵藏、永嘉方约定节庵鉴赏金石书画图籍记、曾藏方节庵处。题跋：赵之谦、陆恢、吴让之、吴昌硕、章钰、马公愚、叶恭绰、唐云、童大年、许乃钊、金城、王福石、吴征、马叙伦、张大午、陈汉弟、于右任、方介堪、马一浮、高野侯、沈尹默、郑散木、张石园等。

细数册中各叶有：

赵之谦题字、造像共二页

吴让之题字一页

陆恢造像、题字共二页

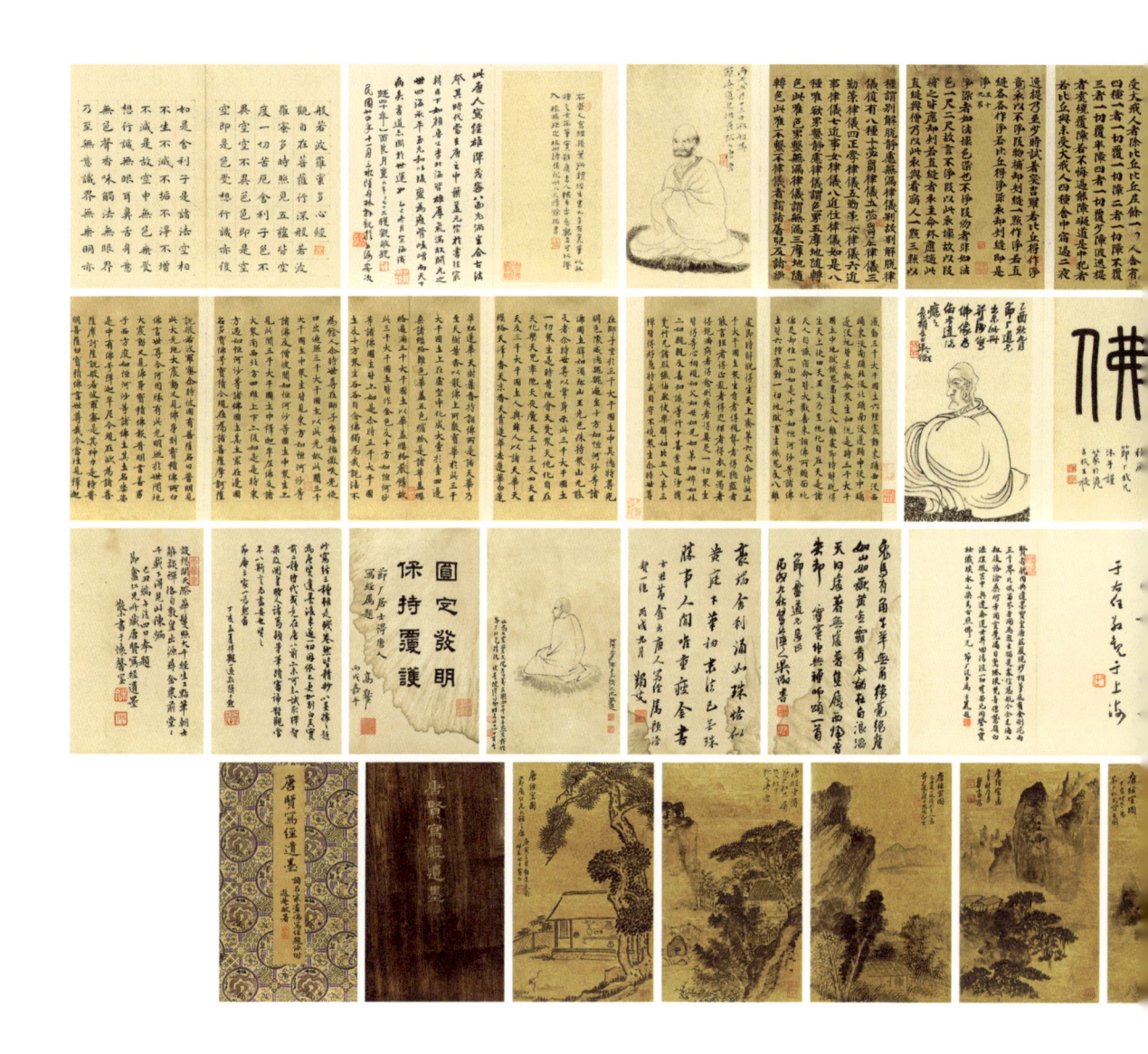

许乃钊书心经共六页

吴昌硕题字共二页

叶恭绰、楼辛壶题跋、题记共一页

金拱北造像一页

王恺题字一页

唐云造像一页

谭仪题跋一页

俞家海、童大年、陆丹林题跋一页

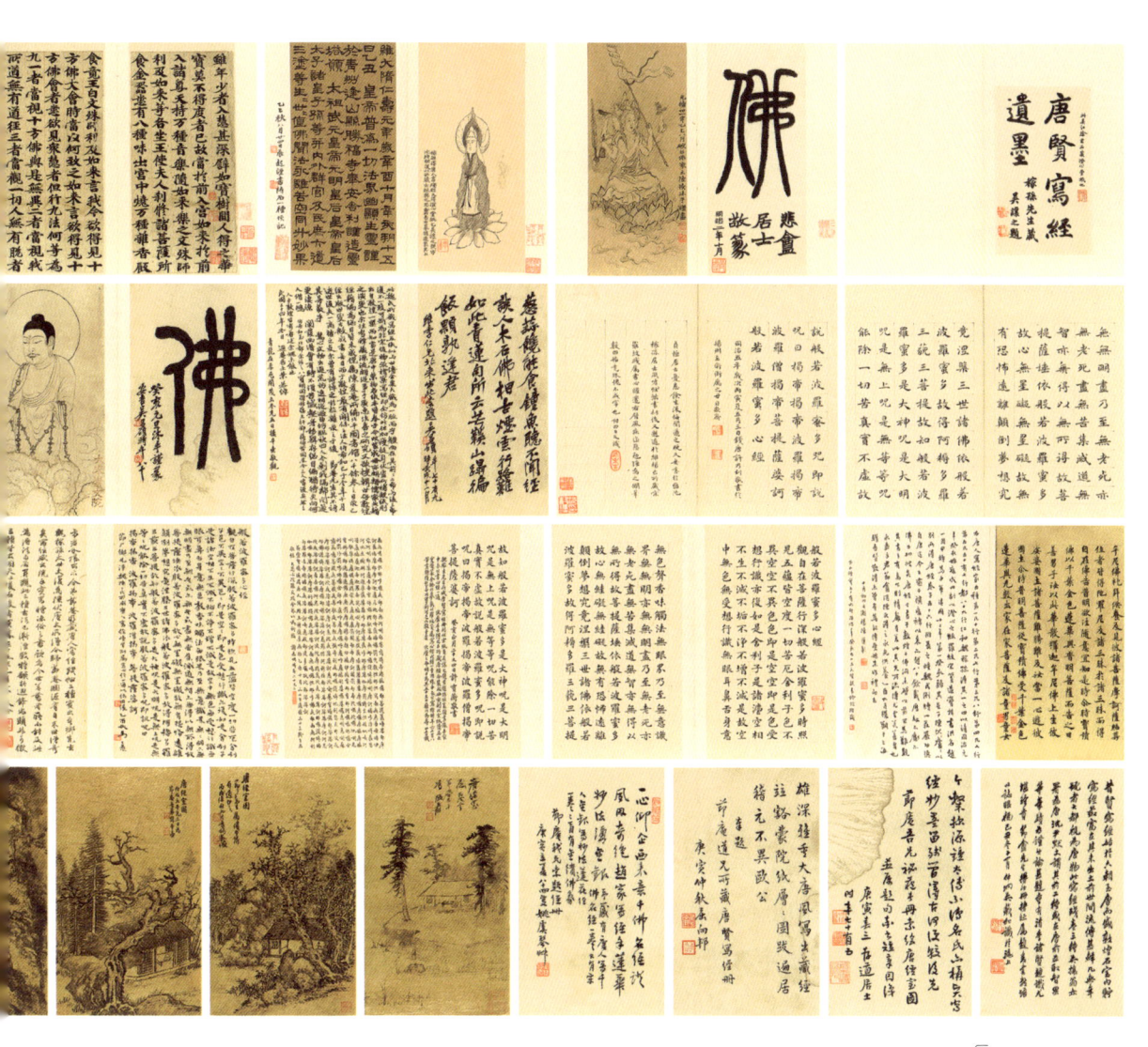

图3.3.3 /《唐贤写经遗墨》

吴征造像一页

陈运彰题跋一页

许宝衡书《心经》三页

谢磊明书《大悲心陀罗尼经》一页

马公愚书《心经》一页

马叙伦题跋一页

张大千造像一页

于右任题字一页

方介堪题跋一页

马一浮题跋一页

吴征题字一页

高野侯题字一页

沈尹默题跋一页

邓散木题跋一页

吴载荷题跋一页

高鱼占题诗一页

姚虞琴题诗一页

屈向邦题诗一页

张大千《唐经室图》一页

吴征《唐经室图》一页

楼辛壶《唐经室图》一页

郑午昌《唐经室图》一页

张克和《唐经室图》一页

尤小云《唐经室图》一页

唐云《唐经室图》一页

高鱼占《唐经室图》一页

其中的赵之谦画佛及题字，在民国间《悲庵剩墨》、日本《南画大成》中出版，全册在1983年上海书画出版社影印出版。估价650,000—850,000元。

此件拍品的图录提要文字极难表述。原因在于：一是学术表述难。清末仁和魏稼孙收藏之时，敦煌藏经洞尚未发现，传世的唐人写经极为罕见，即使偶有一见，也常误作宋元人写经（参见上件拍品）。而此件拍品所谓的唐贤写经遗墨，实际上是宋人写经遗墨。可见清代书家和学者关于唐宋人写经的认识和研究混乱，唐写经被误以为宋元写经，宋人写经误以为唐人写经。令人奇怪的是，从明代中期到乾隆间，金粟山大藏抄经并不鲜见，从明代嘉靖、万历到清乾隆，常有见到将宋人写经用纸揭二层使用的书法作品，或者手卷引首等，按说不应该将宋人写经误作唐人写经。到清末同光时期，世人见到宋人写经的机会也很少了。据统计，目前全世界可以见到目录收藏的宋代金粟山大藏经卷，大约有三十余卷。因此，清末实为宋人写经的经卷，也非常罕见，亦属珍贵。

二是文物艺术定位难。我在前些年遇到日本大仓集古馆藏中国古籍书时，看到其中的一些古籍书按照日本的文物定级，有些列入重要文化财、有些列为重要美术品，百思不得其解，为何要如此划分。现在细想这个问题，就是中国的文物定级标准，分一级、二级、三级，细分还有一级甲、二级甲之类。古籍与古书画，都是如此。可是看看日本的文物定级：国宝、重要文化财和重要美术品。文化财，突出了与美术品的区别，在古籍定级时，以文字内容突出的古籍取为重要文化财，而以版画、书法和绘画内容突出的古籍，取为重要美术品，这样的划分细想一下还真是有点道理。按照中国的文物定级标准，《唐贤写经遗墨》什么都不是，那么一点唐宋人写经残片，现在多的是，不稀罕，而赵之谦、张大千都是近人，都不够定级的要求，所以此件从90年代文物鉴定之时，从未有定过级。但是，这件残经和赵之谦、张大千等结合，就成为一件精彩文物艺术品，说它单纯是文物，没有那么重要；说它是件单纯的艺术品，那也是没有"魂"的尤物；就应该是属于"重要美术品"一类的文物，只有这样才能有一个准确的文物艺术定位。

百多年前，魏稼孙等将这几页残纸看得如此金贵。以朋友赠送宋代澄心堂纸、宋藏经纸，邀请清末书画篆刻名家题签、题记、题字、题诗、题画的，包括赵之谦、吴让之、许乃钊等。魏锡曾（？—1882），字稼孙，仁和人，篆刻鉴赏家。精于印论，与晚清篆刻艺术大家赵之谦等往来甚密，其收藏有明清名家尺牍、印谱等。著有《绩语堂诗存》。

可事实上，就是错了。这一错，可以说就错得远了，错得大了。直到敦煌洞开，真正的魏晋隋唐写经呈现在世人面前，从前魏稼孙、赵之谦、吴让之等的鉴定和题跋顿时成了荒唐。唐人写经变成了宋人写经，除了笑话不说，而且文物价值顿减。关于这一点，叶恭绰先生在题跋中已经说到：

> 此魏氏所藏写经五纸，似与世传金粟大藏为一脉，而字体尚在其前。前二纸与后三纸复不一致，可断为非宋后物。张樗寮写经即全仿此，但加瘦挺耳。伏庐所补数纸，则出自敦煌，一望而知当是唐中叶物。各纸本皆卷子，今改装成册，亦颇类儒家典籍之演变也。余往考释藏源流，颇从事于广惠法喜之研究，又欲搜辑世存敦煌经籍编为总目，皆未成。仅属陈爰庵所编北平图书馆八千余卷之目录，已经出版。世变方殷，成书无日。而于敦煌最有关系之法人伯希和已于今年十月逝世，复失一商榷之友。余曾有诗悼之，兹拉杂录之于后，节庵先生其不讶其曼美乎？

此件拍品到民国初年归陈汉第（伏庐），为补救清末诸家失误，得敦煌唐人写经残纸续入，这些补入的唐人写经，皆中唐之物。由此陈伏庐先生"踵魏氏例，续此庄严功德"，以所得宋罗纹纸、明代旧笺纸，又遍请沪上名流题记、题签、题跋、题诗、题画一轮，包括吴昌硕、金拱北、许宝蘅等。陈汉第（1874—1949），字仲恕、仲书，号伏庐，浙江杭州人，清末翰林。早年留学日本，与孙中山等关系密切，辛亥革命后历任总统府秘书，国务院秘书长，参政院参政，清史馆编纂、提调，故宫博物院委员等职，参与创办求是书院（今浙江大学前身）。晚年寓居上海，潜心书画艺术创作和金石收藏。擅篆刻，有《伏庐印谱》传世。

然民国间敦煌经卷在文物市场已非罕见之物，况此残叶区区五十余行唐人写经，更无足挂齿。至此，这件拍品的文物价值，已经渐变为清末以来学界和收藏界关于唐人写经研究史的参考资料了，继之而起的是其艺术价值，成为主要内容。

1945年抗战结束，此件易手，转归永嘉方节庵收藏。方先生视此册为镇宅之宝，并以此件命其室曰：唐经室。步清末魏稼孙、民初陈伏庐之后，出大宋崇文院旧笺纸、明末泥金纸，延请沪上名流名家再次题签、题记、题字、题跋、题诗、题画，有张大千、王福庵、陈运彰、叶恭绰、于右任、马公愚、马叙伦、马一浮、吴待秋等。至此，这件藏品，已经完全蜕变成为一件以书画作品为主的集册。方节庵（1913—1951），名约，字节庵，浙江温州人，金石家。精鉴赏，富收藏。1935年创办宣和印社。先后编钤有《晚清四大家印谱》《苦铁印选》《二弩精舍印存》等印谱。与岳父谢磊明、堂兄方介堪、表兄叶墨卿、胞弟方去疾一门亲属五人同为西泠印社早期社员，传为艺林佳话。先生重篆刻文物收藏，先贤赵之谦、魏稼孙等护持的《唐贤写经遗墨》即其中最重要的一件。

方氏后人将此件《唐贤写经遗墨》请出，付嘉德古籍拍卖。这是其第一次惊艳亮相，唐宋人写经合璧，集海上三代名家书画，多种宋明旧纸，有宋澄心堂纸、大宋崇文院笺纸、宋罗纹纸、宋藏经纸、明尺牍余笺、明金笺纸，三代篆刻名家收藏，魏稼孙、陈汉第、方节庵，以及佛家庄严法相。凡此诸多文物艺术亮点聚集于一体，立刻引起了收藏界一片惊呼。在拍卖之时，买家群起追逐，竞相出价，最后以880,000元成交。

得主是北京一位兼擅古籍和书画两项的买家。有意思的是时隔数年之后，这位北京客人忽有急事，将此件拿出，包括其他收藏，原价转让。经过一番周折，后来为北京的兆兰堂主人接收。新主人喜藏书，而此件属抄经卷一类，不属于收藏的范围，友情为上，直接将此件交嘉德古籍拍卖。于是2003年11月秋季，这件拍品由嘉德古籍再次推出，此时的估价为1,250,000—1,350,000元。在展览过程中，好事者趋之若鹜，如睹星凤。这件拍品依然是吸引人眼珠的尤物，上手观看者接应不暇，都希望能再饱眼福。拍卖过程中，竞价远超想象，出手者数人，一番拼杀之后，最终以3,520,000元成交。这件拍品成功转手，并创价出格新高。得手人就是中国拍卖行业里资本运作的高手，北京大学的才子，极具文物艺术品收藏慧根和灵性，面上看文绉绉，很绅士的样子，而出手竞买顶级拍品之时，从不手软。他就是沪上嘉树堂主人陈郁先生。想想看，五年间，价格翻了四倍，也就是每年的增值回报率近100%，做什么生意，有这般高的资金回报率！

2016年春，距第二次转手已经又过去了十几年，这件拍品再次呈现于世人面前，第三次在嘉德拍卖会亮相。这次的估价已经不是百万计了，而是直接跳升到估价50,000,000—60,000,000元，最后拍卖的成交价为57,500,000元。这么高的成交价敢想吗？惊人吗？是上次转手的18倍，这的的确确是真的。这件拍品上拍第一次是在1996年秋季，第二次是在2003年秋季，7个年头间隔不算长，2016年春季再次现身拍卖场。不到二十年间，此件拍品三上拍卖场的经历，多少可以看到中国古籍善本在这几年当中的一些变化。二十年里，这件《唐贤写经遗墨》三次亮相嘉德拍卖场，价格也是三级跳。如果将这三次亮相的时间，与中国拍卖市场的跌宕起伏发展变化联系在一起，就可以看到，第一次亮相，是20世纪90年代中国拍卖市场初兴之时；第二次亮相，是2003年中国拍卖市场跳跃发展，登上了一个新台阶之时；中国拍卖市场自2011年后登上亿元时代，此件拍品2016年第三次亮相，正是这个时代的全盛之时。它可称中国拍卖二十年价格水准的标志物。由此看来，这件拍品就是中国拍卖市场中的标志性"神物"。连上次转手的兆兰堂主人赵先生也连连惊呼后悔，不该那时轻易出手。可是此一时，彼一时，这世上就是长生不老丹和后悔药最难买到。

十来年前，曾经拍卖过一些王世襄先生的藏书，这些藏书大都是先生《自珍集》里著录的，所以那时与先生有过交流，并且也多少研究了一下先生的著作《自珍集》。有趣的是《自珍集》的副标题"俪松居长物志"。何为"长物"？原意是多余之物。实际上王先生将自己的收藏看得很重，用一些"锦灰堆""敝帚""长物"之类的词汇不过是谦辞而已。先生以为，文物在于研究和把玩，给予新的文化附加值，这才是收藏的意义。所以，长（cháng）物，也可以理解为"长（zhǎng）物"，一语双关。这件《唐人写经遗墨》就是从魏稼孙到陈伏庐，再到方节庵，逐步长成了现在的厚重之状。假如现在还有一代大师再行题诗题画，未来更有成长，这谁能预料呢？

4. 西凉写《增一阿含》经卷（图3.3.4）

在敦煌研究中，有几个标志性年代研究问题，一是最早的写经年代究竟是哪一年，二是最晚的写经年代究竟是哪一年。当然，具体有年款的经卷不一定就是绝对的最早或最晚，但是至少告知了时人敦煌藏经的大致时间跨度，以及敦煌藏经洞封洞的大致年代。因此，学界对此问题孜孜以求，仍在探索和讨论之中。嘉德古籍在此二十余年当中，接触到最早的敦煌经卷是2011年春季拍卖的LOT100西凉写《增一阿含》卷第三残卷。

此件无首尾，仅存二纸。字体隶书，工整秀美，为1954年3月15日东京古书会馆售出之文求堂田中先生遗藏品，原件定为"西凉写经（晋朝），黄麻纸，三纸一卷，金六万丹"。估价850,000—1,000,000元。

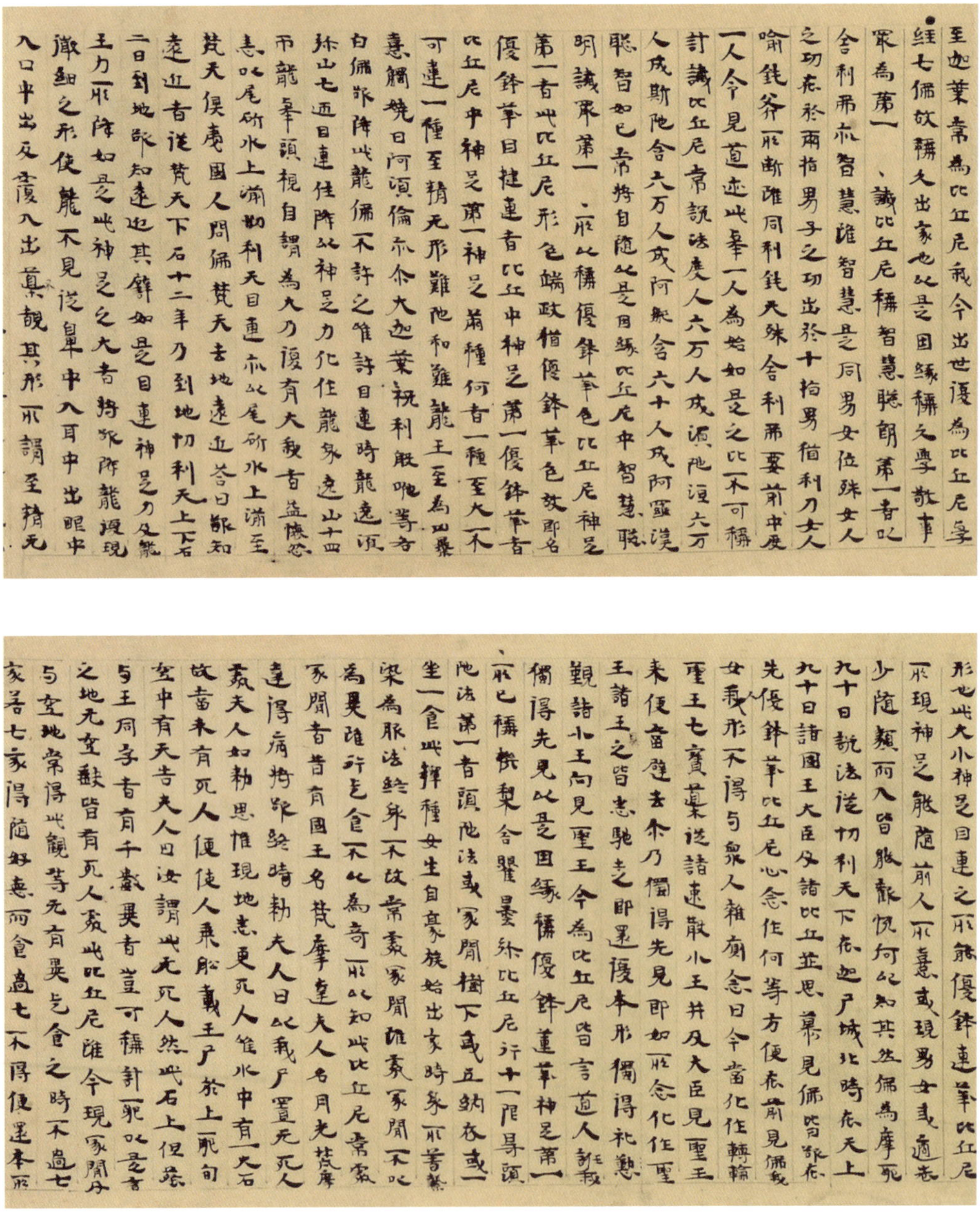

至迦葉常為比丘尼說今出世復為比丘尼導
經七佛故稱久出家也以是因緣稱之學教事
衆為第一 、識比丘尼稱智慧聰朗第一者比
舍利弗亦智慧雖智慧是同男女位殊女人
之功存於兩指男子之功出於十指男猶利刀女人
喻鈍斧所斷雖同利鈍天殊舍利弗要前中庚
一人令見道迹此斈一人為始如是之比不可稱
計識比丘尼常說法度人六万人成須陀洹六万
人成斯陀含六万人成阿那含六十人成阿羅漢
聰智如已常將自隨以是因緣比丘尼中智慧聰
明識衆第一 、所以稱優鉢華色比丘尼神足
第一者此比丘尼形色端政猶優鉢華色故即名
優鉢華目揵連者比丘中神足之第一優鉢華者
比丘尼中神足第一神足之蔚種何者一種至大一不
可達一種至精无形難陀和難龍王至為凶暴
惡觸嬈日阿須倫亦尒大迦葉祝利般咃等者
白佛欲降此龍佛不許之唯許目連時龍遶須
弥山七匝目連作降以神足力化作龍象遶山十四
帀龍舉頭視自謂為大乃復有大我者益懷恐
怖以尾斫水上满忉利天目連亦以尾斫水上满至
梵天侯夷國人問佛梵天去地遠近答曰欲知
遠近者從梵天下石十二年乃到地忉利天上下石
二日到地欲知遠近其辟如是目連神足乃及龍
王力所降如是之此神足之大者將欲降龍復現
微細之形使龍不見從鼻中入耳中出眼中
入口中出又復入出其觀其形所謂至精无

形也此大小神足目連之所能優鉢華比丘尼
所現神足能隨前人所意或現男女或適老
少隨類而入皆服龍倪何以知其然佛為摩耶
九十日說法從忉利天下在迦尸城北時在天上
九十日諸國王大臣及諸比丘並思慕見佛皆欲在
先優鉢華比丘尼心念作何等方便在前見佛我
女義形不得与衆人雜廁念曰今當化作轉輪
聖王七寶導從諸速散小王并及大臣見聖王
來使當避去尒乃獨得先見即如所念化作聖
王諸王之皆恚馳走即還復本形獨得礼覲
覲諸小王向見聖王今為比丘尼皆言道人誑我
獨得先見以是因緣稱優鉢蓮華神足第一
、所已稱拔梨舍瞿曇彌比丘尼行十一限導頭
陀法第一者頭陀法或冢間樹下或立納衣或一
坐一食此輩種女生自豪族始出家時衆所著
染為服法絲綵不故常處冢間雖處冢間不以
為畏雖行乞食不以為奇所以知此比丘尼常處
冢間者昔有國王名梵摩達夫人名月光梵摩
達得病將欲終時勅夫人曰以我尸置无死人
處夫人如勅思惟現地悉更死人唯水中有一大石
故當未有死人便使人乘船載王尸於上所旬
空中有天告夫人曰汝謂此无死人然此石上但塔
与王同字者有千數異者豈可稱計所以是者
之地无空缺皆有死人處此比丘尼雖今現冢間丹
与空地常得此觀等无有異乞食之時不過七
家若七家得隨好惡而食過七不得便還本所

图3.3.4╱西凉写《增一阿含》经卷第三残卷

此件附有东京一诚堂书店酒井先生的得经记录。据此记录内容翻译如下：

本件敦煌出土的《西晋写经》（也称为《西凉写经》），是东京本乡的古籍书店

"文求堂"的上一辈主人田中庆太郎先生去北京时，和朋友一起取得了一卷《西晋写经》，一人分得一半。本件是其中的一部分。本件写经于昭和二十七年（1952）3月30日，在玲琅阁的齐藤兼藏先生的"古稀祝贺纪念古籍拍卖会"（拍卖标价10万日元）上，由文求堂现在的主人田中乾郎先生拿出上拍，并由神田神保町的酒井宇吉先生竞得，出于酒井先生的关照，由本文库珍藏至今。

文求堂主人田中乾郎先生在这之后不久去世，于昭和二十九年（1954）3月15日在神田小川町的古书会馆，举行了他的遗藏品拍卖会。此时，有一件与本件完全相同《西晋写经》，有三纸长，纸盒子都是同样的，拍卖目录上的卖价是6万日币，这在当时是很高的价格。这三张被本乡的柏林社古屋幸太郎先生购得。

从以上情形看，上一辈田中庆太郎先生在分割本件《西晋写经》之时，应该是有二张和三张各一份（也就是说这份《西晋写经》大概是被分成了二张、三张的三份）。三张的那一份作为田中乾郎的遗物在这次拍卖会上拍卖。和本件《西晋写经》同为二张的，也就是姊妹份的另外二张，曾在昭和二十八年（1953）10月20日至11月25日东京国立博物馆举办的"书道名品展"上，作为最古老的写经之一，以"西凉《增一阿含》卷三建初左右（405年）"为标注展出。

由此可知，此件就是一诚堂的旧藏，原得自于文求堂旧藏。

文求堂前身为皇宫御用书店"田中屋"，20世纪初搬到东京，建立文求堂书店，是东京第一家，也是20世纪前半叶最具规模的中国典籍书画的专门书店。继任店主田中庆太郎，是在日本学界中与内藤湖南、岛田翰齐名的中国古籍专家。文求堂的存在意义，不仅在于传输了中国典籍，还在于成为了当时中日学界交流的重要纽带。通过文求堂，郭沫若结识了内藤湖南、水野清一、中村不折等名重一时的日本汉学家，在书店的宾客中，也包括荷兰的高罗佩，中国的傅抱石、郁达夫等人。

田中庆太郎（1880—1951），出身书店经营商，1900年东京外国语大学中国语学科毕业。1901年来华，游历北京，对中国的古籍书及其中国文化产生浓厚兴趣。1906年再次来华，旅居北京三年，成为20世纪上半叶与岛田翰齐名的三位日本权威的中国古籍版本专家之一。其后回国继承祖业文求堂书店。田中庆太郎继承后，以经营中国古籍、影印汉籍，以及出版中国学者著作为主业，成为东京最有规模、水平最高的中国古籍、书画专门店，也是日本关东地区汉学的联络中心和纽带。中国学者文人傅增湘、鲁迅、郭沫若、吴昌硕等，日本的汉学家林辅泰、内藤湖南等，都与文求堂关系密切。

特别值得一提的是，这期间的1908年至1911年这三四年间，田中在北京购置了房产，住在北京，一面向当时的中国学者、版本学家请教汉文化知识，研修汉籍版本知识，一面全力发掘、购进善本珍籍。正是这段生活经历，让田中也成为日本敦煌学的最先引入者。1909年5月，伯希和在北京六国饭店首次向中国学者披露展示敦煌经卷，田中参与见证了这场闻名中外的披露会，成为日本最早获知并亲眼目睹敦煌经卷的人，并且也成为第一位介绍及评论有关敦煌文献的日本人。他以"救堂生"为笔名，在同年11月北京出版的日本人杂志《燕尘》上，发表了《敦煌石室中的典籍》一文，这篇文章成为日本学术界获知敦煌文物发现的一个重要信息来源。内藤湖南就是看了这个报道之后，才开始敦煌研究，在大阪《朝日新闻》上连续发表《敦煌石室发现物》《敦煌发掘的古书》，首次向日本学界介绍敦煌文书的发现及其价值。

这件西凉写经，就是田中在北京所得之物，是日本现存最早的敦煌藏经之一，也是现存已知最早的敦煌写经之一，颇有盛名。在嘉德古籍拍卖场上，此件拍品最后成交价为977,500元。

敦煌藏经卷，经过百年的风风雨雨，是是非非，存世及市场所见者，多系残纸，整卷已不多见。此残卷除了有缀经的意义之外，它有可能是存世最早的写经，也是日本敦煌研究和收藏的见证，具有多重文化含义。说得更通俗一点，收藏家之间，常会有攀比，这是虚荣心作祟。可虚荣心是人类特有的心理活动，很正常。如果碰到了有人吹牛，或有最早的中国古代书法之类，对不起，赶快收起来吧，这里有西凉（西晋）的书法，不仅时代上接汉魏，而且书法优美堪与当时任何有名的书法家媲美，试试看，谁还能有？

第四章

专场的魅力与疯狂

西方文化艺术收藏品的拍卖，首先从古籍专场拍卖开始起步，从250年前开始，传承至今。在古籍拍卖出现之前，古籍、绘画、工艺品收藏，都是通过日常的市场来买卖流通取得。最早的收藏品拍卖是目前所知的古籍拍卖会——"神学家拿撒勒·西曼藏书拍卖会"。这是古籍书交易产生以来的第一次拍卖，也是第一个以藏书家个人名字命名的专场拍卖。正是这次古籍拍卖会，后来才诞生了至今仍然在叱咤风云的国际老牌拍卖公司。从此欧美的古籍善本买卖，大都是以拍卖专场形式进行交易。由于古籍专场有着拍品来源等一系列优势，以及附加的文化故事、名人效应等因素，特殊的图录宣传，展览包装，拍卖时间段，正是这种专场的魅力，吸引着众人的眼光，令人热血沸腾而不能自持，拍卖的场面往往异常火爆，成交的结果也常令人咋舌。如果用形容词来表述，那经常就会用一个词：疯狂。

有经验的竞拍者都知道，拍卖品目录中的标价只是表示这些拍品的一般市场价格，说白了，这些拍品若不是属于名人只值这么多钱。由于专场专题的拍品大都属于名人，或者内含许多精彩的传承故事，里面有难以估量的附加文化价值；或者是前一手收藏家能够获得如此之名声，是古籍鉴定和收藏的高手，对于古籍鉴定和研究有所贡献，在业界享有声誉和崇高地位。这类藏书的真伪和稀有程度大多不必担心，前辈已经做了大量的研究和考证，一定会得到藏书界的热捧。因此参与竞拍者在进入拍卖场时打听的不是起拍价多少，而是关心究竟会标高到多少。拍卖师口中像机关枪一样地报价，问题就有了答案：很高，经常会高得令人难以置信，价格铁定是要吓人一跳。因此通常参与专场和专题拍卖的买家都有经验，承受得起不断攀升的高价给心脏带来的压力。没有这种心理准备的买家，那就只能是陪太子读书，白来一趟了。遇到知名度非常高的专场拍卖，藏书家一定要做好心理准备，在这种情形之下，经验告诉买家，如果第一件的价位没有拿到，也就是第一件失手没有拿下来，那你的心理估价显然不足，后面就别再多想了，肯定都没有你的事了。第一件就是你的心理准备的试金石，不做出调整，那就有可能空手而归了，你的飞机票、酒店消费就没有回报了。

很典型的一个例子，是2003年秋季，嘉德俪松居王世襄先生旧藏专场拍卖。由于王先生在中国文物界的影响，世界上对王世襄先生收藏的高度评价，以及嘉德的宣传力度大，预展期间，参观者人头攒动，好评如潮，各路收藏枭雄，纷纷摩拳擦掌，欲与一试。我也很期望竞买得一件王先生收藏的铜炉，我经手了王先生的收藏拍卖，将来写书也有故事可讲，于是就委托了熟悉的一位客人。藏书名家兆兰堂主人也希望买几件，包括铜炉、竹器等。问委托出何价，我答：10万。就买第一件，一口出价10万。赵先生顿时瞪大了眼睛，疯啦。估价8000元，市场上同类的铜炉价位也就是1万左右，怎么这么高呀？我说：哎，这是王世襄哪，这是专场哪，第一件10万如果拿不下来，后面就更别想了。趁着别人懵住了的机会，也许能捡到一件。赵先生半信半疑地接受了委托。下午一时许，拍卖开始了，场内所有的座位无空席，旁边的过道也都站满了人，委托席上七八只电话都已经在线开通，做好了准备，场内的气氛热得有点灼人。嘉德公司派出了最有风度和人气的拍卖师高德明先生执槌开拍。先生的第一件拍品铜炉报出"起拍价8000"的数字之后，坐在前排的赵先生直接在场下直接报出出价"10万"。拍卖师高先生已经是久经沙场的老手了，遇此情形也是一愣，俯下身来本能地问："什么？"怕是听错了。赵先生稳稳地确认"10万"，全场立刻惊呆了，包括电话委托，一时大多数都已经懵了，大多数买家都没有这样的心理准备。拍卖师高先生很快就镇静下来，重复着"10万"的报价，等待着新的买家出现，没有反应。那时间虽说只有十几秒钟，场内的气氛就像凝固了一样，好似半天一样长。我就在现场，心想众人心理准备不足，委托出价有机会得到一只王先生的旧藏铜炉了。这时，在电话委托席里的另一位客人终于反应过来了，一口就翻倍，报出了20万。紧接着场内的竞买人纷纷反应过来了，都是十万、八万的价码，迅速地将报价推向了百万，其速度之快令人咂舌。结果，第一件铜炉以一百多万落槌成交，加上佣金，是拍卖估价的120倍。第二件，高先生报出起拍价8000之时，赵先生再次报出10万，连十秒钟都不到，价位就升到近百万了。这时我已经知道，想买到一件的可能性已经没有了。接下来场内几近疯狂，一开口报价就是50万，最后十几件铜炉成交价超过了千万，全部被一位电话竞投的收藏家竞买拿下。这位电话中的竞标人就是资本运作高手陈郁。场下为之纷纷议论，这是什么价位，这价位下辈子拿出来都卖不出去。其实这真的是不懂得拍卖专场和专藏魅力的外行话。十年后，这批王世襄先生的铜炉再次出现在拍卖场，而且是整批不零卖，结果以一亿多成交，是当年购买价格的十倍。赵先生下来以后见到我，说对不起，没买到。我回答：没关系，那第一只铜炉我曾经拥有10秒钟。

所以专场具有诱人的魅力。古籍拍卖专场的情形也是如此。

一. 专场拍卖精彩回看

在古籍拍卖中，最为令人兴奋和疯狂的就是专场和专题拍卖。古籍拍卖中的专拍形式有两种，一是专场，二是专题。专场古籍拍卖，一般是指在某一场拍卖会中，从头至尾拍卖一位收藏家提供的拍品，或多位收藏家关于一个门类和主题的拍品。为此，拍卖公司会出版拍卖的专册，并辟出特定地方集中展示。如嘉德2008年的"潘重规藏书拍卖"专场、2011年"季羡林先生藏书拍卖"专场、2013年"王世襄先生藏书拍卖"、2012的《忆梅庵长物》专场等，这些都是以收藏家的名义举办的专场拍卖。再者是一位或多位收藏家提供的某一个品种古籍的专题拍卖，比如说嘉德2013年的"观心——佛经专题拍卖"，是多位收藏家提供拍卖标的；2014年的"金山铸斋旧藏印谱拍卖"，这是由一位收藏家提供全场拍卖标的。

能否组织一场专场和专题的拍卖，需要有一系列综合因素的考量，而不是胡拼乱凑，无中生有的杜撰。因此，古籍拍卖的专场和专题组织，是必须具备一些条件。

条件一：藏书的数量和估价。如果有一份藏书的数量特别巨大，也要看是否有足够估价。有些古籍，上百部估价也不过几十万，真正高水平的古籍善本，十本八本，估价就有可能好几百万。能否组成专场古籍拍卖，至少要有出版寄送图录、特殊展示，以及拍场租用等成本的经济考量。

条件二：藏书的质量和特点。藏书家不是鉴赏家，只留少量的精品，古人曾将藏书家分几类，其中就有鉴赏家一类。而藏书家有版本研究的需要，因此必须拥有相当的数量。洪亮吉在《北江诗话》卷三中说范氏天一阁、徐（乾学）氏传是楼搜采异本，上补遗亡，下可浏览的，那才是藏书家。诸如黄丕烈、鲍廷博等第求精本，独痴宋刻，这是所谓赏鉴家；其余的如陶五柳等奔走于家道中落和嗜好藏书富家之间，闽本蜀刻，宋刻元椠，一望即知，那只能谓之贩掠家。可见既有质量，又有数量的才能成为藏书家。然而藏书家中的赏鉴家，藏书质量通常会比较高。而达官富户，即使不是专家，也会有专家掌眼，比如说杨氏海源阁，就有梅增亮；杭州的九峰旧庐王绶珊有"抱经堂书店"老板朱遂翔掌眼把关。一般来说，赏鉴家的藏书，量小，质量高；藏书家，量大。当然像清末聊城海源阁，常熟铁琴铜剑楼藏书，民国南陈北周的藏书也都是量大质高。有质量的藏书，具备组织专场和专题的意义，是拍卖成功与否的保证，否则就是一堆普通书专场和专题，非但经济上不会有好回报，反而会引人笑话的，成为世人的笑柄。其实就是一句话，古籍专场拍卖，东西要足够好。

条件三：藏书的名声和故事。藏书的好坏，是一个相对的概念。客观上相同的东西，有时在拍卖场里的结果完全不一样，这里就有一个藏书的文化附加价值问题。同样的一部书，一本有文化附加成分，就是有名声的藏书，一本没有，价值判断的结果大相径庭。在收藏界里，一件有名声的拍卖品，视其名声大小，影响着藏家的看法和态度。任何收藏品都不例外，东西方也一概如此。书籍是最好的名人声名附着物，所谓签名本，尤其是名人的签名本，就是最好的例证。同一本书，有签名可能价值成千上万，没有的就可能是百八十元，差别就这么大。嘉德2011年季羡林先生藏书专场、2013年王世襄先生藏书专场，虽然都没有宋元名椠、毛抄劳抄等重器，但是季先生、王世襄先生都是著名的专家学者，声闻海内外，收藏家看重的就是藏书所附着的名人文化价值，并不看重书籍的版本文物价值，因此拍卖都非常成功。

专场拍卖一旦确定之后，就要从图录设计、预展包装、拍卖时间段等具体工作上做出安排，以保证拍卖成功，可谓费尽心机，万无一失。

编制专场的拍卖图录，与常规的古籍拍卖图录不同，一般会有专家的论文，或介绍文章，解读专场拍卖的意义和重要性。图录中的配图也更加艺性术和细腻地展示每一件拍品；介绍的文字也会更为详细；专场拍卖图录的装帧有时也会选择精装，甚至加装封套，以示郑重。如果是专题拍卖，虽不单行出版拍卖图录，在常规的古籍拍卖图录中选取特定的位置，集中将拍卖专题拍品推出，一般都会做出一些特殊的设计，以示区别。可以说，古籍专场和专题拍卖的图录，从形式到内容，宣传的力度肯定要大于常规的古籍拍卖。

在预展宣传方式上方法，古籍专场的展览，一般也不同于常规的古籍拍卖预展，通常会专门辟出独立的展室，会树立专门的指示性广告。当然如果能够别出心裁，设计出一套与众不同的展览，令众人失声惊叹，那就将是杰作。1996年4月苏富比举办的杰奎琳生活用品拍卖会展览，竟然设在美国纽约曼哈顿广场宽阔的步行道上，拍品安放在两百多个特地搭建的精致帆布帐篷里，参加预展的各界绅士名流个个穿得鲜亮贵气，使预展像是一个大型的贵族婚礼。除了希望在此有所斩获的收藏家之外，无数的路人也随机加入到参观的行列里。众人起哄，结果可知，真是一次天才的设计。拍卖公司也可能不惜血本，例如佳士得曾经为拍卖一部第一对开本《莎士比亚大全集》，全世界巡展，就一本书，其中中国站就是在北京的国际俱乐部饭店，专开一大厅，就展览一本书。莎翁的名声，只要中学毕业，何人不知，这也是在展示一个国际大牌拍卖公司的文化形象。嘉德古籍在王世襄先生藏书专场展览时，与王先生的旧藏家具同时同地展出，而且专门定制了展览的书架、书桌和凳子，整体营造成一座藏书楼中的书房，与同展的家具、文房遥相呼应，展现了王先生生平所好，效果极佳，颇有赞声。客观上，家具、文房收藏家也受到感染，参与到古籍拍场中来，同时古籍善本的收藏家也参与到家具拍场。我知道的一位准备来收藏王先生古籍书的客人，后来在家具拍卖时，将田家青先生制作、王先生用过的大桌举到了1000万，虽没买到，但功不可没。

在拍卖师的选择上，也要选最有经验、最有声望的拍卖师来执槌。拍卖师非常重要。除了拍卖师需要自身的涵养和素质之外，眼睛要好，所谓眼观六路，那是不能缺少的必备能耐，同时那嘴皮子要快。重要的专场拍卖会，在海外有时是总经理直接上阵，调动来客买家的购买热情。在中国就是要挑选心理素质最好，气质温和，经验最为丰富的拍卖师来主槌。拍卖师也是喜欢主槌专场拍卖，东西好，估价低，人气旺，买家有身份和地位，没准还会有个全场百分之百的成交，落得一双象征最高荣誉的"白手套"。

总之，要将一切最好的资源投到重要的专场拍卖上来。专场的魅力，专场的疯狂，不是凭空生出来的，不客气地说，就是拍卖公司的种种手段营造出来的结果。在这时，这种氛围、这种环境之下，各路会聚到一起的收藏家，群情鼎沸，高质量的拍品，偏低的估价，以及动听的故事，已经将收藏家的胃口调得高高的，收藏家个个热血上冲，情绪不能自持和控制。至此，专场拍卖的场面就异常好看了。

这正是拍卖主持人所要的效果，也是一些有经验、有实力的卖家为何经常会动心思要求办专场的原因。

1. 过云楼藏书专场

"过云楼藏明清名人书札"专题拍卖之后，过云楼的藏书拍卖就逐渐提上了日程。相比较来说，顾氏的书札收藏与古籍善本收藏相比，无论是数量，还是文物级别，都不在一个等级上。至清末民初过云楼第三代主人顾鹤逸，相继世守，其藏书集宋元古椠、精写旧抄、明清佳刻、碑帖印谱八百余种。"文革"浩劫中，顾氏过云楼亦被查抄，收藏于苏州文物保护机构。谢国桢先生在此期间曾部分观看，记录于《江南访书志》中。"文革"后过云楼藏书归还了顾氏家族。20世纪90年代初，南京图书馆购得过云楼藏书共541种，约占过云楼藏书的四分之三。过云楼藏书其余部分如今已分属各处过云楼顾氏后人，尚有剩余的近三百多种藏书留存民间。这些图书后来分期分批进入嘉德公司征集拍卖。可以例举数端：

1994年春季，中国嘉德古籍拍卖第一场LOT312佚名《元人行书比红儿诗一卷》残本，题元大德丙午年（1306）手写本，6开1册。费念慈跋。

何栋如辑《梦林玄解》三十四卷，明崇祯丙子年（1636）刻本，12册。

1995年春季，LOT154清末《吟莲馆印存》。

19996年秋季LOT1201《仪礼注》，明嘉靖刻本，6册，顾广圻批校本。

LOT1312倪瓒撰《倪云林先生诗集》，明末毛氏汲古阁刻本，3册。

LOT1313唐寅撰《唐伯虎集》，明万历壬辰年（1592）刻本，2册。

1997年秋季LOT606骚隐居士选辑《吴骚合编》，明崇祯十年（1637）刻本，纸本，4册。

1998春季LOT1197明嘉靖《唐贯休诗集》，明嘉靖十九年（1540）唐百家诗丛书本，纸本，1册。黄丕烈题跋。（图4.1.1-1）

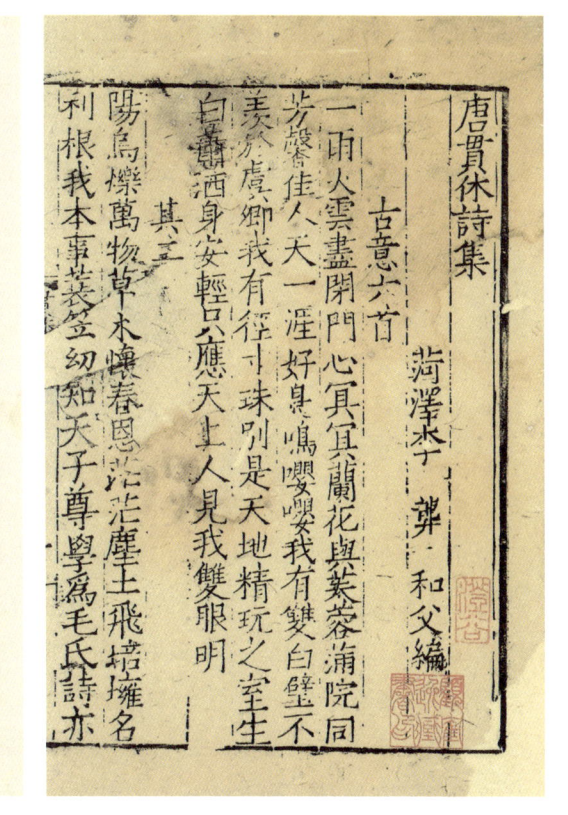

图4.1.1-1 明刻本《唐贯休诗集》黄丕烈校补并题跋

1999年春季胡渭学撰《禹贡锥指》,清康熙辛巳年(1701)淑六轩刻本,10册。钤印:沤波舫、楞伽山人、王岂孙、惕甫、渊雅堂藏书记、苏州渊雅堂王氏图书、四明卢氏、抱经楼珍藏、惕甫经眼、清荫堂、铁夫墨琴夫妇印记、章巽。王岂孙、陈硕跋。

2004年春季LOT2561《金风亭长书目》五种,清刘彦清抄本,纸本,11册。

LOT2560明毛氏汲古阁抄本《李群玉诗集》五卷,纸本1册。钤印:虞山东野适斋许氏鉴藏、慕园、顾公硕印。著录:谢国桢《江浙访书记》。

LOT2562《云烟过眼别录》二卷,纸本1册。钤印:吴氏兔床书画印、顾公硕印。

LOT2563《义丰文集》清抄本,纸本1册。钤印:购此书颇不易愿子孙勿轻弃、秀水朱氏潜采堂图书、竹垞藏书、古观书屋、顾公硕印、彝尊私印、一渔翁。提要:是书原为清代著名学者朱彝尊旧藏之物,后归顾氏过云楼。前有赵希圣题记。

LOT2564《初学记节录》,清史瑗稿本,纸本2册。钤印:顾公硕印、溧阳史瑗。

过云楼藏书零星出现于拍卖市场,均为顾氏后人一支。然而,顾氏家族当年析产之时有一部最重要的书,宋刻本《锦绣万花谷》四十册,也分为四份。2005年春季,经顾氏家族决定，将此书集中，交由嘉德公司拍卖。同时将剩余家中保存的全部藏书拿出，一并拍卖。为此，嘉德古籍依据委托人的要求，研究决定采取两种不同的拍卖形式。按照安排，第一步是全部藏书整体拍卖，如果未能成交，则转入正常的专场逐项标的拍卖。为此，嘉德古籍编制了《云烟过眼：顾氏过云楼现藏古籍善本图录》。在图录中我撰写了小文，向买家推介，摘录部分文字如下：

  过云楼藏书源流起自何时，已不可考。然清道光间顾文彬（1811—1889）尚在为官任所，致其子顾承信中有言：所藏书画、金石、图籍，悉以归之。此言可证百五十年前过云楼草创之际已有图籍收藏。今观其大略，过云楼古籍扩充集成，当在清光绪末到民国初年，时主事者为顾鹤逸（1865—1930）。顾氏收藏之书，多得于吴中藏书旧家也。吴中之旧存多为宋元古刻，名家抄校，此过云楼藏书之基础。今据顾氏现存书中收藏印鉴考索，寻踪觅迹，可辄见大宗数家，若吴平斋、潘志万、沈树镛、刘履芬、史蓉庄等。以其数量度之，此数家之旧藏当为顾氏整批接收，纳入过云楼庋藏。气腾成云，物化为烟，吴中藏书聚聚散散，包孕造化出一代过云楼。

  过云楼的藏书数量，包括碑帖，在30年代之前，不为世人所知。30年代傅沅叔先生在《北平图书馆馆刊》上发表《顾鹤逸藏书目》，过云楼藏书方大白于天下。傅氏目录记有539种。其中宋元类旧椠50种；精写旧抄本165种；明刻本149种；国朝精刻本175种。另根据60年代"文革"期间的抄家目录，其中古籍善本，总计有八百余种，包含碑帖、印谱之类。故傅沅叔先生收藏的顾氏藏书目，乃顾氏过云楼雕版藏书之大概也，依现存的顾氏过云楼藏书核之，大抵皆见于傅先生收藏的顾氏藏书目，可得此论印证。

……

  顾氏过云楼藏书传承百五十年至今，数历惊险，实属不易。先是清末民初，日本著名研究中国古籍版本的专家岛田翰，束陆氏皕宋楼藏书，远渡东瀛，遭国人嫉恨，并著《皕宋楼源流考》，历述中国清代末期藏书家，归为"四大""九小"。岛田翰大作行文虽未涉及顾氏过云楼，然并非不知晓。事实上岛田翰非但登顾氏过云楼，而且假书过云楼，甚至还欲与商购过云楼藏书。岛田瀚身后有日本大经济财阀支撑，犹如下山饿虎，眈眈于过云楼藏书。此等危悬之事，今日重观，仍如腋挟冰，虽裹裘犹觉背寒也。过云楼处此险境，周旋其间而未蹈皕宋楼覆辙，顾氏之功也。之后，丁丑军兴，顾氏老宅中日人飞机炸弹，而藏书赖家人竭力保全，免罹涵芬之厄。江南沦陷之际，过云楼主人为避战火，被迫出苏州暂居郊外光华镇，藏书也随后驳至。未几日军兵至香雪海，过云楼主人无法效仿邓尉安然隐居于此，再次举家避难到上海，藏书八百余部也陆续携往沪上。直至1945年光复，过云楼主人历经八载种种艰险，辗转数地几百里，藏书安卧无恙运回苏州，岂有神灵护持哉！是可谓民国版的"虹月归来"悲壮图。此顾氏过云楼功之再也。建国之后，过云楼主人顾公硕效犹父辈，隐而不宣，藏书经外、内战十余年变乱，鲜有知过云楼藏书下落与详情者。及至"文革"十年浩劫，顾氏过云楼被查抄之际，所幸经藏书经版本专家沈先生燮元等人登录，为苏州当地文物部门接收，妥为保管，未失未散。70年代末经胡公耀邦指示，将过云楼藏书发还顾氏后人。天赐高人襄助，顾氏过云楼经此劫难，而藏书完璧犹存。有故人称，过云楼藏书在大江以南，时无过其久者，量无逾其数者，推为江南第一。斯诚笃论。

顾氏过云楼藏书，历六代百五十年，今已因人而散。其中四分之三已经转归江苏南京图书馆收藏，只此四分之一，百有七十余种尚留民间。创建过云楼时，顾文彬曾有言云：过云楼志在必传。然恒古以来，收藏之事，如星移斗转在天理，聚散无常有人文，此千古一辙，不独过云楼者。追慕昔日过云楼收藏之皇皇大观，恍若过眼云烟，曷胜慨叹。

那时常规古籍拍卖每场总的成交记录也未过千万，别说是整体拍卖2000万，就是打散了分开拍卖，这么大的量，市场是否能够承接，谁的心里都没有把握。在展览过程之中，过云楼的名气，引起了各方的关注，慕名而来的各路古籍善本专家学者、收藏爱好者，纷沓而至，赞叹不已。学者研究归研究，收藏爱好者归收藏爱好，都不能代替这么大的资金。在展览现场，看看热闹的熙熙攘攘，真正有兴趣的不露声色。所以直到拍卖前，只有一位熟悉的客人前来咨询，即韦力先生。韦先生在拍卖开始的前一刻还专门来询问，整体卖出的几率有多大，是否有整体卖掉的可能。因为没有人前来咨询整体购买的问题，整体卖出的迹象一点都没有。于是，我向韦先生直言毫无机会。韦力先生如此急切三番五次地问这个事，每个人的心里都明白，韦先生就等着整体不成交之后，挑选其中的一部分心仪之物，准备好了在拍场上厮杀一场。这批藏书的来历、著录等太清楚了，韦先生也研究到位了，每一件好东西都用不着担心，一件都不会有捡漏的机会。

2005年5月15日，上午9点，拍卖会准时开始了。这个日子不是专门挑选的，但是一个特别的日子。场内观看的、购买的、媒体人等等，很是不少。委托席上，也一字排开，做好了准备。拍卖进入过云楼藏书之时，场内的气氛顿时显得凝重，拍卖师按照预先的设计，首先进行整体拍卖。拍卖师连续两遍向场内说明过云楼藏书的拍卖方式，而后直接开始报价：两千万！无人应价，场内安静。当时并不觉得意外，因为每个在场的买家，都是准备接下来分开的拍卖。就在这时，意外之事出现了，在委托席上，举起了应叫的号牌，顿时所有在场的人无不心里一惊：天哪，有人应价，这是何许人？场上所有的人，目光都盯向了委托席。就一位委托竞拍应价，拍卖师已经乐了，此件至少已经拍卖成功，于是向场内不断询问是否有加价。无人竞争，最后落槌，以2,200万元成交。

过云楼藏书拍卖落槌，场内人群情绪激动，窃窃私语，议论纷纷，都在猜测买主究竟是哪路神仙，一时无法安静下来。虽然拍卖中，没有出现反复举牌的好看场面，但是就这一槌，分量太重了，超过了以往两三场拍卖的总和，怎能不令人兴奋一阵子呢，直到好一阵时间之后场内才恢复了平静。

拍卖结束，第一个找上来的就是韦力先生，质问为何整体卖出了，一点准备都没有。可是谁曾想到半路杀出个程咬金，就是冲着整体拿下而来的。等待着整体拍卖流拍后，分单项逐件拍卖厮杀的韦力先生，坐看过云楼这批藏书整体落入他人之手，这恐怕是拍卖场里最令人无法接受的结局了，粮秣辎重都备好了，可是十八般武艺还未亮出来过手，人家已经班师得胜回朝了。韦力先生只能耿耿于怀，望书长叹。

拍卖场里，情况瞬息万变，没有人能够一手操纵，谁也不可能像算命先生一样知道未来，倘若有人做出什么保证，有经验的买家一定不会理睬他，不过是说说而已。拍卖场里的基本法则，就是高手相逢，血拼为上，不能期待不可捉摸之奇遇。

一场精彩的古籍拍卖会结束之后，不论是藏家，还是行家，以及新闻界，都会关注成交的结果，尤其是正逢年成好之时，无不关注着价位又创新高，或是奔走相告，或是回家赶快点检收藏库存，总是犹如过年一般热闹。过云楼藏书拍卖成功，将所有与古籍有关的人带到了欢乐世界。之后高价、天价，什么形容词评论都有。然而，看着当时的天价，转眼间就会觉得简直是白送。当年的过云楼藏书2200万，不到十年之后2.3亿元再次成交。哪个行业会有这样的投资回报，而且还赢得了称赞，有文化，有胆识，自己还有欣赏和教益呢？获利也许为初衷，这当是厚植和保护文化成正果，自己也从中愉悦人生，这般结局确实可以感天动地。可是有几人可以修到这等境界呢？这有赖于文化和专业知识，敏感而独到的眼光，思想和考虑的缜密，以及超凡的胆量。

记住这场拍卖的几种重要拍品吧：

《锦绣万花谷前集四十卷后集四十卷》（图4.1.1-2）宋刻本，四十册。钤印：赵氏子善、宋本、季印振宜、季振宜藏书印、周允印、鲍如珍藏书籍私印、有竹庄图书印、顾鹤逸、顾鹤逸藏书印。著录：季振宜《延令宋版书目》、《藏园订补邵亭知见传本书目》卷十三下、傅增湘《藏园群书经眼录》卷十四。

太监王公编《针灸资生经七卷》，元广勤书堂刻本，6册。钤印：曾在上海郭恭峰家、顾鹤逸藏书印。著录：《国立北平图书馆馆刊》第五卷第六号，傅沅叔先生藏本《顾鹤逸藏书目》宋元旧椠。

卢文弨撰《卢先生手稿》，清乾隆间稿本，2册。著录《国立北平图书馆馆刊》第五

第四章 / 专场的魅力与疯狂

图4.1.1-2 /《锦绣万花谷前集四十卷后集四十卷》宋刻本

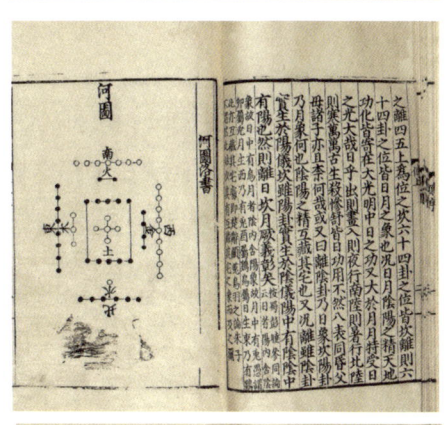

图4.1.1-3 /（元）胡一桂撰《周易启蒙》元皇庆二年刻本

卷第六号，傅沅叔先生藏本《顾鹤逸藏书目》精写旧抄本。

（宋）杜大珪编纂《皇朝名臣续碑传琬琰集》八卷，元刻本，10册。钤印：毛晋、毛扆之印、臣棻、抱经堂藏书印、歙西长塘鲍氏知不足斋藏书印、曾为徐紫珊所藏、鹤逸、曾窥至见书、养一。题跋：鲍廷博双跋、鲍正言题记、徐渭仁跋。著录：《国立北平图书馆馆刊》第五卷第六号，傅沅叔先生藏本《顾鹤逸藏书目》"宋本、孤本"，《藏园订补郘亭知见传本书目》卷之上；傅增湘《藏园群书经眼录》卷四。

黄瑞节附录《易学启蒙　朱子成书》，元至正元年（1341）日新堂刻本，4册。《国立北平图书馆馆刊》第五卷第六号，傅沅叔先生藏本《顾鹤逸藏书目》宋元旧椠。

（元）胡一桂撰、胡思绍校《周易启蒙》翼传三篇外传一篇（图4.1.1-3），元皇庆二年（1313）刻本，8册。李福题签称此本为顾广圻"小读书堆藏"旧物。《国立北平图书馆馆刊》第五卷第六号，傅沅叔先生《顾鹤逸藏书目》宋元旧椠。

2. 季羡林先生藏书专场

季羡林是国际著名东方学大师、语言学家、文学家、教育家，曾任中国科学院哲学社会科学部委员、北京大学副校长。季先生早年留学国外，通英、德、梵、巴利文，能阅俄、法文，尤精于吐火罗文（当代世界上分布区域最广的语系印欧语系中的一种独立语言），是世界上仅有的精于此语言的几位学者之一。其著作汇编成《季羡林文集》，共24卷。

季羡林先生有意识的收藏开始于1948年前后，特别是20世纪50年代建国初期。那时正值政权交替之时，旧时豪门不是变卖藏品逃离大陆，就是摈弃旧物迎接新生。一时间，千年古都北京的街头小店随处可见字画文玩，至于琉璃厂，更是充斥着名家剧迹，而问津者却寥寥无几。季先生不忍心看着这些艺术瑰宝就此流散消亡，尽自己的力量，能够收藏多少算多少。先生当时也确有这个能力，至少就经济状况而言，20世纪50年代的季羡林是属于高收入阶层的。季羡林的藏书数量巨大，号称"北大第一"。在"文革"期间，季羡林的收藏自然也被抄没了。"文革"以后，由于季羡林先生的清华同学、多年好友胡乔木的关心过问，基本完好无损地归还给了先生。这不能不说是季羡林个人的幸事，同时，也可以说是中国文化的大幸事。除了中国古籍之外，还有大量的珍贵中亚、西亚小语种书籍，数量巨大，且发行量小，价格高昂。

季先生的学术知名度很高，在社会上享有极高的地位。但是，季先生的藏书，原本是自己的密藏，不为外人广知。季先生藏书在外的影响，是通过一条非正常的途径宣传出去，那就是季先生去世后，身后藏书一度引起官司，引起了社会各方的了解和关注。藏书最终归属解决后，季承先生与嘉德公司联系，决定于2011年秋季拍卖。尽管季先生的藏书没有宋元重器，能够入大古籍收藏家法眼的名贵版本也不多，但是，还是颇有一些版本极佳的明清善本,而且季先生是当红的学者,声名远播海内外,经嘉德古籍部研究决定,进行专场拍卖。为此,编制了《季羡林先生藏书图录》,我撰写了序介绍如下:

> 自古成学术大师者,必有著述,而未必有藏书。何也?坐杏坛,食束修,囊中羞涩。是故为大师者质衣买书而成藏书之家者古今鲜有。当世季羡林先生,集学术、藏书于一身,盖天下罕有也。先生系出既非世家贵胄,亦非豪门巨富,仅以薪资散碎银两购书藏书数十年(先生收藏的清活字四色套印本《陶渊明集》为30年代出国留学前购藏),成此藏书大观。纵览先生藏书,虽无宋元名椠,然内中二十余部明刻本,半属名品,亦足以令士人仰观。况先生藏书与使用并重,于藏书中撷取思想精华,实有益学术研究。藏书致用,可谓治学者之无等等境界。由此余敢断言,为大师,未必有藏书,而藏书定有裨益于大师学术。是可谓,无鲁壁,何谈两千今古文经学者也。藏书要义,就在于此。先生曾自嘲"傻子",甚至"傻痴",情断藏书。余私释为,先生承海源遗风,继释儒大统,终成一代学术大师,是绝顶聪明的智者。先生戏言,后生勿以为真。相信观者、读者、藏者从先生藏书中,细思著书与藏书的因果,自当有同感于吾言。

2011年秋季11月12日上午9时30分,会议中心三层紫金大厅,LOT5—104,共100部。季先生这批藏书出现的时机非常好,正是国家经济高速发展的好时段,收藏和艺术品市场也正逢有拍卖以来最好的时期,加之季先生的学术地位和社会影响,这场拍卖成为吸引人目光的专场拍卖会。当然也要说一句,由于季承先生将这批先生藏书拿出来拍卖,引得网络上评价不一,有所争论,无形中也做了一把推手。

新华网报道称:

> 记者从嘉德公司获悉,在11月8日开幕的嘉德秋拍中,特为季羡林先生设立的藏书专场将汇集165种珍稀中文古籍,藏家可借此领略大师风范。
>
> 据了解,这些藏品全部来自季羡林先生的家属。季羡林旧藏古籍中,经史子集皆有。二十余部明刻本中一半属名品,如陶潜撰《陶渊明集十卷》明嘉靖乙巳年刻本,韩愈撰《昌黎先生集四十卷》明东吴徐氏东雅堂刻本,柳宗元撰《柳河东集四十五卷》明嘉靖间郭云鹏济美堂刻本等。董诰等辑《全唐文一千卷目录三卷》清嘉庆十九年内府刻本、《四部丛刊附二十四史》上海涵芬楼影印本等重要藏书也将与藏友见面。

《新民周刊》2011年43期：

将于11月8日揭幕的中国嘉德2011秋季拍卖会上，季羡林先生藏书专场将亮相，上拍季羡林旧藏中文古籍165种，其中有二十余部明刻本，如陶潜撰《陶渊明集十卷》明嘉靖乙巳年刻本；韩愈撰《昌黎先生集四十卷》明东吴徐氏东雅堂刻本；柳宗元撰《柳河东集四十五卷》明嘉靖间郭云鹏济美堂刻本等。

上海《晨报》：

2009年底轰动一时的季羡林北大朗润园旧居被盗案中，已经悉数归还其子季承的一批珍贵古书，如今悄然出现在拍卖场上。记者昨日获悉，11月12日，"季羡林先生藏书专场"将亮相中国嘉德2011秋季拍卖会。该专场汇集了季羡林先生旧藏中文古籍165种，经史子集皆有，所有藏书均补钤季羡林收藏印鉴，其中还有陈寅恪赠送季羡林之书。

媒体的介入，扩大了宣传，慕名来观摩先生藏书拍卖，竞买先生藏书的藏书爱好者，以及关心这批藏书归属的媒体朋友等，集聚一堂，人气超旺，拍卖大厅里挤满了人。很有意思，举办了过云楼藏书专场、王世襄先生藏书专场、季羡林先生藏书专场，委托我们的家庭后人都不来看看，不知道是怕受刺激，还是怕媒体不依不饶，总之都不出现在拍卖场，真是对我们的专业和敬业放心。由于季先生的名望，拍卖场里弥漫期待和冲动的气氛，买家、看客，以及诸多媒体架起了长枪短炮似的照相机和摄像机，都在焦急地等待着开拍的那一刻。在拍卖一开始就进入了竞买的白热化厮杀，第一件拍品编号为LOT5《御制翻译四书》，清乾隆二十二年（1757）年刻本，2函20册。这部书是当季嘉德拍卖的第一件拍品，编制图录时，本应从LOT1开始，可是中国古籍书编目有习惯，按照千字文排序，前四个字是不用，有时是不敢用，即"天地玄黄"，此四字不用，从接下来的"宇宙洪荒"开始，常说"天"字第一号，谁敢用？这部书是满文刻成，通常不为中国传统的古籍收藏家看好，认为路子不正。但是，季先生是多种语言大师级人物，这正是季先生藏书的特色，所以出人意料，这种书也引起买家的竞争，原来的估价3000—5000元，拍卖师起叫价3000元，经过二十多轮的竞价，最后以34500元成交，是底价的十倍多。以往的经验，一个人气好的专场拍卖会，开场第一件拍品的成交价与估价低限的比例，就是全场的拍卖结果与拍品底价的比例，这也已经预示季羡林藏书拍卖专场的成功。接下来，一些重要版本藏书，都以高价成交：

扬雄撰《新纂门目五臣音注扬子法言》十卷，明世德堂刻本，1函4册，估价

200,000—300,000元，以230,000元成交。

刘义庆撰、刘孝标注《世说新语》上中下卷，明嘉靖十四年（1535）刻本，1函6册，估价180,000—280,000元，成交552,000元。

欧阳询撰《艺文类聚》一百卷，明嘉靖二十八年（1549）刻本，6函36册，估价700,000—900,000元，成交价805,000元。

《陶渊明集》十卷附录上下卷，明嘉靖二十四年（1545）刻本，1函2册，估价100,000—150,000元，成交632,500元。

《陶渊明集》八卷卷首一卷卷末一卷，清乾嘉间活字四色套印本，1函4册，估价20,000—30,000元，成交322,200元。

杨齐贤注《李太白诗分类补注》三十卷，明嘉靖二十二年（1543）刻本，1函10册，估价250,000—350,000元，成交460,000元。

何湛之校刊《韦苏州集》十卷，明万历间刻本，1函4册，40,000—60,000元，成交74,500元。

独孤及撰《昆陵集》三卷，明刻本，1函1册，此本为缪荃孙旧藏之物。估价2,000—3,500元，成交48,300元。

刘长卿撰《唐刘随州诗集》十一卷外集一卷，明嘉靖二十九年（1550）刻本，1函2册，估价100,000—150,000元，成交253,000元。（图4.1.2-1）

《昌黎先生集》四十卷遗文一卷集传一卷，明东吴徐氏东雅堂刻本，4函28册，估价280,000—380,000元，成交805,000元。

《柳河东集》四十五卷外集上下卷《龙城录》上下卷附录上下卷，明嘉靖间郭云鹏济美堂刻本，4函24册，估价280,000—380,000元，成交805,000元。（图4.1.2-2）

白居易著《重刻白氏长庆集》六十一卷，明万历三十四年（1605）刻本，估价180,000—280,000元，成交207,000元。

元稹撰、马元调校《元氏长庆集》六十卷补遗六卷，明万历三十二年（1603）刻本，估价60,000—80,000元，成交92,000元。

《唐人八家诗》，明崇祯十二年（1639）汲古阁刻本，估价100,000—150,000元，成交287,500元。

俞安期纂《唐类函》二百卷，明万历间刻本，6函41册，估价180,000—280,000元，成交322,000元。

李昉等奉敕撰《太平御览》一千卷，清嘉庆十二年（1807）刻本，120册，估价200,000—300,000元，成交368,000元。

全场成交价位最高的是（清）董诰等辑《全唐文》一千卷目录三卷，清嘉庆间内府

图4.1.2-1 《唐刘随州诗集》，明嘉靖刻本

图4.1.2-2 《柳河东集》，明嘉靖间郭云鹏济美堂刻本

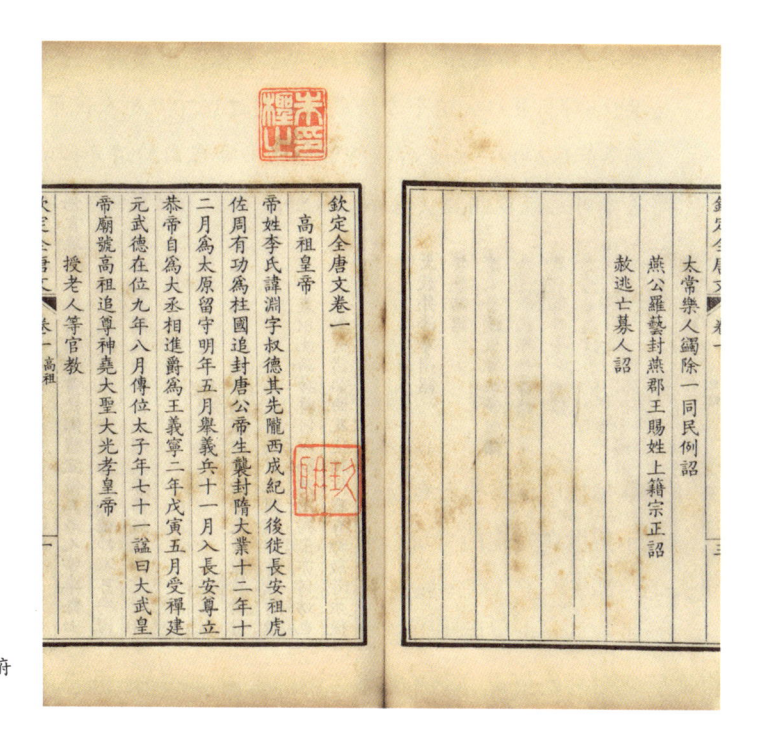

图4.1.2-3 清嘉庆十九年内府刻本《全唐文》

刻本，32函320册。估价800,000—1,200,000元，成交价4,945,000元。（图4.1.2-3）全场估价与成交价差距最大的是（明）汪近圣撰《墨薮》四卷附录一卷，1928年武进陶氏影印本，3册。估价1,000—3,000元，成交115,000元，成交价是估价低限的110倍。

这场拍卖的结果，总成交16,206,950元，成交比例99%，仅有一件拍品意外流标。下来之后，拍卖师都快要哭了，如果百分之百，那就能获得一双白手套，那可是拍卖师的最高荣誉奖，一辈子也碰不上几次这样的机会。

不论怎样，季羡林先生藏书专场拍卖成功。其后的报纸、网络媒体，纷纷报道。

中新网：

> 11月12日，中国嘉德2011秋季拍卖会开槌，最先开拍的由中国国学大师季羡林亲属提供的"季老藏书"专场，拍品遭到季老粉丝疯狂抢购，百余本藏书拍出1620余万元人民币，其中季羡林珍藏的整柜清嘉庆内府刻本《全唐文》以近五百万的价格成交。因所有藏书均钤季羡林先生收藏印鉴，十分难得，故而猛遭追捧。

中国广播网：

> 中广网北京11月13日消息据经济之声《天下财经》报道，中国嘉德2011秋季拍卖

会昨天在北京举槌。首日进行的"季羡林先生藏书"专场，共汇集季羡林旧藏中文古籍共165种。最终，这个专场成交额超过1620万元人民币，成交率高达98%。

季羡林2009年去世后，所留包括书画在内的遗产归属一度引发争议。中国嘉德古籍善本部总经理拓晓堂表示，最终成交额为估价的3倍左右。从本场情况可见，藏家对于季羡林先生的藏书及其家人的这种处理方式都认同，季先生从民间集藏的书籍回到民间，也是一件好事。

可以说，从收藏界，到社会舆论，最后是肯定了这场拍卖的成功。

3. 王世襄俪松居藏书拍卖专场

对于王世襄先生的文玩、古琴、家具、竹雕、葫芦等等收藏，世人皆知。唯有一点世人恐怕都忽略了，即世襄先生还是一位非常在行的藏书家。

关于藏书，世襄先生深藏密室，外界大都只在先生的《自珍集》《锦灰堆》里得以井底管窥。嘉德公司曾于2003年"俪松居长物——王世襄、袁荃猷珍藏中国艺术品"专场拍卖之外，过手有世襄先生的藏书，共有29种，多为《自珍集》中之物。然间有先生

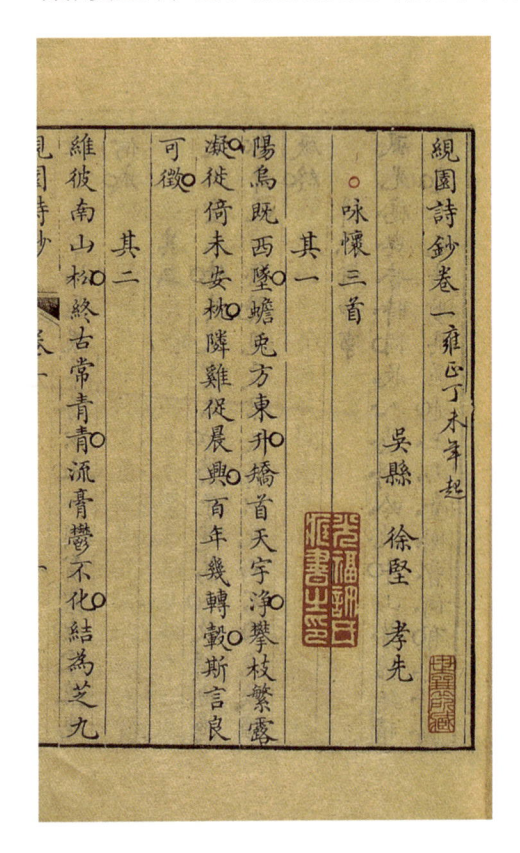

图4.1.3-1／徐坚撰《䚎园诗抄》，清乾隆五十九年浒溪草堂刻本

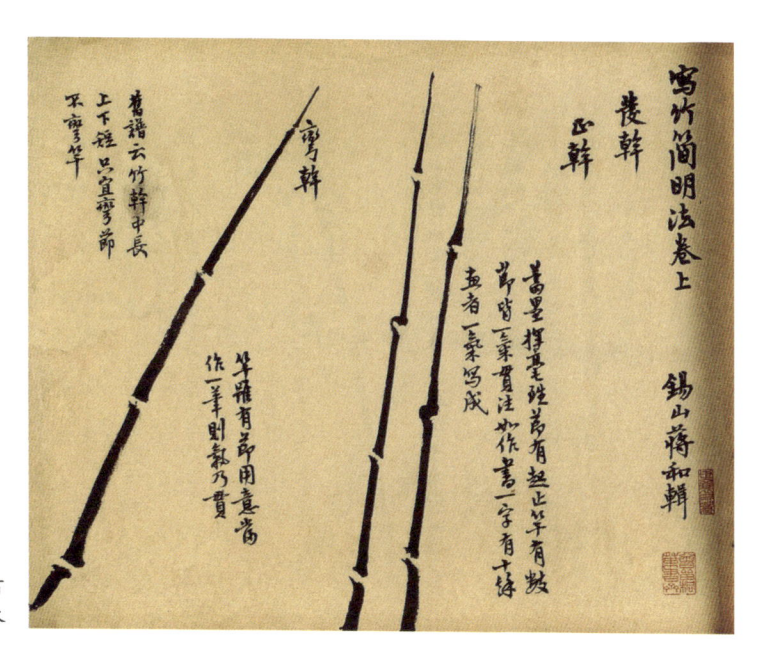

图4.1.3-2 清李国龙绘《李耀门百蝶图》，清道光刻本

研究仍有用而暂留者，其剩余者一概不知。此次拍卖有：

2003年11月26日9点LOT1833：（清）徐坚撰《缇园诗抄》，清乾隆五十九年（1794）浒溪草堂刻本，2册。钤印：世襄所藏、光福许氏藏书之印。提要：前有韩承烈所题长诗。估价6,000—8,000元，成交价9,900元。（图4.1.3-1）

（清）李国龙绘《李耀门百蝶图》，清道光刻本，1册。估价8,000—10,000元（图4.1.3-2）。

（清）谢诚钧撰《鞠鞠斋书画记》四卷，旧抄本，1函2册。钤印：俪松居。估价2,000—3,000元，成交价9,900元。

都穆撰《十百斋书画录》二十二卷，旧抄本，22册。估价5,000—6,000元，成交价19,800元。

（明）郁逢庆撰《郁氏书画题跋记》十二卷，旧抄本，6册。钤印：世襄所藏、皖南张师亮筱渔氏校书于笃素堂。著录于《自珍集》。估价15,000—18,000元，成交价44,000元。

由于先生将所藏铜炉、文玩、古琴等声名在外的藏品同时拍卖，而且是进行专场拍卖，吸引了所有收藏界的目光，因而在古籍拍卖中的这些书籍分量少且小，穿插在古籍古籍拍卖图录里，没有引起各方足够的注意。这是一个令人值得总结汲取的经验，不能将一位大名家的收藏打散进行拍卖，更不能同时进行空间不同的两场以上的拍卖，会减轻和分散一份收藏的重量。

十年后，得见世襄先生藏书三百八十部有奇，令人一改先前对世襄先生藏书的看法，称世襄先生为藏书家，绝非奉承溢美。世襄先生一生所事职业，多不随意。然世襄先生一生的第一个职业，就是整理古籍文献。世襄先生1941年燕京大学毕业之后，赴四川李庄，辗转为梁思成接受，成为中国"营造学社"的助理研究员，具体工作就是"营造学社"的图书馆管理员。整理编辑营造学社所藏古籍文献资料，此即世襄先生所事的第一个职业，也是先生日后研究文物，成一代绝学的理论和资料基础。

在此有世襄先生在"营造学社"工作时期的亲笔手抄《营造学社图书馆藏书目录》。封面有世襄先生亲笔书"畅庵钞"字样，书尾有题记（疑为朱启钤先生手笔），称此为营造学社最完整和系统的藏书目录。从这本营造学社的藏书目录内容来看，里面记录的清廷工部则例、大内竹木牙角各类制作等藏书，无疑都是世襄先生此后研究必备的文献参考资料。世人常问，民国以来竹木炉壶的收藏家，非独世襄先生一人也，何以世襄先生能将这些井市的雕虫小技，在理论上总结升华，成为世纪绝学，从而登上了大雅之堂，而且获得国内外学术界的公认，究其原因之一，即是世襄先生扎实的古籍文献资料基础和清晰的梳理古籍文献资料的工夫。因此可以确定世襄先生是稔熟中国传统的古籍版本学、古籍目录学，而且非常重视古籍版本目录的收集和整理。先生的藏书中有《邵亭知见传本书目》《艺风藏书记》等九部藏书目录，即可为证。

王世襄先生藏书，"文革"期间被抄家，之后退还。世襄先生的藏书，收集保存不易。2013年秋季，王先生后人将俪松居旧藏的文玩和藏书拿出来，参加拍卖。嘉德公司将拍品进行整合，定为"锦灰集珍——王世襄先生旧藏"专场拍卖，根据不同的内容，分为两场，一场为藏书，一场为文玩，一并宣传和展览。按照常规编制了精美的专场拍卖图录。预展的形式极具有特色。首先是在北京恭王府举办特展，借先生百年诞辰之际，将先生藏品集中展示，先生所藏的古玩和古籍，与恭王府的环境相参，效果极佳。我也为展览撰序：

百年世襄锦灰自珍
——王世襄先生诞辰百年纪念收藏展览序

王世襄先生是当代著名的文物鉴定、鉴赏、收藏专家。先生毕生从事文物研究，先后在中国营造学社、故宫博物院、中国艺术研究院文物研究所任职，担任研究员、国家文物鉴定委员会委员等职。先生所事文物研究工作，卓有成就，著述颇丰，海内外共仰。先生治事之余，笃好文物收藏，涉猎范围在先生编著的收藏专著《自珍集》中分为古琴、铜炉、雕刻、漆器、竹刻、书画、图书、家具、诸艺、玩具十大类，可谓丰富。先生收藏的异趣在于"人舍我取"文玩之类，讲求制作精致考究，尤具赏玩价值。先生在收藏的同时，追求极致的文玩赏玩过程，并将这些文玩所具有的相关文化进行系统的整理研究，形成一套完整的知识，这就是先生的文化贡献。从今天来看，先生的收藏或因世异境迁，已经成为曾经辉煌，从这个意义上来说，先生的收藏和研究，已经成为一份存亡继绝的传统文化遗产。此次展出均系俪松居收藏的故物，其中一些物件、图籍分见于《自珍集》和《锦灰堆》著录。先生尝谦称其收藏为"锦灰堆""敝帚"，然而先生认为，文物不在于轻重大小和世守占有，而在于"观察赏析，有所发现，有所会心，使之上升成为知识，有助于文化研究和发展"。斯诚知言，也是我们举办这次展览得到的深刻感悟。

仅以此展览，为王世襄先生诞辰百周年纪念。

其次是预展设计，王先生的藏书与家具等同处一室，考虑到王先生古香古色的传统收藏，于是专门设计了王先生藏书展出书架，买家看书的书桌和看书买家坐的板凳。并在展室的一隅，布置成了一座江南书室模样，这在嘉德古籍拍卖二十年里还是第一次。展出的效果也非常好，非常实用方便，很是别致雅观，渲染了王先生的藏书，感染了一些收藏家，看到此情此景，也希望能收藏几部王先生的藏书。当然也有一些藏书爱好者，看到王先生的文房摆设，也为之心动，出手竞买。这种相互交错的展览，效果不一般。可以说，这一次古籍拍卖展览，与王先生的喜好与形象非常贴切。

与此同时，各路媒体也对先生这批藏品拍卖感兴趣，竞相报道。

人民网（记者霍晓蕙报道）：

王世襄珍贵藏书首次亮相将被拍卖

在12日举行的中国嘉德二十周年庆典秋拍预展上，已故著名艺术鉴赏家、收藏家王世襄的370余部珍贵藏书首次露面。这批藏书中包括明清各家诗词版本数十部，如明刻本《杜工部集》、清刻本《韬韬斋书画记》、旧抄本《绘事琐言》等。专家评论称，不论世人如何定义王世襄先生，或文物鉴赏家，或收藏家，或专家学者等，均不为过。唯有一点时人恐怕都忽略了，王世襄还是一位非常在行的藏书家，他的藏书是一份学术价值远在其他杂件之上的文化遗产。

中国新闻网：

王世襄藏书将亮相嘉德秋拍，含近400部古籍。

更值得关注的是，一批首次露面的珍贵藏书将向世人揭示王先生作为藏书家的身份。在本专场中，有王世襄先生在"营造学社"时期的亲笔手抄《营造学社图书馆藏书目录》。除此之外，本次亮相的还有王世襄亲属提供的380余部古籍，既有明版书，也有清版书，还有很多清代、民国的精抄本、稿本以及王世襄自己的抄书。其中包括清代连朗撰《绘事琐言》抄本，王世襄母亲金章于民国三十四年的石印本《濠梁知乐集》，道光乙未、丙申年间叶道芬抄《古今画法集》抄本等。王世襄手抄的《已抄诸书》书目，其中记载着经王世襄所抄的书大概有600部之多，如再加上他所收集前人的善本，总数应该超过了1000部。王先生在藏书方面下的工夫，不亚于其他任何一个门类的收藏。

各路宣传媒体的报道，更将这场古籍拍卖，推向了整个社会，吸引了无数眼球的关注。王世襄先生在古玩研究和收藏界有巨大影响，虽斯人已去，而精神犹在。仰慕先生之名的收藏界客人，在三天的展览里，从早到晚，络绎不绝。我们已经考虑到来看先生藏书客人比较多，专门定制了看书的桌椅，都是按照最大的展线制作，即便如此，也经常是一座难求，经常有一些客人不得不在等候座位。这种效果，完全仰仗先生名望带来的号召力。

2013年11月17日上午10点整，北京国际会议中心，王世襄先生藏书专场准时开拍。场里来的客人，坐满了拍卖大厅。场内的情绪已经像是点了火，热度极高。所以，当拍卖师宣布拍卖开始，第一件拍卖品就开始激烈的竞争。

第一件拍品为清人蒋光煦编《别下斋书画录》，估价2,000—5,000元，成交价6,900元，为拍卖底价的三倍。很多人此时大都以为，这场拍卖的基调似乎不是那么疯狂，可是当拍卖师报出第二件拍品之时，场内客人好像都睡醒了，王世襄先生抄本《竢翁寓意编》（图4.1.3-3）等三种，两册，估价80,000—120,000元，成交价483,000元。两册当代的抄本书有如此高的价位，真的很吓人。第三件拍品，也是当代名家方若的抄本书《药雨谈画》，一册，估价60,000—100,000元，结果460,000元成交。前三件拍品一过，所有的买家都明白了，今天的拍卖，图录上所标记出来的估价已经不必再看了，毫无参考意义。第一件的出价没有到位，说明你的心理估价不足，如果不做出及时调整，那就很有可能空手而归了。如果想出手，就是想好了要以估价的三倍、四倍，甚至更高的倍数来竞买，否则就只能当回看客了。同时，这场拍卖会，注定要劳累拍卖师了，因为每一件拍品都意味着要经过十来个到三四十个来回的竞争。之后的竞争更为激烈：

（清）陈焯辑《湘管斋寓赏续编》，清嘉庆六年（1801）刻本，1函6册。估价4,000—8,000元，成交价322,000元。

（清）庞元济撰《虚斋名画录》，清宣统元年（1909）乌程庞氏刻本，1函16册。估价12,000—22,000元，成交价115,000元。

（宋）米芾、邓椿著《画史》《画继》，清初毛氏汲古阁刻本，1函6册。估价

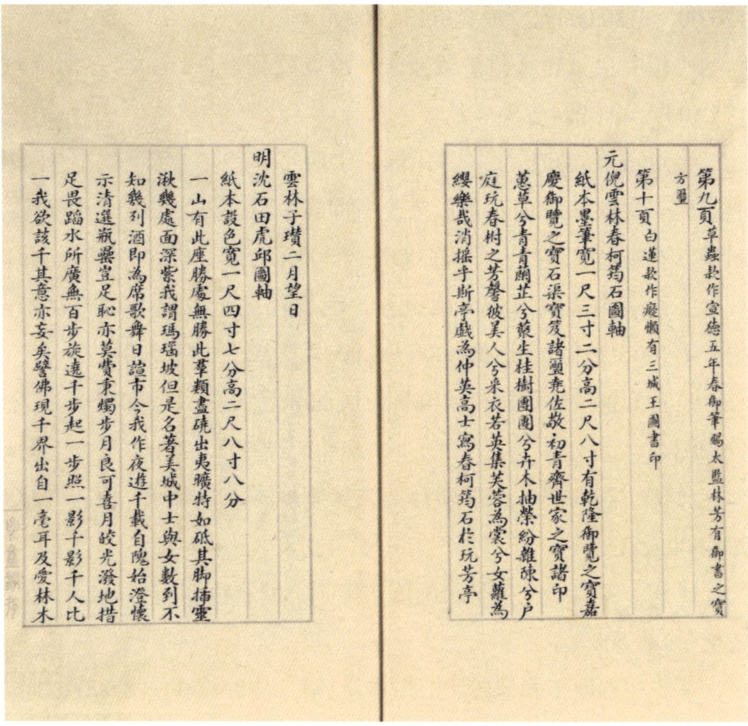

第四章 / 专场的魅力与疯狂

第九頁草蟲卷作宣德五年春御筆賜太監林芳有御書之寶方璽

元倪雲林春柯鶴石圖軸
紙本墨筆寬一尺三寸二分高二尺八寸有乾隆御覽之寶諸方
慶御體之寶石渠寶笈諸璽堯佐敬初青齋世家之寶嘉
蕙草分兮青蓋鳥芷兮藜生桂樹圍圍分兮木抽榮紛離咏兮戶
庭玩春樹之芬兮美人分桑衣若英集芙蓉為裳兮女蘿為
纓樂武清振平斯亭戲為仲英高士寫春柯鶴石榰玩芳亭

第十頁白蓮歌作橢橢有三成王閣書印

雲林子癖二月堂日
明沈石田虎邱圖軸
紙本設色寬一尺四寸七分高二尺八寸八分
一山有此虛勝處無勝此舉穎盡硯出奧特如砥其腳拂靈
湫巖處面深紫我謂瑪瑙坡但是名著美城中士與女敷列不
知幾列澗即為席歌舞日證市令我作夜進千載自隱始澄懷
示清選瓶甕呈矼赤莫覺秉獨勞月良可喜月皎光潑地揩
足畏躑水所廣無百步旋遠千步起一步照一影千影千人比
一我欲蔵千其意示安矢譬佛現千界出自一毫耳及愛林木

图4.1.3-3 《埃翁寓意编》
王世襄先生抄本

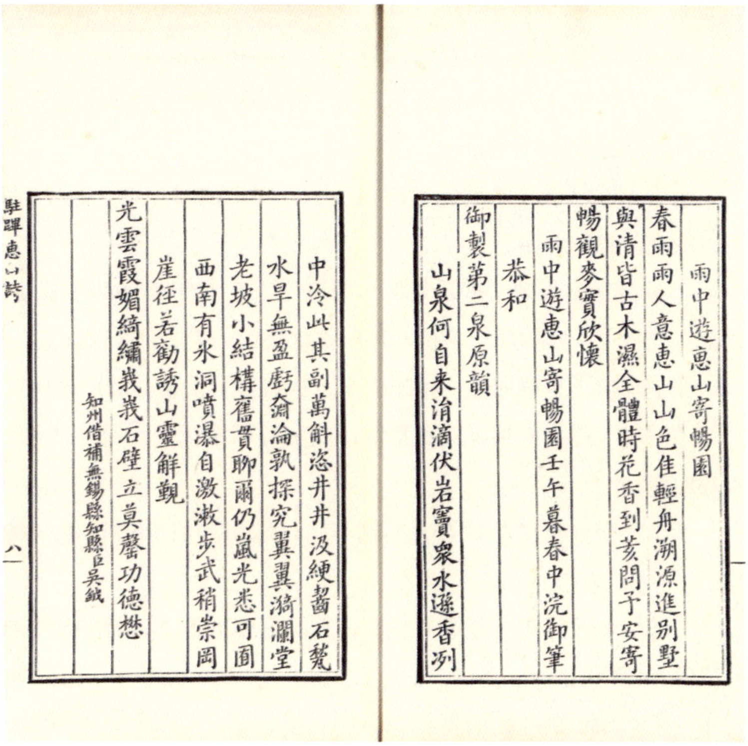

雨中遊惠山寄暢園
春雨人意惠山山色佳輕舟泝源進別墅
與清皆古木濕全體時花香到荻問予安寄
暢觀麥寶欣懷
雨中遊惠山寄暢園壬午暮春中浣御筆
恭和
御製第二泉原韻
山泉何自来消滴伏岩實眾水遜香冽

中泠岫其副萬斛浥井井汲綆醽石甃
水旱無盈虧齋淪埶探究異翼瀲灡堂
老坡小結構蘊貫聊爾仍嵐光悲可面
西南有冰洞噴瀑自激潄步武稍崇岡
崖徑若勸誘山靈解覩
光雲霞媚綺繡裝石壁立莫罄功德懋
知州借補無錫縣知縣臣吳鉞

图4.1.3-4 清吴钺辑《竹炉图咏》
清乾隆刻本

120,000—180,000元，成交价138,000元。

（清）吴钺辑《竹炉图咏》，清乾隆刻本，1函4册。估价4,000—8,000元，成交价195,500元。（图4.1.3-4）

金章《濠梁知乐集》，民国三十四年（1945）石印本，1函2册。钤印：畅安。王世襄签题：濠梁知乐集四卷先慈遗稿世襄手写。先生题记：蛰云姑丈大人惠存，侄王世襄敬呈。荃猷世襄谨赠。估价2,000—5,000元，成交价241,500元。

（清）高秉撰《指头画说》，清乾隆三十六年（1771）乐吾庐刻本。著录《自珍集》第180至181页。估价4,000—8,000元，成交价80,500元。

王世襄撰《中国画论研究》，民国晒蓝纸本，2函20册。估价8,000—15,000元，成交价138,000元。

（清）迮朗撰《绘事琐言》，畅庵抄本，1函4册。估价40,000—80,000元，成交价218,500元。

（清）王概绘《芥子园画传初集》，清彩色套印本，1函5册。估价4,000—8,000元，成交价149,500元。

《史树青题拓画像砖》旧拓本，1幅。估价4,000—8,000元，成交价218,500元。

《赤壁赋》旧拓本，估价4,000—8,000元，成交价126,500元。

裴景福鉴定《壮陶阁帖》旧拓本，8,000—15,000元，成交价126,500元。

《文选》清刻本，4函24册。8,000—15,000元，成交价115,000元。

（元）吴镇《梅道人遗墨》二卷，清嘉庆十年（1805）抄本，1函2册。估价12,000—22,000元，成交价126,500元。

（宋）苏轼撰《东坡先生诗集注》，明崇祯间刻本，2函18册。估价40,000—80,000元，成交价138,000元。

（明）李流芳撰《檀园集》，清康熙二十八年（1689）嘉定陆氏刻本，并附"藕庐抄存"旧抄本，1函4册。估价4,000—8,000元，成交价345,000元。

张伯驹撰《丛碧词》，民国刻本，1函1册。估价4,000—8,000元，成交价103,500元。

（后蜀）赵崇祚编《花间集》，民国红印本，1函2册。估价32,000—42,000元，成交价138,000元。

李士实撰《世史积疑》，明刻本，1函2册。估价40,000—80,000元，成交价287,500元。

《圣祖北征行在述略等书札》，石延寿馆旧抄本，1函3册。估价12,000—22,000元，成交价161,000元。

（明）徐初撰《榕阴新检》，明兰格抄本，1函4册。估价80,000—120,000元，成交价368,000元。

（清）毛庆臻撰《一亭考古杂记》，畅安抄本，1函1册。估价12,000—22,000元，成交价109,250元。

贾似道撰《促织经》，旧抄本，1册。估价20,000—30,000元，成交价195,500元。

（宋）李诫编修《李明仲营造法式》，民国十四年（1925）传经书社影印本，1函8册。估价40,000—80,000元，成交价897,000元。

《营造学社图书目录》，王世襄抄本，2册。估价40,000—80,000元，成交价218,500元。

王世襄先生藏书拍卖专场，得到了收藏界的热捧，全场虽无宋元名椠，也无明清精抄，大都属于普通古籍用书，但是总成交仍高达1,400多万，成交率98%。这就如同用二十多万美金买下美国肯尼迪总统夫人杰奎琳的项链一样，那又有什么关系，人家买的是引领美国一代风流和时尚的杰奎琳，在此买的是一代中国文玩之王，其中的理念是一样的。因此王世襄先生的畅庵十几部抄本，虽非先生亲笔抄就，也不过是五六十年的新活，没有什么太高的文物价值，但这些王世襄畅庵抄本，是经过先生精心厘定底本，严格挑选抄手，加之先生和夫人手校，可以做大德手泽论。如果说古琴、铜炉之类为先生收藏的精品，而此等抄本可视为先生的创作精品，随着时间和历史的推移，一百年、两百年、五百年之后，可以断言，到那时它将是我们这个时代最有代表性、最高水平、最有特征的善本，而作为收藏家的名字将随着书的流传而永载史册。为此付出的这些代价值吗？我只能说，太值了。有买家朋友在拍卖会后称，2003年出手竞买俪松居藏书时，价位与此场相比，成交价高出了十倍，受前次拍卖的影响，虽已心理价位进行了调整，翻了三倍，仍是不逮，一无所获，只能抱憾长叹了。在拍卖专场里手软是会后悔的，而且是一定会有人后悔的。

这就是最戏剧化的拍卖专场，而且是喜剧。想想看，出品的卖家通过专场拍卖，实现了价格的最高化，自己的辛苦收藏因此得到了最好的社会肯定和回报。作为买家，似乎就好像吃错了药，进入专场拍卖发疯、冲动，但实际上真正的买家自己的感觉并非如此，专场买到的要么绝真质高，要么就是名人之物，现在觉得贵了，过些时候再看，看谁笑到最后。作为拍卖公司，编图录，办预展，因此得到了经济上的补偿，而且专场拍卖的成功，也会博得媒体的关注，广泛传播，甚至会造出轰动效应，可以说是名利双收。如此，买家、卖家、拍卖公司皆大欢喜，无不眼巴巴地盼着再有专场拍卖的惊喜到来。

4. 马宗霍霎岳楼藏书专场

马宗霍（1897—1976），湖南衡阳人，室名霎岳楼。著名的文字训诂学家、史学家、文学批评家、书法家、书法评论家。少受业于王湘绮,早年毕业于湖南南路师范学堂。19世纪20年代中拜章太炎为师,为其入室弟子。历任暨南大学、金陵女子大学、上海中国公学、中央大学等校教授,湖南大学文学院院长、中央文史馆馆员、中华书局编审。主持二十四史点校工作。毕生以研究文字学为其主攻方向,潜心《说文解字》二十余年,著有《说文解字引经考》等。除《说文解字》方面的著述外,尚有《音韵学通论》《文字学发凡》《中国经学史》《书林藻鉴》等。先生师从曾熙学书法,与张大千兄弟同为曾(熙)李(瑞清)同门会之发起人兼理事。善书法,自成一体。先生在《霎岳楼笔谈》评曰:"清道人自负在大篆,而得名则在北碑。余独爱其仿宋四家,虽不形似,而神与之合。其行书尤得力于山谷,晚岁参以西陲木简,益臻古茂。然不无矫揉造作之处,世人不求深造,一意颤抖效之,古意全失,遂成诟病。"马先生书法可称得曾、李两家精髓。先生本是学者,别无刻意收藏,然毕竟继承章门经学衣钵,兼桃曾、李书法道统,更为大千先生同门,故此多有贻赠之物,以及著述稿抄校本、研究资料等藏品,数量之大,几与收藏家等同。先生过世后,所藏家庭子女析分。从1994年嘉德成立之初,陆续有参加拍卖。2014年先生后人又将所藏共计82件,交嘉德古籍拍卖。数量甚大,质量甚高,举办马先生旧藏的霎岳楼专场拍卖。

马先生以学问在学界享有盛名,与收藏界无涉。然而,近些年以来的学者遗墨旧藏,备受收藏界的追捧。这类藏品实际上是属于文人收藏的范围,字不在大,画不在精,取的是文人心境,以及文人之间的交往故事,情仇爱恨,恩恩怨怨。其中掌故资料,隐而未发,颇为有趣,且足以令人一思一乐。马先生的这批藏品,正逢市场热点,因而,名不闻于收藏界的霎岳楼藏品专场拍卖,同样博得了收藏界的关注。

2014年11月秋季拍卖会开始,预展过程中就人山人海,对马先生的这批藏品评价极高,就连一些原来对文人小品兴趣不大的买家,也慕名而来。东西好,估价低,又有学问,讨人喜欢。私下里都在议论,究竟要多少钱才能买到,可见没有开始拍卖之前,买家们都已经知道,不是买不买的问题了,而是多少钱来买。可是拍卖场里,买家永远都不会知道,是否给出了正确的出价。

拍卖会开始,当拍卖师报出第一件拍品,LOT2201章太炎撰书《音学通论题辞》,近代手稿本,3页,纸本。按照估价15,000—30,000元的低限,拍卖师起叫价15,000,场内顿时就热闹了,开始几轮还按照拍卖竞叫的加价阶梯走,后来就乱了,有人在场子里直接就叫到了十万,这还挡不住,最后149,500元成交。《音学通论题辞》系章太炎为马宗霍著作《音韵学通论》而作,以"题辞"之名刊于《音韵学通论》之首。墨迹之所以题作《音学通论题辞》而不作《音韵学通论题辞》,盖因章氏作此题辞之时,书名尚未确定之故。

接下来LOT2202,章太炎撰书《孟子大事考》,近代手稿本,1页。估价20,000—

40,000元。《孟子大事考》之大事，指《孟子》的作者、孟子的世系、孟子的交游、孟子的学术遗产、孟子的学术继承等五个方面。此文系章太炎考证孟子大事之作，曾发表于《制言》1935年第7期，后收入《章太炎全集》。结果以86,250元成交。

　　LOT2203章太炎撰书《汉儒识古文考上下》，近代手稿本，2页。此文为章太炎考证古文之作，以铜器款识、石碑古字为参考，以《说文》《广雅》为佐，论证汉代辨识古文的得失正误。文中博采广纳，举证翔实，可窥章氏学术功力。估价18,000—30,000元，又是一番竞争，以105,800元成交。

　　前三件拍卖过后，场内情绪已经沸腾。成交价位都在估价的5到10倍。接下来的拍卖就已经确定了买家的心理预期，要在此得手，就要付出点银子了。

　　LOT2208章太炎撰书《嘤鸣集序》《庐山志题词》，近代手稿本，2页。此件系章太炎为蔡伯毅《嘤鸣集》、吴宗慈《庐山志》所作二文。估价8,000—10,000元，成交价172,500元。

　　LOT2209章太炎撰书《量守庐记》（图4.1.4-1），1934年手稿本，1页。量守庐为章

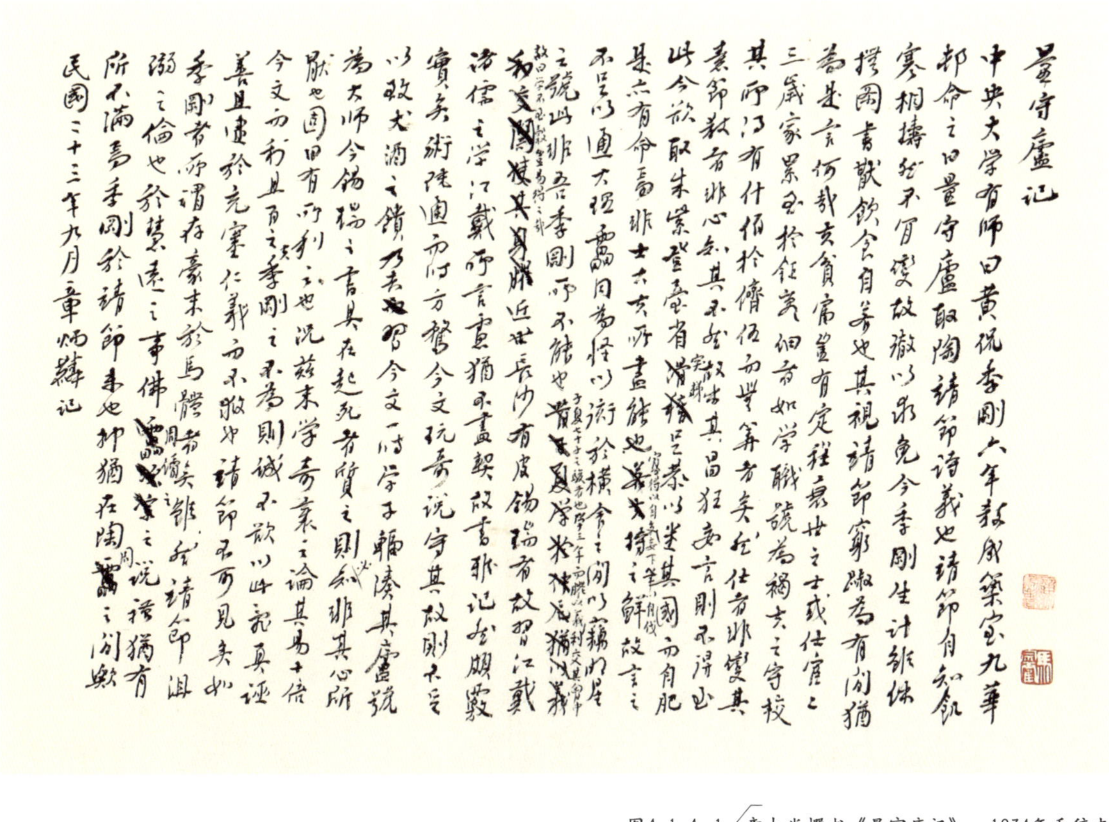

图4.1.4-1　章太炎撰书《量守庐记》，1934年手稿本

氏弟子黄侃在南京所筑居室之名。此系章太炎为黄侃所作室记，记文落款为民国二十三年（1934）九月。据《黄侃日记》所载，黄侃于1934年9月4日得此记。章氏于记中评判清末经学家皮锡瑞为名利而遗弃其旧学的行为，表彰黄侃不为名利以追逐新潮流的精神。黄侃为章太炎得意弟子，二人虽名为师徒，章太炎对黄侃始终敬重有加，以平辈相待。在章太炎诸弟子中，马宗霍与黄侃、汪东往来较密切。章太炎为黄侃新居所作《量守庐记》手稿就交付给了马宗霍。此文后发表于《制言》1936年第9期，收入《章太炎全集》。黄侃（1886—1935），初名乔馨，字梅君，后改为侃，字季刚，又字季子，晚年自号量守居士，室名量守庐，湖北蕲春人。早年留学日本，在东京师事章太炎，受小学、经学，为章氏门下大弟子。曾在北京大学、中央大学、金陵大学等任教授。著作甚丰，其重要著述有《音略》《说文略说》《尔雅略说》《集韵声类表》《文心雕龙札

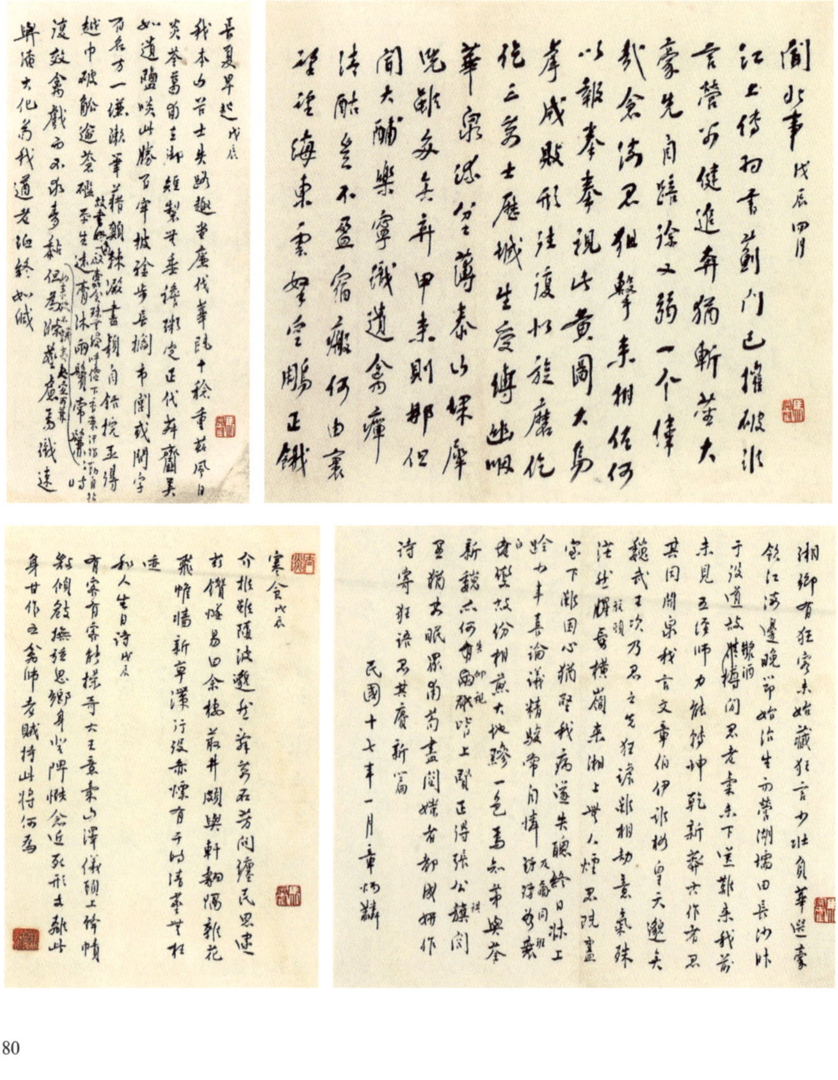

图4.1.4-2／章太炎撰书《戊辰诗作五首》，1928年手稿本

图4.1.4-3 章太炎撰书《诗作六首》章氏手稿本

记》《日知录校记》《黄侃论学杂著》等数十种。此件拍品,集章太炎书、黄侃室名记,以及马宗霍收藏,三位大师于一纸,世所罕见。虽说拍卖图录中标明估价是8,000—10,000元,买家对此心知肚明要出多少价。所以,当拍卖师报出起叫价8,000之后,场内买家直接就出价20万!接下来的厮杀真的有点残酷,全然不按照拍卖的竞叫阶梯走,三万、五万、十万地加价，价格一路迅速攀升，不到一两分钟，最后成交517,500元，是估价低限的60倍，可见买家的心理价位是明明白白，一点都不含糊的。

LOT2231马宗霍著《文字学发凡》，1936年商务印书馆影印本，1册。此件为马宗霍重要学术专著，系统总结前人研究成果，对汉字来源、结构及六书分类、词性词例，都作了详细考究与论述。书中有马宗霍朱、墨二笔小楷批校，一笔不苟，累累满目，可见马氏之潜学用功。估价3,000—5,000元，成交价71,300元。

LOT2218章太炎撰书《戊辰诗作五首》（图4.1.4-2），1928年手稿本，4页。提要：此为章太炎所作《湘乡有狂客》《寒食》《和人生日诗》《闻北事》《长夏早起》诗五首，作于戊辰年（1928）。此五诗均未见发表，亦未见录于《章太炎全集》。估价8,000—10,000元，成交价345,000元。

LOT2219章太炎撰书《诗作六首》（图4.1.4-3），近代手稿本，4页。此为章太炎所作《秦中叹》《送但值之书官武昌》《题翟太傅父子画像二首》《无题两首》诗作。此四诗均未见发表，亦未见录于《章太炎全集》。估价8,000—10,000元，成交价322,000元。

LOT2220章太炎撰书《诗稿》，近代手稿本，5页。提要：此为章太炎所作《眉州》《思岳阳》《闻道中原》《咏史》《刘屈歌》《杂诗》诗作。估价8,000—10,000元，成交价253,000元。

马宗霍霎岳楼专场拍卖，总成交1,079.51万元，真是一个让人大跌眼镜的拍卖，如此专业的学者，如此专业的小品收藏，也能引得如此不错的拍卖结果。参与竞买的客人，大都是金融工商界的巨子，没有人买很多件，也没有人出离谱的价格，人人大小有得，人人各得喜欢。如此众多的买家，何以对这些小玩意如此感兴趣，不禁令人多生感慨，不是文人，却内心里向往文人、羡慕文人。无论是从事什么伟大的工作，也不论是做多大的事，有多大的买卖，其实人最后向往的是平静，是文化生活。而文人的小品，这是可以让人在紧张、躁动之中得到一点安抚和平静的逍遥神丹，这才是生活节奏和享受。

文人的收藏，虽简虽小，但是可以让人从中悟出生活的情趣，脱离世俗而精神得到升华。

二. 专题拍卖精彩回看

古籍善本的专题拍卖，是指在一场拍卖会中，某一个段落进行的一位收藏家提供的拍品，一位或多位收藏家关于一个门类和主题提供的拍品的拍卖活动。此类拍卖，与专场拍卖相仿。拍卖公司一定也是做足了功课来宣传和介绍，只不过是或因数量、估价等因素限制，而量身定制成专题拍卖，而不是专场拍卖。在古籍拍卖的一本图录里，在某一段落集中进行的某一位名家的藏书拍品,为了突出某一位藏书家和某一个专题,就不会遵循常例将其按照分类打散,而是将其藏书集中,并且常常会在前面加上醒目的标题,也可以用不同颜色的纸张显示特殊地位,再或者加上书耳予以特殊标记。有些专题前图录中还会有专题介绍文字,简述收藏源流、重要性,以及相关的文化背景。如1998年"过云楼藏明清书札拍卖"、2004年春季"曹大铁先生藏书拍卖""陈澄中藏书""罗继祖大云烬余旧藏拍卖""常熟萧氏晨星楼藏书拍卖""沈氏研易楼旧藏拍卖"等等。这种古籍专题拍卖,主要考虑到这是一份有文化、有来头、有故事的名家藏书,应该予以特殊的敬重和礼遇,只是数量或底价不足等因素,难以组织成为一个专场之时,就可以采取这种专题拍卖的方式。

1.过云楼书札专题

"过云楼"是江南著名的私家藏书楼,有"江南收藏甲天下,过云楼收藏甲江南"之称。按照顾家人所说,顾文彬临致仕前,让他的儿子回老家苏州,建三间茅草房,安度晚年,谁知就这么建起了怡园,包括怡园、顾氏祠堂(今苏州昆剧团所在)、顾氏老宅过云楼。顾氏家族收藏书画的历史,可追溯到顾文彬(1811—1889)时正式建立"过云楼"。他一生殚精竭力,多方搜求,积累书画墨迹达到数百件之多,尤其钟情古书画的收藏。为此,辞去浙江宁绍台道的官职,沉浸于书画艺文之中,怡怡自乐。他在晚年精选所藏书画编纂成《过云楼书画记》十卷,著录了他一生搜集、赏析、研究历代法书名画的业迹。从1994年嘉德古籍拍卖拍品筹备时,就已经同过云楼联系上了,在同年秋季的嘉德古籍拍卖首秀中就已经有过云楼提供的拍品,一件是佚名《元人行书比红儿诗一卷》,估价60,000—80,000元,未成交。那时因为各种原因,没有对外宣传此件拍品的来源。而且当时收藏界非常稚嫩,也不像后来那样成熟,广查著录文字资料,其实《比红儿诗》在《过云楼书画记》里有著录,而且看得非常重。

过云楼除了藏画、藏书之外,还有许多明清名家尺牍收藏。明清名家尺牍收藏在清代中后期已成风尚,此风一直延续到民国间。我初接触到这批书札之时,由于各种原因,数百通书札,全呈散页状。其中原因有出版之时选取拆散,因此整理难度极大,需要一页一页地寻找和对照。这样每次拿一部分,全的参加拍卖,不全的暂时放下,待后寻找。这样,在1998年春季嘉德古籍拍卖,整理出一共有27件,其中包括明代的吴宽、陈淳、文徵明、徐渭、蔡羽;清代的黄宗羲、王铎、金农、王时敏等。由于这批书札非常整齐和开门,学者专家非常看好,如刘九庵先生看到时,几乎逐页评点,甚是激动。这些书札有一定的数量,如果打散了就会混同为一般,难以宣传并引起买家的注意。对于这批书札,过云楼后人也没有过高的要求,底价定的非常低,很是诱人。我感觉到有

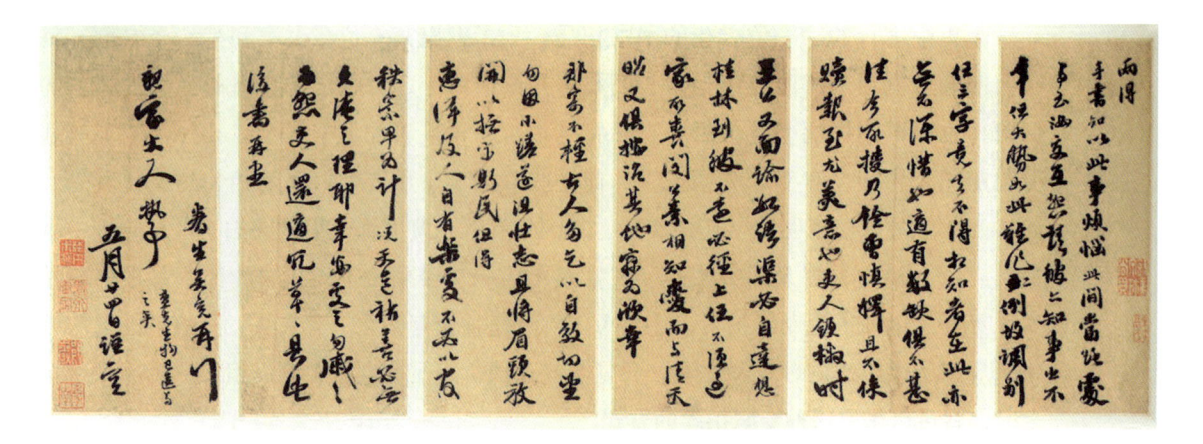

图4.2.1-1 /《吴宽书札》

必要将这批名头大而齐,质量高、底价偏低的书札做点文章。因此,决定开辟明清名人书札的专题拍卖。这是嘉德古籍从1994年秋季开始拍卖以来的第一个专题拍卖,因此特地做了一番特殊的设计,以吸引买家的眼球。在拍卖图录中选取了一段LOT1056—1072,由于卖家当时不希望暴露身份,因此在宣传过程中只能在这批书札的前面,加上了一段醒目的标题,并且郑重宣称:

以下LOT1056—1072为一家重要藏品。

关于这批书札的文字在图录中著录,也是尽可能地介绍其人其事对后世的影响,以及后人的评价等,介绍很到位。

果然这批书札引起了各方的高度关注。在展览过程中,有许多的生面孔出现,不露声色,也不交流,直到拍卖开始后,一直也不见动静。在过云楼书札拍卖之前,明清书札成交情况普普通通。可是,当拍到这批书札之时,按照当时的设计,要求拍卖师将图录中标题及其内容专门再宣读一遍,而后接着拍卖。这时,场内的买家个个都像打了鸡血似的来了劲头。过云楼藏书札的第一件拍品,明末《金铉侯峒曾二忠遗札》,估价3,000—5,000元,结果经过二三十次的竞叫加价,最后以35,200元成交,是原定底价的10倍。接着第二件拍品是明中期《吴宽书札》(图4.2.1-1),估价32,000—45,000元,结果又是一番激烈拼杀,最后150,000万元落槌,加上百分之十的佣金,一页不到一尺的明代书札成交价高达165,000元。到这时,场内所有人的情绪都已经处在亢奋状态中了。接下来的所有过云楼藏书札,都是以数倍于底价的价格成交,没有一件可以捡到便宜:

《陈淳书札》,估价10,000—15,000元,成交价41,800元。

《蔡羽杨一清书札》，估价9,000—15,000元，成交价35,200元。
《文徵明书札》，估价28,000—40,000元，成交价66,000元。
《晚明嘉定四君子（四先生）书札》，估价18,000—25,000元，成交价66,000元。
《晚明七家书札》，估价18,000—25,000元，成交价66,000元。
《王时敏致王石谷书札》，估价22,000—30,000元，成交价83,600元。
《王铎书札》，估价12,000—15,000元，成交价75,900元。
《黄宗羲书札册》，估价20,000—30,000元，成交价82,500元。
《清二老风流》，估价25,000—35,000元，成交价71,500元。
《金农书札》，估价18,000—25,000元，成交价82,500元。

过云楼藏明清名人书札拍卖专题，作为嘉德古籍的第一个拍卖专题，百分之百成交，成交价格也是总底价的五倍，可以说是空前的成功。之后，在1998年秋季推出第二场过云楼书札专题拍卖。1999年春季第三次在古籍拍卖中推出专题。这次过云楼藏明清名人书札专题拍卖，征得卖家的允许，对外正式公布了这批明清名人书札的收藏家过云楼，就像揭开了一个隐瞒了一年多的谜底，直到这时，所有的买家才知晓所买到的藏品原属大名鼎鼎的过云楼。当时在专题的插页配上了过云楼的旧址照片，并且文字如此介绍：

> LOT431—LOT450，为过云楼顾氏藏品。
> 苏州顾氏过云楼，是清末民初江南地区重要的收藏家族。从道光年间迄今，历经太平天国、抗日战争等重大社会动荡，顾氏祖孙六代为保存民族文化遗物贡献了极大心力，并编著有《过云楼书画记》十卷、《过云楼续书画记》六卷等藏目，誉满海内外。1998年初，中国嘉德公司接受委托，将一批过云楼珍藏多年的明清名家书札，于春、秋两季以小专题的形式推出拍卖，结果受到收藏界的高度关注，成绩斐然。其后，顾氏后人又决定将所有的全部明清书札，参加99年的拍卖，并以时代划分，春拍推出明代部分，秋拍则为清代部分。参加今年春拍的明代书札，共计73家、299页，分为20件拍品（LOT431—LOT450），除包括知名书法家（作品为《中国美术全集·明代书法卷》选入者计有20家）之外，最重要者在于一批特具文献意义的历史名人书札，如天启年间东林忠烈杨涟、左光斗、高攀龙、周顺昌、缪昌期、魏大中等六人；明清之际以身殉难的忠臣义士倪元璐、黄道周、刘宗周、黄淳耀、崔子忠等十九人；明末复社主要领导者张溥、张采等十二人。这些忠义名贤的书法手迹传世极为罕见，其中足以反映当时社会面貌的史料甚多，尤显珍贵。本次拍卖的书札，部分曾经清初朱之赤、王鸿绪、钱寿泉，乾嘉间陆费墀、毛怀、吴锡麒、陈焯、陈希濂，嘉道间阮元、屠倬、文鼎，咸丰至光绪间魏锡曾、吴起潜、吴云章，授衔登诸多著名收

藏家递藏，以后汇聚至过云楼，保存至今。1982年，金陵书画社曾以其中10家，辑为《过云楼藏名人小札（一）》出版。

公布了顾氏过云楼旧藏的消息后，就像给市场打了鸡血，再次鼓舞了买家的热情，由于收藏界对过云楼的认同，买家的热情不减，可以说再次创造了记录。当时的拍卖场里，开始之时，气氛就比较紧张。

第一件拍品《邵宝书札》，估价5,000—8,000元，成交价16,500元，给了价位的基本定位，稍微知名和重要一点的拍品，没有三倍价位，就不要考虑了。此后的成交价一路攀升。

《李梦阳王韦书札》，估价9,000—12,000元，成交价30,800元。

《莫如忠莫是龙书札等》，估价8,000—12,000元，成交价47,300元。

《魏大中魏学洢魏学濂书札》，估价12,000—18,000元，成交价32,800元。

拍卖过半，全部成交，成交价位，虽是数倍，但是还属正常。待到《杨涟左光斗等东林五忠遗札》，估价40,000—60,000元，成交价66,000元。之后拍卖进入紧张的厮杀时段，先是明末的书法家《董其昌书札》，估价12,000—18,000元，成交价42,900元；紧接着《沈仕邢侗崔子忠等明九家书札》，估价20,000—30,000元，成交价68,200元；再后，明末著名的忠烈，也是著名的书法家黄道周的《黄道周书札》（图4.2.1-2）叫价开始，估价18,000—30,000元，拍卖师以15,000元开始起叫，场内顿时举起了一片牌子。我也在拍卖台子上，目不暇接，拍卖师也是如此，那也就顾不上了，看到了哪位算哪位，随机就点，看得出来，一时半会停不下来。拍卖场里的经验就是，一旦出现大家都看好，拍卖师出价立刻就伸手举牌应价的买家，往往都走不到最后，大都成为了热情的参与者。拍卖沙场的老手，通常不会急于出手，暴露实力，哄抬价位。果然经过三四十个回合叫价，价位已经冲过了150,000元，这时由于报价越来越高，开始举牌踊跃竞买的人，大都超过了心里的预期，已经不能承受，只得退出了竞买。这时有一位一直沉着气，前面根本就没有动一动指头的白面书生模样的买家，我认识他，也知道他的背后金主来头，这时才出手了。奇怪的是他从来没有进过古籍拍卖的场子，是买书画的客人，平时里总是笑眯眯的。我是第一次见他在古籍拍卖场里，可是这时好像换了一个人似的。直到这时他才开始出手举牌示意，而且每次举牌加价之时，眼神让人有点害怕，因为价钱已到如此之高，他根本就没有一丝不安的急躁之情，反而带着轻蔑的笑意。我不知道侠义小说里那种笑面书生杀手，世间究竟有没有，如果有，一定是他这样，绝杀之时还带着笑容。这可以称是拍卖场里的"笑面书生杀手"。他不慌不忙，不动声色，面带嘲笑之意。最后其他所有的竞争对手都退出了，拍卖师落槌，以220,000元成交。接着下来，又

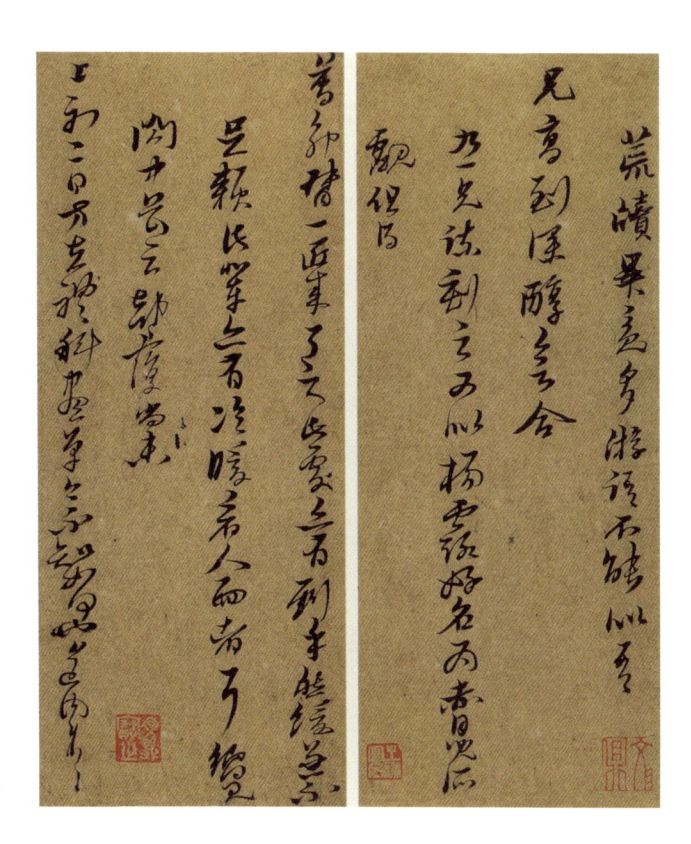

图4.2.1-2 《黄道周书札》

是一件类似的拍品，晚明著名忠烈、书法名家倪元璐的《倪元璐书札》，估价40,000—60,000元，起叫35,000元，与上一件如出一辙，又是在买家已所剩无几之时出手，为笑面书生拿下，最后成交330,000元。这位笑面书生模样的买家，很多人后来在许多拍卖场里都领教过他的厉害。

之后的《张溥张彩等复社主盟书札》，估价40,000—60,000元，以143,000元成交。

第三场过云楼藏明代书札，全部成交，可称再创辉煌。

1999年秋季，过云楼藏清代名人书札，也全部成交。至此，连续四场过云楼藏书札拍卖结束，百分之百成交，总成绩近1000万，是原定底价的5倍之多。

在当时还认为，太疯狂了，价位也太高了，虽说不是花我的钱，但如此这般仍然是令我有点心惊肉跳。可是，过了很多年以后，有一位客人告诉我说，当年为了这批书札，他曾动过心思，可是那时他才入行不久，心里并没有把握，结果听到有人说这批东西有问题，所以才没有下手，如果那时他要动手，恐怕还不是这个价格，言下之意很是后悔。他说的这些话我相信，他那时出手买书画时的气势，敢和当时所有的海内外收藏家血拼到底。也就是他在十年之后，用相当于当年的成交价10倍、甚至是20倍的价格买回了一些过云楼旧藏书札。他无疑是当年的"中枪"者。的确，在拍卖场里，怀着一肚子坏水的人有的是，故意散布谣言，将好的说成坏的，将真的说成假的，目的就是吓跑一切潜在可能的其他竞争对手。

四处说不好的人，行里人称为"打针"的人，很可能就是要买的人。拍卖场里的辩证法就是如此。

2. 黄裳澹生堂藏书专题

黄裳，当代散文家、高级记者、中国作家协会会员、理事，上海文联委员。黄裳学识渊博，富有情趣，在戏剧、新闻、出版领域均有建树。黄裳老先生是沪上藏书界的名家，喜好收藏明清版本的古籍善本。黄先生出过很多文集，介绍他的藏书，版本考证，其中不乏稀世的珍本。如祁汝森藏《祁宗规奏疏》，祁承业《两浙古今著述考》稿本，《澹生堂文集》，《澹生堂别集》崇祯刻本，祁承业家书32通，祁彪佳《守城全书》，《祁承业、祁彪佳乡试原卷》等，计数十种百余册。先生访书甚勤，又精于鉴别，名闻沪上。著有《榆下说书》，博得读书界一致的承认。他的书话札记，笔涉书人书事，凡读书、买书、访书、求书、遇书、淘书、藏书，以及版本、刻工、装帧、题跋、纸张、墨色等有关书的论说，都有娓娓道来、意趣盎然，追根溯源之功力。"文革"中被查抄，其藏书处为"来燕榭"的两千多册古籍善本被抄，存在上海图书馆，"文革"后全部退还，陆续进入市场者逾百种。

1998年10月27日，嘉德古籍秋季拍卖，黄裳先生决定拿出一批原来明代藏书家澹生堂的旧藏拍卖。我看了以后，认为这是一批专题性很强的拍品。况且，澹生堂在明代的名气很大，与浙东的宁波范氏天一阁齐名；在明末清初祁氏澹生堂的忠义之举，更是一段可歌可泣的故事。因此，决定在嘉德的古籍拍卖中，特设一个澹生堂旧藏专题拍卖。这个专题一组共9件，数量不多，其中包括祁氏澹生堂旧藏的古籍刻本、抄校稿本、书札。在拍卖图录里，专门使用了特殊的颜色铺底，显示与众不同。在专题前面也特地撰写了一段介绍文字。

这可以说是嘉德古籍拍卖以来第一个专题拍卖。重要的拍品拍卖结果：

LOT615《祁承业致祁彪佳书札稿本》，明手稿本，估价40,000—60,000元，成交价49,500元。（图4.2.2-1）

LOT616《祁承业致儿辈书札》，明手稿本，估价20,000—30,000元，成交价22,000元。（图4.2.2-2）

LOT617明崇祯《苏患三端》，估价10,000—12,000元，成交价11,000元。

LOT618《韩诗外传》，明嘉靖刻本，估价30,000—35,000元，成交价33,000元。

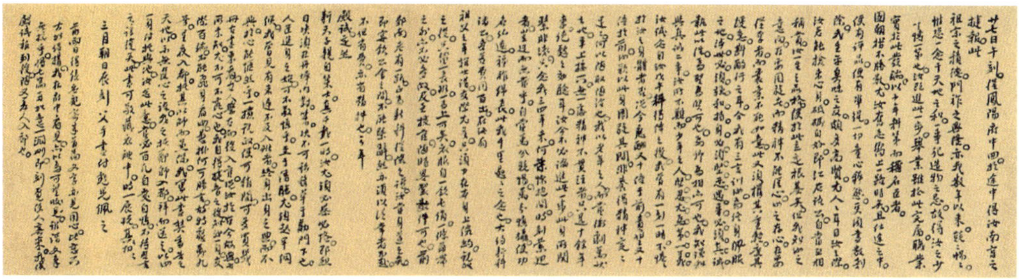

图4.2.2-1 《祁承㸁致祁彪佳书札稿本》，明手稿本

  LOT619祁彪佳撰《守城全书》，明崇祯手稿本，估价200,000—300,000元，成交价220,000元。（图4.2.2-3）

  LOT620《苏松巡按察院置买役田书册》，明崇祯苏淞按察院刻本，估价20,000—25,000元，成交价28,600元。

  LOT623《澹生堂外集》《澹生堂藏书约》明刻本，估价28,000—32,000元，成交价35,200元。

  在宣传预展之时，嘉德古籍也是做了充分工作，海内外都很重视这批珍藏。《北京日报》1998年10月13日收藏版《澹生堂旧藏上拍》报道称：

> 素与天一阁齐名的浙江绍兴祁氏澹生堂，是明代晚期浙东地区著名藏书楼。然而，400年来的兴亡沧桑，祁氏一门忠烈悲壮结局，使澹生堂藏书逐渐流失，终至于荡然无存。
>
> 及至本世纪（20世纪）50年代，浙江绍兴梅市竟又意外地散出若干澹生堂抄本和稿本，经书商在杭州发现，并陆续自绍兴购得，此时才确知祁氏虽在清初遭国难家变的惨祸，但祁氏子孙仍保存着先人著述抄、稿本和小部分藏书。
>
> 在10月27日嘉德公司的秋季大拍中，澹生堂藏九种均为50年代自绍兴流出的澹生堂故物。

新华社北京1998年1月23日发电稿，报道澹生堂藏书拍卖新闻。

台湾《世界日报》1998年10月24日发表了《绍兴澹生堂藏品三百年后露面——藏书星散民间，祁氏子孙保留部分抄本、稿本》，报道称：

> 本次参拍的尺牍和书籍均为50年代初自绍兴流出的澹生堂故物，其文物、市场和收藏价值均非一般。

图4.2.2-2 《祁承业致儿辈书札》明手稿本

图4.2.2-3 祁彪佳撰《守城全书》明崇祯手稿本

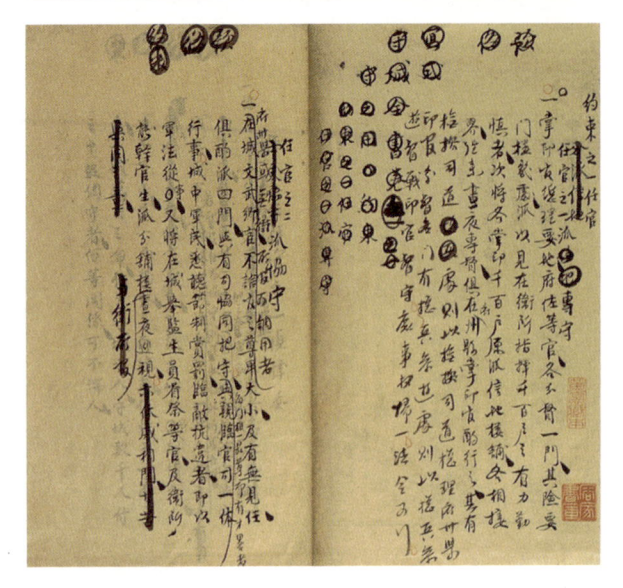

约在康熙初年，澹生堂大宗藏书被大学问家黄宗羲、吕留良、吴振之购得。其后三百年，学界均认为澹生堂藏书遗失殆尽，几乎没有世存。清代的著述之中，也屡屡叹息祁氏家破书散的凄凉。

这是一次有益的尝试，虽然成绩一般，分析各种原因，澹生堂作为内行的藏书家来看，懂得其价值，但毕竟是历史久远的故事，而此时黄裳先生的具有重要影响的著述《榆下说书》刚刚出版，因而对于外界的影响还是有限，还有总的估价偏高，所以成绩较其他同样的书籍成交价位要高一些，拍卖结果不很理想。但是，其中的大件如《守城全书》稿本8册，还是成交了。这在当时也属高价。这次拍卖的结果在客观上对藏书界的影响很大，尤其是黄裳先生的名声在南北鹊起。之后，黄裳先生的藏书在市场上出现的价位就直线上升，三两年后，就完全不一样了。

3. 曹大铁藏书专题拍卖

曹大铁，斋名半野堂、菱花馆、双照堂，江苏常熟人。从杨圻先生作诗，入张善子、张大千昆仲门下习丹青，叩于右任先生学法书。主攻土木工程，余绪诗词书画，均臻上乘，有声海内。曹大铁爱好收藏，尤爱藏书，家有渊源。他本人古文底子极厚，又精于版本目录之学。其藏书继承虞山藏书派传统，注重善本，宋元刻本外，多数为稿本、孤本。据其《半野园曲》本事记载，被错划"右派"时，"善本图书四百二十六目，名画廿七件，悉数没入公库"。经"反右""文革"，尚存善本一百五十三种，其余普通古籍书不计在内。1995年，曹先生给嘉德古籍写了一封信，主动与我联系。那时嘉德古籍拍卖已经成为常规项目，经过每次拍卖之后媒体的宣传和介绍，已经在国内外有了名声，尤其是拍卖的成交价格，较之私下转让和其他途径要高出许多。因此，一些有藏书的旧家就会慕名主动找上门来，曹先生就是其中之一。从1995年到1996年间，我连续出访常熟曹先生府邸，在那里陆续看了曹先生的古籍善本收藏。其中藏有钱谦益《楞严蒙钞》手稿本、《明史断略》冯简缘写定本、毛扆精校《四书集注》、赵氏"小山堂"抄本钱曾《读书敏求记》、吴翌凤抄校的《绛云楼书目》、赵宗建手写《旧山楼书目》、翁同龢批校本《老学庵笔记》等，皆稀世珍品。其藏书讲究版本源流，授受有绪，递藏脉络清晰。

《大佛顶首楞严经疏解蒙钞》（图4.2.3-1），明末清初钱谦益手稿抄本，存十卷一厚本，纸本，"海印弟子蒙叟钱谦益钞"。钤有"乐善堂杨氏图书""钱谦益印"；扉页有"红豆村庄""天北生如来真子""天如来真子门生""当惜分阴""扫叶山房""领略人间清神福"等。钱谦益身为东林党巨擘，此书刊刻初印即遭清廷禁毁，

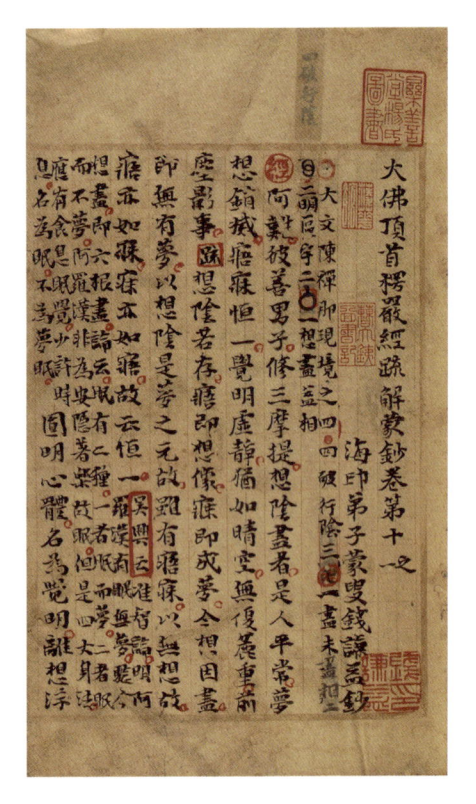

图4.2.3-1 钱谦益稿本《大佛顶首楞严经疏解蒙钞》

想不到此书稿本竟仍在人间,真似有佛陀保佑。该书初从丁氏湘素楼散出,敌伪以后,苏州吴湖帆之族人吴诗初得之,曹大铁以二十两黄金从诗初处觅得。曹大铁题记曰:蒙钞稿比十年来,余先后知见者共存四册,同邑瞿凤起、吴门潘博山(景郑)、吴兴张葱玉三兄暨余各得其一。比日而欲哀集诗人之贮已佚其半,聚散何常,云烟过眼,可叹焉夫。从上可知,据曹大铁十多年中知见者共有四册,我在2003年调查统计了此书的存世现状,现《楞严蒙钞》存世原稿应有五册,二册贮于中国国家图书馆,一册贮于上海图书馆,另一册原蒋汝藻密韵楼藏本已归美国伯克利大学东方图书馆,民间曹大铁存一册。

《绛云楼书目》(图4.2.3-2),明末清初钱谦益(1582—1664)撰。此书目上下两卷,2册,纸本。吴翌凤枚庵手校精本。绛云楼毁于火,致其所藏莫衷一是。吴翌凤集各家记录而成巨著,三百五十余年被誉为可信之编。钤印有:"汉善斋""珍古楼求流饷所及""吴翌凤枚庵氏珍藏""翌凤评阅""考读奇书手自钞""马玉堂""笏斋""道光乙未武原马氏汉唐斋收藏书籍"(蓝印记)、"枚庵掠览所及"等印记。

《明季北略》,计六奇稿,十册,二十四卷。成书于清康熙十年(1671)。民国初

图4.2.3-2 /《绛云楼书目》，清初抄本

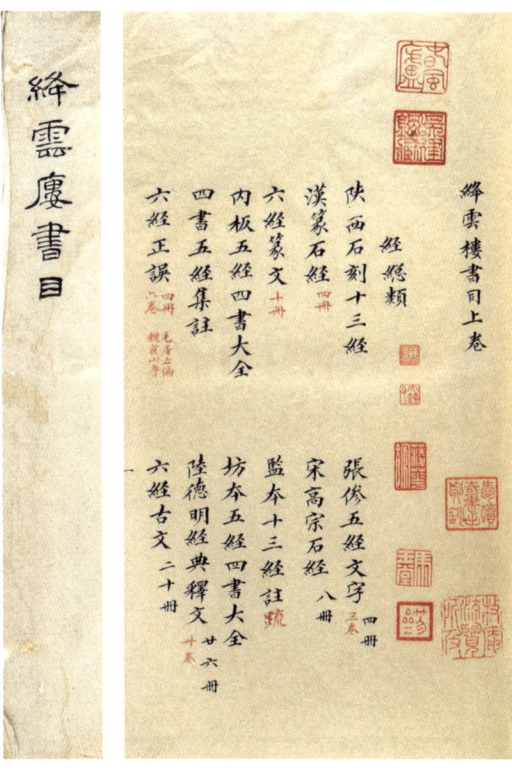

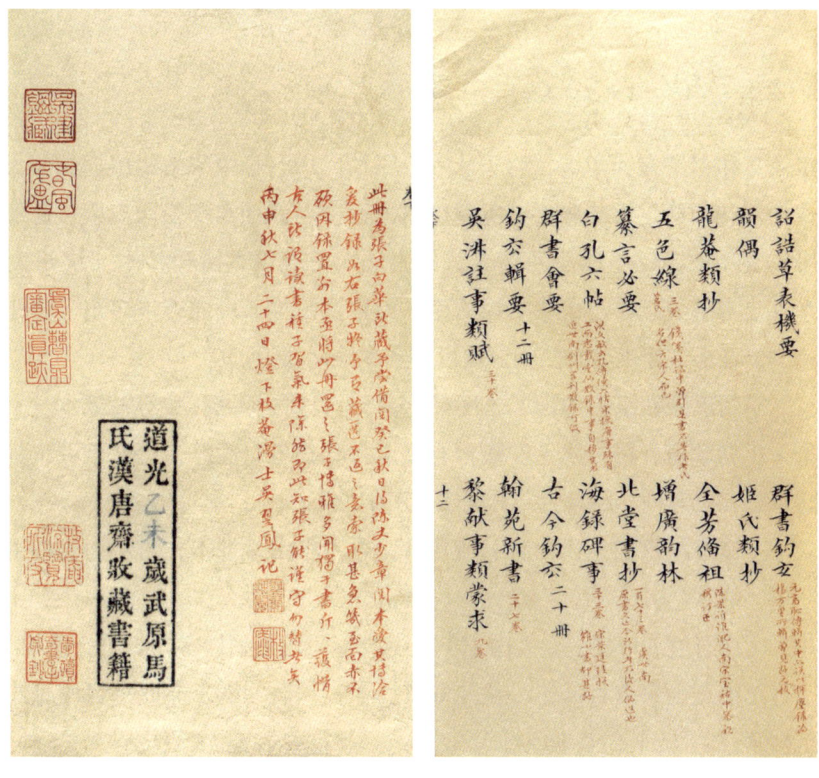

绛云楼书目上卷

经总类

陕西石刻十三经
汉篆石经 四册
宋高宗石经 八册
六经篆文 十册
监本十三经註
内板五经四书大全
坊本五经四书大全
陆德明经典释文 廿六册
四书五经集註
六经古文 二十册
六经正误

诏诰草表机要
韵偶
龙龛类抄
姬氏类抄
五色线
全芳备祖
篆言必要
增广韵林
北堂书抄
白孔六帖
海录碎事
群书会要
古今钩玄 二十册
钩玄辑要 十二册
翰苑新书
吴沆註事类赋
黎献事类蒙求

群书钩玄

此册为张子白草次藏书常借阅于乙秋日焰大少章閲本彼甚诗合袭诗録與石頭子脚手已藏匯石遠之妻臺取甚多篇西西赤未於肉躰置分本至时竹舟寫之張子情悟多聞稻于書所護慎有人依诗读書桂子百氣葉陳絡名此知張子能謹守勿轻失矣
丙申秋七月二十四日烛下校畢潯士吴翌凤记

道光乙未岁武原马氏汉唐斋敀藏书籍

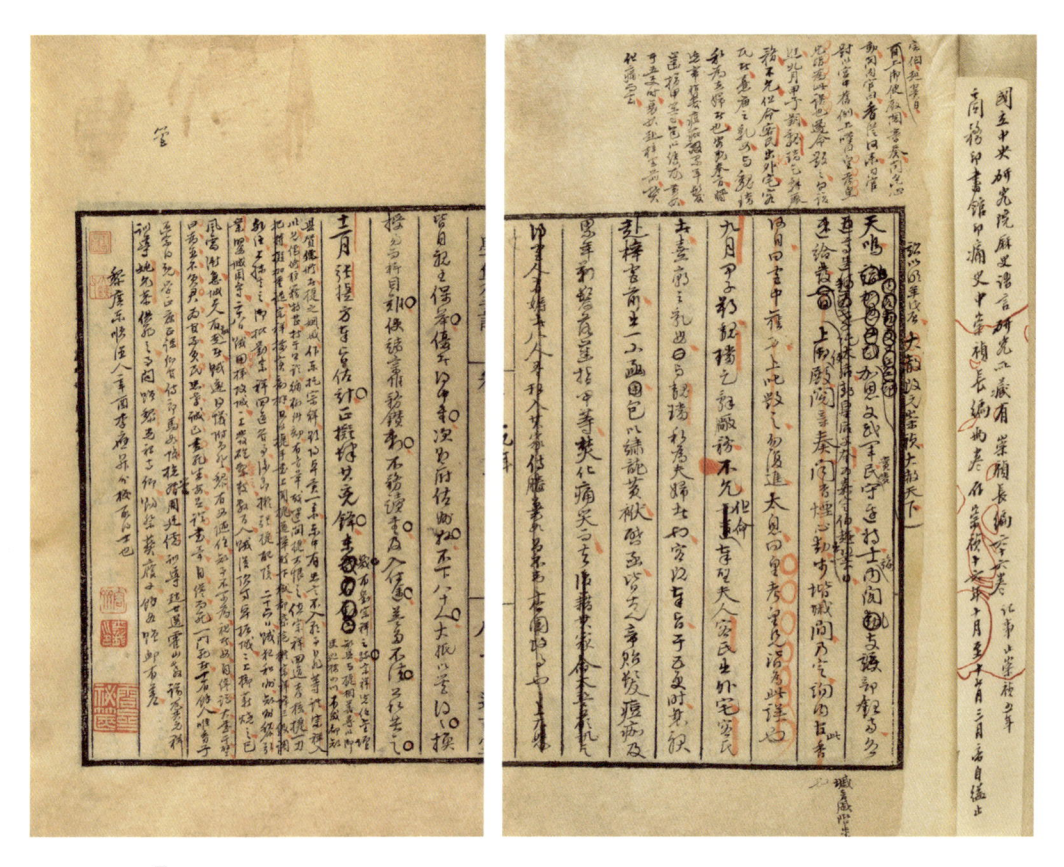

图4.2.3-3 /《明思宗毅皇帝本纪》，清初手稿本

年商务印书馆有铅印本，均非计六奇原本。1981年中华书局根据杭州大学图书馆藏新发现的清初旧抄足本与曹大铁所藏抄本进行校点，1984年铅印出版。曹藏《明季北略》十册，《明季南略》四册两稿本，均为计六奇原稿本清初抄本，杭州大学张盦教授所藏本几已霉烂成纸饼，中华书局所用本即曹藏足本。较通行本多出《建州始末》《北略总论》等二十三篇。另有二十五篇可补刊本缺漏错讹。

《明思宗毅皇帝本记》（图4.2.3-3），明遗民撰，2册，纸本。书于钱牧斋《有学集》《初学集》稿纸之上。钱曾有跋谓："叙事以简练，行文雅训，记载出自朝臣，自与草野私史有别。小暑后一日阅毕灯下识。"

《读书敏求记》，（清）钱曾撰，赵氏小山堂抄本，用小山堂抄书专用笺纸。合订一册，纸本。

《白石道人诗集》，（南宋）姜夔撰，明谢肇淛抄本，一册，纸本。

《小石山房书目稿》，顾湘翠岚抄本，一册，纸本。此书目用顾氏小石山房藏书用纸抄录。

看了曹先生的古籍善本藏书，我感觉到民间的收藏真的是顽强，在种种磨难之后，仍有这般古籍善本的收藏，令我惊讶。之后，我在当时的《嘉德通讯》中撰写了《吴中访书》一文，将曹先生的藏书向外界介绍，只是由于商业经营的保密问题，没有透露曹先生的真实姓名，也没有具体说明曹先生的居住地，只是笼统地说"吴中"的"C"先生。我对曹先生藏书也作出了定义，是最后一位路子走得最正的常熟鉴赏派藏书家。文章刊出后，曾经我工作过的国家图书馆的同事赵前先生，读了文章之后也用怀疑的口吻问我：在编故事吧？1997年之后，曹先生也陆陆续续给了嘉德古籍一些藏品参加拍卖。直到2000年，美国的常熟翁氏藏书为上海图书馆购藏之后，受到影响的常熟市政府，也开始关注当地的旧家藏书，首当其冲的就是曹先生的藏书了。于是地方政府与曹先生开始商谈藏书的归宿问题。我也很知趣，闻风之后，自觉回避。可是经过一番折腾，最后竟然没有谈成，可是曹先生已经卧床不起，成了植物人了。那时我再见到曹先生之时，可怜情形不忍备述了。而曹先生的藏书因此重新又回到了市场。2004年春季，曹先生剩余藏书的大部，集中交由嘉德公司拍卖。此前曹先生给我拍卖的藏书，大半是先生认为普通一些的版本，真正重要和好玩的没有给我。这我也明白，曹先生是懂书的人，好东西是不会先出门的，一定是最后才出门。否则，我只要去几次，将最好的都挑走了，剩下可想而知，肯定不好玩了。只要有好东西在，就可以吊着我。这次不同了，不是曹先生委托，所有重器名品，可以说尽出。这次拍卖，共有32种，其中包括钱谦益手稿《大佛顶首楞严经疏解蒙钞》、吴翌凤手校本《绛云楼书目》、抄本《明季北略》、抄本《明季南略》等。为此，在《嘉德通讯》上发表了《曹大铁先生及其半野园藏书》一文，从《绛云楼书目》的由来，讲述了曹先生的藏书，摘录如下：

曹大铁先生藏书传奇

大铁先生的藏书全部过程我们现在已经无法了解了。但是从这部书的传奇来历，可以看到大铁藏书的一个侧面，可谓得之不易。

五十多年前之事，江澄波先生是苏州著名的书坛文学山房的掌门人，与郑振铎、张珩等著名版本专家素有往来。一日，张珩到文学山房，问近来收有什么好书？真人面前不打诳语，江先生说有一部吴翌凤抄校的《绛目》不错，拿出，张珩看后亦抚掌称绝，只因是偶过苏州，身上未带多余盘缠，故叮嘱江先生，东西收好了，这书我要了！过段时间我到苏州来付钱取货。江先生应允，存货静候。然而过了不几日，大铁先生直闯文学山房，江、曹亦是旧相识，江先生笑问客来，大铁先生云：张珩兄曾在此看到一部书，叫我来付钱取书。江先生以为确有其事，未深思量，便取出《绛目》与大铁先生一手交钱，一手交货，双方皆大欢喜。大铁走后又隔时日，张珩先生忽而又登文学山房，进门便叫江先生取《绛目》，要交钱付货，江先生莫名说道：你不是已经委托曹大铁先生交钱取货了嘛？张珩闻听此言，哎哟一声，不再言语了。江先生从张的脸色上了悟，肯定是这兄弟间有事了。张珩对小弟大铁先生无可奈何，以后也从未提及此事。

大铁先生身处尔虞我诈的上海滩，这种事在行里并不新鲜，然而为收藏一善本书，也得使出手段，这可是能进入书林清话的趣事了。大铁藏书，多营心机，得之不易，由此可以豹窥一斑。据说后来大铁先生也是拿出心爱之物与张珩，才算摆平了此事。

......

大铁先生是个怎样的人物？孔尚任在《桃花扇》开场中描绘的人物，有一位"爵位不尊，姓名可隐"的老太常寺赞礼，自谓的"古董先生谁似我？非铜非玉，满面包浆里。剩魄残魂无伴伙，时人指笑何须躲"。大铁先生就像孔尚任笔下的这个人物。他为人处事老派传统，阅历无数，聪明睿智，让人佩服，同时也让时人觉得他面对现实时往往是无知和笨拙，因此他的行为常常让人可敬可佩，却也让人可恨可叹。无论是对大铁先生的处事作派有何争议，这不过是时人对大铁先生的感觉罢了，对大铁先生来说，已经是"何须躲"的戏中人了。然而，大铁先生半野园的藏书，像以往历代许许多多藏书家的藏书命运一样，将在无情的市场上，重新找到它的归宿，这兴许也是收藏界的福音。

大铁先生的藏书重回市场，首先就是嘉德古籍的曹先生藏书专题拍卖。这也是最困难的一次专题拍卖，原因是折腾的时间很长了，外间的传闻是是非非很多。市场里喜欢的是生货，揉来揉去都已经揉熟了的东西，没有了新鲜感，可以说是拍卖的一大忌讳。另外就是曹先生太懂市场了，因此当年开出给我，或者给当地政府的价位都不低。因此，拿到了曹先生这批藏书，既高兴，也感到为难，因此只有尽全力去往好里做了。按照拍卖专题的路数，进行拍卖。其结果也是分歧很大，一些特别重要的、特别好玩的，也卖出了奇价。

尤其是到拍卖钱谦益手稿《大佛顶首楞严经疏解蒙钞》之时，拍卖进入了高潮。此书估价380,000—420,000元。那时，我也有客人委托，给了一百万，我告诉他这件东西这个委托很可能没戏。果然，拍卖开始后，还未等我代人出手，叫价已经超过百万了，而且还没有停止的意思。一直到了150万以后，逐渐变成了场内的一位买家和一位通过电话委托的买家之间竞买。场内的买家我认识，也是举着手中的电话，一边通话，一边举牌，我知道他也是代理，后面有金主。电话委托的真正金主，我当时不知是何许人。棋逢对手，当仁不让。你一口，我一口，不断地加价，见后来场内的出价犹豫，很慢，拍卖师张相佑不断重复着报价，在等待，场内的买家很艰难地又加了两次价之后，最后实在是举不动了，场内的竞买人败下阵来，而电话的买家非常坚决，报价迅速，毫不迟疑，简直是气势如虹，终了以2,695,000元的价格竞得这件拍品。得主是上海很有绅士风度的杨崇和先生。后来我下台来见场内的另一位买家许礼平先生，试问究竟是何人委托，许先生很有职业操守，没有告诉我。过了很多年以后，许先生才告诉我背后的金主，名叫李嘉诚。拍卖场里的买家经常是隐而不露的，所以，不论是大富豪，还是小玩家，都可以公平地过手一争，最后鹿死谁手，不在于拥有的资金多少，而是决定于对标的价值的认知和决心。

其后拍卖继续：

清初《明思宗毅皇帝本纪》，手稿本，估价90,000—100,000元，成交价220,000元。

周公谨《云烟过眼录》四卷，估价40,000—45,000元，成交价107,800元。

《还魂记》二卷，估价90,000—100,000元，成交价176,000元。

《明纪北略》抄本，估价90,000—100,000元，成交价242,000元。

这场专题拍卖又一高峰是吴翌凤手校本《绛云楼书目》，估价150,000—180,000元。这是曹大铁先生藏书中最有代表性和最好玩味的一部，我在拍卖前撰写了一篇《曹大铁先生及其半野园藏书》就是从此书讲起，介绍这部书的背景、学术价值、离奇传承故事。后来韦力先生告诉我，这篇文章是近三十年来最好的一篇访书记，多少是影响了一些买家。所以，拍卖到此件时，又是一片骚动，竞买价位出到30万时，还是好几位买家在竞争，最后，成交473,000元，上海的买家张宗祥买到。张先生我是知道的，他一定是后面有客人委托竞买。也是通过这一次，我知道了他背后有大买家。这个判断不错，果然在后来的陈清华先生藏书拍卖中，张先生再次出手，果然是不凡的藏家。

总之，这是一场硬碰硬的专题拍卖，出品的价位就很硬，真正买到的好东西的价位也很硬。

4. 谢国桢瓜蒂庵藏书

谢国桢先生可以说是最为专业的藏书家，因为他毕生的研究和工作，都与古代文献和古籍版本有关。

谢先生早年毕业于清华学校国学研究院，后进入北京图书馆工作，编辑馆藏丛书目录，在梁启超纪念室整理馆藏金石碑帖，从事明清史研究，著有《晚明史籍考》，在这本80万字的皇皇巨制中，著录有关明代万历年间至清朝康熙年间的文献一千一百四十余种，未见书目六百二十余种。自称"寒士布衣"的谢国桢一生收集明清以来各种野史笔记近两千种，其中不少是国内孤本，属于极其珍贵的历史资料，另一部分是汉魏以来的金石砖瓦碑刻。谢先生藏书室名"瓜蒂庵",《瓜蒂庵藏明清掌故丛刊》序言中说:"至于善本书籍、佳椠名抄,我自然是买不起的,只能拾些人弃我取、零片断缣的东西。好比买瓜,人们得到的都是些甘瓜珍品,我不过是捡些瓜蒂而已。"谢国桢留下的"遗产"包括明清笔记稗乘、别集杂史及汉晋碑帖、砖瓦拓片,无偿捐献给国家。谢先生逝世后,社科院历史所专辟"谢氏瓜蒂庵藏书室"保存他的大部分书籍。但是,谢先生也是家大业大,且对身外之物不存心意,赠送家人友人,后来进入市场的均属此类,约有四五十部。2012年秋季,嘉德古籍与谢先生的后人取得联系,那时谢氏后人正在整理《谢国桢全集》出版项目,缺少部分资金,欲将手中保留的旧藏拍卖,所得的款项用于出版。数量不是很多,但是谢先生的收藏很有专业特性,罕见,珍贵。其中包括:

令狐楚纂《唐御览诗》,旧抄本,1册。

苏辙撰《栾城集》,明嘉靖间木活字本,2册。(图4.2.4-1)

徐树谷注庚信《哀江南赋注》,清康熙二十一年(1682)刻本,1册。(图4.2.4-2)

南祴居士校编《柳如是遗集》三卷,1919年张氏南陔草堂稿本,1册。(图4.2.4-3)

谢先生的藏书在拍卖预展时,就赢得许多藏书爱好者的关注,来客审验观看者很多,尤其是旧抄本《柳如是遗集》,不仅观赏,而且有很多客人在私下里或者公开谈论,猜度这部书的可能成交价位,也有极为熟悉的客人直接向嘉德古籍询问成交价位,可以说在预展时已经感受到了买家的热度。那时已经感觉到这本书要买到手,可不是件容易的事,非得一场血拼不可。

2012年5月12日上午10时30分,嘉德古籍拍卖会如期举行,当拍卖到《柳如是遗集》三卷,1919年张氏南陔草堂稿本之时,果然不出所料,场面火爆,令人惊叹。我想在此赘引此书得主周建锋(冒辟疆文化研究会理事)先生的买书记文字,站在买家的角度,可能更令人欣赏这段传奇:

2012年5月8日,中国嘉德春拍预展第一天,我带着期待和激动的心情来到北京国际饭店。当我走进国际饭店大厅时,我傻眼了,我念念不忘的"柳如是"被嘉德拍卖当成古籍善本专场的封面,并且在各个广告位均赫然印着这件《柳如是遗集》卷一的图片。尽管嘉德书画古玩琳琅满目,奇珍异宝应有尽有,但我已经都看不下去,我唯一惦记着的还是"柳如是"。我需要一睹真容。

走进古籍预展大厅,我看见一个熟悉的背影,古籍碑帖专家孟宪钧老师正在看书。我走上去躬身施礼,待我说明来意,孟老师让我先把书看看。正准备提书看时,服务人员说此书已经有人在看。我转眼望去,书画收藏家上海颜明先生正在津津有味地翻看《柳如是遗集》。那是我第一眼看见心爱的"柳如是"。颜明先生边看边问嘉

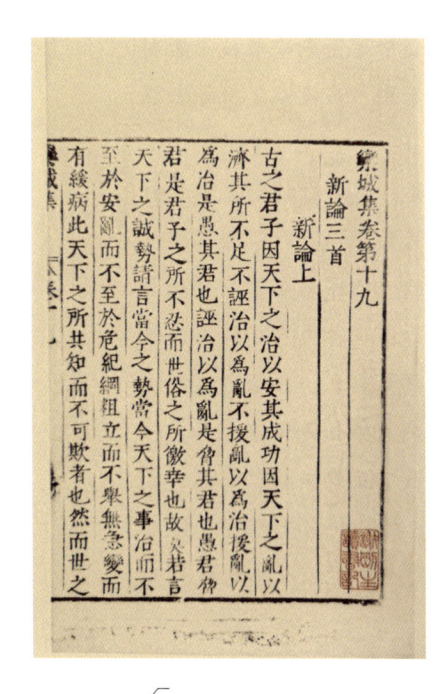

图4.2.4-1 苏辙撰《栾城集》明嘉靖间木活字本

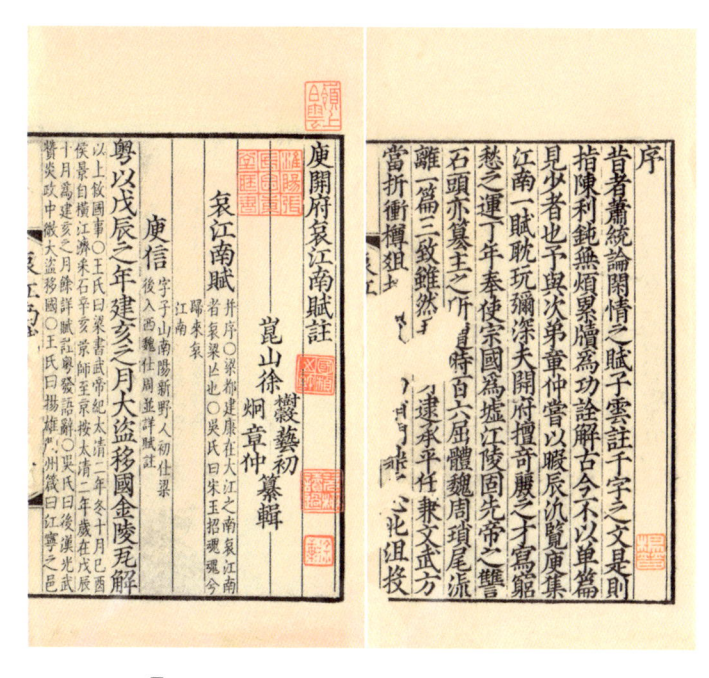

图4.2.4-2 徐树谷注庾开府《哀江南赋注》，清康熙二十一年刻本

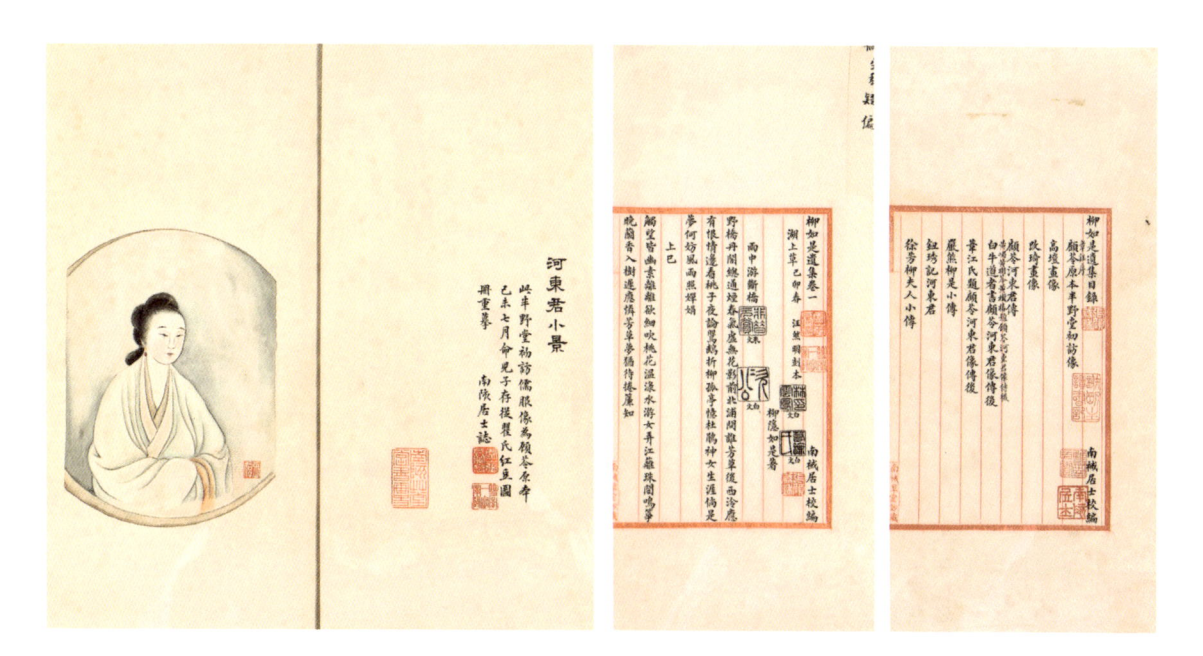

图4.2.4-3 南祴居士校编《柳如是遗集》三卷，张氏南陵草堂稿本

德古籍部拓晓堂先生一些问题，大凡都是此书的来源、柳如是专家范景中教授是否留意等方面的问题。我唯一期待的就是颜明先生不要和我争，否则，我没戏了。等颜明看完书后，我和孟老师仔细地把书研究了一遍。

此书长17.2厘米，宽12.4厘米，没有函套，封面没有题签，书为白棉南祴草堂红格专用纸所抄而成。估价18万到20万。起首为章钰序言，后为目录，张存薖顾苓儒服《河东君小像》、张存薖高垲《河东君小像》、张存薖改琦绘《河东君小影》、顾苓《河东君传》、严熊《柳如是小传》、钮琇《记河东君》、徐芳《柳夫人小传》、沈虬《河东君记》、陈文述《重修河东君墓记》、查揆《河东君墓铭》、孙原湘《书陈云伯大令河东君墓碑后》、言朝标《书红豆图像后》。此书内有柳如是《湖上草》一卷、《尺牍》一卷、《诗词辑补》一卷。书内钤印：南陔张氏丁丑劫余物、章钰、式之、章氏之辛亥以后文字、南陔居士、张颜荔秋、谢刚主读书记、双南元赏、张兰思、谢国桢、俞平伯。末尾有俞平伯、张兰思、谢国桢跋文。整书给人感觉极为可爱。书中小楷极为工整，柳如是三张画像笔墨楚楚。

孟老师看完书后，啧啧赞叹好书，希望我能收藏，但因不知实际价位，虽然底价18万，但不知最终多少钱能拍下此书。孟老师侧面打听了一下嘉德古籍主管拓晓堂先生，拓先生说最少准备50万，此书为谢国桢家中之物，书一直为谢国桢珍藏，秘不示人，这次得以重现天日，可喜可贺。并且二位还给我透露了一个消息，就是此书曾经见于《中国书店三十年所收善本书目》，原为中国书店收藏，后谢国桢从书店购买。在做好全面的心理准备后，我开始纠结于多少钱拿下此书，在纠结的同时，我没有放弃查找资料。找到我购买到《中国书店三十年所收善本书目》一书后，我在书的"清别集类"的第三本即为《柳如是遗集》，书中写到"柳如是遗集三卷，清柳如是撰，南陔居士校编、辑补，张兰思手写本，竹纸一册"。到目前为止，万事俱备，只欠东风！

2012年5月12日，在拍卖的当天，为了给自己壮胆，我找到了上海收藏家封琪刚先生，封先生在古玩拍卖界多年，对于举牌，以及买家人脉都比我厉害。古籍拍卖如期举行，在即将要到218号《柳如是遗集》的时候，我们走进拍卖大厅。嘉德的客户毫无疑问的多，黑压压的整个大厅坐满了人，最后一排经常坐一些老玩家，他们坐在后面可以一览众山小，同时也可以根据场上情况决定自己是否竞投。我本意是坐在后面，但是封先生执意要往前面坐。他的想法我会意了，我跟着他走到第三排坐下。他给周围几个熟悉的人打了个招呼，静静地坐在那里一动不动。

拍卖师宣布218号《柳如是遗集》18万起拍，在从18万到50万的竞价范围内用时不到三十秒。当时那牌起牌落的现象极为壮观，几乎没有一个标的能有如此关注度。

从50万开始，我们一直和一个神秘的电话委托在竞争，电话委托出价71万，我们出价72万；他们继续出价73万，我们出价74万。最终电话委托放弃，我们74万拍下《柳如是遗集》，加上佣金共85.1万。在成功竞价后，我们走出会场，也许当时是兴奋过度，我已经记不清周围是谁和我打招呼了。走出会场后，我给孟老师打了一个电话，电话的那头孟老师传来已经知道此书成交的消息，他表示恭喜，让我好好收藏，留着当传家之宝。

谢先生藏书除此之外，都得到了热捧，这笔所得款项，后来也很快得到了使用，因为过后不到一年，我就收到了新出版的《谢国桢全集》。

第五章

海外奇珍精彩纷呈

中国在盛唐之后，中华文化海外传播加速，加之两宋经济繁荣，刻书业发达，中国的古籍书开始向海外流传，其中主要是日本，直至明代。至今在一些知名的图书馆里，还保留着相当数量早期流传到日本的中国古籍善本。

自清代中后期，第一次鸦片战争之后，特别是1860年第二次鸦片战争之后，国门洞开，中国的文物古籍向海外流失，已是大势。今美、英、法、俄、日等二十多个国家的九十余所大型博物馆、图书馆都收藏有中国古籍文献，总数逾百万册。这些保存在海外图书馆和博物馆、大学和研究机构的中国古籍书，受到良好的保护，也在国际汉学研究和中外文化交流中发挥了重要的作用。属于馆藏的中国古籍书，很难在短时间内进入流通市场。

此外还有许多大大小小流失海外的私人藏书，保存情况就很不乐观了。这些藏书，随着时间推移，老一代的藏书家已经过世，大多留给下一代，而这些后代由于在海外的教育和生活背景，对于这些藏书的文物价值已经基本不了解了，藏书的保管已经成了迫在眉睫的严重问题。2003年美国伯克利大学东亚图书馆，曾偶然入藏一批中国古籍善本，其中有宋刻本、钱谦益稿本、知不足斋鲍廷博抄本等等数十部，这些书籍在中国均属一二级文物。这批书的入藏经过更是离奇。据说是该馆忽一日接到一个陌生的电话，是一位老太太打来的，称要搬家了，家中有一些中国书籍，想要捐赠，不知伯克利东亚图书馆是否有兴趣。没边没影的这通电话，当时未曾引起该馆的重视，所以一直没有答复。隔了一段时间后，老太太又打电话，询问结果，声称如果没有兴趣，就将倒垃圾了，因为老太太就要搬家走了。于是该馆急忙派了一位工作人员，驱车前往老太太家中，一看果然都是中国古籍书，都是线装的，所以就一股脑装了一大箱子带回来了。从这些藏书的印记来看，应该为民国年间的著名藏书家的旧藏，所有的书中均有"密韵楼"藏书印，假如判断无误，这是上海蒋如藻密韵楼的后人收藏之物，可是这些后人对于这些藏书的文物价值和学术研究价值，竟然如此无知，差点当成垃圾扔了！当然，这也许是听闻到的极端事例。由此推论，海外不仅有相当数量的重要中国古籍善本在民间流落，而且由于各方面历史和文化上的差异，这些藏书在海外的保藏状况不容乐观。

在中国大陆建立了按照国际拍卖规则的中国古籍善本交易平台，即嘉德的古籍拍卖专场之后，行业经营发展很快，并且通过各种媒体的介绍和宣传，迅速地传播和影响到海外，立刻引起了国际上的关注，并迅速做出了一些反应。一些散落的中国古籍收藏家，将手中收藏的古籍善本送回国内，进行拍卖。

随着国内古籍拍卖的群雄并起，对于国内的古籍善本资源分流，"文革"后退还的古籍藏书大部已被消化，古籍拍卖货源已经相当紧张，当年携出国内的古籍，大都是经过筛选之后，挑出精中之精、善中之善的版本出走海外，因此东洋、西洋寻觅中国古籍书的善本，也是必然的市场要求了。

2000年前后，嘉德古籍拍品的征集也走出了国门。十多年间绕地球数十周，踏破铁鞋，将一些海外隐身旧家和知名机构的中国古籍善本征集回国拍卖，多为专场专题，不乏精品，可谓别开洞天，又成古籍拍卖的亮点。

一、海外古籍拍卖专场

1. 潘重规古籍拍卖专场

潘重规（1908—2003），本名崇奎，字石禅，生于安徽婺源。毕业于南京中央大学中文系。先后任东北大学、暨南大学、四川大学、安徽大学教授。1949年去台湾，先后任台湾师范大学国文系教授、系主任兼国文研究所所长，新加坡南洋大学中文系教授，香港中文大学新亚书院中文系教授、系主任、文学院院长。先生在敦煌文献之整理与研究、《红楼梦》研究、经学和小学研究等学科，多有发现，可谓涉猎广博，既深且巨。先生的学术成就，得到海内外高度评价，曾获法国法兰西学院汉学儒莲奖、韩国岭南大学荣誉文学博士。1992年，敦煌研究院为推崇先生数十年来在倡导敦煌学研究所投注的心力及其在研究上的贡献，特颁赠其该院荣誉院士头衔。2000年7月，中国国家文物局、甘肃省人民政府及敦煌研究院为表彰先生的成就与贡献，特颁予敦煌文物保护研究贡献奖。先生除笃于学术研究之外，嗜好收藏中国传统古籍善本，对先生的藏书外界知之甚少。嘉德有幸获得先生的藏书77种，数量不可言多，也无宋元名椠。然综观先生藏书颇有特色，值得细品玩味。

抄校稿本。先生现存的抄校稿本53部，居其藏书之大半。其中有清初诗坛霸主吴伟业（梅村）抄本、明王行撰《墓铭举例》；清中期著名经学大师惠栋校本、明游潜撰《梦蕉诗话》；以及著名藏书家鲍廷博抄本、元周伯琦撰《近光集》（图5.1.1-1）；著名金石学家李宗颢稿本《金石镜》；经学家周广业稿本《耕崖诗稿》；清中朴学名家孙星衍抄校、清孔广林撰《郑学》，手校批注极夥，可做稿本观；清代著名书画家改琦手稿本《玉壶山人词稿》；以及明谢肇淛小草斋抄本、宋寇准撰《寇忠愍公诗集》，明代蓝格抄本《长江集》等。

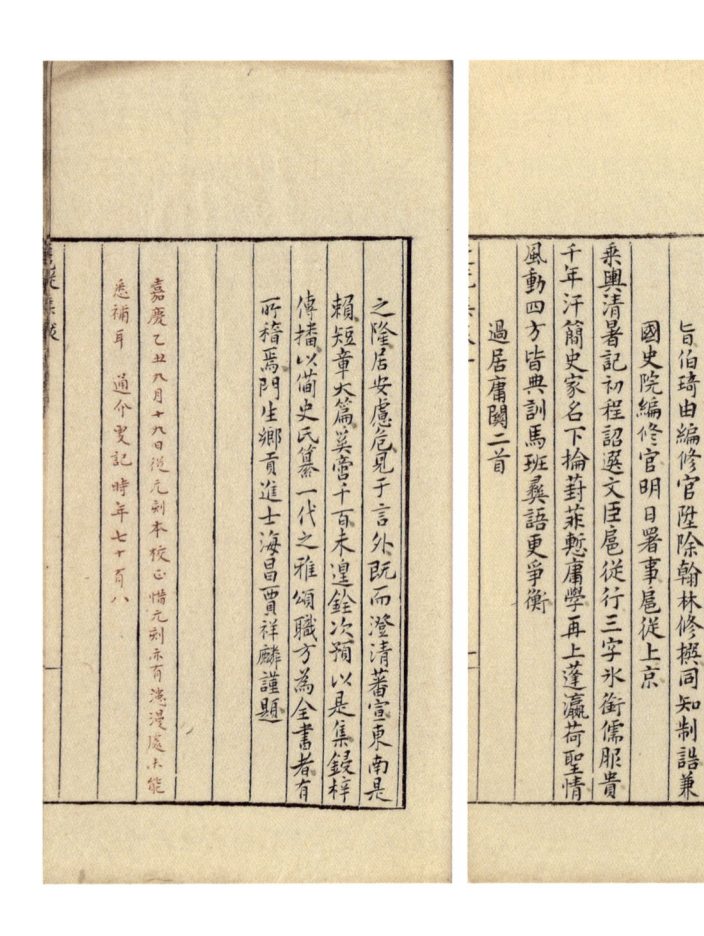

图5.1.1-1 鲍廷博抄本《近光集》

珍罕秘本。先生的藏书中，不乏一些难得稀见的版本和文献。有如明抄本王应龙撰《翠屏笔谈》，此书为清初虞山钱遵王述古堂旧藏，据公藏目录著录，仅南京图书馆存一部清抄本。宋秦观撰《淮海集》，明弘治成化间刻本，此书据现存公藏目录著录者均与此本行款不同，当系存世孤本。明弘治刻本《诗话》，袁寒云赠方地山之物，据公藏目录，仅上海图书馆存一部，亦为残本。明锡山安国铜活字印本唐颜真卿撰《颜鲁公文集》，明代铜活字本，整部在流通市场上出现很可能是首例，极为罕见。

名贵传本。先生藏书中，此虽不见宋元重器，但也有一些名贵传本。如清宫天禄琳琅旧藏、明嘉靖刻本《详注东莱先生左氏博议》，《天禄琳琅书目续编》卷七著录。清废帝溥仪以赏赐溥杰的名义携出宫外，辗转流散，成为先生囊中之物。天禄遗珍，洵可宝贵也。清内府稿本《全唐文》，虽系残本，其中多人校《文苑英华》《唐文粹》以及四库全书，均为当时学界名流，累累批校，更显名贵。

潘重规先生仙逝后，其藏书由先生的女儿潘锦女士和丈夫杨克平先生保存至今。维系保全之功，未可泯没。2008年秋，嘉德古籍从香港征集到潘先生藏书，并编辑出版了

《潘重规藏书图录》专册,向藏书界隆重推出,得到了热烈反响。由于潘先生与黄侃、章太炎为一脉相传的学术名家,各界慕名而来膜拜者众多,展览之时人气超旺,在拍卖过程中,买家众多,出价踊跃,最终七十余件拍品,成交80%,总成交额一千四百余万元,可称受到了藏书家们的热捧。

《会通馆校正宋诸臣奏议》,明弘治华燧会通馆铜活字印本,1册(图5.1.1-2)。提要:存卷八十、八十一。华燧(1439—1513),字文辉,号会通,无锡人,明弘治三年(1490)用铜活字(或锡字,学界有争议)印此书,计五十部,称铜活字印刷之祖,极具印刷史料价值。估价120,000—150,000元,成交112,000元。

都穆撰《金薤琳琅》,明嘉靖间刻本,6册。钤印:开国世家、莫棠楚生父印、周印嘉父、古瓦研斋、莫天麟印、独山莫氏铜井文房藏书印、云山阁。题跋:叶树廉、叶德辉。著录:傅增湘《藏园群书经眼录》卷六,中华书局1983年版,第497页。估价88,000—98,000元,成交价246,400元。

颜真卿撰《颜鲁公文集》十五卷,明锡山安国铜活字本,6册。(图5.1.1-3)钤印:小嫏嬛室、卷雨楼、宋印育德、公威、卷雨楼藏、白纯手校。题跋:董增儒。提

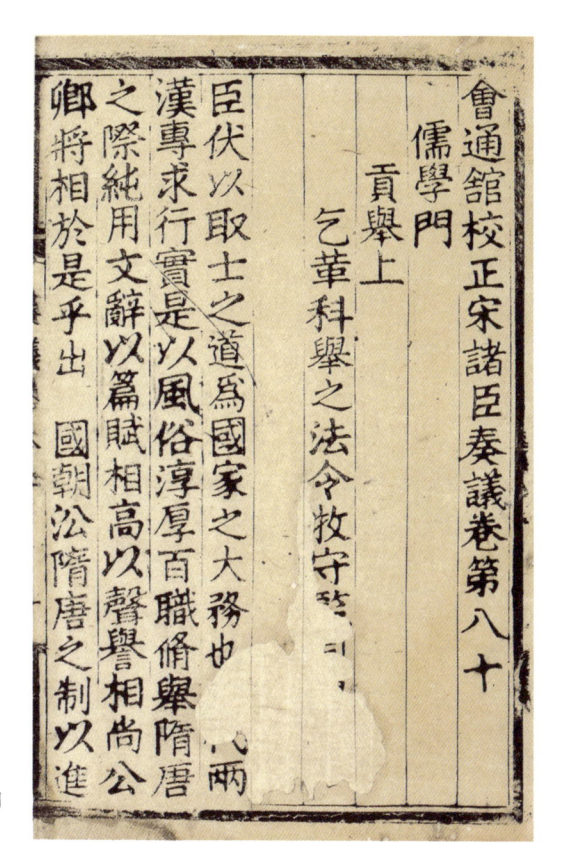

图5.1.1-2 《会通馆校正宋诸臣奏议》,明弘治华燧会通馆铜活字印本

要：此书国董增儒校并跋，清汪启淑、近代宋公威旧藏。明嘉靖锡山安国铜活字印书名闻于海内，此本保存完整，品相上乘，至罕至宝。估价800,000—1,000,000元，成交价2,688,000元。

秦观撰《淮海集》四十卷后集六卷，明刻本，6册。钤印：寿慈堂。提要：此本明弘成间刻，万历递修。十行二十一字，小字双行，四周双边白口，查《中国古籍善本目录》集部别集有明嘉靖十八年（1539）安正堂刻本，与此本行款字数相同，然系黑口，余则均与此本行款相异，且安正堂本全国仅存一部，此书当为孤本存。估价88,000—98,000元，成交价168,000元。

《庆湖遗老诗集》清抄本，1函4册。钤印：陶北溟辉、毓芳、曾在碧琳琅馆藏过、陶良五、恽毓鼎、翔銮阁、员氏家藏、诵芬室传抄秘籍、鼎湖员氏寿庵珍赏。题跋：陶

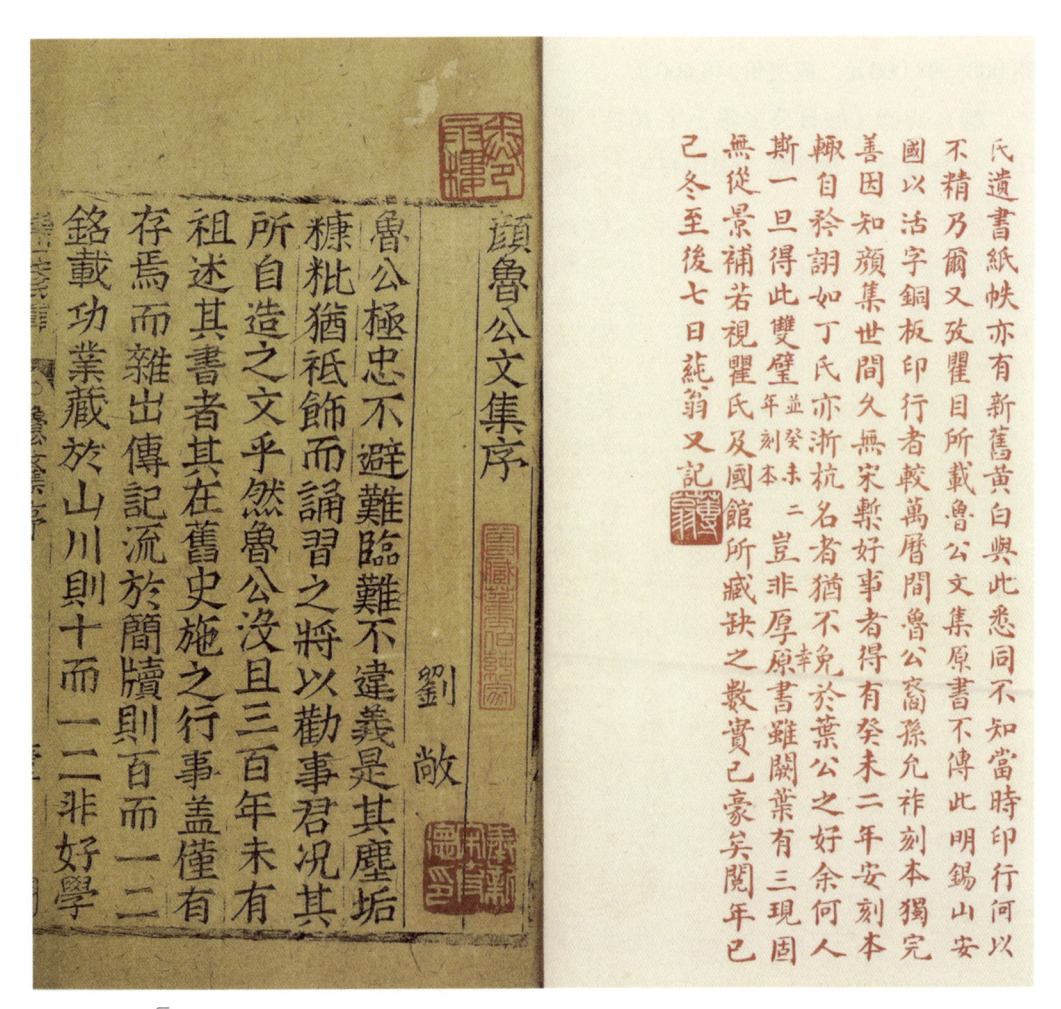

图5.1.1-3／颜真卿撰《颜鲁公文集》，锡山安国铜活字本

光（北溟）。提要：此本清末宣统元年恽毓鼎校。陶光（北溟）跋称：此本同里恽征斋精校，董诵芬得之，乃影宋抄本。恽氏以此本凡二校，末有陶湘借书信一通。估价88,000—98,000元，成交价109,760元。

改琦撰《玉壶山人词稿》，清嘉庆间改琦手稿本，1册。题跋：沈树镛。提要：清沈树镛跋称此本为同治辛未年得于吴门，系顾梦芗旧物。顾梦芗为改琦（玉壶山人）门生。改琦（1773—1828），字伯韫，号七芗、玉壶山人、玉壶外史等，松江（今上海）人。清代著名书画家。著作《玉壶山房词选》，此乃词稿，甚为可宝。估价88,000—98,000元，成交价145,600元。

左庸撰《云根山馆诗集》，清嘉庆间稿本，1册。钤印：慎远堂、合肥李国松印信长寿、合肥李氏集、虚堂藏书印、劼之读记、集虚草堂、盘斋珍秘、木公辛亥以后所得、李藏国松、李国松、含德堂、椿萱书藏书。题跋：姚鼐、赵翼、鲍之兰、鲍之蕙、汪玉轸、王倩、沈璐、金俊、范玉香。提要：此本首有袁枚、王文治序并画小像，姚鼐题跋，赵翼题跋及题词，鲍之兰、鲍之蕙（京江鲍氏才女）、王倩、沈璐、金俊、范玉香等题诗（此等皆随园袁枚女弟子者也），又有王文治手绘云根山馆主人左庸小像。左庸，随园袁枚、王文治第子，号云根山馆主人。估价220,000—250,000元，成交价224,000元。

在这场潘重规藏书拍卖中，韦力先生斩获最丰，两种明代的铜活字印本都收入囊中。后来在2010年春，潘先生后人又将全部藏书倾出，韦力先生犹是买家中坚。其中最为有意思的是得到一部书，对当代红学研究，影响巨大，即2010年春嘉德古籍拍卖图录LOT8403裕瑞撰《蕉香轩文稿》，清嘉庆八年（1803）裕瑞手稿本，1册（图5.1.1-4）。内有钤印：思元主人、裕瑞之印、梦曦主人藏佳书之印、重规、石禅、潘印重规。书内有题跋：法式善、吴鼒。图录提要文字：

> 此本为清宗室裕瑞手书稿本，首有裕瑞手书文稿序，前有潘重规先生《影印蕉香轩文稿序》称："裕瑞笔论曹雪芹及《红楼梦》脂批者尤多，顾独不闻有集传世。"内有法式善、杨芳灿、张问陶、吴鼒、谢振定等人多条跋文。极为珍贵之物。此本似为影印出版之底本。

清宗室裕瑞，字思元，号枣窗。著有《思元斋集》，内含《蕉香轩吟草》《樊学斋诗集》等，自嘉庆七年（1802）至十七年（1812）间陆续自刻行世，而《蕉香轩文稿》未列其中。此书从未单独付梓，直至百余年后为潘重规先生偶得，世人方得以知之。当时审阅数次，内中无一个字涉及《红楼梦》，而且字迹与已知的裕瑞书法不类，而此件

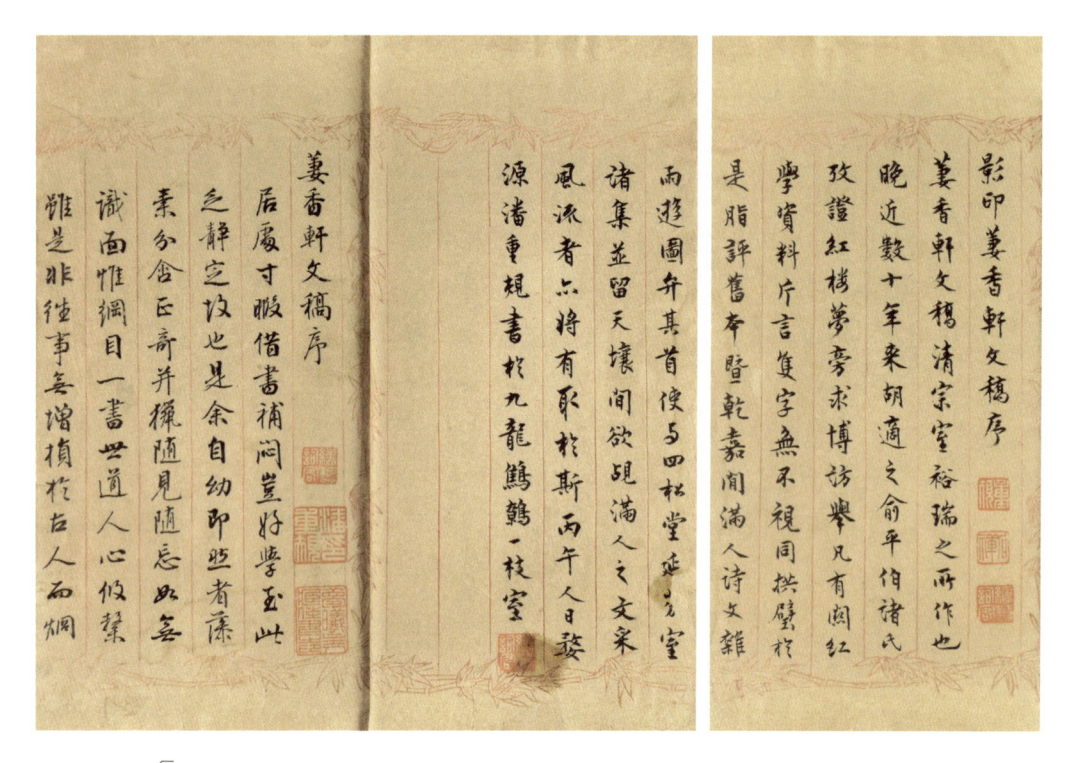

图5.1.1-4／裕瑞撰《姜香轩文稿》，清嘉庆八年（1803）裕瑞手稿本

拍品与经手的陈伯达旧藏《清季学者书札》内的裕瑞书法相同，很是觉得诧异。故而在图录提要中引述潘先生的"裕瑞笔论曹雪芹及红楼梦脂批者尤多，顾独不闻有集传世"表达失望。此本除裕瑞手稿外，每篇文章之后大都有一时俊彦手书题跋钤印，如法式善、杨芳灿、张问陶、吴蓴、谢振定等。潘重规于20世纪影印此书之时撰写长序。序言原文如今已然装订入此书之中。此序言是一篇有关红学考证的极为重要的文章。当代红学界考证派称脂砚斋确有其人，对脂评系统存在意义非凡，依据仅有一个，即所谓的裕瑞"稿本"《枣窗闲笔》。此书无论辞令、笔迹、用印皆与《姜香轩文稿》迥异。客观比对，书内法式善、张问陶、吴蓴批校题跋，皆为真迹。法式善（1752—1813），清代官吏、文学家，别号时帆、梧门。乾隆进士，授检讨，官至侍读。曾参与分校《四库全书》，著有《存素堂集》《梧门诗话》等。张问陶（1764—1814），清代杰出诗人、诗论家，著名书画家。乾隆进士，曾任翰林院检讨、江南道监察御史、吏部郎中、莱州知府，后辞官寓居苏州虎丘山塘。晚年遨游大江南北，嘉庆十九年（1814）病卒于苏州寓所。吴蓴（1755—1821），字山尊。嘉庆四年（1799）进士，官侍讲学士。善书能画，工骈体文。著《夕葵书屋集》《清画家诗史》《墨林今话》《耕砚田斋笔记》等传世。此等皆为乾隆末嘉庆初京城名流，与京师宗室王府关系密切，宗室裕瑞为同时人物，定

有往来。且法式善、张问陶等存世作品多有，证之凿凿，可信此《姜香轩文稿》为真迹，相反《枣窗闲笔》当为伪书。证明脂砚斋确有其人和脂评系统红学的唯一证据被证实为赝品，此结论将撼动红学考证派百年来的立论基石。韦先生得此书后，详细比对，撰写长跋，国家图书馆出版社于2015年将此本影印出版。可称收藏、学术双受益，名利兼得。

2. 波士顿亚洲艺术博物馆藏书专场

美国波士顿亚洲艺术博物馆，是全美著名的州立亚洲艺术博物馆之一，与加州旧金山的亚洲艺术博物馆齐名，其中设有中国部，收藏中国瓷器、绘画。美国的这些老牌博物馆，建馆时间已久，建筑面积有限，因近些年新的出版资料剧增，显得已经不仅是狭小的问题了。一些原来保存的古籍书，不仅缺乏专业的管理人员，同时在使用和研究上也后继无人（图5.1.2-1）。正是在这种情形下，波士顿亚洲艺术博物馆决定，将部分所藏的中国古籍书送回中国拍卖，一方面减轻图书资料室的负担，另一方面可以利用拍卖所得买新的资料书籍。这部分书籍主要是经部、史部和集部的古籍书，以及丛书和类书。总数285部，底价5万美金，按照当时的汇率，约40万元人民币。这些中文古籍均属该馆珍藏，自20世纪初购于中国，由于保存设施完善，条件良好，典籍的品相极为洁净，有相当一部分从未被人批阅。2007年9月16日，中国嘉德四季古籍拍卖，举办了"波士顿美术馆中文古籍拍卖专场"，为此编纂了专场拍卖图录。在预展之时，客流不断，好评如潮，人气极旺，已经预示拍卖的结果一定非同寻常。拍卖开始，场内来客云集，个个摩拳擦掌，准备一试身手。随着第一件拍品报出开叫价位，LOT3501（清）允禄等奉敕撰《钦定仪礼义疏》四十八卷首一卷，清同治间浙江巡抚李翰章摹刊本，2函24册，起叫价1,000元，买家随即应价，一番竞争，16,800元落槌成交价。第一件拍品就以高出底价16倍成交，预示了整场拍卖至少要以十倍的价位成交了。拍卖现场高潮不断，连创佳绩，全场285件拍品悉数成交，为拍卖师赢得了一双拍卖师最高荣誉的白手套，总成交额为635万元。这批品相极佳和文化内涵丰富的古籍，得到了买家的热烈追捧，场内竞价多次达到白热化。如宋代李棠

图5.1.2-1 笔者在波士顿亚洲艺术博物馆藏书室

等奉敕撰《太平御览》1000卷，明万历元年（1573）倪炳刻本，12函120册，为少见的明版，且保存完好，估价40,000—60,000元，现场买家一路追捧，最终以56万元的高价成交。丛书和地方志更是本场拍卖的亮点，备受推崇，一套清康熙四十六年（1707）武英殿刻本的张玉书等奉敕编的《御定佩文斋咏物诗选》四百八十六卷，8函64册，卷数齐全，品相完好，最终拍出39.2万元的高价。

波士顿美术馆中文古籍拍卖专场大获成功，并取得骄人成绩。该专场不仅使藏家看到了真正的博物馆馆藏之品，也为国内博物馆和图书馆提供了一种全新思路。波士顿博物馆将部分馆藏中文古籍委托拍卖，既调整了藏品结构，又实现了资金周转。国外的博物馆重新确定或调整馆藏方向，将部分馆藏品委托拍卖用于调整藏品结构属于常规操作，这也为国内博物馆和图书馆提供了一个很好的借鉴。对于这单拍卖，波士顿美术馆的工作人员认为，即使全部成交，嘉德所得的佣金也不过区区几万元而已。但嘉德公司认为，这单拍卖不在乎人员旅途住宿等费用，最关键的是获得了一个享有国际声誉的博物馆的信任，这种信誉是花多少钱也无法买到的，因此嘉德领导层决定，即使赔本也要做成、做好。试想一下，这轮报纸媒体的宣传所起到的广告效应，需要多少银子！所以，当一位国内的拍卖行老板听说了此事之后，随口就说道，这事赔本也要干。结果是，嘉德既没有赔本，还赚了吆喝。事实上，这单拍卖的结果，将使一些博物馆、大的基金会将嘉德视为收藏品的市场来源，从此也将嘉德视为转让收藏品的市场平台，这才是完整的买卖。嘉德走出的这一小步，却是中国拍卖行业走向世界的一大步。嘉德的信誉和能力，从此赢得了世界的公认。

LOT3501（清）允禄等奉敕撰《钦定仪礼义疏》四十八卷首一卷，清同治间浙江巡抚李翰章摹刊本，2函24册。估价1,200—1,500元，成交价16,800元。

LOT3516（明）张自烈撰、（清）廖文英续《正字通》十二卷，清康熙间刻本，4函40册。估价2,000—2,200元，成交价50,400元。

LOT3520（宋）倪思编、（宋）刘辰翁评《班马异同》三十五卷，明刻本，1函6册。估价800—1,000元，成交价50,400元。

LOT3521（清）何焯等奉敕撰《分类字锦》六十四卷，清康熙间刻本，6函32册。估价4,000—5,000元，成交价53,760元。

LOT3537（宋）李攸撰《宋朝事实》二十卷，清乾隆间武英殿活字印本，1函6册。估价3,000—4,000元，成交价64,960元（图5.1.2-2）。

LOT3578（清）萧智汉辑《历代名贤烈女氏姓谱》一百五十七卷，清乾隆五十七年（1788）萧氏听涛山房刻嘉庆二十年印本，12函160册。估价8,000—10,000元，成交价53,760元。

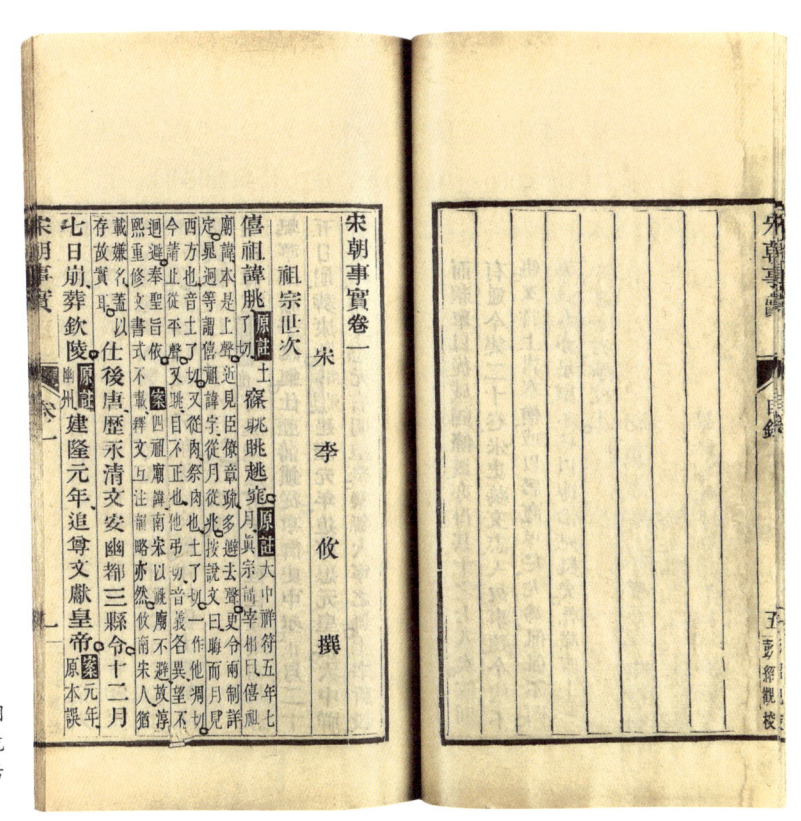

图 5.1.2-2　李攸撰《宋朝事实》，清乾隆间武英殿活字印本

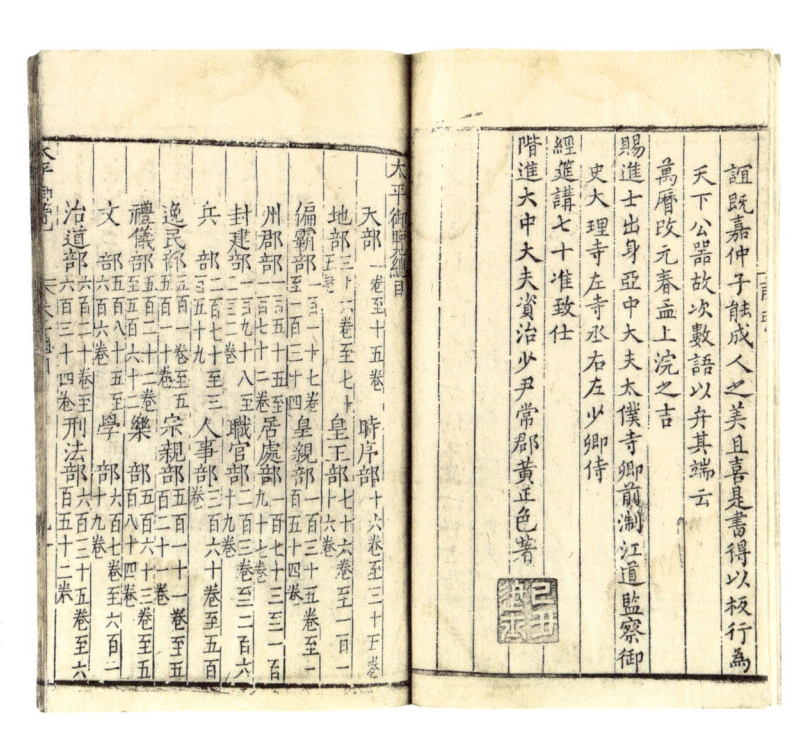

图 5.1.2-3　李昉等奉敕撰《太平御览》，明万历元年倪炳刻本

LOT3587（清）刘灏编《佩文斋广群芳谱》一百卷，清刻本，6函56册。估价4,000—5,000元，成交价53,760元。

LOT3598（清）李光地等撰《月令辑要》二十四卷，清康熙五十五年（1716）武英殿刻本，2函12册。估价8,000—10,000元，成交价112,000元。

LOT3599（宋）李棠等奉敕撰《太平御览》一千卷，明万历元年（1573）倪炳刻本，12函120册。估价40,000—60,000元，成交价560,000元（图5.1.2-3）。

LOT3602清乾隆敕修《四体清文鉴》三十二卷《补编》四卷，清乾隆间官刻本，8函70册。估价3,500—4,000元，成交价246,400元。

LOT3603（清）曹寅、彭定求等奉敕编纂《全唐诗》九百卷，清康熙四十六年（1707）扬州诗局刻本，5函64册。估价3,200—3,500元，成交价112,000元。

LOT3608（唐）白居易撰、（明）马原调校《白氏长庆集》七十一卷《目录》二卷，明万历三十四年（1606）马元调刻本，2函10册。估价8,000—10,000元，成交价123,200元（图5.1.2-4）。

LOT3736（清）鲍廷爵辑《知不足斋丛书》八集，清光绪十年（1884）常熟鲍氏刊

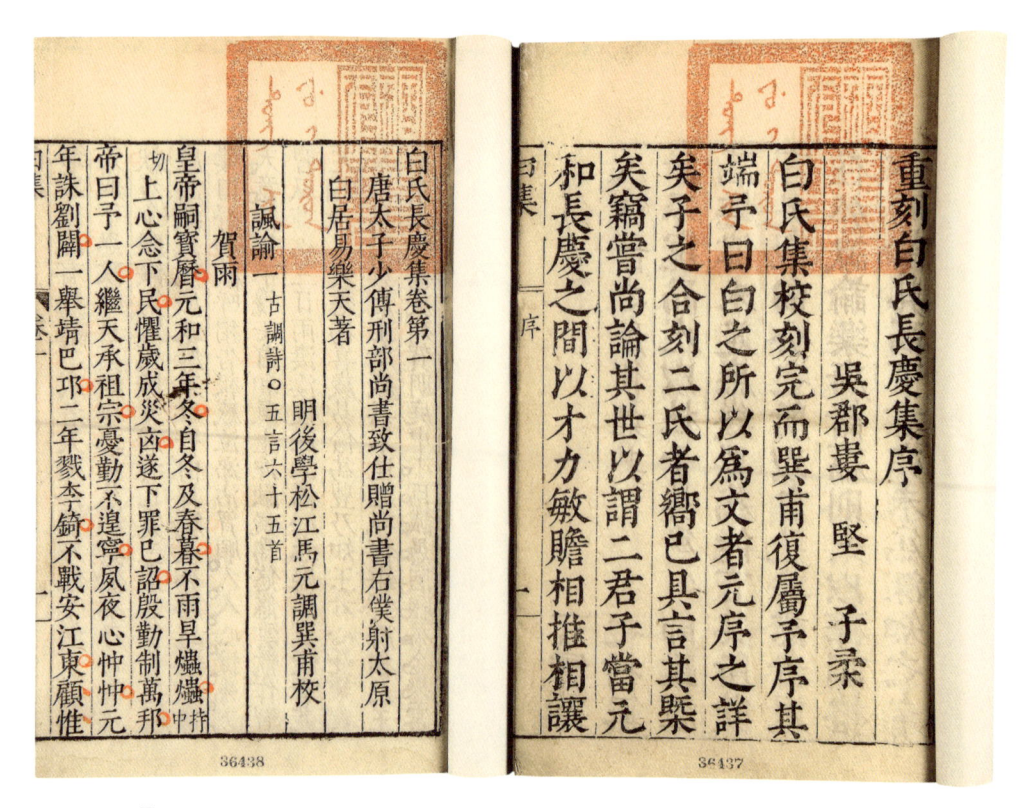

图5.1.2-4 白居易撰《白氏长庆集》，明万历三十四年马元调刻本

本，15函64册。估价8,000—10,000元，成交价56,000元。

LOT3737（清）丁丙、丁申辑《武林掌故丛编》二十六卷，清光绪九年（1883）嘉惠堂丁氏刻本，26函208册。估价8,000—10,000元，成交价212,800元。

LOT3740吴昌绶辑《松邻丛书甲乙编》共二十五卷，仁和吴氏双照楼刊本，2函12册。估价2,000—3,000元，成交价39,200元。

LOT3747（清）张潮辑《昭代丛书》，清光绪癸巳年（1893）世楷堂藏板，31函80册。估价4,000—5,000元，成交价80,640元。

LOT3748（清）徐乃昌辑《随庵丛书》十种、（清）徐乃昌辑《随庵丛书续编》十种，清光绪二十九年（1903年）南陵徐氏水檀栾室影宋元刻本，1函12册。估价15,000—18,000元，成交价72,800元。

LOT3749张均衡辑《适园丛书》十二集，吴兴张氏采辑善本丛刊，24函192册。估价8,000—10,000元，成交价123,200元。

LOT3772（清）曾国藩等修、（清赵之谦等纂修《江西通志》一百八十卷，清刻本，12函120册。估价6,000—7,000元，成交价69,440元。

LOT3773（宋）潜说友撰《咸淳临安志》一百卷，清道光十年（1830）钱唐振绮堂汪氏仿宋重刊本，4函24册。估价6,000—7,000元，成交价42,560元。

LOT3774（清）李鸿章等修《畿辅通志》三百卷，清光绪十年（1884）刻本，24函240册估价8,000—10,000元，成交价224,000元。

LOT3775（清）吕调元等修、（清张仲炘等纂《湖北通志》一百七十二卷，1921年湖北省公署刻本，12函108册。估价4,000—6,000元，成交价112,000元。

LOT3776（清）觉罗石麟修、（清）储大文纂修《山西通志》二百三十卷，雍正十二年（1735）刻本，10函100册。估价5,000—6,000元，成交价212,800元。

LOT3777（清）万青黎、（清）周家楣修《光绪顺天府志》一百三十卷，清光绪十年（1884）刻本，8函64册。估价3,000—4,000元，成交价201,600元。

LOT3778（清）傅玉露等编修《浙江通志》存22卷—143卷，清刻本，4函40册。估价800—1,000元，成交价91,840元。

LOT3780杨士骧、孙葆田等修《山东通志》二百卷，1939年山东通志刊印局排印本，12函128册。估价4,000—6,000元，成交价123,200元。

LOT3781（清）吴坤修等修《安徽通志》二百六十卷，清道光十年（1830）刻本，10函100册。估价5,000—6,000元，成交价80,640元。

LOT3784（清）李振祜修《保定府志》八十卷，清光绪七年（1881）重修本，4函40册。估价2,000—3,000元，成交价47,040元。

LOT3786僧源洪辑《普陀山志》二十卷，清道光十年（1830）刻本，1函4册。估价400—600元，成交价39,200元。

波士顿博物馆此次资料调整，对拍卖的结果并没有提出什么高的回报要求，所以拍卖底价总数仅五万余美金，大约40万人民币，拍卖结果总数为6,353,872元，是原定底价的近十五倍，大大出乎官方的预料。最重要的是这次成功的拍卖，极大鼓励了海外收藏家对嘉德拍卖的信心，并提高嘉德的信誉，是中国拍卖事业第一场完美的国际秀。

3. 严氏萍庐藏书专题

严一萍（1912—1987），原名城，又名志鹏，字大钧，以号行世，嘉兴人。对商周考古以及殷墟甲骨文字别有兴趣和研究。1949年，严一萍持书稿《殷虚医征》求见董作宾，严先生以年轻时学习的中医学基础入手，整理殷墟甲骨文字，别开蹊径，得到董作宾的赏识。由此出入于台湾大学董作宾之研究室，进而至"中央"图书馆、"中央"研究院、故宫图书馆，并得董作宾、李济等指点，学术猛进。严一萍专治甲骨文，多所发明，著作极丰，著有《殷墟医征》《甲骨缀合新编》《铁云藏龟新编》《甲骨集成》《甲骨断代问题》《殷墟书契续编研究》《三代吉金丛书初编》《续殷历谱》《金文总集》《甲骨学》《殷商史记》《陆宣公年谱》等。其《甲骨学》一书，成为学习了解商周考古和甲骨文字的入门教科书，影响深广。1952年，张木舟、顾乃登两人出资创设艺文印书馆，严一萍任总编辑，高佐良任总经理，以出版考古学书著作和影印古籍善本为主营业务。严先生原本喜好藏书，在大陆之时即有藏书，入台后仍有补充，是台湾出版界少见的古籍版本专家，因此选取影印古籍底本，最为精善，"艺文印书馆"成为台湾最有名和最好的古籍出版社。1987年，严先生在美国加州去世。2000年后，经翁万戈先生介绍，嘉德古籍与严先生家眷取得联系。我现在还保存着一份当年从严家得到的书目《萍庐严一萍先生明清刻藏书目》：

《魏书》存卷二十至二十一，1册，宋绍兴刻本

《修辞鉴衡》二卷，2册，元至顺四年（1333）集庆路学刻本

《新刊详明算法》二卷，2册，明洪武癸丑（1373）庐陵李氏明经堂刻本

《班马异同》三十五卷，12册，明刻本

《四书集注大全》，20册，明永乐建阳叶添德家刊刻

《汉书》明正统八年（1443）刻本，1册

《后汉书》明正统刻本，40册

《龟山先生文集》十六卷，4册

《唐元明诗正体》十六卷，4册

《何氏语林》明嘉靖辛亥年（1551）刻本，30册

《通典》二百卷，明嘉靖李元阳刻本，48册

《天中记》六十卷。明隆庆刻本，32册

《左粹类纂》十二卷，明万历刻本，24册

之后陆续零星有出品进入嘉德古籍拍卖。2004年秋季为集中出品的一次，嘉德专门在当季的古籍拍卖图录中辟出一节专题推出。

杨肇祉辑《唐诗艳逸品》四卷，明天启元年（1621）吴兴闵氏朱墨套印本，4册。提要：此本首有杨肇祉原序，天启元年闵一栻识，内名媛集、香奁集、观妓集、名花集全。估价10,000—15,000元。成交价24,200元（图5.1.3-1）。

（汉）东方朔撰《灵棋经》，知不足斋抄本，2册。提要：此本首有刘伯温序，尾有佚名跋，书口有"知不足斋丛书"字样，是为鲍廷博"知不足斋丛书"之底本，知不足

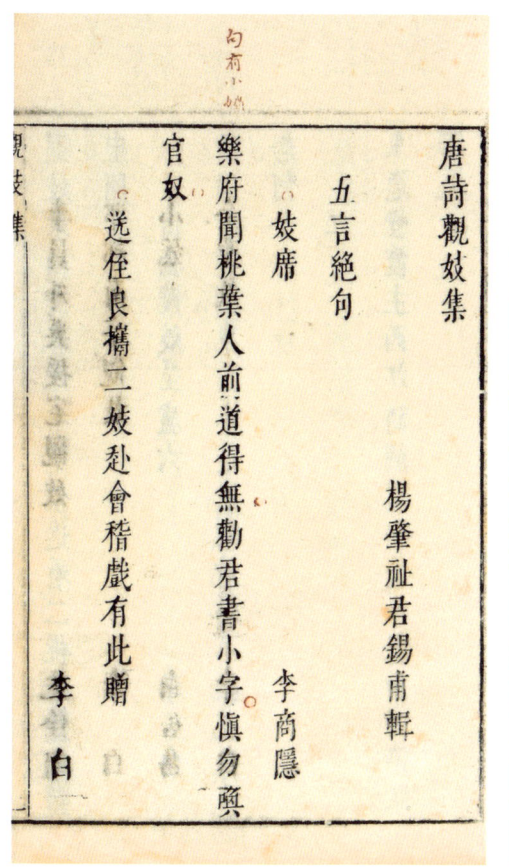

图5.1.3-1 / 杨肇祉辑《唐诗艳逸品》，明天启元年吴兴闵氏朱墨套印本

图5.1.3-2 / 东方朔撰《灵棋经》，知不足斋抄本

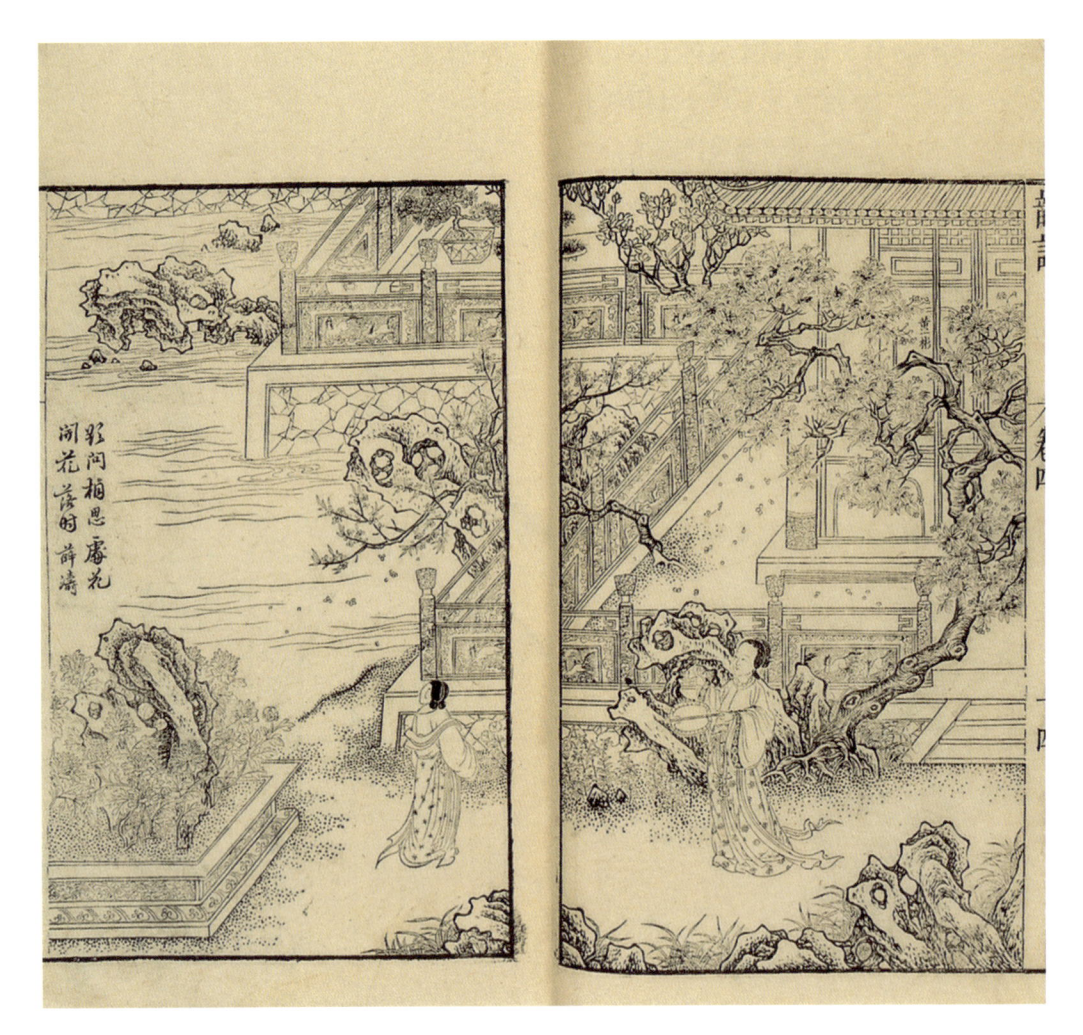

图5.1.3-3 /《青楼韵语》,明万历刻本

斋丛书中有收录。估价40,000—45,000元,成交价55,000元(图5.1.3-2)。

安止斋撰《新刊详明算法》二卷,明洪武六年(1373)庐陵李氏明经堂刻本,2册。钤印:君山逸品(日人用印)、胡天猎隐藏书。此本首有安止斋序,卷二尾有"洪武癸丑春庐陵李氏明经堂刻"字样一行。查国内公藏各家书目,此书未见著录。为中国古代算术著作,颇具资料价值。估价20,000—30,000元。成交价35,200元。

(明)朱元亮辑《青楼韵语》四卷附图,明万历四十四年(1616)武林刊本,4册。是书内有张梦征绘双面连式版画二十幅,为明代徽州著名刻工黄一彬、黄桂芳、黄端甫等刻。此书正文录历代名妓诗、词、曲作品,内中多香艳幽怨之词,画面撷句设景,对离愁别绪、伤春悲秋之情,刻画入微,生动婉丽,意境缠绵。版画绘、刻均极为精美,即使在黄氏刻工纵横版画艺苑的黄金时代，类似作品也不多见。估价180,000—190,000元，成交价462,000元（图5.1.3-3）。

王构撰《修辞鉴衡》二卷，元至顺四年（1338）集庆路儒学郑楸刊本，2册。提要：此本首有元至顺四年王理叙，称此本"郑楸刻之于集庆路儒学"。此书《中国古籍善本书目》著录，仅存上海图书馆一部，是本海外归来，势成双璧。估价15,000—18,000元，成交价63,800元。

《毛诗郑氏笺》二十卷，日本庆长（16—17世纪）铜活字本，10册。钤印：胡天猎隐藏书、秋月春风楼叻氏印。此本日本和田万吉著《古活字本研究资料》P543—544有著录，云有"宽永中所刊"，日本"云村文库""南葵文库"有藏本。估价25,000—30,000元，成交价70,400元。

（宋）倪思撰《经堂杂志》八卷，明蓝格抄本，8册。钤印：曾在林勿权处、历官十三省阅兵四十万侯官林则徐少穆珍藏印。提要：首补有万历潘大复原序，宋宗文节公传，韩崇志。此本全书用"经鉏堂杂著"蓝格抄成，尾有佚存书目，用"经鉏堂重录"兰格纸抄成，卷八后有道光三十年（1850）韩崇借明人影抄宋临安书棚本校勘一过题记。全书韩崇朱笔通校。此本为林则徐旧藏，甚为珍罕。

陆续经手的严氏藏书，与书目相校可知，并非全部。那时先生女儿病魔缠身，但是极为聪慧，还想留看，因而就不动了。书者，可达万物之理，为天地大美，不可予夺也。之后不久，人归道山，藏书也就没有再出必要了。

4. 陶氏"五柳堂藏明人书札"专题

陶贞白"五柳堂藏明人书札"，台湾早年有出版，书名《明清名贤百家书札真迹》，上下两册。这批名人书札包括吴宽、沈周、石谿等文学书画名家，属于很典型的文人收藏，然而收藏者陶贞白的身份却令人大跌眼镜。

陶贞白，即陶一珊，原台湾省警务处处长。江苏南京人，黄埔军校六期毕业。曾是国民党军统中的一位传奇人物，复兴社骨干，军统要员，曾与中美合作所的郑介民、唐纵、毛人凤、潘其武、李崇诗并称为军统六大特务。假如看了此人的特务生涯和从军经历，按说就像一介武夫，怎么看都不像一个玩书札之类文人小品的人，很难想象，此人正是这等文人书札的收藏者。按照胡适先生序言说，他的收藏还不止于此，至少还有清晚期的《刘子重（铨福）短简墨迹》二大册书札。这也许就是人性的怪异之处，丑的喜欢漂亮的，矮的喜欢高的，武夫喜欢和敬重的是文人。2013年嘉德四季第35期拍卖会"古籍善本碑帖法书"专场内LOT4297为陶贞白、丁念先选辑《明清名贤百家书札真迹》，内有陶一珊签名，并有印鉴：秣陵陶氏贞白。秣陵，为南京的古称。

2002年春季，"五柳堂藏明人书札"为出版的《明清名贤百家书札真迹》上册部分，即明人书札部分辗转送到嘉德古籍拍卖，经过整理分类合并，最后厘定为LOT1327—1373，共计47件，组成专题，列入当季嘉德古籍图录推出。我在专题前特加文字介绍：

> 陶氏五柳堂，为江南世胄，家富庋藏。至贞白辈，旁午军门，仍弥笃家中旧藏明清名贤书翰，辗转海内外珍藏。五柳堂所藏明清尺牍多至八百余家，其中名臣硕儒、文士贤达，莫不备焉。1954年曾取选百家，胡适、陈含光、庄严为之序，于右任书签，于台湾影印出版。今于此者仅存明季名贤尺牍，其中吴门大家吴宽、祝枝山，学者焦竑、文嘉、杨一清，高僧石谿等，皆为世之雅好者。至于严嵩、阮大铖等佞臣，亦属罕见之品。陶氏所藏明季名贤尺牍，多有历代嗜好者精鉴，有明之项子京、清之柏成梁等。此等四五百年前名贤，当令后世仰慕、同好者珍重。

五柳堂藏明人书札，原本在台湾收藏界就非常出名，而且，陶贞白身份特殊，又号称晋时文豪陶渊明之后，藏品本身整齐，因此得到了海峡两岸收藏家的青睐和认同，拍卖中也是竞争激烈。

LOT1327（清）石谿书《尝观帖》，清初写本，一开。释文：余尝观旧人画，多有不落款识者，或此内府物也。余窃以为不然。如古人有无名氏之诗，岂亦内府耶？盖其人才艺足以自负，而名有不重于当时者。尝恐因名不重，掩其才艺，故宁忍以无名存之，是不辱所学也。嗟夫，贵耳贱目，今古同病。此卷气韵生动，非近人所及。曾于程青溪司空见僧巨然画，而松毯干大类是，或者云马远之笔，得意者自知骊黄牝牡之外耳。今为元白邓居士藏，居士有文待诏欲雪图，石田仿大痴笔，当与此并珍。辛亥夏五识于幽栖之大歇堂。电住残者。估价40,000—45,000元，成交价82,500元。

LOT1339祝允明书《山居帖》，明写本。释文：山居酒竭，寂落之甚，烦为我到汤家赊两罇来，勿与老官人知也。至祝。至祝。四真契兄。允明奉浼。估价15,000—18,000元，成交价107,800元。

LOT1344吴宽书《虞文靖公帖》，明写本。释文：虞文靖公云：大德延祐间，渔阳、吴兴、巴西，翰墨擅一代。渔阳谓鲜于太常也，及为太常赞云：翰墨轶米薛而有余，风流何其谬耶。余闻吴兴少学思陵，后见太常，始以二王为法，太常死，吴兴谓：世不复有能书者。虽自谦之言，要有所见。此卷《千文》，象逸烂熳，盖出于颠素，岂可以吏习少之。予不知书，姑书前辈定论如此。吴宽。拟晋宋而不作，其称重如此。而或者乃谓其尝作吏有书佐气习。估价45,000—48,000元，成交价148,500元。

LOT1351张弘至书《舍姪帖》，明写本，二开。释文：舍姪归衬，过蒙雅情，仪物周至，使冥漠知感。继辱翰贶，下临鄙远，仰籍古人声远，林壑增气，再览纪胜集，令人倾注无已，转荒僻为名区，真以人胜者耶。所惜琳宫梵宇传言荒怪，似多，非提政教之印者所宜示也。想更垂裕民不朽之绩，人将尸而祝之。生无由预闻，乔迁在即，树立贵及时，翘企不胜，惟保爱是慰是祈。五月廿四日生张弘至顿首。郡伯顾先生年丈知契。素。估价15,000—18,000元。成交价42,900元。

LOT1347严嵩书《七绝二首》，明写本，二开。释文：龙沙西渚石城隈，九日风烟雾色开。帝苑楼台云里见，澄潭凫雁镜中回。青疗渡转桥横木，朱雀航空月映苔。千古风流今独胜，中丞与客泛舟来。松坞顾中丞、吴郡施子仁，携酒邀余自石城沼水西门，经朱雀入通津门，历览诸胜，抵暮而返。昔人九日有登高之会，吾侪周览名都，登舻展席，林郭萦纡，水天空与，亦一胜矣。乃赋近体二章赋之同好，以附囊故事云。嘉靖癸巳秋九月。介溪嵩识。估价80,000—100,000元，成交价221,000元。

LOT1343吴宽书《去岁帖》，明写本，一开。释文：去岁仰荷盛意，不鄙得连姻，好欣幸，何可言。弟老荆遂尔至此，总总多事，失败薄仪，想蒙鉴照必不罪也。向慕之情，非率尔能尽。唯进事不顺，雅怀望悉，委之命勿以介意。是祝是恳，余具别纸。眷末吴宽再拜。宪使亲家大人执事。九月十三日。估价36,000—40,000元，成交价78,100元。

五柳堂藏明代书札得到收藏界的热捧，其中包括上海陈郁先生、台北林伟杰先生等，成交率90%，总成交150万，可称是继顾氏过云楼藏明清名人书札拍卖之后，又一场成功的名人书札拍卖。

5. 荀斋藏书专题

陈澄中先生藏书，除了50年代、60年代和2003年三次转让国家之外，尚有部分藏书存留海外。2007年秋季，嘉德古籍陆续从海外征集陈清华先生部分藏书回国拍卖。由于陈先生藏书的质量，为国内多年罕见，而且具有很大的社会影响，虽然每次数量不多，嘉德古籍在图录设计中，采用不同的纸张底色，以突出陈氏荀斋藏书。这些藏书备受国内藏书界，包括私人藏书家和国家有关图书馆的关注。

2007年5月春季拍卖会LOT2368吴僧文莹撰、虞山毛晋订《湘山野录》三卷《续湘山野录》一卷，明末毛氏汲古阁刻本，1册（图5.1.5-1）。藏印：丕烈、荛夫、士礼居、杨氏海原阁藏、杨东樵读过、绍和筠岩、彦合珍藏、宋存书室。此书清乾隆嘉庆间黄丕烈以宋刻本、元人抄朱本、毛扆校本校勘，以朱笔、墨笔、瓷黄区别，并作题记题跋。民国间，藏园傅增湘先生再校一过。此书为元和黄氏士礼居、聊城杨氏海源阁、江安傅氏双鉴楼递藏。可谓满纸红黄批校，一本流传有序。估价600,000—800,000元。成交价4,592,000元。

LOT2369杨本编辑《校正苍崖先生金石例》十卷，元至正五年（1345）刻本，2册

图5.1.5-1 / 吴僧文莹撰《湘山野录》，明末毛氏汲古阁刻本

（图5.1.5-2）。钤印：陈道复、悬磬室、钱谷、叔宝、谷祥、东吴叶裕图章、镜清阁、黄印丕烈、尧圃、芝楣借观、张印蓉镜、芙川、中吴钱氏考藏印、姚氏宛贞、芙初女史、蓉镜过眼、虞镜鉴藏、张伯元别字芙川、蒋钦、子修、壁经取策、曾藏虞山温滨张本渊家、味经、绍基秘籍、瞿印秉清、瞿印秉沂、瞿印秉和、铁琴铜剑楼、绶珊。题跋：钱谷、叶裕、黄丕烈、顾千里、邵渊耀、张蓉镜、宗汝成、方若蘅、蒋因培、何秉棠、李卿华。提要：此本首有至正乙酉傅贵全序、至正五年汤植翁序、至正戊子王思明序，尾有至正五年济南潘昭跋，尾有朱抄别卷附录一卷。此书为明季著名藏书家和书画家钱谷悬磬室、清代黄丕烈士礼居、虞山张蓉镜小琅嬛仙境、常熟瞿氏铁琴铜剑楼等名家递藏。估价1,000,000—1,500,000元，成交价4,144,000元。

LOT2370 杨倞注《荀子》二十卷，明嘉靖刻本，6册。钤印：士礼居精校书籍、甲子丙寅韩德均钱润文夫妇两度携书避难记、蒋祖诒读书记、密韵楼、蒋祖诒、谷孙、沈岩。题跋：黄丕烈（壬申夏四月）。提要：此本首有元和十三年序，尾有朱抄淳熙八年钱佃识，黄丕烈定此本为翻刻钱佃本也。此本黄丕烈以宋本手校，极精。估价600,000—1,000,000元，成交价1,904,000元。

LOT2371释普济撰《五灯会元》存卷六至卷十,宋淳祐十二年(1252)刻本,5册。题签:袁寒云。钤印:释氏明渐、汪印士钟、阆源真赏、王印定安、毗陵王氏宝宋阁收藏之印。提要:此书现存卷六至卷十,尾有淳熙壬子住山普济书于直指堂跋。此本为袁克文旧藏。估价2,000,000—2,500,000元,成交价4,144,000元。

LOT2372叶梦得著、叶栋模编《石林燕语》,明正德元年(1506)刻本,2册。钤印:西村。提要:此本首有石林山人宣和年序,尾有正德元年监察御史杨武书后叙。书中版刻字体不一,似为后补版者也。估价200,000—280,000元,成交价224,000元。

2007年11月秋季拍卖会,LOT1667《宋元书影》,宋元间刻本,4册。钤印:双鉴楼珍藏印、江安傅氏藏园鉴定书籍之印、傅印增湘、莱娱室印。提要:内收宋刻《丹阳后集》等宋至明洪武间刻《元史》刻本约九十种,内中考订笔迹为傅增湘所书。全书未见印玺,或有残破,当出原内阁大库之物。估价1,600,000—2,200,000元,成交价1,792,000元。

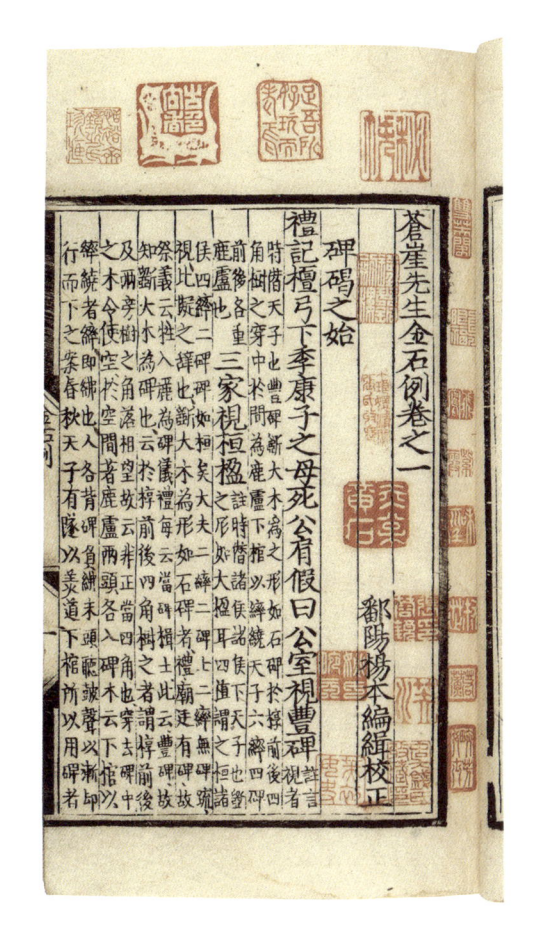

图5.1.5-2／杨本编辑《校正苍崖先生金石例》,元至正五年刻本

LOT1668曾宏父纂述《石刻铺叙》上下二卷，明末徐氏铁砚斋朱格抄本，1册。钤印：毛晋、毛晋之印、毛氏子晋、斧季、汲古阁。提要：此书书口有"徐氏铁砚斋"字样，毛氏汲古阁藏书。估价100,000—200,000元，成交价582,400元。（注：冀淑英先生关于"徐氏铁砚斋"有专门论述。）

LOT1669《松雨轩集》八卷补遗附录，清咸丰二年（1852）劳权精抄本，2册。钤印：宜兴李书勋书记、东安旧史、克文私印、寒云秘籍珍藏、刘好、梅真。题跋：劳权、袁克文。提要：此书为劳权依明嘉靖刻本精抄者，首录有嘉靖十九年陈霆序、景泰池阳柯暹序、宣德张洪序；每卷后过录乾隆间知不足斋鲍廷博题记；尾有劳权辑录方志、诸家文集诗集之补遗、附录。劳权朱笔校勘，瓷黄校改。另有签条校记，字小如粟，亦为劳权手笔。足见此书为劳权用功之作，为罕见"劳抄""劳校"精品。此书为袁克文、刘梅真夫妇收藏。估价600,000—800,000元，成交价1,904,000元。

本场古籍善本拍卖亮点颇多，著名藏家的藏品大受追捧。陈澄中先生旧藏的三件拍品皆以高价成交。其中海外回流的《松雨轩集》八卷，经过一番激烈竞价，以190.4万元人民币的高价成交。《松雨轩集》为清咸丰二年（1852）劳权精抄本。在古籍抄本中，唯有劳抄本和毛氏汲古阁抄本被定为国家一级文物。劳抄本注重学术典籍的收藏，此书抄写用心，小字工楷，艺术价值和文献价值独具一格。《宋元书影》和《石刻铺叙》也分别以179.2万元和58.24万元人民币的高价成交。由此可见，著名藏家的藏品深得市场关注和肯定，已形成了良好的市场氛围。这次专题拍卖，成交价位较之以往又上新台阶，直接将中国古籍善本市场价位推高到一个新的高度。诸如黄丕烈题跋的古籍书，此前成交不过数十万元，而经此之后，直接越上了数百万元的价位。

由拍卖的经验可知，面对着一批估价价位低、藏品质量高、品相好，又有收藏名气和故事的拍品，收藏家是很难抵御这种诱惑的，说起冷静、克制，谈何容易，结果往往都是"发疯"，一定会引起市场的轰动，将市场的价位进一步推高。

荀斋藏书专题拍卖，上海张宗祥先生所得最丰，上海图书馆等各有所获。从文物级别上来看，所有拍品均属一级或二级，不论在哪里，这些藏书都是可以拿得出手的重器。比如说黄跋《湘山野录》，2013年曾入选国家博物馆举办的嘉德二十年大展。

二、海外古籍拍卖经典

1. 玉斋藏《文苑英华》（图5.2.1）

王南屏先生藏书画，收藏界尽人皆知，但是先生收藏的古籍，则外人知之甚少。王

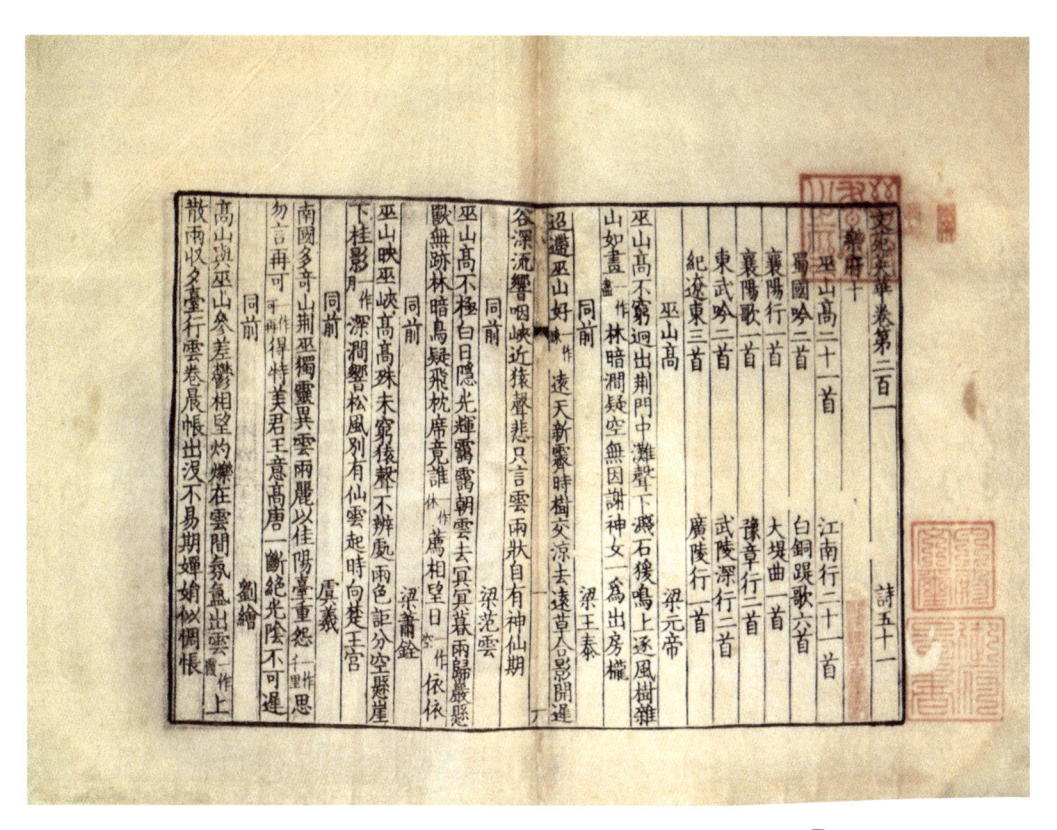

图5.2.1 周必大刻本《文苑英华》

先生后人关注着国内的市场变化和信息，最先将重要中国古籍善本送回国内参加拍卖。

玉斋是王南屏（1924—1985）先生的号。王先生祖籍江苏常州。其父王有林，原在常州开办染织厂，后迁上海。喜欢收藏鉴赏古书画和碑帖，其中碑帖有宋拓《张从申玄静碑册》、宋拓《清华寺碑》，宋元明清书画四百余件。"文革"之后，将九十余件精品捐赠给上海博物馆。王南屏先生自幼受到家庭影响，大学毕业后，师从著名鉴藏家和学者叶恭绰先生，进入书画鉴赏和书画收藏领域。由叶恭绰牵线，王南屏重金购得苏州顾氏过云楼旧藏宋人米友仁《潇湘奇观图卷》（今藏故宫博物院），一时名传上海书画收藏界。后与沪上收藏界庞莱臣、张珩、谢稚柳、徐邦达等过往甚密，也与许多中国当代艺术界重要人物有交往，如张大千等。王南屏先生的书画收藏也迅速积累丰富，堪称上海书画收藏之翘楚。1949年后，王南屏携部分书画藏品移居香港。在20世纪60年代初成为香港最重要的收藏组织敏求精舍的会员。1975年在香港出版藏品集《明清书画选集》。晚年移居美国。1985年1月，王先生在美国斯坦福大学医院做心脏手术失败去世，享年60岁。他临终前将平生收藏的书画部分赠予子女继承。

王先生的中国古代书画收藏海内外久负盛名。然而，对于王先生的古籍善本收藏，最先引起收藏界震动的就是1981年王先生向到港访问的谢稚柳先生提出，愿将珍藏的王安石书《楞严经旨要卷》及宋刻龙舒本《王文公文集》捐赠给上海博物馆，旨在换取在上海旧藏的二百余件明清书画到香港。此案最终报请国务院，经国务院总理亲批之后完成。其中王先生捐献的两件古籍善本，均为王安石遗作。宋刻龙舒本《王文公文集》，系南宋安徽舒城官刻本，为海内外孤本，并一分为二，部分藏日本东京宫内省图书馆，另一部分即为王南屏所藏的残集76卷。王南屏所藏的残集76卷，民国间傅增湘先生在北京曾见，徐森玉即拍摄玻璃版底片藏在故宫博物院，后流至香港。60年代初期，《王文公文集》残卷出现在香港书肆，国家曾有意购回，委托旅居香港的王南屏、徐伯郊经办此事，最后为王南屏购得。本来计划内地筹款再从王南屏手中购回，但十年动乱开始，此事搁置未果。《王文公文集》的珍贵还不限于是宋刻孤本，而在文集的背面，皆为宋人书简及宋代公牍，日本所藏的残卷则无。书简作者多达62人，三百余通。见于《宋史》的有洪适、黄祖舜、叶义问、张运等。内容包括友情回答、官场交际，可补史册之未详。宋王安石书《楞严经旨要卷》，为唐般刺蜜谛译《楞严经》十卷节选抄本。王安石摘录其中观世音发妙耳门，以闻思修，以"三十二应"随机变化，现身说法，获得"十四种无畏功德"一节。卷前录有"大佛顶如来密因修证了义诸菩萨万行首楞严经"经名一行，以此定名为《楞严经旨要》。王安石在卷末自题："余归钟山道原假严经本，手自校正，刻之寺中。时元丰八年（1085）四月十一日。临安王安石稽首敬书。"此卷原在台湾，台北故宫博物院曾见，因无人肯定为真迹，亦无王安石手书墨迹参证，错过收购。后此卷辗转流至香港，为王南屏购进。王南屏病危时留下遗言，此卷将送还内地，不应流落外人之手。1984年，上海市文化局、上海市文物保管委员会联合向文化部文物局呈请示报告。文化部接到后又向国务院转呈报告，并获得了批准。1985年2月，《王文公文集》和《宋王安石书楞严经旨要卷》入藏上海博物馆。所以，王南屏先生藏书早有渊源。1995年秋季嘉德古籍征集的王先生所藏的（宋）周必大刻本《文苑英华》1册、黄丕烈题跋明刻本《铁崖先生古乐府》一部，就是证明。

李昉、徐铉等编《文苑英华》，宋嘉泰元年至四年（1201—1204）周必大刻本，1册。内有历代钤印，南宋皇宫藏印有宋内殿文玺、御府图书、缉熙殿书籍印三枚；明代王府藏印有晋府书画之印、敬德堂章、子子孙孙永宝用，以及郇斋、祁阳陈澄中藏书记、玉斋、南屏珍藏诸印鉴。

民国间著名版本专家傅增湘先生题跋称：

> 按，此书为内阁大库之物，宣统三年清查阁书，移送学部十册，自卷六百一至七百，凡一百卷，今存北平图书馆。此外为淮阳颍川君得四册。此四册中近时归秋浦

周君叔弢者为卷二百三十一至二百四十，归藏园秘笈者为卷二百五十一至二百六十，此册颍川君本以寄余，缘其二百七卷首损失三叶有半，别易一册，此册遂归经腴。闻颍川君尚存留一册，盖天壤所遗，只此百四十卷矣。

此本存卷二〇一至二一〇，与傅增湘先生所记卷数不符。

嘉德古籍拍卖图录提要说明：

宋《文苑英华》千卷，辑南朝梁末至唐代诸家作品，宋太宗太平兴国七年（982年）命李昉、徐铉等编，至雍熙四年书成，历时五载。南宋嘉泰元年（1201）周必大告老家居，遂选派临江军巡辖王思恭督工刻印是书于吉州（今江西吉安），四年告竣。书中唐人作品约占十之九，唐代散佚诗文，多赖此书而得传。且是书今通行者惟明隆庆刻本，隆庆本文字脱误累累，可以此本諟正，故此本学术价值甚高。此本宋刻宋印宋藏，先度藏于宋宫内府，有宋内殿文玺、御府图书、缉熙殿书籍之印，明太祖灭元得宋元内府旧藏，分贻太子诸王，故有晋府书画之印，敬德堂章，即文渊阁之时，是否全佚，已属疑问；后入清代内阁大库时，亦无记录可稽。及至宣统三年（1911）清查内阁大库书移交学部者，仅十册，卷六百一至七百，凡一百卷。此本当在清乾隆间内由阁大库流落民间，归颍川刘氏，凡四册。卷二百三十至二百四十一，转归天津周叔弢；卷二百五十一至二百六十转归北京藏园傅增湘；颍川刘氏自留一册（当为卷二百九十一至三百），此三册今俱收归北京图书馆收藏。仅此一册，民国间转落祁阳陈华清，此本"郇斋""祁阳陈澄中藏书记"即其印记。及至50年代，陈氏善本散出，其大部由中国政府动用国库巨款由香港购回内地，少数仍留民间，此即之一，归香港敏求精舍王南屏，书中"南屏珍藏"印即其印记。此本于1974年承王南屏先生惠借，由香港中文大学中国古典书籍出版委员会整理，影印出版四百五十册，以广流传。

后来经学者研究宋本《文苑英华》，应为现存十五册，非十四册。玉斋所藏此册未见文献著录。然此十五册，均为傅增湘先生过眼，并有题跋，不知何故，著录卷数和册数时，少录了一册十卷。此事原因至今尚不知晓。

尽管如此，这部宋宫旧藏、明宫旧藏、清宫内阁大库旧藏的宋刻本书籍，开本阔大，版面疏朗，字迹墨如点漆，特别是宋代宫廷原蝴蝶装，一派宋代皇家气象。这是保存至今唯一的宋宫原装书籍，而且在书的末叶有小字一行，记录了南宋理宗景定元年（1260），内府曾检查书品，在书册上钤有木记，木记内容为"景定元年十月初六日装褚臣王润照管讫"。此宫装帧书籍人名,是千古唯一的宫廷装帧记录,具有重要的学术研究价值。这部书编入嘉德古籍拍卖图录时,编号LOT129,估价600,000—1,000,000元,这是创中国古籍善本估价记录的善本书,为第一件单册百万元的拍品。当时国家文物政策中,没有对于拍卖境外回流在内地流通的先例,1982年颁布的《文物保护法》第二十七条:"文物出口和个人携带文物出境,都必须事先向海关申报,经国家文化行政管理部门指定的省、自治区、直辖市文化行政管理部门进行鉴定,并发给许可出口凭证。文物出境必须从指定口岸运出。经鉴定不能出境的文物,国家可以征购。"只有出境的规定,无进境规定和办法。因此,如何买卖又成了问题。经过公司方面与国家有关文物部门沟通,1995年4月5日,为加强对进境文物的管理,海关总署和国家文物局共同颁布《暂时进境文物复出境管理规定》。规定文物拍卖企业在境外征集的文物拍卖标的,在境内滞留期一般不超过十二个月,如有特殊需要,应当办理延期手续,延期不得超过6个月。对于旅客进境时随身携带的文物报告海关登记,由文物管理部门鉴定开封,可以免除进口税收。1996年国家文物局又下发《关于一九九六年文物拍卖实行直管专营试点的实施意见》,规定文物拍卖企业在境外征集的文物拍卖标的在境内滞留期一般不得超过12个月,如有特殊需要,办理延期手续,可延期6个月,并且刻制了"C"字头的火漆印。对于旅客进境时随身携带的文物报告海关登记,由文物管理部门鉴定开封,可以免除进口税收。火漆印是国家文物局制定通知海关放行文物的一种标志。"文革"后期,1975年国家文物局为了贯彻国务院1974年132号《关于加强文物商业管理和贯彻文物保护政策的意见》的文件,落实文物商品出口要执行少出高汇、细水长流的方针,刻制了一种六角形鉴字头的火漆印。这种火漆印只管文物出口,文物进口是不适用的。国家文物局根据文物艺术品市场发展的新情况,刻制C字头火漆印,允许流失在海外的中国文物进口,这是一种明智的决策,不只扩大了文物艺术品市场的货源,还吸引了大量珍贵文物的回流。这个新的政策鼓励境外的文物通过市场行为回流,明确规定了凡属于境外回流内地参加拍卖的文物,可以由国内、国外买家购买,如果是国外买家购买,依据进境手续,可以办理出境手续。这就是拍卖国外回流文物的复出境政策。这就成为海外回流复出境政策制定的由来。此后,其他各项,包括书画、瓷器杂项均照此办理。

为了这件拍品的宣传和招商,嘉德古籍第一次专门印制了宣传折页,一纸对开四页,介绍一件拍品。虽然尚属简陋,可是已经具备了后来专门宣传一件拍品的册页雏形。在展览过程中,这件拍品去了新加坡巡展,新加坡当地的报纸对这件拍品也做了专题报道。应该说,这次巡展,对于这部《文苑英华》最后的成交影响甚大。

1995年10月7日下午3点,中国嘉德1995秋古籍拍卖开始,这件拍品毫无疑问是买家最关注的拍品。这是一件国宝级文物,也是一件重要的拍品,同时也是第一件可以复出境的文物，由于没有竞买人资格限制，可以说是海内外客人齐聚，也吸引了许多媒体人到场。当拍卖师报出起叫价50万人民币，场内顿时好几张竞买牌举起，价位迅速攀升，很快就超过了百万，最后以130万落槌，加上佣金10%，最后成交价为1,430,000元。在拍卖落槌的那一刻，场内响起了雷动般的掌声。中国古籍书第一件百万元以上成交记录由此诞生。那时成交百万元以上，是很吓人的高价位，场内的许多人都站了起来，都想看看举到这件拍品的豪客究竟是何许人，而举到这件拍品的买家，非常安静地仍然坐在那里，他就是新加坡的蔡斯民先生。拍卖一结束，媒体界的各路记者立刻群起而上，将蔡先生包围了起来，无非询问是哪里来里的客人，为何要以如此高价购买此书，买这书将有何用等等问题。蔡先生面对媒体，不慌不忙地说，是代理，为马来西亚的客人购买，这件拍品将送给马来西亚总统，作为总统访华的礼物送给中国政府。如此义举，蔡先生回答记者提问时才对外公布。这简直就像爆炸性新闻，立刻成为了竞相报道的主题。

历史真的很会开玩笑，这部宋刻《文苑英华》命运真是多舛，没有等到访华，马拉西亚的这位总统就下台了。因而，作为总统的朋友，竟然没有机会完成这个心愿。也由于诸多因素，这件国宝级的文物再次失去了线索，很是令人惋惜。其实有些善本书，天生就带着一些特立独行的个性，在漫漫的历史长河中，总是忽隐忽现，行踪诡秘，扑朔迷离，让人难以揣摩，就是像黑夜里的流星，一划而过，留下一瞬间的灿烂和闪光，令人惊呼赞叹，而后就踪迹皆无。（宋）周必大刻本《文苑英华》就是这样一部书，真希望它就像哈雷彗星一样，能够继续周期性地展现在世人面前。

人来这世上是有使命的，书也一样，是有灵性的，也许这本《文苑英华》的使命注定是要留在海外，充当中国与世界的文化使者，使命未了，又何必强回，直如当年文姬归汉，作用和意义又何在？不过是平添一点伤感之情罢了。

2. 黄跋《铁崖先生古乐府》（图5.2.2）

20世纪50年代，祁阳陈澄中荀斋藏书欲出售，在香港收藏界引起震动。

陈清华（1894—1978），字澄中，湖南祁阳人。建国前曾任中央银行总稽查师，家资丰厚，富于收藏之乐，尤其喜爱古籍善本、碑帖的收藏。当喜获一部海内外孤本台州宋版书《荀子》20卷时，陈氏将自己的斋号取名为"荀斋"。陈澄中在民国时代，就以藏大量的宋元版孤本闻名于世。大江南北两大藏书家，号称南陈北周。北方是天津的周叔弢，南方就是陈澄中。其藏书之贵重精善，早为藏书界熟知。1949年，陈澄中携藏书重要部分移居香港，其中珍善之本有近两百种。其藏品精华有：北宋国子监本《荀子》，宋周必大刻本《文苑英华》，柳公权70岁写的《神策军碑》，蜀刻本唐人集《许用晦文集》《张文昌文集》《孙可之文集》《新刊权载之文集》《李长吉文集》，宋咸淳廖氏世彩堂刻本《昌

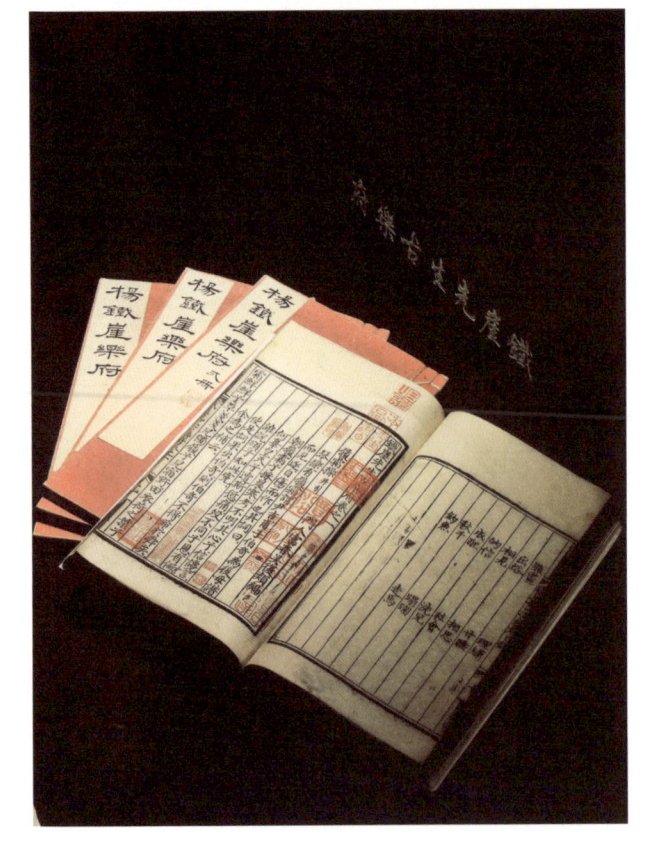

图5.2.2 / 明成化刻本《铁崖先生古乐府》，黄丕烈题跋

黎先生集》《河东先生集》，明嘉靖隆庆间内府抄本《永乐大典》，翁方纲藏宋刻本《施顾注东坡先生诗》等许多宋元善本、明抄黄跋等。陈氏荀斋所藏大多为海内外孤本，而且藏书门类也很齐全，涉及宋元明清各时代版本。

  以往文献关于国家收购陈澄中藏书经过，多有记述。先是香港的徐伯郊先生、《大公报》总编费彝民先生闻知陈氏有售书之意，立刻引起注意。徐伯郊先生是文物鉴定名家、上海博物馆馆长徐森玉之子，家学渊源，知识渊博，书画鉴赏的造诣很高。他长期旅居香港，任职银行界，又是一位大收藏家。新中国建国之初，一批国宝级的文物流入香港，待价而沽。不少外国机构、收藏家携带巨款，聚集香港，觊觎着这批国宝。眼看这批珍贵文物有可能流失国外，周恩来总理下令拨出专款，抢救国宝。1951年春，文化部成立了一个"香港秘密收购小组"。在国家文物局长、著名学者郑振铎推荐下，徐伯郊担任小组负责人，独挑大梁。另有沈镛和温康兰两人从旁协助，负责付款等事。重点收购古籍善本、重要古代书画，以及其他收集不易的整体收藏项目，如整套的古钱币。徐伯郊等将此情况迅速反馈给内地，在国家文物局长郑振铎亲自指挥，北京图书馆赵万里先生赞襄，上海博物馆长徐森玉具体联系之下，由费彝民、徐伯郊先生出面与陈澄中商谈。徐伯郊先生按照郑振铎指示"务请能设法购到"，洽购陈氏藏书，多次往返奔走于陈家，经过反复商谈做工作，于1955年春天，最后达成了协议，国家动用80万元巨资，从荀斋购买了126种宋元版古籍，其中有被誉为"无上神品"的南宋贾似道门人廖莹中世彩堂校刻的《昌黎先生集》、《河东先生集》，钱谦益绛云楼的旧藏宋版《前汉书》、山阳丁氏的北宋拓本《石经》、南宋蜀刻本《张承吉集》、宋刻本《五灯会元》的前五卷等传世孤罕、名闻遐迩的善本古籍。这批国宝级的珍贵藏品收入了北京图书馆。

  60年代初，陈澄中第二次售书，在共和国经济刚刚走出困境的情况下，由国务院总理周恩来亲批，国家拿出了重金（相当于全国大学生一年的伙食费），于1964年将第二批陈氏荀斋藏书收归国有。这一批书中有宋版《荀子》、宋拓《神策军碑》、宋拓《蜀石经》、宋蜀刻本唐人集《张承吉文集》、元刻本《尔雅》、元大德茶陵东山书院陈仁子刻本《梦溪笔谈》等，共计25种，102册。

  国家经过多方努力，动用库帑，于50年代末、60年代初，分两次从香港购回部分荀斋藏书，这是建国后国家动用财政支出购买海外文物的盛举。然而，世人不知的事，在时隔50年后才露出端倪。1995年嘉德古籍从香港中间代理处征集到宋刻本《文苑英华》，继而又征集到黄丕烈题跋、明成化刻本《铁崖先生古乐府》时，学界才知道，在国家出面洽购之前，王南屏先生已经先期购买了陈氏荀斋的藏书。据此可知，陈氏先期将这两部重要藏书出售给王南屏玉斋，此事传出后引起了香港文物界和收藏界的震动。而费彝民、徐伯郊二先生当在闻知此事后，才引起注意。也正是因此，世人才知道了国家两次购买，并非陈氏荀斋藏书的全部，陈氏荀斋藏书数量非常庞大，直至今天也未售罄。

1995秋季嘉德古籍拍卖图录LOT600杨维桢著、吴复类编《铁崖先生古乐府》，明成化五年（1469）刘效刻本，4册。钤印：高士奇、荛圃、士礼居、黄印丕烈、宗湘文珍藏印、孙原湘、钱氏竹汀、钱竹汀、吴陵侯、玉照、席氏玉照、旭庭眼福、曾藏张蓉镜家、蓉镜、芙初女史蒋祖诒读书记、谷孙秘籍、祁阳陈澄中藏书记。题跋：孙原湘、黄易、黄丕烈、孙鋆、张蓉镜、姚畹真。提要：明初"文妖"杨维桢，其咏史拟古之作，"高者或突过古人，其下者亦多坠入魔趣"，文采映照一时。此本纸光莹洁，墨彩飞腾，海内存不过三，稀如星凤，难得可宝。兼黄荛圃藏并跋，及黄易、高士奇、孙原湘、孙鋆、姚畹真、张蓉镜、蒋祖诒等明清名家收藏，可谓集名家收藏、题跋、题诗三绝。估价90,000—120,000元。

这是黄丕烈题跋本第一次出现在嘉德古籍拍卖场，国家文物定级将黄丕烈题跋本（简称"黄跋"），一律定为一级文物。但是，收藏界对这类高文物等级的版本，当时的认识和准备显然不足，因此在拍卖过程中并无激烈竞争出现，兆兰堂主人赵先生以成交价88,000元竞得。十年后，当陈清华藏黄跋本《湘山野录》《校正苍崖先生金石例》等拍卖成交，价位都已经超过四五百万了。

先人一步，结果可知。这就是范例。

3. 相府藏书《昌黎先生集》（图5.2.3）

1998年5月9日上午9时，中国嘉德1998春季古籍拍卖开始，其中LOT1193为《昌黎先生集》，南宋淳熙改元锦谿张监税宅刻本，6册，内有钤印：稽瑞楼。估价550,000—650,000元。

此书为宋刻孤本，是翁同书一支的藏书，1949年随翁同龢旧藏一并流出海外，也是常熟翁氏藏书首现国内的拍卖市场。

1996年底，嘉德在天津征集之时，来了一位长者，道骨仙风，颇有气度涵养，称家有宋本，询问可否拍卖。我在与其交谈中闻听得来人姓翁。于是问道：敢问先生与翁之熹先生有何关系？来者称：是令堂大人。由此与翁氏家族取得了联系，并知道此书现在美国，有送回国内拍卖的意愿。从这时，嘉德古籍已经在冥冥之中感到，碰到了前所未有的重要机遇了。随后，嘉德古籍一直保持着与翁氏家族的密切联系。嘉德1997春季拍卖时，翁万戈先生来到北京，在昆仑饭店嘉德拍卖预展现场，与我进行了短暂的接触和交流。翁万戈先生，原是翁之熹先生之子，为翁同书一门后人，后来过继到翁同龢一支门下。早年读书毕业于上海，后到美国，经历极为丰富。1948年解放战争正酣，翁先生

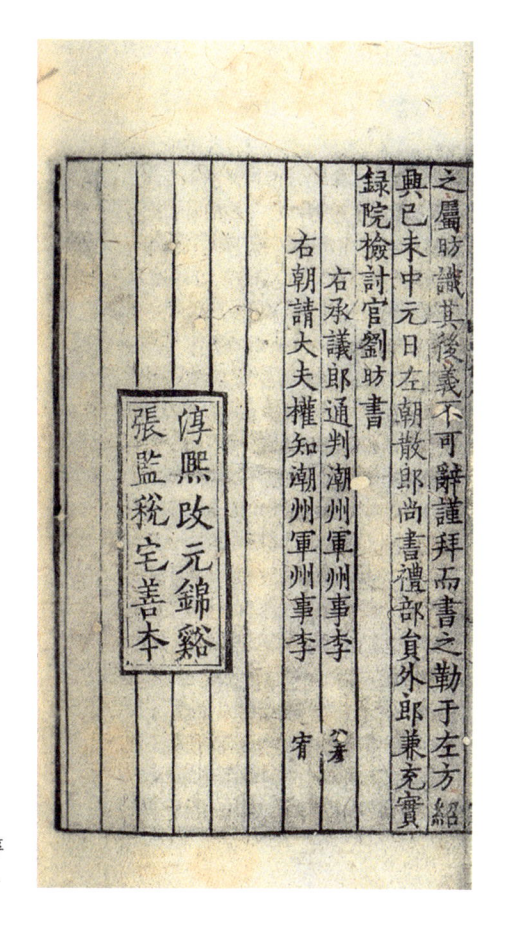

图5.2.3 《昌黎先生集》，南宋淳熙改元锦谿张监税宅刻本

为避战祸，将存放于天津的翁氏藏书运往海外，并曾最早于美国的苏富比拍卖公司创建中国书画拍卖业务。对中国古代书画多有研究和建树，著有《陈洪绶》等。翁先生经历复杂，经验丰富，见识极广，办事一板一眼，认真细致。在考虑翁氏遗产问题上也是异常小心谨慎。为了解嘉德公司及国内的拍卖市场，翁先生专程到京约我一谈。在简短的交谈中，翁先生凭着知识和经验，很快就大体了解了中国嘉德和国内的拍卖市场情况，并将随身携带的一些有关翁氏藏书的资料送给嘉德古籍参考。事实上，我在国家图书馆工作期间，了解一些翁氏同书后人翁之熹的捐赠情况，赵万里先生亲赴常熟翁氏老宅彩衣堂，只言片纸都拉回了北京，包括旧账本、旧笺纸、旧报纸和期刊。但是，对翁氏藏书在海外的保存情况，由于各种原因而不甚清楚。经过这次约谈，嘉德古籍的专业水准得翁先生认同，而翁先生的资料令嘉德古籍了解了现存海外翁氏藏书的大体情形。在此之后，嘉德古籍开始与翁先生直接进行联系和沟通，由此打开了嘉德公司进入翁先生海外丰富收藏的大门。

很多古籍收藏家，在拍卖场里经常可以看到和竞拍到一些来历有名的藏书，并且以为这些拍品来得很容易。其实，这是错觉。可以说，拍卖征集所得的每一件重要拍品都是来之不易，往往都要经过或是许许多多的考验，或是漫长的等待，或是反反复复的磨合。只有做到每一步都令这些老收藏家满意，才有可能获得成功和回报。可以说，与翁先生的接触和交流，就是在这种严格的计划和安排下，一步一步接近和融洽的。更应该明白，这些老家大家，并不缺少生活所需的费用，关键是要了解和满足这些生活在海外的老华人的想法和意愿。北京昆仑饭店的约谈之后，嘉德古籍与翁先生开始了直接的联系和对话。

1997年5月26日拓晓堂致翁万戈先生：

……

前在北京昆仑饭店与先生匆匆一晤，诸事均未能细谈，非常遗憾。拿到你送到的书之后随即细作功课，实为海外漂流如此之众的中国善本书感到惊憾。尤其是先生所藏的这十三种，这批书无疑均属学术、文物价值一流的藏品，在中国古代善本书史上占有一席之地，可惜在西洋文化氛围中，不能充分实现其价值，实为遗憾之事。因此晚生斗胆，敢问先生可否有意将此批藏书，陆续或整批"送"回国内，此实乃晚生的企望，也是民族之幸事，中华文化之幸事。如果有意，晚生定当为此倾尽力量，让这批宝物回到汉文化圈以壮民族文化之光辉。

……

藏书之聚散，本是司空见惯之事。但总以民族文化者为先。当年陆心源皕宋楼藏书，为日人席卷而去，成为国人至今痛心疾首之事。然而50年代，经郑振铎先生之手，陈清华先生将二十余种善本书在香港转售中央政府，此事至今仍颂为美谈。国家文化单位虽财力有限，但凭晚生近年所结识的企业界、金融界人士，完全有力量成此大事。当然具体办法，晚生迫切希望能与先生有机会再面谈。

所述言不尽意，确属内心感受，可能多有冒犯，敬请谅解。

1997年5月29日翁先生先生致拓晓堂：

四月在京，蒙在百忙中抽出时间坐谈，甚感。顷收得您5-26传真，其后又有电话，多谢多谢。我五月初归后，因事又远行，至几天前始返家中安居，倦极，未能立即作复，歉甚。

……

我对于此批书非常重视，正在写一较全部之目录（而且较细及略有深度地写），可能在三年内完成印行。先生愿尽力使"这批宝物回到汉文化圈",我当然毫无异见。我明年五月必须回国,先到北京,将《昌黎先生集》一种亲自带来(此点舍弟翁××必与先生面谈一切),至于整个收藏的归宿问题,我们那时可以长谈。同时,在我休息好,精神体力恢复原状后,当将书目等等资料陆续寄上。

1997年8月间,公司总经理王雁南女士有到美国的行程,我建议王总可以拜访翁先生,并将翁先生的身份、翁氏家族的历史、翁氏的收藏重要性向王总作了说明。并且为王总的莱溪(翁先生的美国宅邸号为"莱溪居")之行做安排,并希望王总此行能够将翁先生已经答应送回国内的《昌黎先生集》带回北京。

1997年8月30日拓晓堂致翁万戈先生:

您前此两次给王雁南总经理的传真,王总均已转告,详情悉知。非常感谢您给王雁南女士此行所作的指示和安排。

……

另外,我公司明年的拍卖计划,大致定在1998年4月间,因而,准备工作将在1998年1月间完成。先生曾允言,将《昌黎先生集》明年初送回大陆,在时间上您觉得是否有问题,或可请王雁南总经理将此书带回国内,此时如能在美办妥,将不胜欣慰。

1997年9月11日翁万戈先生致拓晓堂:

王总经理昨日中午到达,午餐后在舍下长谈,然后至本镇小旅店晚餐,该店即当晚王女士的宿舍。今晨九时又聚,我已将《昌黎先生集》面交王女士,请她带到北京。

……

兹有请者,得此传真后,请用电话通知舍弟。在王女士回北京,您收到此书时,请传真示知,以慰远念,先此致谢。

王雁南总经理在莱溪受到翁先生及夫人程华宝的热情款待和细致安排,此事王总已有文章说及。在王总回京后,《昌黎先生集》安全送抵公司,我也刚好出差回京,看到了翁先生的藏书和传真,即刻回复。

1997年9月17日拓晓堂致翁万戈先生:

前此出差在外,先接九月十一日传真,闻悉王雁南女士在美旅行顺利及先生将

《韩集》委托带回北京，甚慰。并遵嘱即行知会翁××先生，尽请放心。王雁南女士今日到达北京，所托带之《韩集》已按国家有关规定办理手续，安全送抵敝公司，特此告知，以免悬念。日后，我将与翁××先生联系，办理具体有关合同事宜。非常感谢翁先生对我公司的信任，并希望我们首次合作成功。再谢先生对王雁南女士此行的安排与接待。

此书到北京之后，我着手开始撰写文章，介绍这部书来历不凡、难得一见的宋刻孤本书，并在1998年第1期《嘉德通讯》刊出小文，翁先生看到后非常满意，随即发来传真。

1998年4月10日翁万戈先生致拓晓堂：

多谢数日前传真，今日收到《嘉德通讯》1998年第1期，更清楚，且有色彩，甚佳。您对《韩昌黎集》的研究既简练，又中肯，佩服之至。愚见认为台北故宫博物院之昌彼得先生（或台北"中央图书馆"）应对此有浓厚兴趣，大可补其所藏两部之不足，不知您已将通讯寄去否？

这部翁氏所藏的宋刻孤本书，版本收藏极佳，且为海外回流文物，按照国家政策规定，海内外均有机会参与竞拍的权利和机会。因此，这部书在当时预展过程中就得到许多买家的关注和咨询。在拍卖开始前，我已经拿到了一份委托，给出了最高授权叫价，是图录中此书低估价的近一倍，也就是100万元整。因此在拍卖之前已经心里有底，肯定可以拍出，只是竞争能够到达什么高度的问题了。在拍卖过程中，竞争激烈，价位不断攀升到高估价之后，实际上就成为两家在竞标，一边是委托，另一边是在场内，双方剑拔弩张，互不相让，叫价直冲百万，结果场内的买主先叫到了100万，委托的最高限额也是同样的价位，按照授权我已经无力再继续下去了。拍卖师不断地重复着100万的报价，委托已经示意放弃，就在拍卖师落槌之时，就在场外的委托人进场自己举牌示意再加一万，报出了101万的叫价，这时场内的买主竟然停住了，拍卖师以101万落槌，加上佣金，最后成交价为1,111,000元，高出了原来设定的底价一倍，成为嘉德古籍拍卖以来，继宋刻本《文苑英华》之后，第二件上百万级的拍卖纪录。这个案例很有意思，通常情况下，买家给拍卖公司的委托授权出价最高限额，作为拍卖公司通常不能越过一步，就是多加1元钱也不可以，但是真正的买家常常会越斗越勇，多一万两万并不会太在意，只有在这种情况下才会出现诸如此案的结果。现在看来，场内的买家也是代理人，即行业里说的"dealer"，他们真的很碰巧，所拿到的竞买此标的最高授权也是100万，在场上和委托谁先叫到了100万，谁就有可能大获全胜，回去领取应得的酬金。但是，代理人也有高手，对于出资金主的授权额度会灵活掌握，往往在授权额度之上再加叫一两口，就这小小的一两口，也许就是压倒竞争对手的最后那根稻草。场内的代理人原本已经胜券在手，忽然间形势逆转，无奈在转眼间就成了败军之将了，此行只能两手空空地回去交差了。拍卖结束后，我回到公司即可起草了传真。

1998年5月21日拓晓堂致翁万戈先生：

> 我公司'98春季拍卖会已于旬日前结束，古籍善本专场的拍卖情况，以及您所提供的拍品《昌黎先生集》拍卖成功的消息和报道，在美国、中国大陆等报纸上已经有报道，不知先生是否已经得知，顺便电传美国华文报道一份，供参考。
>
> ……
>
> 晚生以为，今春《昌黎先生集》拍卖成功，原因有三。其一，先生对我公司的信任与合作，拍品与资料按时到位，奠定此次拍卖成功的基础；其二，嘉德公司在人力智力财力方面的投入，多方宣传、运作及招商，拍卖成功是嘉德公司努力工作的回报；其三，中国古籍善本其价值只有在中国，才有如此巨大的关注和重视，特别是翁氏世藏中国古籍善本书，多年来备受国内文物界、收藏界的关注。这是此次拍卖成功最重要的原因。总之，此次拍卖成功是文物界、收藏界对翁氏一门多年护持这批重要文化遗产的肯定，也是对先生与嘉德公司初次合作，将这部中国古籍善本送还故里的肯定。不知先生是否有此同感，还请先生见教。
>
> 真诚希望，先生与嘉德的这次成功合作仅仅是一个开始，更望能今秋再度合作，再获成功。
>
> 奉告迟迟，还望先生海涵。王雁南总经理顺问先生安好。

《昌黎先生集》拍卖成功，就此与翁先生建立了良好交往的开端，嘉德公司隔着太平洋，已经在遥望整个翁氏旧藏的古籍善本和更为丰富的翁氏收藏了。

4. 研易楼藏婺本《尚书》（图5.2.4）

我喜欢与朋友聊天，海阔天高，东南西北，漫无边际，随性所驰，有闲工夫的朋友喜欢我，而有正事的就往往会觉我的谈话经常跑调，很耽搁工夫。我知道有这毛病，可是这是性格使然，谁能有办法改变人的性格，更何况改变人的性格又有何益，因此我从来也没有想改变自己的性格。在我看来，聊天有时也会带来惊喜，我不止一次就是通过聊天截获难得的藏书信息，从中受益匪浅。沈氏研易楼的信息，就是一例。

1998年夏，我们应美国华人朋友之邀，到芝加哥参观。那是我第一次到芝加哥。两

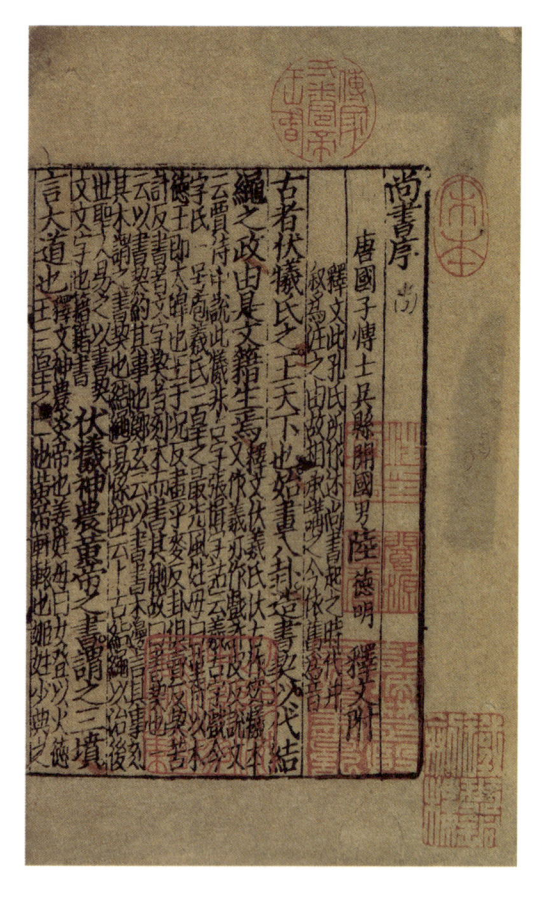

图5.2.4 婺本《尚书》

天参观，都是在这位美国华人朋友L先生的陪同下，最后的项目就是到他家里做客。这位朋友喜欢玉器，东拉西扯的，直到后来才说到我是侍弄古籍的。他说道，有一位同学，家里有古籍书，在台湾很出名，曾经给台北故宫捐赠过古籍书。我问道：他姓什么？回答说：姓沈。我说是沈仲涛吗？回答说：是。我顿时就乐了。沈仲涛的故事，我是熟知的，因为故事太传奇了。

据说有一日，台北故宫来了一位老先生，说家里有许多古籍书，想捐赠。可是，这位老先生没有来历，名不见经传，因此没有人相信他会有什么惊人的东西，没有重视。后来老先生回去后多次催促，台北故宫才派人去老先生家里，本是一次应付差事，结果大吃一惊，老先生竟然保存着数量众多的宋元名刻，于是赶紧向领导汇报，将老先生的古籍善本拉回台北故宫。这位老先生就是沈仲涛。拉回到台北故宫的古籍善本书，经过整理，最后出版了一本书《"国立"故宫博物院沈氏研易楼善本图录》，我曾经托台湾的朋友得到了一本。书中内容着实惊人。

通过聊天，最后联络到沈先生后人，并首先看到了这部婺本《点校重言重意互注尚书》。初见这部书时，将这部书翻来覆去地仔细看了一遍，确认宋刻婺本无疑。之后我问起，沈仲涛先生临去世前，曾将所藏的宋元善本，悉数捐赠台北故宫，此书为何没有捐赠？沈氏后人告诉我，这是在老先生捐赠以前，沈氏后人结婚时，父辈送的礼物，当时也不知道是什么书，直到老先生捐赠台北故宫之后，才知道父辈收藏的东西都很珍贵。我说，是的，很珍贵，非常珍贵。只是这等珍贵的书籍留在美国，没有人知道，也不能发挥它的文化作用，让人可惜。沈后人问到它的价值，我也如实以告。沈氏后人要回去商量，再做决定。次日，沈氏后人再约，并告诉我家中还有一些其他的东西，可否一并看看，我说可以。于是第二天又从家中带来了几个箱子，全部都是书籍类的。逐一将箱子内的书打开看过，发现绝大多数是与易经和术数有关的书，遂将观后感觉告诉沈氏后人。沈后人说这些书，是老先生自己喜欢的书，在捐献时没有捐给台北故宫。老先生去世后，这些留在家里的书就搬过来了。我到这时已经明白，沈先生的藏书楼号称"研易楼"，这些书真是沈仲涛先生研究用的书，是他的精神支柱，所以不在捐赠之列。此外还有几件书法手卷，很是离谱，有仓颉的鸟篆、李斯的篆书等，应该都是后人从旧帖中临摹的。我对沈氏后人说，这些东西都是临摹品，东汉时中国才有蔡伦造纸故事，仓颉、李斯都是秦以前，哪里有这样纸张书写的书法。

沈家最后决定将这些研易楼旧藏古籍善本全部交给我，其中包括婺本《尚书》。我随身携带婺本《尚书》回北京，其他数量太多，不可随身携带，通过快递邮寄回国。全部在2003年秋季拍卖会拍卖。

2003年秋季嘉德古籍图录将著名收藏家沈氏研易楼藏书共四十余种LOT1704—1752，辟为专题，并在图录中专门对沈氏研易楼藏书做了简单介绍，介绍文字如下：

浙江山阴沈仲涛先生，承先祖乾嘉高士沈复粲先生（鸣野山房）庭训，贤昆仲并酷爱度藏群籍，喜研《周易》，多所发明，因颜所居曰研易楼。先生于20世纪三四十年代供职沪上，于战乱之际，着意蒐求诸家散出古籍精粹，如虞山瞿氏铁琴铜剑楼、吴县潘氏滂喜斋、江安傅氏双鉴楼、聊城杨氏海源阁之物，累藏宋元明珍本至数千册。除1949年因太平轮沉没，损部分佳椠，其余五十余部宋元善本，及明清佳刻抄本，1980年悉数慨然捐赠台北故宫博物院，共计九十种，1169册，可谓精重。1986年台北故宫编纂《沈氏研易楼善本图录》以彰先生数十年调护之伟功。此批古籍随先生起居，不在捐赠之列，为先生平日研读之物，共计四十九种，后出异域，今从海外征集至此，惟望海内外学林及收藏界重之。

LOT1705唐陆德明撰婺本《点校重言重意互注尚书》十三卷，宋婺州地区刻本，

6册。内有钤印：宋本、铁琴铜剑楼、汪士钟印、阆源真赏、陈仲鱼象、陈仲鱼读书记、传家一卷帝王书、彭城楚殷氏读书记、瞿秉渊印、瞿秉沂印、瞿秉冲印、得此书费辛苦后之人其鉴我、山阴沈仲涛珍藏秘籍。著录：《铁琴铜剑楼藏书目录》。估价1,350,000—1,450,000元。

常熟铁琴铜剑楼旧藏的天下孤本婺本《尚书》，是一部学术价值极高，藏书界闻名遐迩的善本书。此本恒、桓、慎、敦皆避宋讳，当系南宋光宗绍熙之后刻本。藏书历八百年，迭经名家收藏。此书明末清初为钱遵王收藏，后归陈仲鱼，再归汪士钟，最后到瞿氏铁琴铜剑楼。此本经著名学者陈仲鱼校阅，认为与唐石经和相台岳氏群经本一致，且其中的孔传胜于今本，所附释文可以校正今本。于是此本学术地位凸显，成为明中期以来藏书界尽知的著名刻本。且此本为婺州地区所刻，海内外孤本，可称天壤珍惜之物。此书藏瞿氏铁琴铜剑楼四代，其间曾于庚申之时，辗转江湖，应有天佑，虹月归来。直至1915年，著名古籍善本专家傅增湘先生还在瞿氏府宅见到此书，之后遂不见踪迹。谁曾想竟然保存如此完好在美国，这是令人有点匪夷所思。

我带着婺本《尚书》回京后，在京的一些古籍善本专家纷纷来公司鉴赏。在拍卖过程中由于是委托人竞买，这部书以成交价1,870,000元拍出，但始终不知背后的买家究竟为何人。直到数年之后，台北故宫博物院举办"大观"宋代文物特展，事先我并没有看到出版的图录，在参观展览时，忽然看到婺本《尚书》也在展出之列。我对随行的王雁南总经理说，这是咱家的孩子。王总说，真的吗？没有弄错吧？我说此乃天下孤本，怎可能有错。于是我们赶快去买了几本新出版的《大观》特展图录，翻开一看，第二十一件，P185著录，说明文字里果然写道：

> 此本也许一直随先生起居，故不在捐赠之列。2003年的秋季，此书忽现拍卖市场，本院遂不惜重金求之，终得与沈氏其他藏书精华共处一室。

读到这里，已经可以知道当年是台北故宫博物院从嘉德拍卖场中竞得，这也圆了台北故宫博物院沈仲涛先生旧藏完整的梦。可惜的是当时我无法说明此本的来历和故事。看到这里，我们都很高兴和自豪，拍品能在此展出无疑是对我们的辛苦工作的最高奖励和肯定。

5. 胡适先生存陈独秀等书札

谁都不曾预先想到，中国的古籍拍卖会促成国家文物政策、法律法规的进步和变化。

1949年以后，官僚资本被没收，国有制取代了私有制，同时对民族资本进行工商改造。在这种大的政策主导下，通过公私合营，将原来的私营书铺合并成为专业的国家所有的古籍书店，统一经营。新建立的古籍书店，在体制上略有不同，有的是独立的机构，如北京的中国书店、天津古籍书店等，有的是附属于当地的新华书店，如苏州古籍书店等。在各地的古籍书店建立之后，近两千年以来形成的传统古籍经营模式戛然而止了。

随着改革开放，1994年国家调整了文物经营政策，在特定的条件下，准许拍卖国家的一、二级文物。继而，随着经济发展与2008年制订颁布了国家《文物法》和《拍卖法》，有了正式的法律，取代了原有的一些政策法规。最重要的一条，就是将1994年以来的一、二级文物购买的有关政策取消，即"根据国家有关文物之法律及规定，此作品仅限于国家博物馆、图书馆竞投购买，欢迎企业及个人竞投购买后捐赠于国家博物馆、图书馆"，在新的《拍卖法》中规定：国家具有优先购买权。新《文物法》颁布后，国家优先购买权如何执行和实现，没有先例。恰在此时，一批重要历史文献出现在嘉德古籍拍卖场里，这就是2009年春季嘉德古籍拍卖的《陈独秀等致胡适信札》（图5.2.5-

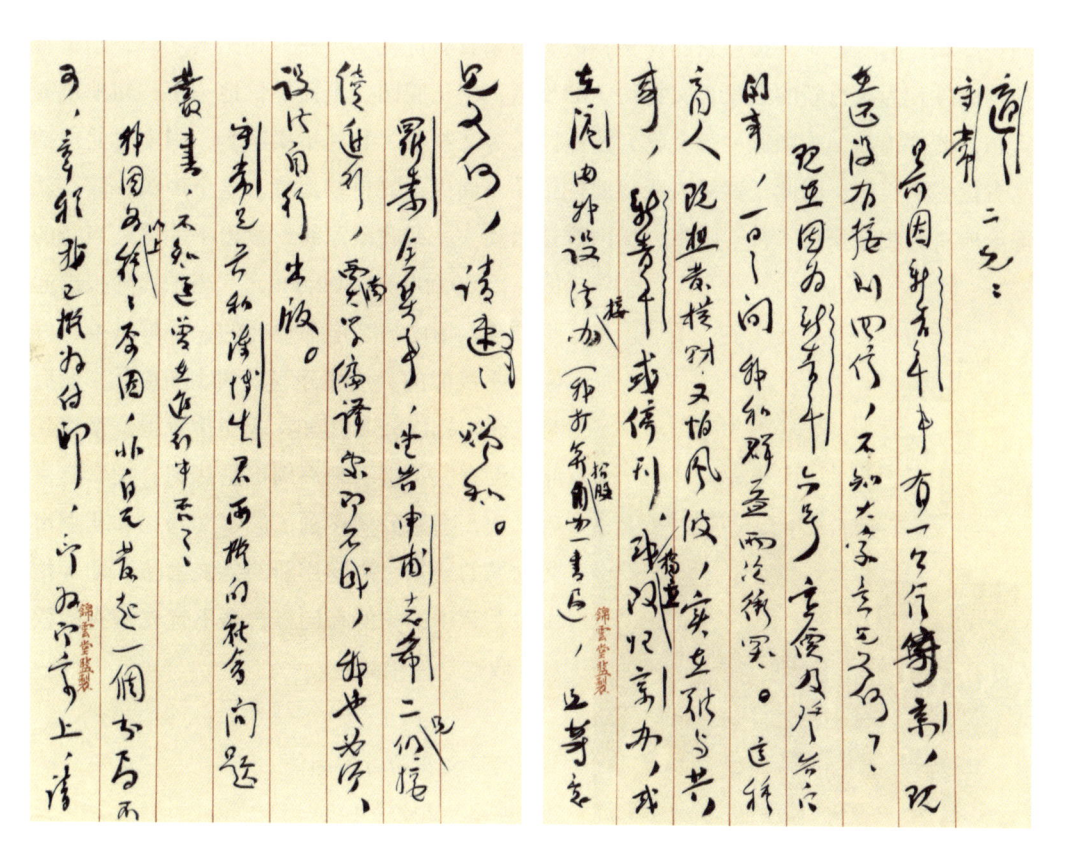

图5.2.5-1 / 陈独秀致胡适、李大钊书札

1），共十三通，绝大多数为1919年至1921年新文化运动时期，关于《新青年》杂志的资料。这批书信直接出自美国华府的胡适先生家属（图5.2.5-2），来源可靠，涉及的人物，都是五四前后新文化运动的中坚，声名响亮，影响深远，因此立刻引起了强烈的反响。我也在拍卖图录中，撰写《胡适先生存札序》：

  绩溪胡氏，徽州郡望。近世哲人胡适先生，即是绩溪明经胡氏后裔。先生尝云，此身非吾有，一半属父母，一半属朋友。故一时文人，皆称适之朋友，以为自豪。
  此胡适先生存友朋书札，为新文化运动大纛陈独秀十三通、维新先贤梁启超十一通、文学巨匠徐志摩三通。尤以陈独秀致胡适、李大钊等书札为要，系关于1918年至1920年间新文化运动和五四运动的重要历史文献。
  斯人今俱已去矣，问题与主义皆成太古遗音，唯此容忍异己意见与信仰的私谊文字，如金石镌勒，令后人仰观嗟叹。

这批书札被定为国家一级文物，引起了收藏界的高度关注和兴趣，包括民间收藏家和一些相关的博物馆。按照新的《文物法》国家具有优先购买权。在拍卖之时，拍卖师拍到此件，为执行新的国家《文物法》的规定，字正腔圆、不慌不忙地一字一句地重复宣布，此件拍品，为国家一级文物，按照国家《文物法》和《拍卖法》，国家对此件拍品有优先购买权，因此，竞买人购得此件拍品一周内不能付款提货。这个声明，简直就像给所有的收藏家打了肾上腺素，场内群情激动，一些收藏家纷纷欲出手一搏。当时的估价1,500,000—1,800,000元，当拍卖师报出起叫价后，场内的、电话委托的，一阵哄抢，好像不要钱似的，应价迅速直冲到500万，最后为电话委托以5,544,000元成交价竞得。事情到此还没有完，接下来一周更是热闹。拍卖结束后不久，嘉德公司接到了国家文物局和北京市文物局的通知，决定用新的《文物法》和《拍卖法》赋予国家的在同等价格下优先购买的权利，收购这件拍品。

国家文物局司室函件
博函（2009）14号
关于接收"陈独秀等致胡适信札"的函

图5.2.5-2／笔者在华盛顿胡适故居前

中国文物信息咨询中心:

根据我局《关于优先购买"陈独秀等致胡适信札"的函》(文物博〈2009〉625号),我局决定征集中国嘉德2009春季拍卖会古籍善本专场第2833号拍品"陈独秀等致胡适信札"(共计十三通27页)。根据国家珍贵文物征集工作程序,现请你中心与中国嘉德国际拍卖有限公司办理该批文物的交接工作。专此。

2009年6月11日(国家文物局博物馆与社会文物司公章)

抄送:中国嘉德国际拍卖有限公司

国家文物局博物馆与社会文物司2009年6月11日印发

于是嘉德公司据此函,正式通知了竞买此件拍品的得主,又引起一段不快。购买此件拍品的买主,是名闻京城的藏书豪客之一,曾经以150万竞买购得王国维手稿《曲录》,以280万买下郭沫若、闻一多《管子校注》手稿,闻此在心里是不能接受。此番将所有财力都用到血拼这件拍品上了,剩余下来的梁启超、徐志摩等致胡适书札,都无心恋战,晃晃枪棒也就撤了,没有买到。可到此时的这种结果,好似买到的鸭子又飞了,就像是陪人玩了一场,陪太子读书,自己一无所获,连打委托电话的费用都没有处出了,别提心里多么憋屈。但是,这是国家的法律,没有商量。我对这位收藏家说:当相关的法律健全起来,对他的收藏也是一种保护。万一某天,这位收藏家的藏品拿出来拍卖,就有法可依,自己的利益也可以得到保障。如果国家能走上正常的法制轨道,将实现多方的共赢。

现在这件拍品已经在中国人民大学的博物馆里收藏了。从多年来国家对拍卖公司拍卖、转让的文物来看,古籍和信札是比较多的,这是因为对于国家而言,艺术品收藏远不能与有助国家法制、历史、思想、文化的典籍相比,珍贵的文献资料,对于国家的法制建设和文化建设,以及传统教育的作用和意义重大,所以国家在典籍方面屡屡出手,有其原因所在。

这次以优先购买权出手,是中国两千年以来文物古籍市场中破天荒的第一遭,以往市场的基本规则是,先到先得,谁识货谁得,谁出高价谁得,现在不同了,国家优先购买权高于一切。这件"陈独秀等致胡适书札"就成为第一案例。法律条文的实施,通常都会有实施细则。当时国家的《文物法》和《拍卖法》没有国家优先购买权的相关规定。《文物拍卖管理暂行规定》第十六条规定:"国家对文物拍卖企业拍卖的珍贵文物拥有优先购买权。"此规定是国家文物局根据《文物法》《拍卖法》和《中华人民共和国文物保护法实施条例》等有关法律法规制订,并参照了国际通行的做法"国家优先购买权"。而这次拍卖可以说是第一次行使和动用了国际通行的惯例赋予的权利,实现了拍品的市场价格认定，尊重了委托人的利益，同时也让国家的相关法律条文实现了落地，有了基本的流程和操作方法。这个经典案例，成为中国拍卖行业和文物收藏领域的一个标志性事件。

第六章

大宗转让经典传承

在一些特殊情况下，藏家也会通过拍卖公司为中间人，不经过公开拍卖，经过询价和商议直接转让，将古籍善本直接出售给买家。这就是拍卖公司的转让业务。目前世界上的各大拍卖公司，都有这项服务业务。

转让是拍卖公司的一项重要的补充性的经营项目和经营形式。这种通过中间人的转让，宣传上也可以编制出版图录、举行展览，唯独是不进行公开拍卖，而是在宣传过程中直接了解客户的出价。按照委托人的一些附加条件，买卖双方可以见面，也可以不见面，视买卖双方的意愿，由中间人左手牵卖家，右手牵买家，出售给最为满意的买家。这种转让经营方式的优点在于以下几点：

第一，一些收藏家一生殚精竭虑，费尽周折，收藏到了一批藏书，或本人在晚年，或是其后人不忍零散出售，希望能够有国家或大型机构整体收购，保存不散，可能学术价值会更高。当然，如果市场出现了一批古籍善本，其学术和文化价值足以令某些国家的图书馆或博物馆感兴趣，也会与拍卖公司进行直接接触商谈。这样重要的古籍收藏，或者单品，或者整批，对于国家的一些重要博物馆和图书馆收藏具有重要意义，间接地利国益民。

第二，如果是大宗转让，就是一批全部成交，避免了部分成交留下的麻烦问题。不论一位收藏家名声多大，其藏书中总会有些一般的藏书。在市场中总会有一些挑肥拣瘦的现象存在，好的挑走了，不太好的可能就流标了。剩下的就很难办了。

第三是标的底价极高，市场能否接受，委托人和拍卖人都没有绝对的把握。对于一些极为罕见的、极为珍贵的、价位极高的善本书来说，经不起流标的影响，这会对这些善本书带来不好的影响。本来很好，结果流标，会从此带上流标的不良市场记录。拍卖是一个十几秒钟就会决定成与不成的经营方式，同时也是一个大型的活动，存在着很大的偶然性，因此流标不能完全说明标的的真伪问题和底价问题。但是，流标在行里说来，就犹如背负了一个标记，由于这个标记，这件拍品再进入市场就要打折，至少三折。因此对于一些文化价值和文物价值特殊，以及市场价值甚高的拍品，拍卖公司和出品人有这种顾虑时，就会采取不公开拍卖的直接转让方式，以免不良记录的出现，对标的影响不好。有良心、负责任的拍卖公司，不会贸然公开拍卖，不愿因拍卖标的流标给一件或一批重要古籍善本打上不良印记。

第四，卖家和买家有一些特别的要求，都希望整体转让或者购藏，甚至有些卖家指定买家，排除其他竞标者，为满足卖家的特殊要求，通过私下协商转让，是唯一的途经。不论转让交易成功与否，对转让交易标的本身没有消极影响。

海内外的大型拍卖公司都有这项业务。近二十年间，嘉德古籍陆续经手一些类似的大宗转让，有些成功转让，有些没有成功。其中主要的有以下诸宗经典：

一、翁氏藏书转让上海图书馆

"史在他邦，文归海外"，这是著名学者郑振铎面对古籍流失时写下的慨叹。新中国成立前虽然国内有识之士极力敦促政府抢救和保护中华古籍，奈何国弱民穷，政局动荡，虽心有余而力不足。郑振铎、张元济等学者以个人之力收购古籍，虽然在阻止珍本古籍流失方面贡献巨大，但毕竟独木难支。古籍文献是中华民族在数千年发展历史中创造的文明成果的载体，是中华文明绵延数千年的历史见证。许多文明古国由于缺乏典籍，其历史研究中想象和猜测的成分很大，而中国则完全不同，我们的历史是有大量典籍明确记载的。海外古籍的回归将使中国历史的发展脉络更加完整。所知的海外最大一宗私人保存的古籍善本藏书，就是常熟翁氏藏书。

通过1998年春翁氏旧藏《昌黎先生集》拍卖，嘉德古籍方面大体了解了现存美国的常熟翁氏藏书概况。在美国普林斯顿大学葛斯德东方图书馆就职的艾思仁先生，曾经对这批藏书做过系统研究，整理出版了《翁氏藏书目录》，在葛斯德图书馆的馆刊上发表。目录所列的全部藏书有八十余种，宋元秘本、稿抄珍本居多。1987年近代著名版本学家傅增湘之孙傅熹年赴美国考察，并趁当年圣诞节的假期访翁万戈莱溪居所藏翁氏遗书，回国之后，傅熹年在国内的期刊《书品》杂志1989年第3期发表《访美所见我国善本书籍简记》，将在翁先生府上看到的这批藏书，写进了在美国看书的经眼录，使学术界对翁氏藏书进一步了解。与此同时，他联络国家图书馆的著名版本专家冀淑英女士等，促成文物出版社将翁氏藏书的部分宋版孤本影印出版，冀淑英先生为每一部影印出版的书撰写了序言。

嘉德古籍成功拍卖翁氏旧藏《昌黎先生集》之后，与翁氏家族的联系逐渐多了起来，其中最重要的内容就是与翁先生反复商讨，是否有可能将其在美国的全部藏书送回国内，而且希望这批珍贵的古籍善本，能够留在中国大陆，不要再流失海外。

1998年7月9日拓晓堂致翁万戈先生：

> '98春，承先生的信任与支持，将宋刻本《昌黎先生集》送回国内参加我公司古籍拍卖。经过我公司的多方宣传和运作，使《昌黎先生集》拍卖成功，也使翁藏中国

古籍善本得到了各方的关注，都希望能继续看到翁氏家藏的高质量、高水平的善本书回到国内。我也一直认为，通过公平公开的竞买，使翁氏所藏的善本回到国内，不仅给国内收藏以机会，而且也是完成收藏转移的最好方法。况且，翁氏所藏的这批重要中国古籍善本能够回流中国，也不负翁氏一门六世珍藏的初衷。

目前，'98秋季我公司的拍卖会，正在拍品征集中，我们非常希望能够得到您的支持。……

同日翁先生回复传真：

……今秋九月七日将回到北京，小住数日，于十三日飞沪。在京期间，当与先生联系畅谈。此刻并无处理古籍计划。适自纽约归来，大都会博物馆及华美协进社为庆祝我八十寿辰，开展览及设宴甚为热闹，（此）刻正在休息中，一切面谈。顺颂暑安。请代问候王总。

翁先生办事井井有条，对于这批祖上留下来的珍贵古籍善本藏书的最终处理办法，是要经过深思熟虑，才会做出最后的决定。因此，嘉德古籍起初并不了解翁先生的真实想法，包括整体转让，选择归宿，即接受转让的图书馆或博物馆。这就是翁先生常说的有锦囊妙计。直到1998年9月间，翁先生到北京后，一席长谈，才大体知晓了翁先生的想法。这种想法，在这年的11月间正式转达给了嘉德公司。

1998年11月14日，翁万戈先生传真致王雁南、拓晓堂：

……关于家藏善本古籍，我对处理的方式，现在有所决定，即：（一）希望这整个收藏不分散（《昌黎集》是例外，因为它是不属于我）；（二）愿这收藏归入一个一流的永久性机构（到了私人手中，聚散就难说了）；（三）要得到一个相当大的整笔数目（美金）。为了达到这三项目的，最有可能的是在公开拍卖以外，取直接磋商的途径，这在此间大拍卖行，如苏富比、佳士得等，都在公开拍卖以外，也执行这项业务。拍卖行在此情形下，就变成个中间人，应付贵公司在成交后的酬金，可与拍卖时的办法相同。

如果原则上贵公司认为可行，请用传真极简单的答复，即称"此函所提办法，可以考虑"即可。然后我愿将详细条件以专函奉闻。同时，如果贵公司有另外的构想及方式，可以使我达到上页所述的三项目的，我当然十分欢迎提议。

这是一个重大的决定，也是翁氏藏书回归的重大契机。接到翁先生的传真后，公司立刻进行了研究，认为可以接受这些原则，随即回复了翁先生。自此之后，与翁先生的联系逐渐转入以转让方式进行运作模式，即不进行公开的拍卖，也不对私人收藏家出售。这种方式可以说是中国拍卖行业建立以来第一次，也是数量最大、文物等级最高的一次。在国外，这种运作模式已经非常成熟，而对于建立刚五年的嘉德公司来说，是头一遭，完全没有过往的经验和知识。从这之后，与翁先生联系的内容开始具体到转让的内容，包括转让的数量、物品、估价等等细节之上。直到次年年中，具体方案和有关事项基本敲定，前期的准备工作已经就绪，在此情形下，1999年6月中旬，王雁南总经理再赴美国莱溪居，与翁先生面商一些最后的问题。

1999年6月15日，翁万戈先生致拓晓堂：

> 本月王总经理光临寒舍，畅谈甚欢，当时未能将敝藏古籍善本单全部面交，所以现在附上一份，包括82种，已补足前单上未列之抄本27种供参考。如有问题，请示知，当即奉复。王总经理已谈及想到的各项细节，返京后想与拓先生商议后赐一出售办法草案，然后双方可达到书面的了解，以利进行。

正式起草翁氏藏书转让合同的工作由此展开，除上述的转让内容、数量、价格、付款方式、佣金、接收人资格等，还有转让授权的期限、转让区域限制等等。到7月9日，翁氏藏书转让合同草案拟出。

1999年7月9日，王雁南致翁万戈先生：

> 近日，我向公司主要负责人介绍了您准备委托我们转让您的重要收藏的消息，大家深感荣幸。对于您如此重要的收藏，我们有充分的信心选择到安全、可靠的转让对象。公司也已决定，将此事作为1999年的头等大事来办……
>
> 附后的合同书两页，仅是一份草稿，请您指正。

此后近两个月间，就委托转让合同的代理时间和地区、受让者资格的确定、关于藏品运抵北京的时间、转让价格及付款方式等达成共识。

1999年9月7日，翁万戈先生致王雁南总经理：

> 到此为止，我想双方已到达签约的地步，贵方如能将7月9日的草案，按照这两个月中来往商讨而同意的各点参加进去，赐下一个修订的"合同书"，那我们就可以开

始正式合作了。

1999年底，临近千禧年之际，翁先生签署了一个重大的合同《翁氏藏书转让合同》，将所有现存在美国的古籍善本书，除了一种陈洪绶《水浒博古叶子》，因研究和撰写《陈洪绶》一书需用暂留之外，其余全部送回国内。翁先生提出了一些特殊的要求，其中主要内容三条：一是所有送回国内的古籍善本书不是拍卖，要求是直接整体转让，不可拆分挑选；二是必须转让国家公共图书馆，对于图书馆的管理和典藏条件，翁先生要先期视察和认可；三是有转让底价。对于翁先生提出的这些条件，包括底价，经过分析之后，以为合情合理，嘉德方面迅速表示认可，于是很快就转入了运作程序。

按照合同规定，2000年初，隆冬时节，翁先生夫妇携带全部藏书，从美国的东北深山老林出发回国。闻知此事，身在新泽西州普林斯顿大学的艾思仁先生，专程驱车近千公里，赴翁先生莱溪居，帮助整理包装，为这批藏在美国已经半个多世纪的中国古籍善本送行。翁先生夫妇将随行的一部分最珍贵的古籍善本挑出来，手提登机，其余部分托运。在得知先生回国的时间和航班消息之后，公司方面联系了有关方面，派出工作人员直接到机场入境处等候迎接。翁先生夫妇出现在入境审查处时，在外面已经看见，可是就是不让翁先生进境，很是奇怪。按照规定不能过去帮助，只能静候。大约二十多分钟之后，翁先生夫妇才被允许进关。我赶忙迎上去接过先生的手提行李，问何故拖延这么长的时间。翁先生笑道：海关认为护照有问题。再问是什么原因，先生说护照登记先生的出生年月是1915年，时值先生85岁，海关看翁先生相貌如此年轻，而且还手提着这么多的行李，相貌精神和力量都不像是位85岁的老人，因此认为护照有可能是假的。于是请示领导，会同研究审验，经过一番折腾，最终还是没有找到破绽，这才放翁先生过关。翁先生说完这段经历，令人大笑不止。的确翁先生当时的面相和精神头真的让人惊奇，如果要说年龄也就是像一位65岁老人而已。先生头脑思维敏捷，声如洪钟，饭量超常，非吾等可比。

嘉德公司在翁氏藏书到北京交接之后，立刻向主管部门文化部、国家文物局，以及图书馆和博物馆通报，包括国家图书馆、上海博物馆；立刻着手开始编撰《常熟翁氏藏书图录》，王世襄先生题写书名，上海科学技术文献出版社出版，并在公司所在地建国门恒基中心的会议室举办了小型的专门展览。在此期间也邀请了国家有关的政府机构和学术机构，先后观摩这批藏书。其中有时任国务院秘书长的马凯，国家文物鉴定委员会主任启功，故宫博物院朱家溍、徐邦达，国家图书馆冀淑英、丁瑜，文化研究院王世襄，北京市文物局章津才，国家文物鉴定委员会傅熹年先生等国内古籍文物顶级专家，这批藏书获得了极高的评价。（图6.1-1，6.1-2）同时上海图书馆古籍部研究员陈先行

图6.1-1 / 启功先生、杨新先生在预展看书

图6.1-2 / 傅熹年、翁万戈在嘉德预展看书

先生也闻风从上海专程赴京，参观翁氏藏书。之后，国家文物局、文化部组织有关专家进行论证。嘉德公司副总经理寇勤先生负责政府的公关，工作卓有成效，于2000年1月18日向国家文物局、文化部发出了《关于美籍华人翁万戈先生拟将珍藏中国古籍善本送回大陆拍卖的情况报告》。

2000年2月，国家的有关学术机构的任继愈、张岱年、季羡林、周一良、启功、王世襄、朱家溍、宿白、金冲及、谢辰生、冀淑英、傅熹年等12位泰斗级学术专家人物，联名上书国务院及主管文教的国务院副总理李岚清，请予国家资金支持，将这批珍贵的古籍善本留在国内。（图6.1-3）

信中有这样的文字：

> 有些书是学人仰望而不知其存否的有很高学术价值的善本，以国内标准论应属国宝级重要文物，是包括我国国家图书馆在内的国内外图书馆所无的珍籍。其珍稀程度和价值超过美国所有图书馆所藏中国古籍之和……
>
> 为此冒昧陈词，若国家能于公开拍卖之前慨拨帑金，设法购归，则即可为国家图书馆充实所藏，又可以具体事实在国际上弘扬改革开放以来党和国家的文化政策。

然而，在北京方面会同各方专家论证研究之时，迅速做出反应的是上海方面。时任上海博物馆副馆长的汪庆正先生，是海内知名的博物馆专家和中国古代瓷器研究专家，在筹建上海博物馆新馆建设中，功绩甚伟。外界通常都将汪先生看成博物馆专家和瓷器专家，其实不然。我与汪先生有一些工作关系，而且多承先生的关照，有时也会谈一些工作之外的话题。在我看来，汪先生是我的前辈，是古籍善本的前辈。汪先生曾经与我聊天，说过他给当年上海博物馆徐森玉馆长当秘书助手时的故事，以及得益于徐森玉馆

图6.1-3 季羡林等八位专家致李岚清等建议国家购藏翁氏藏书的信件

长的栽培。徐森玉（1881—1971），名鸿宝，字森玉，浙江吴兴（今浙江省湖州市）人。中国著名文物鉴定家、金石学家、版本学家、目录学家、文献学家。少读家塾，后就读于著名的白鹿洞书院，中举人。光绪二十六年（1900）考入山西大学堂，深得学堂监督（校长）宝熙赏识，常邀一同鉴赏古物，奠定徐先生日后成为文物鉴定家的基础。毕业后曾任清廷学部图书局编译员。民国建立，历任北京大学图书馆馆长、故宫博物院古物馆馆长、北平图书馆（今国家图书馆前身）采访部主任。1937年七七事变前后，参与主持故宫文物南运。抗日战争时期，定居上海。建国后，任华东军政委员会文化部文物处处长兼上海市文物保管委员会主任、上海博物馆馆长、国务院古籍整理三人领导小组成员等职。徐先生对于图书馆和博物馆的贡献，是日后列入《中国大百科全书》文物卷屈指可数的博物馆专家，可谓近代以来为数不多的几位重要文物界专家之一。徐先生对古籍鉴定的研究，直接影响到了汪馆长。可以说，汪先生最擅长的实际上是古籍文献。他曾经开玩笑说，嘉德公司里瓷器杂项的主管严冬梅女士，说是汪先生最早培养的瓷器专业硕士研究生，不如说是汪先生的古籍善本专业研究生才对。正因为汪先生在古籍善本方面的专业基础，回头来看汪先生的功绩时，才会对上海博物馆的馆藏建设贡献，有正确理解。如1997年上海博物馆从嘉德古籍拍卖购藏《钱镜塘存明代名贤尺牍》，2003年宋拓《淳化阁帖》入藏上博，2005年胡适先生藏《脂砚斋批红楼梦》入藏上博，都在汪先生的直接主持下完成。

汪先生久闻这批藏书，深知这批藏书的文物价值和研究价值，因而直接与上海市政府商讨购藏翁氏藏书事，请上海市政府给予资金上的支持。经过研究，上海市政府决定，可以提供资金，但是认为这批珍贵的古籍善本最好归上海图书馆收藏。于是上海市政府迅速调集了有关专家进行论证和鉴定，陈先行先生也是其中之一，并负责起草了给上海市政府的报告。

上海图书馆的正式报告，促成了市政府的最后决定，出资收购常熟翁氏藏书。这样，汪馆长忙活了一程，为他人做嫁妆，上海博物馆只能与翁氏藏书无缘了。但是汪馆长的先见之明和决心，对上海市政府同意购买翁氏藏书起了决定性的作用。汪馆长在促成翁氏藏书成功转让过程中有重大影响，可以说功不可没。其后，由上海图书馆与中国嘉德开始进行直接接触。很快，上海图书馆陈先行先生专程到达北京，正式代表上海市政府和上海图书馆来审定这批藏书。在上海市政府作出决定后，上海图书馆告知了嘉德公司，而嘉德公司需要知会翁先生，先生对于这批藏书的归宿是有极高要求的，就是希望落户国内最著名图书馆和博物馆。为此，翁先生要与有意收藏这批图书的机构见面，了解其收藏状况和管理情况。于是，在嘉德公司的安排下，上海图书馆馆长、书记、副馆长等一行数人来到北京与翁先生见面商谈。2月26日，王鹤鸣馆长、王世伟共同赴京，与嘉德公司、翁万戈先生三方会谈，当面商谈转让事宜，进展非常顺利。其实早在1997年春天，翁万戈来到北京，观摩嘉德公司的春季古籍拍卖会之后，离开北京，到了上海，主动去了上海图书馆位于淮海中路的新馆参观，并与古籍善本专家陈先行等接触交谈，对于上海图书馆的硬件和软件条件有所了解。因此会谈迅速敲定了一些转让细节步骤和办法，会谈的结果也令各方满意。

与嘉德公司、翁万戈先生见面会谈回上海之后，2月28日，上海博物馆、上海图书馆以及汪庆正、陈燮君、王鹤鸣、马远良、王世伟五人，以《关于翁氏世藏中国古籍善本协商转让给上海图书馆的请示报告》为题，联名致信上海市领导。3月1日，两馆五位领导再次向上海市领导提交《关于翁氏世藏古籍善本协商转让给上海图书馆的补充报告》。上海市政府领导主动提出将此事的请示以特急文件处理。一周时间内，即完成了从市府秘书长、分管副市长、常务副市长到市长的圈阅审批。于是2000年3月24日，上海图书馆与嘉德公司正式签订了《翁氏藏书转让合同》。

再看此时位于北京的国家图书馆，专业学术论证由文化部、国家文物局负责，资金筹集申请和审批由财政部负责，同时正值年初国家人大的例行年会也在召开，沟通也不是非常顺畅，所以进展缓慢。其间我作为嘉德古籍负责人接到文化部图书馆司、国家文物局的两次征询。而上海方面告知，徐匡迪市长在北京开人大会，会议结束后的第一件大事就是签字批复购买翁氏藏书。上海图书馆得到批复后，毫不迟疑，立刻调集上海武警，随同上海图书馆的工作人员到达北京。4月12日，上海一行10人到达北京，与嘉德公司签订了交接协议。在嘉德公司装箱出库后，常熟翁氏藏书即随包厢乘火车护运回沪。所有"翁氏藏书"被分装在7个大箱子中，由两辆面包车送往北京火车站，装至13次列车硬卧车厢。嘉德公司工作人员也随同护送。这节车厢全封闭，由持枪乘警护卫。4月13日上午10时15分，火车顺利到达上海。11时，"翁氏藏书"运抵上海图书馆善本书库。

从上海图书馆与翁先生会谈，到翁氏藏书运抵上海，仅用短短的十余天。上海图书馆捷足先登，让海外漂泊半个多世纪的翁氏藏书叶落归根，永住上海图书馆。这批藏书计有80种，542册：宋刻本11种，元代刻本4种，明刻本12种，清刻本26种，名家抄本，稿本27种，其中宋刻本《集韵》（图6.1-4）、《邵子观物内外篇》（图6.1-5）、《长短经》（图6.1-6）、《重雕足本鉴诫录》（图6.1-7）、《会昌一品制集》（图6.1-8）、《丁卯集》（图6.1-9）、《施顾注苏诗》（图6.1-10）、《嵩山居士集》等均为海内外孤本。

在与上海图书馆清点交接翁氏藏书完成之后，翁先生要去上海，我也有安排出差，由于飞机的起飞时间差不多，所以陪同翁先生夫妇到北京机场，办理了登机手续，进入候机厅。直到此时，我接到了时任国家图书馆善本部副主任陈红彦女士的电话，告知任继愈馆长想约翁先生夫妇一同吃饭，商讨购藏翁氏藏书事宜。听罢此言，不由得长叹一声，告诉陈红彦说，翁氏藏书已到上海图书馆，而且翁先生已经办理了登机手续，马上就要离开北京了。怎么说呢，我身为国家图书馆出来的，国家图书馆从专业到人脉，都给了无限的恩惠，对国家图书馆还是有情感的。尤其是在这次转让过程中，国家图书馆也做了极大的努力，至少影响到了国家的上层。此后不久，时任总书记的江泽民到上海，特地要求到上海图书馆参观翁氏藏书，可知此事惊动的已绝非仅限于国务院了。我觉得欠了国家图书馆一个天大的人情，欠钱的债要还，欠下的人情债也是迟早要还的。

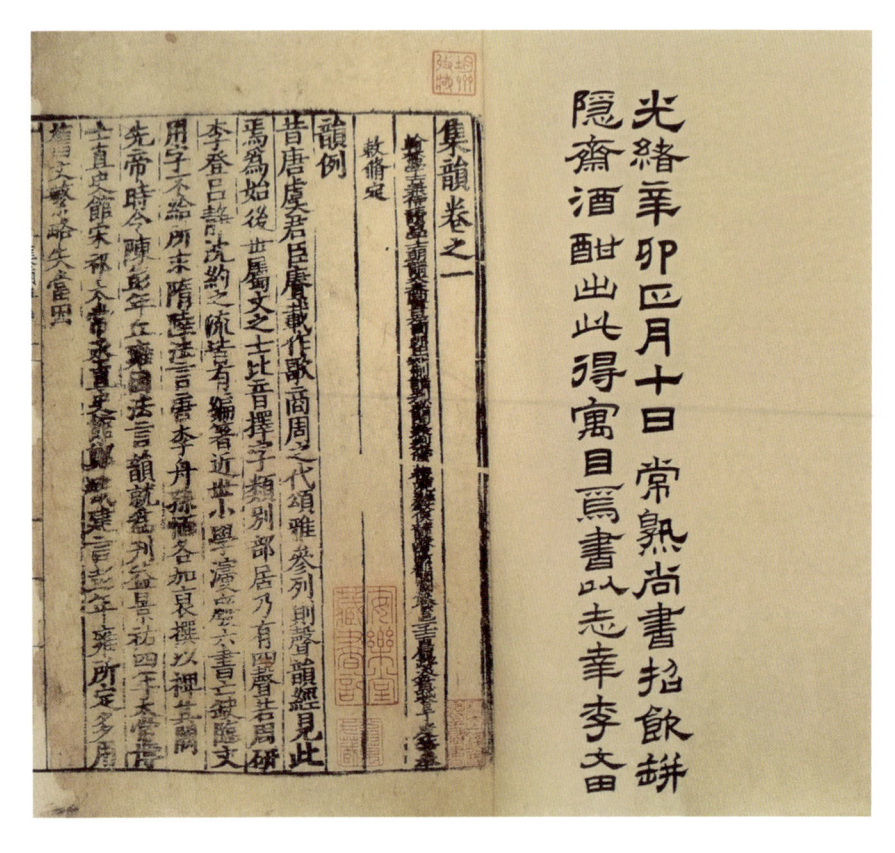

图6.1-4／宋刻本《集韵》

图6.1-5 宋刻本《邵子观物内外篇》

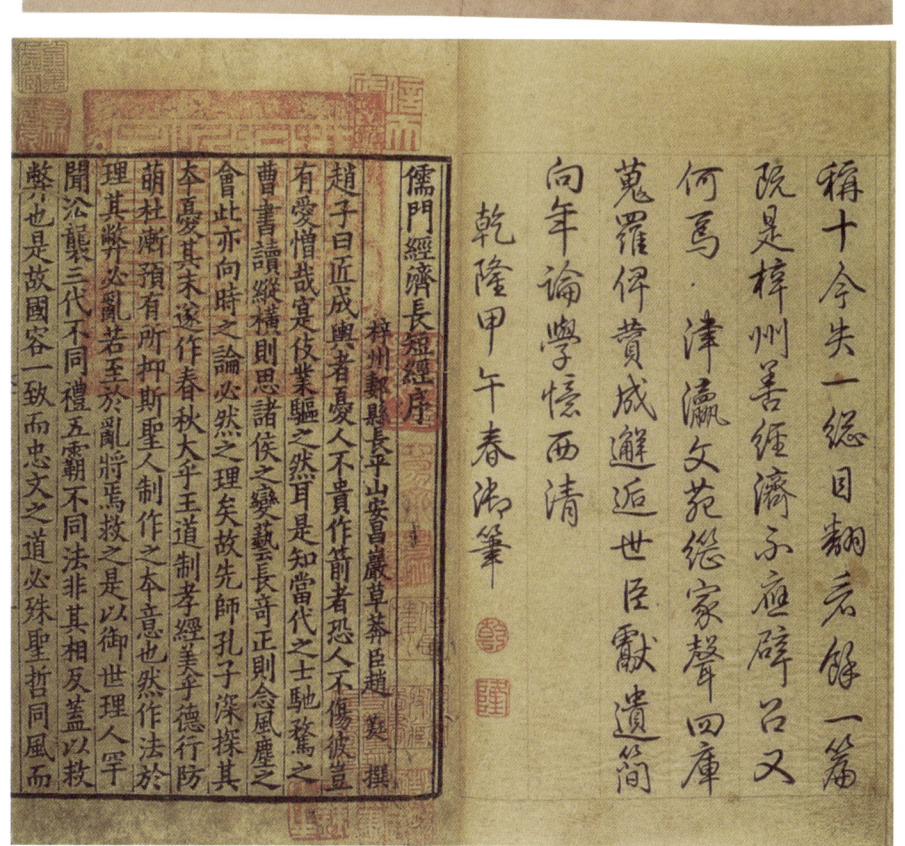

图6.1-6 宋杭州刻本《长短经》

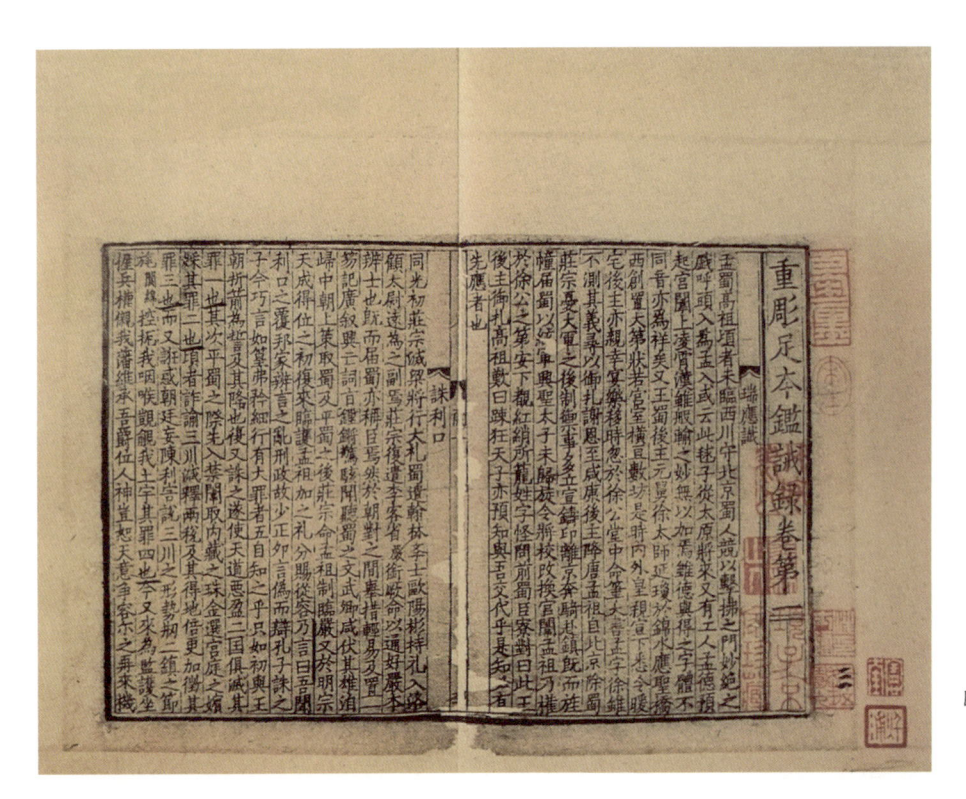

图6.1-7 宋刻本《重雕足本鉴诫录》

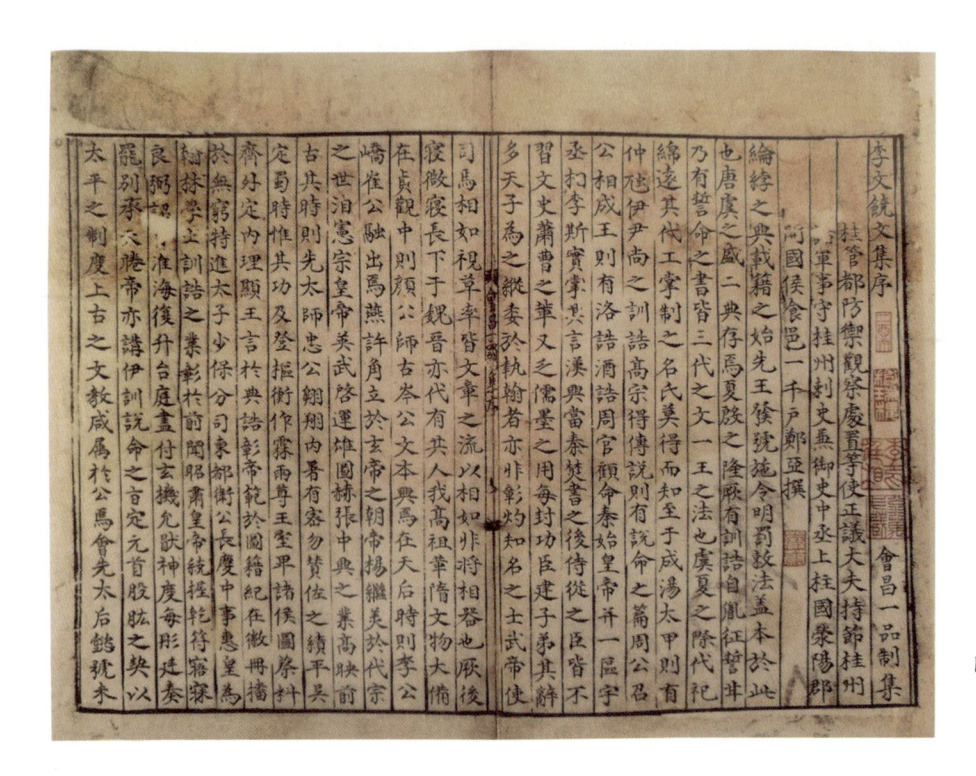

图6.1-8 宋刻本《会昌一品制集》

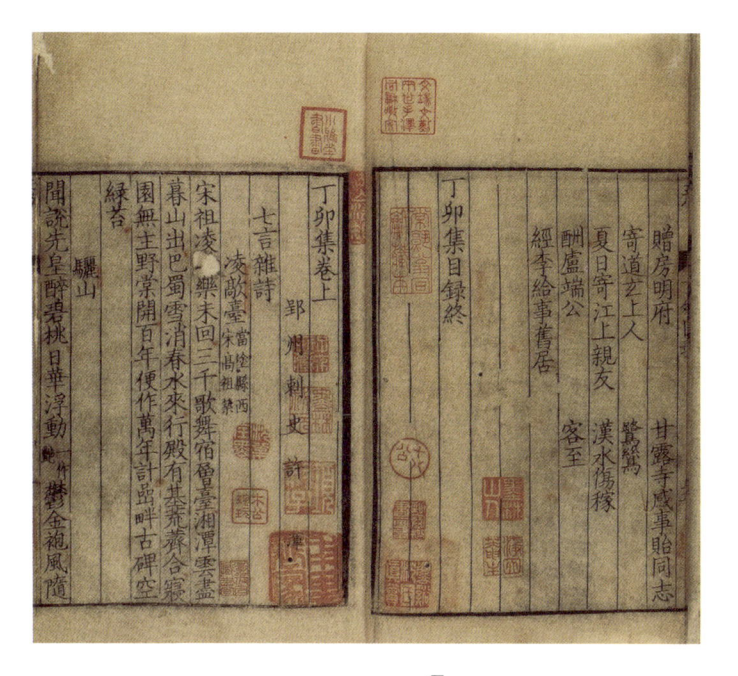

图6.1-9 许浑撰《丁卯集》，南宋书棚本　　图6.1-10 宋刻本《施顾注苏诗》

上海图书馆又先后于4月16日和4月19日，按照合同将转让金汇往美国，一切手续办理完毕。2000年4月28日上午，一项隆重的、具有时代意义的文化交接仪式在上海图书馆举行，散失海外的最重要的一批中国善本古书——"翁氏藏书"回到祖国，被保存于上海图书馆内（图6.1-11）。时任上海市委副书记龚学平，市委常委宣传部部长金炳华，前国家文物局局长张德勤、副局长马自树，文化部社会文化图书馆司司长陈琪林，著名学者傅熹年、王元化等在仪式前欣赏了陈列的翁氏藏书。嘉德公司的领导，以及社会文化知名人士等出席了盛大的交接仪式。远在美国的翁万戈先生特地发来了传真件，说道：

现在是我向上海市致敬的时候。我原籍常熟，而生在上海，所以对这件事感到莫大的庆幸。我在这好似天涯海角一样的美国东北山林间，梦想已经告别的家藏古籍，免不了断续的怀念，但更为它们重返祖国，有说不出的无限欣慰。

多年来，"翁氏藏书"几经战乱、辗转流离，幸免于天灾、人祸、兵燹、风蚀、虫啄、鼠咬，保存完好，不能不说是件奇事。

嘉德古籍成功转让翁氏藏书，使其最终落户上海图书馆，一时间成为国内文化界

图6.1-11　笔者在上海图书馆"翁氏藏书"入藏仪式

重大新闻，各路报纸媒体予以报道和评价。

《解放日报》报道评论说：

> 这批珍稀古籍善本的回归，不仅充实了上海图书馆古籍善本的典藏，而且成为中国当代藏书史上的标志性事件。

翁氏藏书成功转让，成为中国文物界第一个由拍卖公司为中介，将私人文物藏品转让国家收藏的经典案例。同时，翁氏藏书的成功转让，也向世界昭告中国政府对于流失海外的中华古籍的回归一直非常重视，通过政府收购、专项调查等方式促使古籍以各种形式回归祖国。因此，这个翁氏藏书转让的案例，将作为新中国建立以来最重要的文化大事而永载史册。

二、隋人书《出师颂》转让故宫博物院（图6.2-1）

2003年的春季，中国遭受了一场突如其来的"瘟疫"，这就是令人谈虎色变的"非典"。

然而，在"非典"过后，在中国文物艺术拍卖市场上，又突发了一场史无前例的质疑国宝级文物《出师颂》收购案的事件，这一时成为那一年6、7、8月海内外各种报纸媒体关注的热点。

隋人书《出师颂》，这件作品不具书写人名，但是流传有序，盛名在外。唐时曾由武则天的女儿太平公主收藏。后又过唐邵王李约、唐中书侍郎王涯及书法家钟绍京之手。宋朝绍兴年间，宋高宗将它收入宫廷。著名书法大家米友仁审定为"隋人书"，元代大儒张达善在此作品上留有长跋，对小米的鉴定颇有微词，并最早认为是晋人索靖作品。时至明代，大收藏家王世贞、王世懋兄弟又将它带回家中妥善保管，著录于王世贞《弇州山人集》。入清后为安仪周收藏，著录于所著《墨缘汇观》。乾隆时期已入清宫，著录于《石渠宝笈续编》，并收入《御制三希堂法帖》，刻帖流传。

1922年底，《出师颂》被溥仪携带出宫，带至伪满洲国，1945年随着伪满洲国垮台而散落民间。从此《出师颂》就不知去向了。徐邦达先生曾经做过考证，他在1987年出版的《古书画过眼要录》中，把它列入"隋无名氏"书法，当时这件作品被溥仪带到

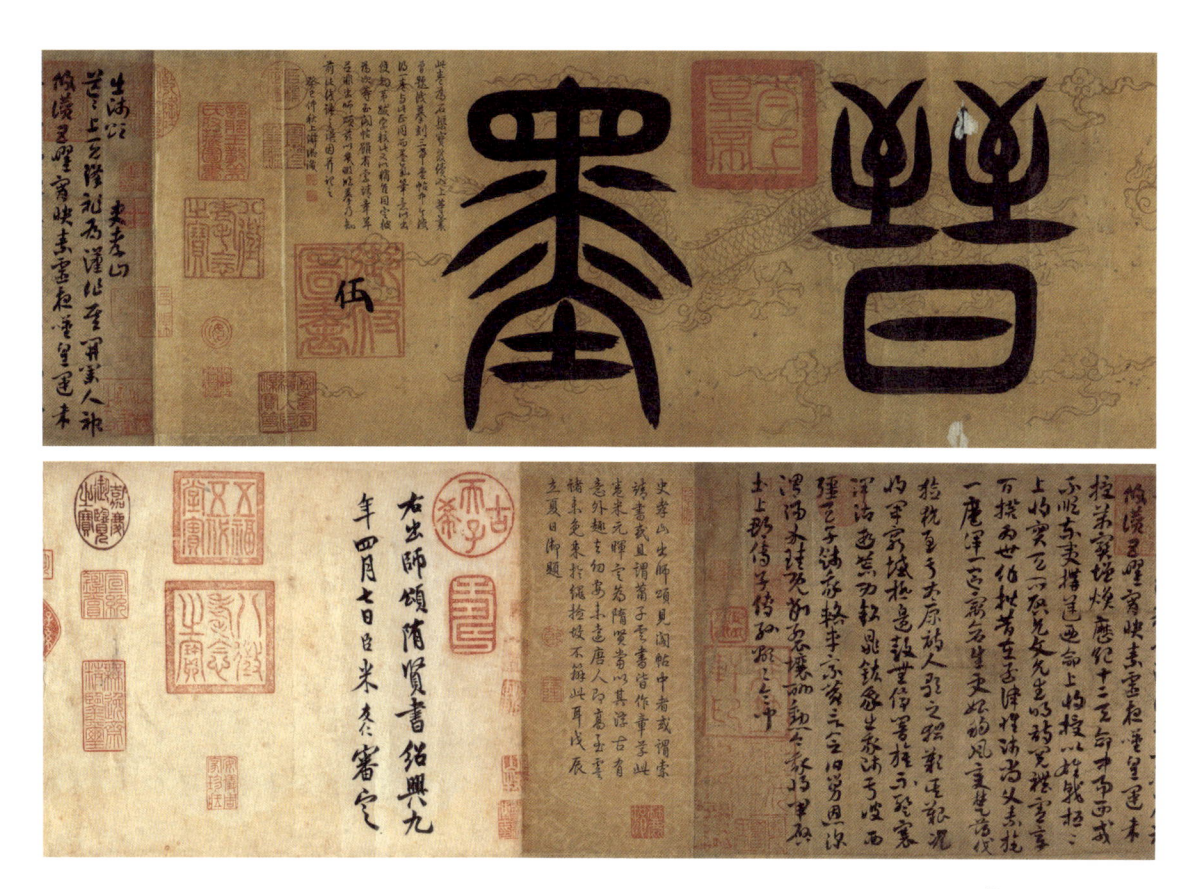

图6.2-1 隋人书《出师颂》

东北后散失民间，文中注明：目前"下落不明"。启功先生也曾见照片，在其《论书绝句》中也审定为隋人书。杨仁恺先生在其《国宝沉浮录》一书中，也不知此件下落。事实上，由于各种历史原因，《出师颂》已经断裂为二，前面的"晋墨"两个字和正文为一段，后面的元代题跋为一段，究系何因所致，或系当年大栗子沟溥仪仓皇出走，乱兵抢夺随行书画珍宝导致残损，或以析产无知，将此卷割裂，今已不得而知了。最为传奇的是，嘉德古籍竟然如此好运，先后从社会征集到已经断裂的两段《出师颂》文字，并使之合璧，传为天下一段佳话。

1997年，嘉德拍卖公司到天津公开征集拍品。我随同公司同仁一道前往。在外出赴约看拍品之后，返回征集办公室，一眼就看见办公桌上摊着一张打开的书法卷子，从纸张和字迹透露出来的信息，立刻感到可能碰到重要的东西了，于是就情不自禁地随口问道："这是哪位先生的东西？"这时靠窗站着的一位戴眼镜、文质彬彬的小伙子答道："是我的。"并立刻反问："您是拓先生吧？"小伙子接着说道："这东西已经请你们公司的人看过了，他们让您回来再看一看。"于是我仔细地审视这段书法文字及其内容、印款，翻来覆去地看其装裱。这是一段残卷，无头无尾，无年款，但经过粗略的鉴定之后，心里已经基本确定：第一，这段书法书写的年代至少在宋元之间；第二，其内容是两段跋文，一段作者佚名，一段作者为张达善，均为关于《出师颂》的跋文；第三，从精细的装裱和残了一半的印记，可以看出，应该是"宫装"。可以肯定的是这是一件"开门"的重量级文物。

询问客人此物的来历之时，他回答道：他是当地一家外企公司的雇员，他们老板喜好古玩收藏。有一次陪老板在古玩市场闲逛时，一位老人悄悄地把他拉到一边，对他说："看小伙子像个文化人，有点东西不知您喜欢不喜欢？"于是老人从包中取出此书法卷，客人看是件旧东西，于是没有商量，便花了3000元人民币买下了这段书法卷子。客人买到此卷之后，将此卷拿到当地最大的文物店请老师傅鉴定和估价，结果文物店不收这东西，大失所望的客人无奈地问："这东西要卖，到底能值多少钱呢？"接待他的人说："可能卖1000元吧。"客人悻悻地离开。他看到中国嘉德拍卖公司征集拍品的广告后，特意想请嘉德公司的专家来鉴定一下。我又询问客人到底是否知道这是什么东西，能否给出拍卖底价，对方一概不知。于是我在资料背景并不完全清楚的情况下，开出了3万元的底价。此客人有点慌神了，事情总是这样，拍卖的底价给高了，也会惊了客人，反而谈不成了，因为客人完全不懂，所以到底是什么价位完全没了底。客人要求是否可以先拿回去与家人商量一下再说。于是双方谈好：嘉德古籍方面先回北京查阅这卷子的相关资料，客人也将原物带回，与家人商议价格，再行联系。

回到北京后，因为有宫装的线索，立即查阅有关资料，很快就在《石渠宝笈续编》中查到这段卷子的资料，是隋人书《出师颂》后面的元代大儒张达善的题跋。对于这个查阅的结果，令人兴奋地很难用语言表达。后来，客人将这段残卷送到北京，嘉德古籍如获至宝，立刻编入了中国嘉德1997秋季拍卖会古籍善本专场图录，列为LOT579张达善撰并书《跋隋人书史岑出师颂卷》，在提要中写道：

> 此跋《石渠宝笈续编》著录，参见《隋人书史岑出师表》条。民国十一年（1922）十一月初九日溥仪将此卷赏赐溥杰，携出宫外。几经劫难，此卷已裂为数断，惜隋人书今已不知下落，存者仅隋人书后之张达善题跋。题跋文字参见《石渠宝笈续编》。张頠，字达善，元代导江人，侨寓江左，著有《经说》《文集》行世。今存可见导江先生墨迹者，仅此一件，可称孤品。故虽痛惜隋人之书不知所归，然导江原跋横浮出世，亦足令人欣慰，但望他日，神物护持，隋人原书与此原跋重掇圆璧。

在估价时，这件拍品的底价为3万元，可是这远未反映出此件的文物价值，于是在估价之时，直接将参考估价提高到250,000—300,000万元，以便引起收藏界的关注和对此件拍品真正价值的了解。非常遗憾的是，无论嘉德拍卖公司向收藏界如何解释它的重要性，如何介绍它的学术和市场价值，这毕竟是段残卷，最后在拍卖场上仅以46,200元成交。

这个结果，不能令人满意，但是拍卖市场是无情的，只能归咎于收藏界对于文物价值的无知了。

无巧不成书，时间过去六年之后，在2003年嘉德征集拍品的过程中，《出师颂》的前半段神奇地出现了。这一段上有隋人书《出师颂》、乾隆皇帝的御笔、大书法家米友仁的题跋。这简直太神奇了，如果人生能过碰到这种事，那真是修来的福分，命中的缘。当然，这也是靠努力和水准，其实送来的原因就是因为知道嘉德古籍看得懂这东西，知道它的价值，就是慕名而来。

拿到《出师颂》原件后，嘉德古籍随即展开了必要的一系列工作程序，首先就是鉴定。

关于《出师颂》原件的鉴定，当时的报道说故宫和嘉德没有鉴定的过程，纯属想象中的臆造，不是事实。嘉德自成立以来，所有的文物书画瓷器之类，都要经过国家顶级的文物专家鉴定，而且在文物鉴定时，采取所有老专家背靠背的鉴定方法，老先生不见面，可以直言意见，不须看情面。鉴定结果实行一票否定原则，只要有一位老先生有不同意见，绝不上拍卖。此件也是如此，嘉德古籍鉴定认为这件东西是当年从伪皇宫散出之物，确系《石渠宝笈续编》所记载的原件，东西肯定没有错，是故宫乾隆旧藏。但是，这件作品，关于作者及其年代自宋以来就有分歧。这件作品原件已经八十多年没有显过山、露过水，当代的文物书画鉴定专家，没有一人在此之前见到过此原件，大都是依据早年出版的影印照片说事。启功先生、徐邦达先生都是如此。因此，将原件送上鉴定，请老先生过目，一则是了解老先生看了原件后的意见，二则是请老先生对外施加影响，做点宣传。原来计划一位一位老先生来看。可是，当时真的是北京城里"非典"闹得人心惶惶，四处隔离限制，因此鉴定工作受到了极大的影响。

最先是傅熹年先生鉴定。《出师颂》作品原件送到傅先生府上，鉴定结果大致有三条：第一，此件确系乾隆《石渠宝笈续编》所著录的原件；第二，从避讳字看应当是唐以前的作品，鉴于以往关于此件作者和年代的争议，可以先搁置一边；第三，引首的"晋墨"二字是后人增加，特别指出所书写的纸张上有画龙，宋代的龙应该为三爪，而此件为五爪，且宋代画龙，为马面龙，即龙头像马头，而此件非马面龙，应系明代补入。傅先生看后认为这些都不妨碍这件作品的年代，特别是确系原来故宫之物，上拍卖没有问题。

傅先生看过之后，《出师颂》原件又送朱家溍先生处。当时朱先生已经身患癌症，住在北海附近的解放军306医院，但是原件送到后，恰逢一帮戏剧票友正在医院看望朱先生，而且等候时间过长，朱先生的女儿朱传荣说只好改日再看。因此，朱先生这次未看到原件，后来在故宫组织的专家鉴定会上，朱先生才看到了原件。

启功先生的鉴定更有意思。那时"非典"闹得京城里四处隔离，防止交叉感染。启先生住在北京师范大学里面，非本校的教职员工一律不准入内，嘉德书画主管胡妍妍小姐去见启先生，无奈不能入内，只好约在铁栏外。启先生问，是白纸本，还是黑纸本。胡小姐答，是白纸本。启先生说，那就是对的。因此，这次拜访启先生也未看到原件。启先生也是在后来故宫组织的鉴定会上，与朱家溍先生等一同看到了原件。

由于当时的特殊原因，在嘉德逐个登门请求鉴定过程中，只有傅熹年先生看到了原件，其他老先生，包括启功先生、徐邦达先生、朱家溍先生等都是在后来故宫组织的鉴定会上看到原件。

《出师颂》作品原件，也曾专门送到上海。上海博物馆汪庆正先生提出要看原件，为此嘉德古籍部门专程赴上海，将原件送到上海博物馆。汪庆正先生、钟银兰先生、单国霖先生等在上博过手鉴定原件。

在故宫博物院得知嘉德古籍征集到《出师颂》原件之后，对此件文物极有收购的兴趣。在拍卖之前，故宫博物院于漱芳斋正式召集了一次文物专家的鉴定会，嘉德公司将《出师颂》原件送到故宫。参加这次鉴定会的专家有启功先生、朱家溍先生、徐邦达先生、傅熹年先生、杨新先生、单国强先生等。在看到《出师颂》原件之时，徐邦达先生连称：国宝，国宝。令人感动的是朱家溍先生，接到鉴定和论证《出师颂》的通知后，一大早就来到了故宫。此前虽然嘉德曾将《出师颂》原件送到朱先生住的医院，但由于各种原因没有看到，这次朱先生最早赶到，一睹《出师颂》原件。那时朱先生身体已经非常不好了，脸色也非常不好看，可是一说鉴定文物，什么也顾不上了，精神头也来了。在鉴定会上，徐邦达先生表示，前次曾经看过元人张达善《出师颂》题跋，现在又看到了《出师颂》原件，非常兴奋，说得也特别多。故宫博物院的杨新副院长、研究员单国强先生，嘉德公司的王雁南总经理，以及华辰拍卖公司总经理甘学军先生等，参加了鉴定。专家们通过对原迹的仔细观察，一致认为，隋贤书《出师颂》确实是溥仪从宫中盗走之后散落在民间的那件《出师颂》。之后，除专家留下，其余人员退出，故宫组织召开闭门会议，听取专家的意见。虽然嘉德公司没有参与故宫的专家闭门会议，但是最后结果是故宫博物院收购了《出师颂》，应该说这次会议的意见是统一的，没有分歧（关于故宫博物院组织的专家鉴定会议的经过和内容，后来也有披露，参见娄玮先生《〈出师颂〉购藏工作始末》）。

有一个枝节问题外界很少知道，那就是在故宫博物院对此件文物感兴趣的同时，北京市文物局所属的博物馆也有极高的兴趣，为此北京市文物局也组织了另一场独立进行的专家鉴定会。一如故宫的鉴定会，嘉德古籍将《出师颂》原件送到北京市文物局，参加鉴定的有国家文物鉴定委员会委员史树青先生、丁瑜先生，北京市文物鉴定委员会委员马宝山先生等人。

毫无疑问，这件隋人书《出师颂》经过了有史以来规模最大、鉴定专家最多、最为严格的鉴定程序，这是从未有过的认真和负责的鉴定过程。相信鉴定的结果，没有一位鉴定专家提出否定意见，如果当时有不同意见，故宫和北京市文物局，断不敢不顾国家鉴定专家的意见，贸然出资购买这件文物。

2003年春，由于"非典"病毒传播的原因，政府要求市民尽量减少外出活动，所有的公共大型商业文化活动一律取消和暂停。因此到三、四月间，一切工作都处在非正常的状态下，甚至五月春季的拍卖会能否正常进行都是个问题。就是在这种情形下，嘉德的各部门主管召开了一次碰头会。商议决定，一切照旧，进行春季拍卖准备，如果疫情发展不能得以控制，政府也不会允许举办大型的商业活动，就自然取消春季的拍卖，这是所谓的不可抗力。如果疫情迅速得到控制，时间与通常春季拍卖相差不多的话，那就正常进行春季拍卖。按照这次碰头会议的商量意见，各自回家，编写春季拍卖的图录。如此开始了编写《出师颂》拍品图录。

隋人书《出师颂》无疑是一件重量级的文物，拍卖底价创了新高，因此必须制作专题的拍卖图录，予以充分的介绍和说明。按照一般情况，这类图录通常都会请一位在文物界德高望重的、而且书法不错的老先生来题写图录的封面，比如说唐怀素的《食鱼帖》，宋高宗的《养生论》，朱熹的《春雨帖》，《常熟翁氏藏书图录》等都是由启功先生、朱家溍先生、王世襄先生等题写。然而在2003年的春天，这一切都做不到，于是只好闭门造车，利用现有的条件来编制，直接选取了《出师颂》原件上的"晋墨"两个篆字大字。视觉效果很好，但是也由此引起了许多争议。原因是这两个字并非宋高宗的真迹。同时，《出师颂》作品年代一直有争议，如宋代的米友仁的鉴定认为是隋人书，而非晋人书法。不同的意见，一直流传到元明清三代。因为用了此二字，招惹了许多的是非，如果当时截取米友仁的"隋人书"，那就稳妥了很多，也会少了很多不必要的争议麻烦。但是从视觉效果上来看，会少了许多美感。图录文字的叙述如下：

索靖（239—303），晋代书家。字幼宇，敦煌（今属甘肃省）人。官征西司马、尚书郎，封安乐亭侯，谥曰庄。善章草书，峻险坚劲，自名曰"银钩虿尾"。时人云：精熟至极，索不及张；妙有余姿，张不及索。引首：宋高宗（赵构）

题跋题识：（宋）米友仁、清乾隆皇帝

钤印：御府图书等唐宋元明清收藏鉴赏印五十余方。

著录：（明）王世贞《弇州山人集续集》。

（明）孙鑛《书画跋跋》续卷一。

（明）詹景凤《詹东图玄览》卷三。

（清）顾复《平生壮观》卷一。

（清）安岐《墨缘汇观》法书卷上。

（清）敕编《石渠宝笈续编》第五十二。

（清）孙岳颂《佩文斋书画谱》卷七十。

（清）倪涛《六艺之一录》卷一百六十四。

（清）吴升《大观录》魏晋书法第一。

碑刻：《御制三希堂法帖》卷三。

估价：请向本公司咨询

2003年3月1日出版的中国嘉德《嘉德通讯》2003年第1期上，我撰写了《寻求一个梦》，详述了从发现元张达善撰并书《跋隋人书史岑出师颂卷》，到此隋人书《出师颂》的经历和故事，引起了许多读者的关注。许多人用怀疑的态度问道，这是真的吗？可事实就是那么千真万确，这等滴水不漏的故事我是编不出来的。

隋人书《出师颂》的出现，令嘉德拍卖公司的所有人都兴奋异常，同时也轰动了整个文物界。2003年春季的"非典"疫情一天一天地退去，情况大为好转，特别是政府对于大型的商业活动也开禁，虽然时间已经到了5月底，但与嘉德通常例行的春季拍卖时间相差不大，于是决定春季拍卖照常进行。只是较以往的时间向后推迟近两个月，确定为2003年7月9日至11日拍卖会预展，7月12日至13日拍卖，而《出师颂》原件所在的古籍善本拍卖会定于7月13日晚7时拍卖。由于事先已经准备好了图录文字和配图，因此准备工作进展非常顺利。

按照正常的拍卖程序，7月9日，嘉德的2003年春季拍卖会预展即将开始。就在拍卖预展开始前一天，7月8日北京市文物局的正式行文送达嘉德拍卖公司，政府文物主管部门依照《中华人民共和国文物保护法》第56条第二款和第58条之规定，向嘉德公司下达了"关于指定故宫博物院优先购买《出师颂》帖的通知"，指定故宫博物院为该拍品的优先购买单位。经过协商，并征得该作品委托人的同意后，故宫博物院动用该院文物征集专项资金2200万元予以收购收藏。2003年8月18日上午10时，一辆装甲运钞车从位于北京恒基中心的嘉德拍卖公司出发，在五名持枪警卫和嘉德拍卖公司工作人员的护送下，《出师颂》原件重归故里。这件饱经沧桑，在流落民间不知去向整整80年之后，又回到了故宫，成为了一段传奇。故宫博物院于漱芳斋举行了"隋人书《出师颂》重归故宫交接仪式"（图6.2-2），故宫博物院的领导，以及院方的专家杨新先生、单国强先生，以及嘉德公司王雁南总经理、寇勤副总经理等出席了交接仪式。这次故宫博物院没有到拍卖会上去竞买，根据刚刚修改完善的国家《文物保护法》，行使"优先购买权"，以2200万元成交价购藏。

截止到2013年9月，在故宫的这幅《出师颂》还不完整，仅是前面的正文部分，而后面的题跋

图6.2-2 隋人书《出师颂》重归故宫交接仪式

部分仍在私人收藏家手里。等到有一天《出师颂》的前后两部分如果能团聚在一起，这将会又是一个奇迹！是年中我受中国嘉德的创始人陈东升先生委托，前往上海找到《出师颂》后面题跋部分的收藏者红树白云楼主人陆牧滔先生，转达陈东升先生的创意，将《出师颂》后面题跋部分捐赠给故宫，使它与正文部分完璧，给国家收藏。故宫杨丹霞研究员曾有类似动议，没有操作方案，无法进展。经过磋商，最后由中国嘉德出资50%，总估价为3000万元，双方共同将此件重要文物捐赠故宫博物院。陆牧滔先生响应了陈东升先生的提议，借嘉德拍卖成立二十年之际，做成了这件美事。对于这次捐赠，出席捐赠仪式的有文化部部长蔡武，办公厅于群主任、陈发奋副主任，故宫博物院单霁翔院长，泰康人寿保险公司董事长陈东升先生，白云楼主人陆牧滔先生等。媒体多有介绍，仅以中国新闻网为例，报道标题为：《〈出师颂卷〉与跋文合璧分离多年重归故宫》：

> 9月29日，元人张达善《出师颂》题跋捐赠仪式在故宫博物院建福宫内举行。随着工作人员将两卷作品徐徐展开，张达善《出师颂题跋》与隋人书《出师颂卷》两件国宝级高古法书作品至此珠联璧合，这是它们分离多年后再度聚首，重返故宫。据悉，捐赠张达善《出师颂题跋》义举，由中国嘉德国际拍卖有限公司创始人陈东升提议，中国嘉德及红树白云楼主人共同捐赠。

当时的其他媒体报道此事称：

> 隋人书《出师颂》，纸本，章草书。历史上曾一度传为西晋书法家索靖书，宋代

著名书画家、鉴定家米友仁题为隋贤书。历代流传有序，最后入藏清代内府。乾隆年间刻入《三希堂法帖》，著录于《石渠宝笈续编》。1922年，清朝逊帝溥仪以之赏赐溥杰，由此流出宫外，《出师颂》本幅与元人张达善的题跋割裂，散落民间。当代著名书画鉴定家徐邦达先生的《古书画过眼要录》和启功先生的《论书绝句百首》二书，都对隋人书《出师颂》做过详尽的考证、评价，认定为"隋人书"。2003年，《出师颂》再度出现于中国嘉德春拍中，由故宫博物院购得收藏。

故宫博物院院长单霁翔说："10年前，故宫博物院作为优先购买单位，动用院里文物征集专项资金2200万元从中国嘉德购回了隋人书《出师颂》，弥补了故宫藏品中隋代书法的不足，也使故宫早期书法收藏形成了系列，但令人遗憾的是元代张达善的题跋一直缺失至今。此次捐赠实现了隋人书《出师颂卷》的合璧。"

同年《出师颂》首尾全卷完整地于11月10日至30日在国家博物馆"中国嘉德艺术品拍卖20年精品回顾展"中联袂亮相。

然而就在故宫博物院动用优先购买权，将《出师颂》原件收回之后，在社会上掀起了一场轩然大波。故宫博物院出资购买隋人书《出师颂》，这恐怕是中国二十多年来古籍拍卖中，社会影响最大的一件事，一时间国内外的报纸、中央电视台，持续将近一个月之久的连续报道，在当时可以说已经成为一件家喻户晓的大事。事实上，这件拍品没有进入拍卖程序，而是按照转让的程序完成交易。

我以两个插曲，来说明这个质疑案的轰动性：

一是我曾在7月间接到一位朋友从外地打到北京我家里的电话，他告诉我，"你看一看网上，新浪网上已经为你的《出师颂》开辟了专栏，甚至建立了网友评论设立正方和反方专栏，发表各自不同的看法"。他甚至告诉我，点击这个专栏的流量，已达三千万人次之多，比"皇上"张铁林的"花案"点击率还要高。其实，我的这位朋友不知道，就在他的这通电话之前几天，我与张铁林一起吃饭。席间我笑他说道："皇上（指张铁林）在网上是花案臭，我在网上是画案臭，合起来是一道浙江绍兴名菜蒸双臭。"张铁林连忙声明："别，别，只有你臭，我那花案，对方已经正式声名道歉，我已经被平反了，下面是我告不告那无聊小报的事了，只有你一个人臭了。"

另一是7月底，我奉公司之命，到美国征集秋季拍品，第一站就是芝加哥。接待我的L先生领我到当地的中国城，吃罢午饭，出门便进了一家书店，说要买张报纸，顺手就买了两张，说这张你拿去看。接过报纸，我一看是中文版的《星岛日报》。美国出版的报纸，特点就是每天都是一大打，可巧我随意一翻"中国焦点"版，就看到一行大字标题《故宫巨资突购"国宝"遭批》，同一版还有一段背后的故事《嘉德苦寻六年偶得之》等文，写了寻找《出师颂》的经过，整整一个大版面。在另一个"中国社会"版，也有《故宫天价晋书涉黑盘交易》等文半版。我向L先生说，看，这事已经闹到美国来了。谁曾想《星岛日报》的报道竟帮了我的大忙，我随后来到一位客人家里，我将报纸拿给客人看，客人看罢笑道：看来你真是懂文物价值和文物市场价值的人。我真要感谢这份并非好意的报道，是它帮我确认了身份和地位，我与客人很快达成了一批古籍拍卖的协议，就是著名的研易楼旧藏宋婺州刻本《尚书》，以及其他研易楼藏书。其中，有一件唐人写经卷。我开玩笑说，这件底价要不要定1000万人民币？客人问，为何？我答，这报纸上说隋人写经应该和《出师颂》价值相当，你这唐人写经虽比隋人晚几十年，那也总该值1000万吧！客人正色回道：把隋人写经的文物艺术价值等同《出师颂》，也要两千万，那就是神经病；而把《出师颂》文物艺术价值等同隋人写经，只要十几万，那是糟践自己，糟践文物和历史。

故宫博物院2003年以2200万元，从中国嘉德拍卖会购买的隋人书索靖《出师颂》时，遭遇到强烈的攻击，有的人不懂市场价值，不负责任地说两千多万元太贵了。有的不严肃的媒体，甚至说故宫博物院对花纳税人的钱不负责任，含沙射影地说故宫某领导的儿子在中国嘉德拍卖公司工作等等，不一而足，掀起轩然大波。直到一个月以后，故宫博物院召开《出师颂》研讨会，上海博物馆汪庆正馆长在研讨会上作了一个精彩的发言，对于《出师颂》珍贵的程度、价格的合理、非议者的低俗等各个方面，引经据典，作了精辟的分析和有力的批驳，才算平息了这场风波。现在，《出师颂》已经成为故宫博物院的一级文物，镇馆之宝，其后多次参加国内的古代书画大展。仅仅十来年之后，当初百万元的明初宋克（无款）《急就章》已经市场价位过亿了，那么，说《出师颂》两千多万太贵了的人，现在看来，目光何等短浅。可以说，故宫博物院当时真是捡了一个天大的漏，现在如果拿出来要你三五个亿，绝不是一句戏言。

在经历了此次风波之后，我只获得了一个感想和一条经验。感想是记者媒体，号称无冕之王。可是天下昏君暴君有的是，一些心术不正、利益熏心的媒体记者，一旦利用媒体的制高点，歪曲和煽动民情，谁来监督？精英就不犯错误？华尔街搞出的次贷危机，不就是利益失控的华尔街精英们铸下的大过吗？帝王昏庸，百姓都可以揭竿而起推翻他的宝座，何况无冕之王。亲身的经验就是，对于媒体采访谈话，千万要小心，经常会因不专业而出笑话。这也许是无意，怕的是断章取义、别有用心地曲解内容，纯属有意设套，陷人于不仁不义。好在我是学历史的，上下五千年，自认为天下自有公道在，事久自然明。事可以瞒一时，瞒不了一世。

人生能够碰到像《出师颂》原件和拖尾题跋，已经是离奇的故事了，而能够将此已经分离的头和尾，通过转让和捐赠重新缀合，无疑是破镜重圆的一段佳话，于文物保护可称功德无量。能够参与和经手此事，人生幸事。

三、荀斋藏书转让国家图书馆

2003年初，偶然的机会让我得到了流失在海外的又一批重要收藏，这就是荀斋陈澄中旧藏的一批古籍善本。关于这批古籍善本收藏，是建国以来最富盛誉的一件保护民族文化的盛事，直到现在，还是值得津津乐道。

欠债要还，这是常理，不论是欠的钱还是欠的情。这话不是说别的，就说2000年初，当我送翁万戈先生夫妇到达北京国际机场时，尚不知晓上海图书馆已经将翁氏藏书运进了自己善本书库的陈红彦女士代表任继愈先生打电话，约请翁先生夫妇吃饭，商谈翁氏藏书之事。可惜已经晚了一步，上海方面已经捷足先登了。我将国家图书馆的这份心意，转告了翁万戈夫妇。直到翁先生夫妇到上海还专门发了传真给王雁南总经理，向国家图书馆转达表示由衷感谢。传真的内容：

> 王总：在京蒙热诚款待，至感。现在我们住2615号。10日（星期五）飞港。谢谢拓先生送我们到机场，那时他接到任继愈馆长的电话找我，但太迟了。星期六（4日）我曾拨01068*****，但我不知其分机号码，所以无法接通。而687*****（陈红彦，善本秘书）的电话无人接听，所以明日（星期一）我当再试，如接通，我将表示歉意，并向前辈学者致敬意。祝好！
>
> 翁万戈、程华宝

国家图书馆为翁氏藏书做了许多积极的工作，但是由于各种原因，没有得到，翁先生觉得有歉意，而我觉得欠太多，一直心存不安。2004年将陈清华先生"荀斋"藏书转让给中国国家图书馆，从某种意义上来说，就是要还一个人情，用佛教的术语，那就是还愿。

陈清华先生，字澄中，祖籍湖南祁阳，1894年8月5日生于江苏扬州。入上海复旦大学，赴美国留学，就读于加州旧金山伯克利大学。1918年毕业，先生获得伯克利大学经济学硕士学位。1919年，陈清华先生离美回国。先后曾任汉口工商银行经理，中央银行总会计，南京中央大学、上海商学院、复旦大学教授等。陈清华先生翻译出版有Kisch，C.H，Elkin，W.A.著《中央银行概论》等。20世纪30年代陈清华先生开始收藏中国古籍善本，并以万金购得宋台州本《荀子》。之后，游历北平，在沈兆奎前辈的陪同下，参拜著名藏书家傅增湘藏园，傅增湘相见笑曰：君非以万金得熙宁《荀子》者乎？是可以荀名其斋矣。由此为室名，号"荀斋"。为书林称道者，陈清华先生得到宋廖莹中世彩堂刻本《柳文》，其后，又闻知潘氏宝礼堂藏有宋廖莹中世彩堂刻本《韩文》，先生与潘氏恳商将宝礼堂《韩文》出让，与其所藏《柳文》合为双璧，一时传作佳话。陈清华先生先后得到韩氏读有用书斋、袁氏后百宋一廛、瞿氏铁琴铜剑楼、傅氏双鉴楼等旧藏秘籍，藏书迅速扩张，宋元善本、明清抄校稿本、罕见善拓，逾五百部，而普通善本古籍无计其数矣。其藏书数量大、质量高，于江南无有匹敌者，与北方天津周叔弢并称为"南陈北周"，成为民国间两大藏书家之一。抗战后，陈清华先生回上海，仍醉心藏书，每日到沪上广东路一带寻书，得有士礼居抄本、黄丕烈跋《三家书目》等。1948年移居香港。

1950年至1955年，陈清华先生第一次卖书。由时任国家文物局长郑振铎，上海市文管会副主任徐森玉，北京图书馆善本部主任赵万里，香港《大公报》费彝民、徐伯郊等具体经办，将陈清华先生所藏中国古籍善本书共83部，包括宋廖莹中世彩堂刻本《韩文》《柳文》、宋蜀刻本《丁卯集》等从香港购回内地，交由北京图书馆庋藏。

1960年至1965年，陈清华先生第二次卖书，包括宋台州刻本《荀子》、元大德刻本《梦溪笔谈》、五代拓本《神策军碑》、宋拓《蜀石经》等，共计24部，从香港购回内地，由北京图书馆庋藏。

陈清华先生两次售书后，淡出收藏圈。故内地对于其藏书处理结果并不十分清楚，是否还有留存的藏书，一概不知。1995年，我在香港得到王南屏先生遗存的两部珍贵古籍书，即宋宫旧藏宋本《文苑英华》和黄丕烈跋明刻本《铁崖先生古乐府》，同年春付诸嘉德古籍拍卖，藏书界震动。这两部书均为陈清华"荀斋"旧物，自此之后我就一直留意在香港寻觅陈澄中先生的后人，奈何王南屏先生已经过世，无从打听下落，苦觅陈清华先生音讯几达十年之久，但是一直没有结果。

在此期间，也曾错失机缘。1996年我在香港参加公司的预展，其间有一位老先生来到古籍展区仔细地看了一会，然后慢悠悠地走了。我当时正在与香港的行家钟先生说话，不认识此人，他也不曾说话。直到那老先生走了以后，钟先生才说了一句话"这老先生怎么来了"，感到很是奇怪。我随口问了一句，那是何人？钟先生告诉我说，那人是徐伯郊。天哪，这人在我的知识范围内是极为熟悉的人，虽然没有见过面，但有关于他的故事我真的是早有所闻。换句话说，我是非常想会会这位前辈。

徐伯郊（1913—2002），字文桥，湖州菱湖人，香港著名的鉴藏家之一，上海博物馆馆长徐森玉先生的公子，也是建国之初国家文化部为抢救流失海外文物而成立的香港秘密收购小组的负责人，为国家收回大量的文物，其中包括著名的国宝二希帖及张大千大风堂镇山之宝——五代画家顾闳中《韩熙载夜宴图》及董源《潇湘图》。徐伯郊的第二功绩是促成原上海公共租界工部局总办潘宗周的"宝礼堂"珍藏古籍善本的回归，其中有宋元版本111部，共计1088册，大多是海内孤本。1951年5月，潘家后人表示愿把宝礼堂藏书全部献给国家，郑振铎当即委托徐伯郊在香港全权处理。直到次年9月，才将藏书从汇丰银行全部取出，然后又亲自护送到上海。国务院特批一节专列将宝礼堂藏古籍善本运到北京，入藏北京图书馆。之后徐伯郊先生又参与了两次陈澄中先生旧藏古籍善本购回国内的行动。我本想安排联系徐先生，打听一下有关陈澄中先生的下落。毕竟不是在国内，那时去一次香港不像现在这么容易。还未等到合适的机会，就听说先生已经患老年痴呆病不能自理了。据说徐先生晚年的生活状况不佳，谁也无法见到和了解其详情。我有时感叹，擦肩而过的机会如果没有把握住，有可能就是终身的遗憾。

错过了与徐先生的接触，结果让我在香港耽误了七八年的工夫，直到2003年事情才峰回路转。通过一个非常偶然的机会，找到了陈先生后人的消息。这年美国加州大学伯克利分校东亚图书馆收到一批中国古籍善本的捐赠，嘉德公司听闻消息之后，动用各方面的关系，询问加州一带究竟是何许人捐赠，结果打听到了陈清华先生的后人，于是与陈先生的后人接上了头。按照约定我前往美国加州，见到了陈先生的后人，并且看到了一批荀斋旧藏的古籍善本。说来也是天意，那时陈先生的后人国琅先生，刚刚大病一场，连上下楼都非常吃力。国琅先生仍是单身，没有子女，看到身边父辈留下来的藏书，虽然自己完全不懂，但是知道父辈的藏书都很好和重要，正在考虑这些藏书的归宿问题。更巧的是，国琅先生长期在海外生活工作，对大陆的情形一概不了解，所以在考虑这些父辈遗产之时，最先联系的是美国的佳士得拍卖公司。佳士得虽然有西文善本书籍拍卖的能力和经验，但是对于中国古籍善本并不在行。在嘉德古籍到国琅先生住处之前，佳士得已经先期挑选了适合在美国拍卖的标的，包括中国碑帖等物（这两部碑帖后来在香港佳士得拍卖会上拍卖）。中国善本书全部未动。这真是天意，要将这批中国古籍善本书送回国内。

由于我对陈清华"荀斋"藏书比较了解，许多年来一直追踪寻迹。与国琅先生的交流非常顺利，国琅先生很快就做出了决定，与嘉德古籍签订了拍卖合同。在2004年之春，终于如愿以偿，将荀斋遗留在大洋彼岸的藏书，包括宋版《周礼》等23种带回祖国。

这批陈清华荀斋藏书回国之后，嘉德古籍知晓这批藏书的分量和重要性，一方面向公司领导层进行了详细说明和汇报，另一方面立刻通报给国内的一些国家级机构，包括国家图书馆、上海图书馆，以及一些国内的重要藏书家。此信息告知国家图书馆有关领导之后，立刻就得到回复，提出与嘉德古籍方面见面商谈。商定时间后，国家图书馆副馆长张志清先生、国家图书馆善本部主任陈红彦女士，一同前来嘉德公司。（图6.3-1）他们二位都是北京大学科班出身，又是从国家图书馆基层工作做起，对于馆藏都有丰富的知识和经验。对于陈澄中藏书的分量和重要性，以及国家五、六十年代两次购回陈澄中藏书的故事非常熟悉。因此，在看到和了解这批陈澄中藏书之后，立刻就意识到，这是一段未完结的故事续集，所以直接向嘉德古籍方面提出。当年在国务院总理的亲自过问和督办之下，将陈澄中先生的部分藏书，动用库帑，购回国内，交由国家图书馆收藏，传为古籍保护、民族文化的一段佳话。现在陈先生的这批图书又浮出于世，能否仿效此前的翁氏藏书转让先例，收归国家图书馆，以成全这段历史佳话？当时我非常

图6.3-1 荀斋后人陈国琅先生（前座者）在国图参观，国图副馆长张志清（后排中）、国图古籍馆馆长陈红彦（后排右）。

理解国家图书馆的意愿，对张志清的一番表述，深有同感，也很希望这批藏书能够由国家图书馆购藏。这批重要的古籍善本能够入藏国家图书馆是件好事。在2000年翁氏藏书转让之时，国家图书馆虽然未能将翁氏藏书购藏，但是从中所做的工作不可否认，嘉德古籍欠着国家图书馆的一份情。虽然翁氏藏书，最后由于上海图书馆出手快获得了，这件事圆满解决，当事人各方都非常满意，唯独我的心里沉甸甸的，原因就是我的原工作单位国家图书馆方面非常郁闷。因为国家图书馆做了自己的最大努力，也在为争取国家出面购藏发声呼吁，只是由于程序上的问题，最后没有得到。毫无疑问，这是自国家改革开放政策制定以后，最重要的一批古籍善本藏书，无论谁得到，都会是对馆藏的一个极大丰富，对于提升馆藏的地位都有深远的影响。

在国家图书馆表示了意愿之后，鉴于当时嘉德古籍与国琅先生签订的是委托拍卖合同，并非正式的转让合同，所以嘉德古籍方面不能越权答应。于是双方商定，由嘉德古籍出面与国琅先生协商，听取国琅先生的意见，再做决定。最后，张志清副馆长表示，这次砸锅卖铁，也要拿下陈清华荀斋的这批藏书，希望嘉德不要再寻找其他买家，并且希望嘉德古籍多做工作，促成这件美事。

按照约定，嘉德古籍方面与国琅先生取得了联系，通报了国家图书馆的意愿，听取委托人陈先生的意见。国琅先生对此感到非常高兴，立刻就回复了自己的决定，同意将父亲留下的藏书整体转让给中国国家图书馆。陈先生回复说，如果国家图书馆能够收藏，父亲的在天之灵也是会答应的，并且全权委托嘉德古籍办理此事。

取得了国琅先生的整体转让授权之后，嘉德古籍才开始与国家图书馆商谈转让协议。但是，一些问题真让人有些不明白，工作进展非常不顺利。国家图书馆为了这批陈清华藏书，必须专门向国家财政请款。按照一般的规定，国家图书馆的正常财政拨款，

只有日常的图书购买经费，遇到特别重大的采购项目，可以向财政部直接请款解决。为此，国家图书馆向文化部打报告，说明请款项目和请款数量，可是文化部此时没有这方面的专家，于是又委托国家文物局出面鉴定和办理此事，这样由国家文物局出面向财政部报告请款。这样财政将所请款项拨给了国家文物局。问题出来了，国家文物局获得了这笔专用款项，无法转给国家图书馆，于是情况变成了国家文物局与嘉德古籍商议整体转让陈清华藏书问题了。可是，国琅先生的转让授权很明确，为了使这部份藏书能够与先前出售国图的藏书合在一起，才同意转让，现在买方变成了国家文物局，显然与原先目的不一致。在此情况下，国家图书馆、国家文物局和嘉德公司三方，又开始了协商，最后达成了两个双边协议。国家图书馆与国家文物局双方达成协议，由国家文物局下属的国家文物保护中心出面，与嘉德公司联系整体转让陈清华这批藏书，产权归国家文物局，藏书委托国家图书馆永久保管，国家图书馆拥有对这批藏书的使用、出版的权利。国家文物保护中心与嘉德公司双方达成陈清华藏书整体转让协议。这样才最终解决了这批藏书回到国家图书馆的问题。想想当年翁氏藏书也是这么办理，拖来拖去，转来转去，才让上海图书馆捷足先登了。因此直至2004年终，转让工作仍未停当。

2004年12月15日陈国琅先生致拓晓堂：

  关于"陈澄中部分海外遗珍"，不知嘉德公司与国家图书馆已正式成交否？请即电讯告之。

想当年，国家两次购买收回陈清华的藏书，或是郑振铎先生，或是王冶秋先生，直接向国家请款，直接就把书买回来了，转交国家图书馆，产权和使用权都归国家图书馆，管理、使用权合一。现在产权还不是国家图书馆的，而且时间已经进行了将近8个月，办理速度之慢真是令人着急。

不论怎样，国琅先生保存的陈清华藏书，宋元明清刻本、抄本、铜活字本共计23种，在不为外界详知的情况下完成了向国家的整体转让程序。国家图书馆不论产权是否拥有，总算是保存在自己馆里。国家图书馆拥有向往的善本图书，国琅先生心愿满足，嘉德公司名利双收，三家皆大欢喜。

在陈清华藏书的整体转让仪式上，我受国琅先生的委托，向国家图书馆转呈发言。这份发言是我代为起草，经过国琅先生修订而成的，发言内容如下。

  各位女士、各位先生：
  大家好！

> 得知中国国家图书馆将我保存的陈清华部分藏书全部购藏，心身顿感从未有过的轻松和安慰。
>
> 我父亲陈清华，在公余之暇，嗜好收藏中国古籍善本书，甚至将我母亲的一些嫁妆，也拿去质书，难以名状的痴迷和热衷，玉成了他后来"南陈北周"的盛名，这是一个历史时代对陈清华藏书的美誉和评价。上个世纪的50年代、60年代，国家曾两次整批购藏陈清华的藏书，应当是对这种美誉和评价的肯定。
>
> 父亲非常珍爱他的藏书，人虽多有移居迁徙，然藏书始终不离身。在家中几度窘困之时，无奈出让部分藏书，也是尽可能以国家为先、为重。保护民族文化典籍是父亲藏书的终极意愿。上世纪80年代母亲叶爱锦正是秉承父亲的这个遗愿，将存放在上海的数千册中国古籍善本书捐献给国家，此举受到了政府的郑重嘉奖。
>
> 父亲辞世之后，留在海外的部分藏书由我继承。我知道父亲的遗物是极珍贵的，二十年来不敢懈怠，尽心尽力保护而已。可是我本人研究专业的限制和长期海外生活经历的局限，我真不知这些藏书的未来结局。今承中国嘉德国际拍卖有限公司多次往返美中之间联络，中国国家图书馆承上世纪60、80年代之举，将我保存的陈清华部分藏书全部购藏，如此妥善的归宿，我现在可以告慰父亲的在天之灵了。
>
> 非常抱歉，我刚刚结束数月前定下的旅行，不能再出远门，只能在大洋彼岸，鞠躬长揖，衷心感谢中国国家图书馆，衷心感谢中国嘉德国际拍卖有限公司。
>
> 谢谢大家！

终如愿，将荀斋遗留在大洋彼岸的藏书，包括宋版《周礼》等23种带回祖国。中国国家图书馆以完成总理周公恩来之未竟事业，得国家财政部、国家文物局之鼎力襄助，一举持归国家图书馆皮藏，是为近年来政府保护民族文化遗产的一件幸事、盛事。

人生真的是很奇怪，在完成还愿之后，又背上了新的债，这就是后来一年都在忙着编制的《祁阳陈澄中旧藏古籍善本图录》。

我在美国旧金山与陈清华之子国琅先生交谈中曾言及80年代徐先生伯郊曾索走资料若干。而今徐伯郊先生已作古人，而资料亦不知所归。言及此，国琅先生终觉对先父一生收藏未作交代而愧疚唏嘘。我亦感如此一代大藏书家，无声无息地自生自灭，心中不安、不平，遂血涌而胆壮，向国琅先生奋一时之勇而自荐，编写荀斋藏书目，并约定在完成国琅先生保存荀斋藏书转让之后，启动此项目。2005年春之始，在中国嘉德国际拍卖有限公司王雁南总经理、寇勤副总经理支持下，得国家图书馆副馆长陈力先生，上海图书馆历史文献中心主任周玉琴女士、副主任陈先行先生的支持，终达成中国国家图书馆、上海图书馆、中国嘉德国际拍卖有限公司合编《祁阳陈澄中旧藏古籍善本图录》协议，并有幸请得上海图书馆研究员陈先行先生（国家文物鉴定委员会委员），时任国家图书善本特藏部主任张志清副研究员（国家文物鉴定委员会委员）、副主任陈红彦副研究员、赵前副研究员、金石组组长冀亚平副研究员等秉笔主修文字，分别负责国家图书馆、上海图书馆藏陈澄中藏书，余以不才，负责非馆藏的社会散见陈澄中藏书，遂合众力，得陈先行等诸公之辛苦，始得以数月之时而完成荀斋藏书图录之功。最初仅知国图所存陈澄中先生藏书无过百余种，然得知陈先生曾捐上海图书馆之五百余种，共六百余种之多，而留上海者，份量亦重，一、二级文物者几近八十种。于是决定一并编入，成此巨制。回眸观此荀斋藏书图录，宋本35部，元本18部，黄丕烈跋本6部，毛氏汲古阁抄校本12部，劳氏丹铅精舍抄本5部，鲍廷博抄校本2部，明季铜活字印本二十余部，明季名家抄本27部，而其皆为精善罕秘者，不可计矣。知如此善书，可称巨富。观此图录者，颇感壮观。如此感受到南陈荀斋藏书之重。以六十年前之情形度之，其之精善，谓之可以敌国，是不为过。故时人称"南陈北周"断非虚言耳。吾敢妄言，后世私家藏书者，将无逾此者。

为了此书的书名，我到了傅熹年先生府上，请先生执笔。傅先生说应该请位更好的老先生题写。我说，当年"荀斋"的斋号都是您爷爷给起的，写这书名您责无旁贷。于是傅熹年先生题写了书名。上海古籍出版社及责任编辑吴旭明先生，也尽职尽责，使得图录迅速保质保量出版。

如此也算我对国琅先生还了人情。

此次转让陈清华先生藏书，共计23种，均属国家一级、二级文物，目录提要如下：

（1）龚亦痴《江山无尽图》，清雍正八年（1730）清龚御绘手绘本，1轴。内有洪亮吉、归懋仪、孙原湘、王岂孙、曹娥、铁云、舒位、瞿应绍、赵曾、孙原湘、钱泳、黄丕烈、潘亦隽、王兆辰、纽树玉、王学浩、蒋因培、陈鸿寿、潘世璜、高桢、高垲、杨象济、吴昌硕、褚德彝等数十人题跋。

（2）（宋）欧阳修撰《欧阳文忠公归田录》二卷，明活字本，2册。（图6.3-2）

（3）高启著《姑苏杂咏》，明刻本，1册。提要：袁寒云、傅增湘、郑文焯、吴湖帆等跋。此书袁寒云嘱夫人刘梅真影写原序，极精，郑文焯以为不让汲古，并属郑文焯题咏。然袁克文以此本为明洪武刻本，郑文焯题称，此本据何煌（小山）考订为"正（德）嘉（靖）校补出殷"者，细审此本首叶第二行、第三行下著者、校勘款，字迹与行文不符，似为正嘉字体，且极有挖补之嫌，最后一叶亦然。故此本当为明初刊刻，正嘉时补刻印本。

（4）（汉）郑玄撰《纂图互注周礼》十二卷，宋刻本，2册。（图6.3-3）内有

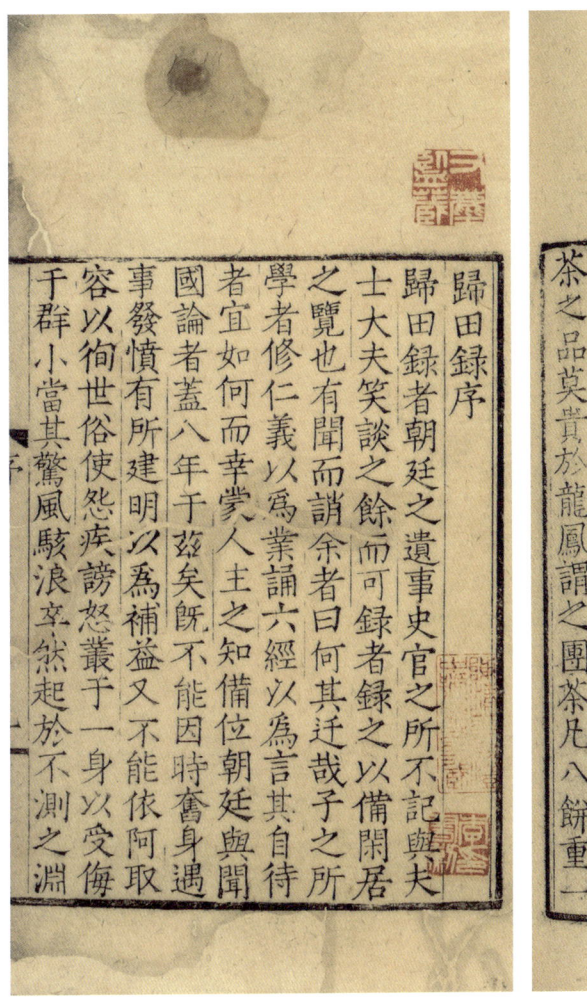

图6.3-2 （宋）欧阳修撰《欧阳文忠公归田录》，明活字本

钤印：华伯氏、毛怀之印、徐健庵、乾学、若霭图书、蕴真阁图书记、（鍊）雪藏书、完颜景贤精鉴、景行维贤、寒云如意、佞宋、百宋书藏、寒云秘籍珍藏之印、寒云、八经阁、后百宋一廛。提要：此本迭经传是楼徐乾学、蕴真阁张若霭、完颜景贤、八经阁袁寒云等收藏。袁克文跋称，以万金之价，从完颜景贤家购得宋刻本六种，包括三山黄唐本礼记正义、小字本春秋胡氏传、黄氏补千家注杜工部诗、黄善夫刻王状元注东坡先生诗、张于湖居士文集，以及此本。皆盛伯羲故物，均属宋刻本上上品，亦为袁寒云为佞宋之始。此书与今藏国家图书馆一宋刻本，北京大学图书馆所藏另一宋刻本不同，是为海内仅存一部之孤本。

（5）刘画撰《刘子》十卷，明铜活字印本，4册。钤印：柯氏敬仲、惠栋之印、字曰定宇、臣陆树声、怀辛斋珍藏印、汪印士钟、阆原甫、海宁陈琰友年氏曾观、许印厚基、怀辛居士、吴兴许厚基博明甫考藏宋元善本之章、雪溪许氏怀辛斋图籍、许

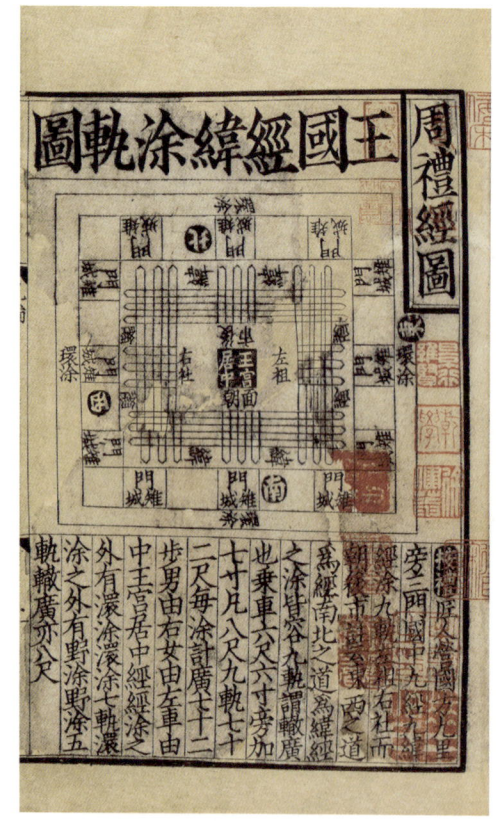

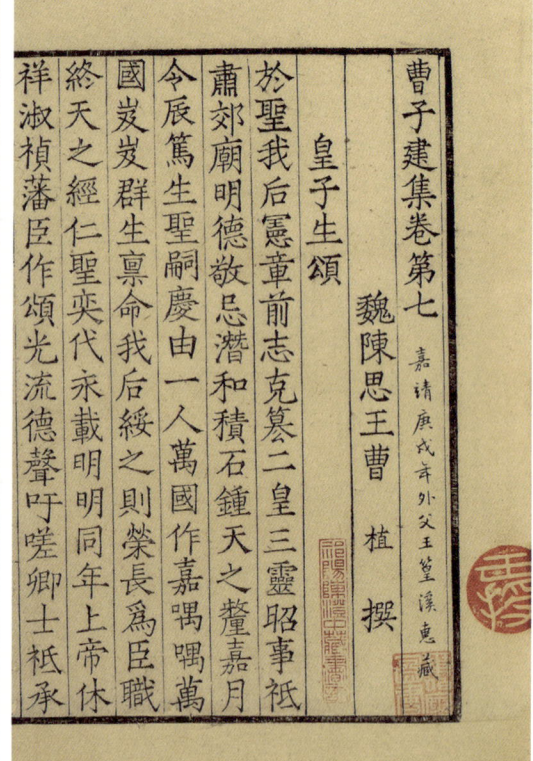

图6.3-3／宋刻本《纂图互注周礼》　　图6.3-4／明铜活字本《曹子建集》

氏秘籍、汪澂别号镜汀图章、镜汀、志万印信、潘叔坡图书印、叔坡藏。提要：此本经柯敬仲、惠栋、黄丕烈、汪士钟、陆树声、许厚基等递藏。乾嘉之际，此本为周香严旧藏，黄丕烈曾假此本参校于五研楼旧藏本，故黄丕烈对此本知之甚详。周香严去世后，藏书散出，黄丕烈见此本而收之。此本墨色极佳，然浓淡相参，加之字体端正，而字迹行气歪斜，此当为明铜活字印本者也。江标《黄荛圃先生年谱》卷下，中华书局本P78著录。

（6）（汉）曹植撰《曹子建集》十卷，明活字本，2册。（图6.3-4）

（7）傅崧卿撰《夏小正戴氏传》，明嘉靖刻本，1册。（图6.3-5）钤印：不为章司之学、钦氏之印、叶可徵氏、修竹轩、甲子丙寅韩德均钱润文夫妇两度携书避难记、荛圃过眼、黄印丕烈、荛圃、韩因陛鉴藏宋元名抄名校名善本于读有用书斋印记。提要：钦揖（字远游）校并跋、黄丕烈两跋（癸亥、丁丑）。钦揖、叶洽庭、叶献臣、黄丕烈、韩德均等旧藏。此本原为黄丕烈收得，转归袁寿阶之时跋之；袁去世

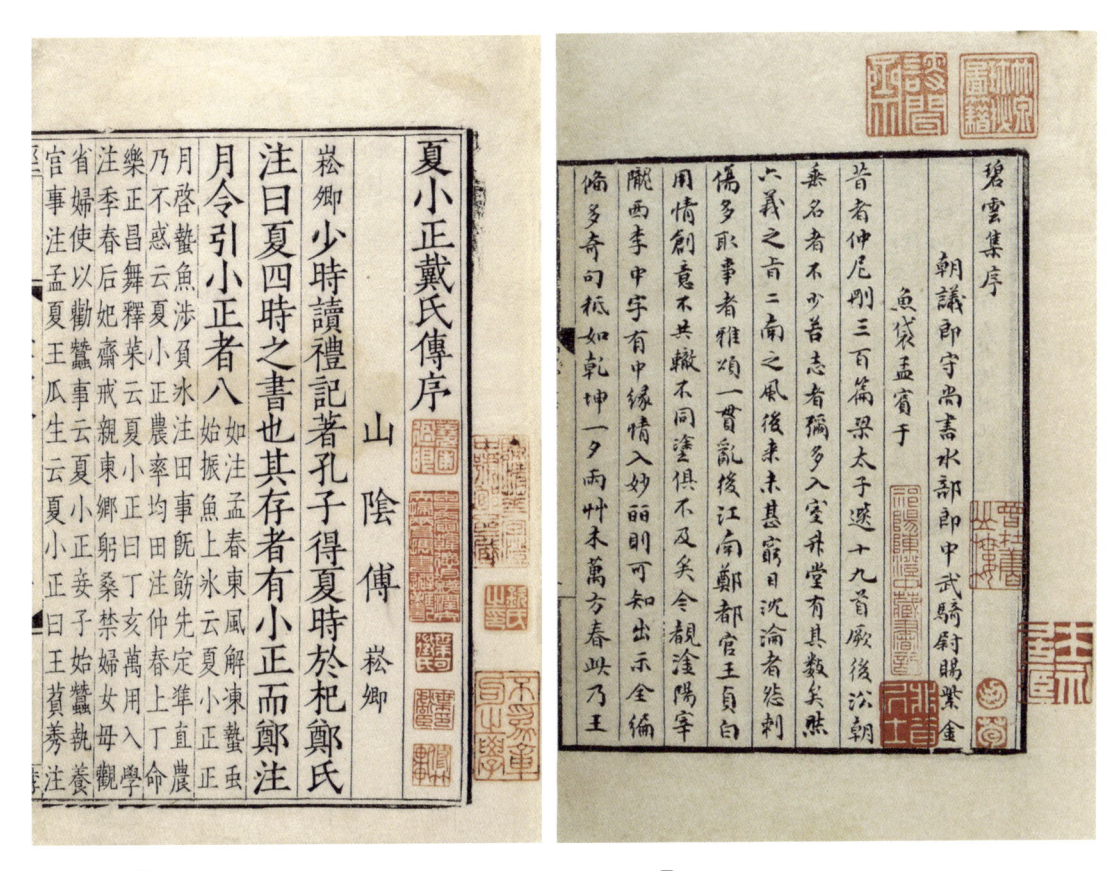

图6.3-5 明嘉靖刻本《夏小正戴氏传》，黄丕烈题跋　　图6.3-6 李中撰《碧云集》，清初毛氏汲古阁抄本

之后，藏书散出，黄丕烈再得跋之，是为前后两跋者。钦揖，清吴县人，字远游。善画山水，有宋元人遗意，书法宗褚、欧，通经学。寓居僧舍，终生未娶。此本初刻初印，纸白墨浓，品相极佳，道光元年（1821）黄氏士礼居曾据此本影刻，是为底本。

（8）苏轼撰《施顾注东坡先生诗》，宋嘉定六年（1213）淮东仓司刻本，1册。钤印：大明锡山桂坡安国民太氏书画印、汲古阁、毛晋私印、汲古主人、毛晋、商丘宋荦考藏善本、谦牧堂藏书记、听雨楼、翁方纲、覃溪读本、苏斋、翰墨缘、南海吴荣光书画之印、荷屋所得古刻善本、英和私印、海山仙馆、藏之海山仙馆、潘仕成收藏金石文字之印信、曾在潘德畬家、德畬、梦庵、永宝用等。题跋：宋葆淳、陈庆镛、易顺鼎、王仁俊、张曾畴、吴湖帆题画。提要：安国、毛晋、宋荦、谦牧堂揆叙、钱箨石、翁方纲、吴荣光、潘仕成、袁思亮、蒋汝藻、蒋祖诒等收藏。此书与台北"中央"图书馆藏者为同一部书，历代名家因其注释详尽，版刻精美，流传鲜见，誉称为宋版书之极品。此本自明嘉靖间安国收藏，明末毛氏汲古阁、清中揆叙谦牧堂相继递藏。到乾隆嘉庆间翁方纲得此书，并以此书为斋号称"苏斋"。清末此书为袁思亮收藏，不戒于火，袁思亮欲以身殉，幸家人冒死从火中将此书救出，然书脑各处已多有残损，演绎了一出悲壮故事，此书遂成为清代士林名流莫不鼎拜的神物，在清代、民国学术界、收藏界独领风骚。参见《国藏》，台北"中央图书馆"P84《"国家"图书馆善本书志初稿》台北，1999年6月出版，集部P264—265。

（9）涂潜生撰《周易经义》三卷，清初吴骞抄本，1册。钤印：吴兔床书画印、来来亭长、焦安校勘秘籍、拜经楼吴氏藏书记。提要：此本扉页题为吴骞拜经楼影吴翌凤藏并跋元刻本之抄本，吴翌凤藏并跋之元刻本，今藏上海图书馆，是为本为海内外孤本。内吴骞过录吴翌凤跋，称涂潜生《易主意》一卷，朱彝尊以为此书已佚，吴以为不知是此书否。此书《四库总目》未见著录。

（10）李中撰《碧云集》，清初毛氏汲古阁抄本，1册（图6.3-6）。钤印：毛晋之印、毛芑、元本、毛子又读书记、士礼居藏、竹泉珍秘图籍、曾在旧山楼、赵印宗建。提要：毛晋、毛芑、黄丕烈、赵宗建旧藏。外封面为赵宗建旧山楼题记，内封面为黄荛圃先生题"癸未秋收重装""毛子晋家传抄元本"，黄丕烈双跋。毛刻八唐人集之碧云集，内多缺失，非以宋刻本为底本者，实以此元版为底本。书中朱笔、墨笔校补，荛圃先生以为均为毛晋手迹。黄丕烈《荛圃藏书题识》《续录》著录。

（11）孟元老撰《幽兰居士东京梦华录》十卷，明弘治刻本，1册。刘世英纂辑《宋策选》，元抄本，1册。钤印：王印谷祥、禄之、震孟、月宵、稽瑞楼、酉君、丕烈、宗湘文、颐情馆印、虞山张蓉镜鉴藏、蓉镜珍藏、陈延恩观、芝楣借观。题跋：陆治、陈鎏、邵渊耀、顾纯、张金吾、钱天树、黄丕烈等。提要：文震孟、王谷祥、毛晋、陈揆、黄丕烈、张蓉镜等旧藏。钱竹汀题签，曰元人手抄。首有至正辛巳刘世英题辞。全书不分卷，《四库全书总目》未见著录，罕见秘本。此书经明代文震孟、王毂祥，清代黄丕烈百宋一廛、陈揆稽瑞楼、张蓉镜小琅嬛福地等名家递藏；明陆治、清人顾纯、张月宵、钱天树等士林名流追捧。江标撰《黄荛圃先生年谱》著录。

（12）刘义庆撰钱谦益辑《世说新语抄》，清顺治十四年（1657）钱谦益抄本，1册。钤印：东涧遗老、牧翁、平江黄氏图书、甲子丙寅韩德均钱润文夫妇两度携书避难记、古娄韩氏应陛载阳父号珍藏善本书籍印记。提要：黄丕烈、韩德均等旧藏。此书前有钱牧斋书签"世说小抄国史补"，全书用"绛云烬余"稿纸抄成，有牧翁、东涧遗老等印鉴。尾有钱牧斋"丁酉长至后七日抄于秦淮丁家水亭"，是为清顺治十四年（1675），时钱谦益年七十七矣。（图6.3-7）

（13）释祖咏撰《大慧普觉禅师年谱》，宋宝祐明月堂刻本，1册。内有钤印：佞宋、寒云鉴赏之、寒冻秘籍珍藏之印、后百宋一廛、寒云子子孙孙永保、与身俱存

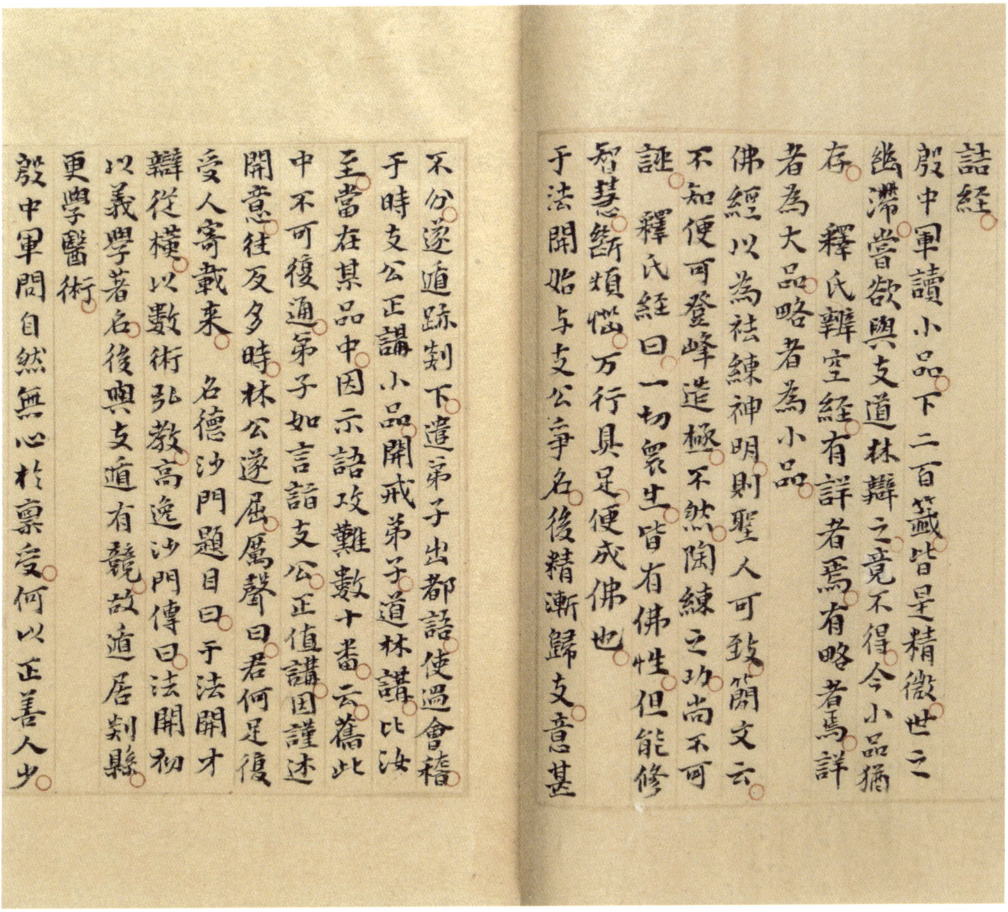
語經
殷中軍讀小品下二百籤皆是精微世之
幽滯嘗欲與支道林辯之竟不得今小品猶
存 釋氏辯空經有詳者焉有略者焉詳
者為大品略者為小品
佛經以為祛練神明則聖人可致簡文云
不知便可登峰造極不然陶練之功尚不可
誣 釋氏經曰一切衆生皆有佛性但能修
智慧斷煩惱万行具足便成佛也
于法開始与支公爭名後精漸歸支意甚
不分遂遁跡剡下遣弟子出都語使過會稽
于時支公正講小品開戒弟子道林講比汝
至當在某品中因示語攻難數十番云舊此
中不可復通弟子如言詣支公正值講因謹述
開意往反多時林公遂屈厲聲曰君何足復
受人寄載來 名德沙門題目曰于法開才
辯從橫以數術弘教高逸沙門傳曰法開初
以義學著名後與支遁有競故遁居剡縣
更學醫術
殷中軍問自然無心於稟受何以正善人少

图6.3–7／刘义庆撰《世说新语抄》，清顺治十四年（1657）钱谦益抄本

亡。提要：首有淳熙癸卯张抡序，尾缺一叶。据查公私家目录，仅有国家图书馆藏一部，著录为南宋宝祐元年（1253）径山明月堂刻本，与此本行款同，版式白口有别于此本之大黑口，字迹极相似，然决非同一版本者，当为翻刻宋版者。此刻本未见各家书目著录。

（14）司马光撰《司马文公稽古录》二十卷，明嘉靖刻本，2册。

（14）李观撰、陆希声编《李元宾文编》六卷，清中期秦氏石砚斋抄校本，3册。

（16）《古文苑》宋刻本，2册。钤印：读有用书斋、松江读有用书斋、金山守山阁两后人韩德均钱润文夫妇之印、甲子丙寅韩德均钱润文夫妇两度携书避难记、韩印绳文、价藩、吴兴张氏韫辉斋曾藏、张珩私印、张珩、吴兴张氏图书之记、祖诒审定、密韵楼、宋本。提要：此书存卷一、卷二、卷三、卷四（内有缺叶）。黄丕烈、韩德均、蒋汝藻、张珩等旧藏。黄丕烈撰《荛圃藏书题识》著录。

（17）吴莱撰宋濂编《渊颖吴先生文集》十二卷附录一卷，明初婺州路金华县儒学刻本，4册。钤印：翰林院印、郁华阁藏书记。提要：翰林院、郁华阁旧藏。内有叶石君题跋。提要：此本为叶石君、清翰林院、郁华阁旧藏。此书宋濂编辑，宋璲手书上版，首有元至正胡翰序，及刘基、胡助序。目录后有前婺州路金华县士谔识，尾有清康熙间叶石君用明代（嘉靖）公文纸手书题跋。此本旧为翰林院藏，但《四库全书总目》集部别集二十著录，为浙江总督采进本。然此本内多有馆阁校签，如"复校康仪钧""分校潘庭筠"等，似为四库抄本之底本者，或校四库抄本者也。

（18）鸠摩罗什译《妙法莲花经》，宋景定二年（1261）安吉州归安陆道元刻本，7册。钤印：毛晋私印、子晋、宋本、汲古阁、毛氏子晋、汲古主人、毛扆之印、斧季、开卷一乐、郑庵珍藏等等。题记：朱福诜、李翊灼、褚德彝。提要：此书存七卷，每卷首有精美法像版图，各自不同。卷二首图左下角有"戈亭施百二娘舍财刊"，卷三授记品第六下有"敢山王庵主募财刊"，卷三化城喻品第七下有"许智坚施财刊"，卷三尾有"茶曰坞资严僧唯益捐财刁化城喻品功勋报答"，卷四首有"建安范山甫刊"，卷四尾有名录："安吉州归安县琅耶乡屠村西田居住奉弟子陆道源舍财一伯千募到姚宣公曹七公沈十一公各四十千葛超公王廿四道各三十五千潘智行三十千吴十九庵主徐聪！公姚十四道立大师各二十千归百八道郭百八道沈四！三姑费道贵各一十五千戴三道蒋三道沈智能姚六公潘十七公谢四道百四庵主孙道然金八公沈三二公施明善茹七八姑沈流娘杨廿五娘各一十千赵八道李十公周廿六公沈四五公陈善！姑陆善圆沈五婆各人五千由是共施净财刊经功德续佛慧灯流通大教各愿现世安隐后生善处以道受乐亦得闻法然后各报四恩饶益三有咸承无上菩提共证法华三昧者景定二年三月？日底子陆道源题。"卷七首图右下角有"己丑正（三）月重雕"，卷七首下有"陈生刁"。按童玮先生《中国大百科全书·宗教卷》P185小藏条目称："小藏；宋元以来曾有4部，仅刻般若、宝积、大集（或华严）、涅槃4部诸经86种，如南宋景定陆道元本、元建阳报恩寺万寿堂本（亦称黑迷失本）、吴兴妙严寺本。"依卷四之题记，此本当为陆道元刻本，国内各家书目均未见著录。内有刻工名：卷一、卷三首有建安范生刊字样。

（19）杨仲弘撰《杨仲弘诗集》八卷，元刻本，1册。

（20）章如愚编《新刊山堂先生章宫讲考索》十卷，宋刻本巾箱本，10册。

（21）刘向撰《说苑》八卷，元刻大德陈仁子茶陵东山古迁书院刻本，2册。（图6.3-8）提要：首有曾巩序，仅见国家图书馆藏零本，参见《稿本总目索引》P789；《北京图书馆古籍善本书目》P1188著录，存一册，卷九至卷十，此本存卷一

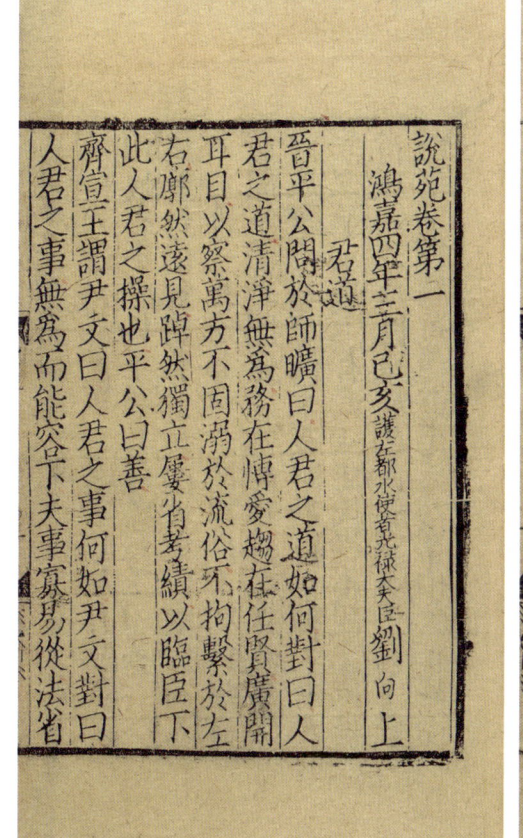

图6.3-8 刘向撰《说苑》，元刻大德陈仁子茶陵东山古迂书院刻本

至卷八，纸张相同，初刻初印，纸美字秀，当为大库遗物。此本各家书目未见著录，当为存世孤本。古迂书院，又称东山书院。陈仁子，号古迂，茶陵东山人，南宋咸淳十年举漕试第一，入元不仕，立书院专事讲学、著述、刊刻书籍。刻书传有《考古图十卷》《申鉴五卷》《尹文子二卷》《牧莱脞语二十卷二稿八卷》《梦溪笔谈二十六卷》等。

（22）葛雍编次、孙存吾校勘《范德机诗集纲目》，元至元益有书堂刻本，2册。钤印：宝书仙馆。提要：此书目录后有长形牌记"至元庚辰良月益友书堂新刊"，内有少量补抄。

（23）李轨撰《重刊治平监本扬子法言》，江都秦氏石砚斋刻本，1册。

第七章

拍卖行规经验感知录

孔夫子有句话："中人以上，可以语也。"现在的收藏家和藏书家，都是各路的精英，个个聪明过人，事业有成，岂止中人。但是，有两条，可能不及。一是时间。毕竟入此行道时间有限。行话说，行行有规矩，行行有门道。道深道浅，需要时间的磨练才能知晓。二是专业。古籍善本毕竟已经是一个大学里开设的专业，也有许多研究所，不是一朝一夕、随随便便就都能成为专家的。

即便是拍卖公司的工作人员、古籍版本的行家、有名的藏书家，也有打眼的时候。韦力先生在一篇文章《得书记》中，回忆在嘉德的故事。节录赘引一段：

《通鉴释文辨误》十二卷，（元）胡三省撰，清嘉庆影刻本，旧绵纸，一函二册。

2008年底，嘉德四季拍卖会上，拍了一部《通鉴释文辨误》十二卷。此书二册，在图录中版本项标为"明刻本"，估价为两万五千到三万五千元。从纸张上看，确实是早期刻本，并且卷首钤有藏印多枚，而刊刻的字体，也是典型的赵体字。这让许多书友认定这是一部元刻本。但每个人都不愿说破这一层，盼望着别人没能发现这个大漏儿，而专等自己去捡。

此书确属员工图录著录有误，当系清刻本，而非明本，更不是元刻本。由于看走眼，将此清版看成元刻本竟买到手的是位古籍拍卖公司的行家。若是换了别人还情有可原，可是作为一名行家，那就不能一笑了之了。如果当时不是著录有误，将清刻本定为明刻本，留下了口实，否则此事绝无协调的可能。拍卖有规则，必须自己承担举牌的法律责任。

诸如此类的亲历和感触良多，拍卖古籍对专业的要求和经验不可小视。我毕竟从事古籍编目采购已经近三十年了，在拍卖公司里主持古籍拍卖也二十多年了，没有大的研究成果，总有一些经历故事，留下许许多多的感受和经验，有成功的、兴奋的，也有失落的、沮丧的，道出来虽不成系统，点点滴滴就算是一些忠告罢了，或就是一点卖家和买家须知也好。

一、卖家的行规经验叙谈

二十多年的古籍拍卖经历，与数不清的卖家打交道。

所谓卖家，包括行家和藏家。对于从事古籍书买卖的行家来说，拍卖场上的经验也许比我还要多，还要深刻，因为他们常在拍卖场里买和卖，盈亏只有自己知道，甜酸苦辣也自己才知道。说实话，我没有这方面的买卖经验，但作为拍卖公司的工作人员，我有冷眼观察的体会。传统的民间藏家，不能说是阅尽人间沧桑，也是看到了不少的生死离别、悲欢离合，因为出卖家藏古籍善本，也都是生活走到了一个节点，需要作出了断。无论行家还是藏家，一般来说，以保值获利为初衷。但其过程也是对厚植和保护文化做出贡献，自己也从中愉悦人生。

欲修成完满正果，不论行家藏家，都要听我一言，因为不是每个老一代藏书家都会给他的后人留下锦囊妙计，可以妥善处理家庭的这份遗产。

1. 切勿私下转让

我先讲一个真实的故事。那是2002年春季，我看到了一部在这二十年当中仅见的一部奇书，就是清初八色套印本《三国演义》（图7.1.1）。拿来此书的是王洪纲先生。韦力先生写过一篇文章《两个消失的书友》，里面说到的书友之一，就是王洪刚先生。他对古籍善本书很懂，对古籍市场也很在行。当时我看了这本书之后，知道这是一个罕见的版本，虽然残存仅一册，卷首的绣像插图，是套印版画，极招人喜欢，正常参加拍卖一定会有善价。可是，王先生告诉我，受人之托，此书只能私下转让，不上拍卖。听此之言，很是犹豫，说道：这样私下出售的结果既不合适，也不公平。王先生在古籍拍卖场子里，常有进出，市场和规矩都很熟悉，我再说多也无益。对王先生我是无可奈何。这等拍品，可遇而不可求，放过了，可能今生今世不复再见。于是我找了一位收藏古籍书的客人，让其私下里以30,000元接收这本书。先决条件是，此书买下之后，必须参加嘉德古籍拍卖，如果在心理承受价位以内，自己买回，照付佣金；如果超出了心理价位，他人竞得，嘉德取应得的佣金，剩余的利益均归接收人。于是，这本古籍书，列入了嘉德古籍2002年春季拍卖图录，由于版本特殊，八色套印，精致无比，是中国古代套印本的最高水平标志，特地选作了当季古籍拍卖图录的封面。

《绘像三国志》，清初饾版八色套印本，存一册。此书当时的提要介绍如下：

> 此书极为珍稀，据所见公私书目记载，仅中国国家图书馆藏有一部郑振铎先生捐赠的残本，此外不见任何著录，罕秘可知。
>
> 饾版彩色印刷源起于明代末期，是中国印刷史上傲视全球的创举，传世的明末清初饾版彩印本，均被学术界、收藏界视作书中珍品。唯目前所见的传本中，多为笺谱、画谱等谱录，戏曲类仅见两色套印本。此书是小说、戏曲两类书籍中唯一可见的

饾板多色印刷品，是其珍贵的原因之一。

　　饾版彩印乃一版一色，经多次准确的套印而成，因此颜色的多寡，除了影响视觉观感外，还直接关系到技术繁简、成品难易和成本耗费。从此本第十二回"陶恭祖三让徐州"一图中，清楚可见粉、土、黄、褐、灰、绿、蓝、黑八色套印。由此可知，此书原刻240幅插图，即雕镌了一二千块刻板，繁复程度令人咋舌，且套印多至八色，不惜工本，刻意求精，亦为现代印刷所不及，是此本珍贵原因之二……这30幅图，是全书的精华所在，可视为传世孤本看待，是其尤显珍贵的原因之三。从版刻风格而论，此书刻工技法高超，处理战争场面或人物群像显得有条不紊、层次分明，堪称集明末清初版画艺术之大成，应是出于徽州良工之手。有学术界人士认为，此书或是清初著名文人李渔芥子园刻本，唯尚缺乏充足证据，书此待考。估价38,000—45,000元。

图7.1.1／《三国演义》，清初八色套印本

藏书界纷纷看好此书，拍卖中竞争激烈，大加追捧。拍卖结果不出所料，以506,000元成交，是当时私下转让价格的16倍之多。从私下转让，到拍卖结束，相差时间不过两个多月，中间的价格差距却如此之大。这部书后选入《嘉德十年精品录》，现在已经是存世名品了。面对这样巨大的买卖结果差距，也许有人心理上无法承受。拍卖结束之后，我听到王先生说道：结果你已经看到了，后悔吗？王先生脸上肯定没有什么值得高兴的笑容，只是淡淡的回答，受人之托，无可奈何。这样的结果，那是人家的福分。这件事我至今都记忆和感受深刻，其经验就是不论藏家，还是行家，东西好，千万不要私下里转让。参加拍卖，不论多少，公开公平，心里才会平衡。

现在，古籍拍卖已经不是什么太新鲜的事了。可是老一代的收藏家，往往也是现在的卖家，都没有拍卖的经验，心里总有两个难以逾越的障碍：一是对拍卖公司缺乏信任，二是对拍卖市场的真实性无法掌握。因此常常宁可一手交钱，一手交货，哪怕是低一点的价格，也愿意成交，不愿意去拍卖。最典型的就是早年与我常打交道的著名藏书家曹大铁先生，就是如此这般的一位可敬可叹的前辈。类似大铁先生这样的长者，见的是太多了，希望直接通过嘉德古籍私下转让的事，也不是一件。

诸如此类的经历有宋刻海内外孤本《活人事证方》、宋婺刻本《尚书》，还有康氏兄弟的《唐贤写经遗墨》，都是经过私下转手交易之后，再进入嘉德拍卖，无不是高出转手价格的几倍，或十数倍价格成交的。而且，从转让到拍卖结束，前后都不过两三个月时间，真的不知道，卖家究竟是出于什么心理和处境，这么急需现金。真有道是一块钱也要难倒英雄好汉，更何况成千上万，甚至是几十万上百万。也许真的需要疏解燃眉之急。人的境遇不同，出此下策的原因也就不同。出于救急，理应帮忙。然而经过了这些事，我想古人说"忧而不救"，这样急救转让不知道究竟对不对，也许困难也就扛过去了，现在的收益也不是他人的了。这件事的结论还是，藏家能不私下急着转让出手，就不要私下出售。对于我来说，真的不愿再帮这种忙了。

2. 底价的秘密是低价

关于拍卖的底价和低价，有一个曾经亲身经历的故事，发人深省。那是在1998年春的LOT1072《李鸿裔致吴云书札》，起叫价5,000元，无人应价，流标。现场将这件拍品改为无底价拍卖，也就是见钱就给，开玩笑说，一分钱都可以卖。结果拍卖时竟然以7,700元成交。拍卖结束后，买到这件拍品的客人见到我说，你说这是不是犯贱呀，5,000不要，7,000要，钱多了烧得慌。由此可见，底价设置问题不单纯是一个技术的问题，其中还有一个市场问题和竞买人的心理问题。东西只要便宜到让人动心，就一定会有人要出价购买，这就是行里人说的话，只要给我便宜价格，狗屎都能卖出去。

古籍拍卖对于卖家来说，首先要明确的概念就是拍卖标的的底价。底价，指的是委托人提出并与拍卖公司在委托拍卖合同中确定的拍卖标的最低售价，也称为保留价。基本含义就是在拍卖过程中，如果竞拍报价低于此价时，拍卖人就不卖出了。但是，拍卖报价超过此价位时，就必须成交。

底价的确定很关键，底价过高，假如超出一级市场很多，了解市场价位的买家就会收手，即使买家不甚了解，其长眼的军师参谋之类也了解，达不到卖家的底价，因此而流标。相反底价过低，万一市场认知出现问题，就会以低于一级市场的价位成交，卖家的利益不能得到有效的保护。因此确定一个合理的底价，对于确保成交，实现卖家和拍卖公司的利益具有重要影响。一旦流标，卖家没有实现转手，拍卖公司也没有佣金回报，双方都是辛苦一番而无收获。确定拍卖标的底价，其中有一些技巧，也有很多影响因素。

确定底价的参考因素很多。常常有客人说，我这部书与你的那部书版本相同，因此底价就应该和你那部相同。这种要求常会令我哭笑不得，因为一部书的底价确定往往不是由一个因素来确定，而是由一系列因素来确定。我个人以为，底价的多少可以依据以下几点来确定：一是古籍善本版本的判断。二是拍卖市场类比价格判断。三是同一版本的古籍的初印和后印之别。相比来说，藏书家最喜欢的是初印本，初印本和后印本的价格出现十倍八倍的差别，也属于正常。四是同一版本的古籍书，装帧是否有所改动。通常古装旧装更受藏书家的青睐，例如宋元刻本，原装订大都属于蝴蝶装，后代多已经改为线装，因此尽管版本相同，装帧不同，市场价位也不同。五是同一版本的古籍，保存的品相状况。六是同一版本的古籍，是否有名人收藏的钤印、题跋。有无名家题跋，价值完全不同。比如拍卖市场上曾经出现的一部清嘉庆间刻本《战国策》，黄丕烈题跋，有此题跋，按照国家的文物定级政策就是一级文物，市场估价就是300万起；而没有黄丕烈题跋的，就是品相等其他条件再好，市场估价最多一万，真是不可同日而语。

实际上，古籍的市场价格，并不由拍卖公司主导，而是由藏书家主导，市场的供需法则是幕后主宰。一部书虽然罕见，但是无人喜欢，价格就难以高。有人以为古籍书的年代早，文物价值高，价位就会高，这是错误的。仰韶文化时期的一些彩陶，距今至少五千年，其国际市场价位与明清的官窑瓷器相比，不及百分之一，其中道理是相通的。相反有些书，年代并不很久远，但是喜好人数多，多到市场不可满足其需求时，这种书就会出奇迹。

完全不懂市场的卖家，往往在底价价位上听从拍卖公司的合理建议，拍卖结果总是出奇地好，成交率高。近些年出现于市场的荀斋陈澄中藏书、潘重规藏书、季羡林藏书、书、过云楼藏书、陈伯达藏书等莫不如此，都是有来历、有噱头，东西好，底价定得比较低，结果成交价都是底价的数倍。2014年春，在日本看到一幅敦煌绢画：佚名《敦煌供养菩萨像》，五代绘本，镜心设色绢本。内有收藏印鉴：蜀郡张爰（白文）、三千大千（朱文）。大千先生手书题跋：

> 此幡共十六段，为朱梁时河归义军节度使检校太尉兼托西大王谯郡开国公曹议金（太尉名见安西榆林窟第十窟）供养物。光绪二十六年庚子四月二十七日，莫高窟第一百五十一窟发现。其十三段为斯坦因携去，其一今在故都，予茬敦煌一士绅家得二幡，此其一也。画法纯用吴生笔意，所谓薄彩绦者，绢素完好，犹可考见当时织物之距度。甲子十一月，张大千题。

此幅佚名绢本菩萨像的身世颇为传奇，系由张大千先生于20个世纪40年代从敦煌带出，1954年题识后转手他人。这幅敦煌绢画经美国亚利桑那州立大学化学研究院碳十四分析，绢幡的年代定为公元780年至990年。东西少，年份高，大千旧藏题跋，国际鉴定，又有极好的艺术展示效果。这件拍品曾经送往香港的某国际大拍卖公司拍卖，底价是800万港币，结果流标了。我在日本东京见到这位卖家，直言底价高了，底价定得要低一点，耽误不了东西，一定会卖得价格不错。客人同意底价定为250万人民币，仅为此前香港拍卖底价的三分之一，参加2014年春季嘉德古籍拍卖，结果引起了国内的藏家关注。拍卖开始后，竞叫价格，一路攀升，最后以632.5万元人民币成交。当时人民币与港币兑换比例为1：1.2，核算下来，相当于800万港币成交。由此可见，底价设定得低，成交价位并不一定低。

人都有贪图便宜的致命缺点，人人都如此，在拍卖场里就会没有便宜可捡。因此，底价低，并不意味着成交价低，相反竞争激烈反而会卖出超常的高价。这就是拍卖的心理游戏。有人说这是拍卖公司下的套，这话没错。

3. 好东西耽误不了

关于古籍善本的底价确定，从业二十多年来，颇有一些感悟。好东西，不用怕，耽误不了。底价定低一些，拍卖的结果往往会给人带来惊喜，所谓低估高卖，就是这个道理。拍卖是大型的商业活动，所有拍品都要出图录、要预展，还要经过文物主管机构的审查，无数只眼睛都在盯着看，真正的好拍品，耽误不了。

1996年，我曾到天津古籍书店征集拍品，当时店里拿出来不少古籍。其中一部书，《北史撼言》抄本一册，内有钱谷的印鉴。这方印鉴很出名，印文是"卖衣买书志亦迂，爱护不异隋侯珠，有假不还遭天谴，子孙鬻之何其愚"，这是明万历时期著名的吴门藏书家和书画家钱谷的收藏印,意思很好,非常出名,就是让后人知道,买书藏书不容易。当时店里认为版本不对,但是我很看好。于是店里给我了一个伪书的价格,底价只有8,000元。我没有吭气,接受了。回到北京后,查对了一下,印鉴极好,没有问题,尤其是扉页上的钱谷的出名印记,而且字迹也对,还有"郑邸珍藏"印鉴,当为清代郑王府曾藏之物。于是,我将估价直接定为15,000,几乎是底价的一倍。在拍卖预展中,刘九庵先生专门来到古籍展区,二话不说,直接让我将这部书拿出来一观。刘先生看完后不自觉叹称:看了此书,再看不明白钱谷的书法,那就别玩了。那时候的海内外买家都会一招,就是"借眼"。就是在刘先生、启功先生、史树青先生等著名鉴定专家出来时,在后面跟着、看着,听着这些老先生说什么、如何评论,只要老先生说好,就暗地里记下来,参加拍卖一搏。自己看不明白,老先生能看明白,借老先生的眼力。结果,刘先生的话为当时在场的几位收藏家听闻,都不声张,但是都明白了这是钱谷的抄书,也是钱谷的书法,结果在拍卖时都来了。还有一位原本已经要走了,回香港,就是听了刘先生说的话,不走了。我在电梯里偶然碰到他,他说为了我的一件东西,原本计划要回去了,现在不走了。当然他后来没有买到,还有大户在后面等着呢,他就是许礼平先生。结果以88,000元成交,是原来底价的10倍。

拍卖行里某某人以低于市场价位捡到大漏的故事不绝于耳,于是一些行家看准了人的这种缺点,利用人的心理弱点,向拍卖公司委托出售的拍品不设底价,就是常见的无底价拍卖。对于古籍善本这类更重内涵而非直观的拍卖品来说,无底价拍卖是有先决条件的。如果冒然以无底价的形式推出,会有很大的风险,很有可能卖不到正常的市场价值。特别是一些学术水准较高、文物价值较高的拍品,如果以无底价推出,买家认知程度不够,出价就会谨慎和有限,就会达不到应有的市场价位。因此,我对于学术和文物价值高的古籍善本,更倾向于设定底价,因为这一类拍品数量极为有限,实际上是没有参考价位可以类比的。古籍善本拍卖的市场在扩大,古籍善本收藏队伍的水平在不断提高,而且是迅速地提高,古籍善本的市场价格也逐步为人所尽知,在这种情况下,一些善本古籍无底价拍卖的先决条件已经具备。在这种情形下,就不用担心,就是无底价也不会卖漏了,一定会卖到应有的价位,甚至还会卖出意想不到的高价位。

这类事情碰得多了,比如宋克《急就章》、顾炎武《五台山记》,这些拍品都有很强的艺术性,比较简单,易于认识和了解,喜欢的人多了,就必然会有一场恶抢,结果都是成交价大大超出原来商定的底价,甚至创出了市场中的天价。

平常心是一个人很难修得的正果。新闻界和传媒都喜欢爆炸性新闻,博得读者的注意,对拍卖的报道也是经常报道"天价",让人人都自信天命有福,去拍卖公司拍卖发大财。其实这是误导,绝大多数的卖家,没有这个命,都是在拍卖估价附近成交。能够卖出天价的拍品一定是文物价值高，艺术价值高，有不凡来历、有故事、有噱头的拍品，普通的拍品想卖出离奇的价位很难很难。还是那句话，好东西，耽误不了。

4. 贵有贵的道理

嘉德古籍经常会碰到一些客人，说拍卖的古籍东西很贵。这没有错，贵有贵的道理。卖家的一番辛苦收藏，甚至还有磨难，就是要以好的估价和成交价来回报。新一代收藏家如果不认同这一点的话，那以后的收藏家如何看待你的收藏？王羲之《兰亭序》里有段话"后之视今，亦犹今之视昔"，不可不记住。尤其是碰到了一些高等级的贵重古籍善本，更应珍重。

2014年秋季，嘉德古籍拍卖一部善本书，LOT1932孔鲋撰、宋咸注《孔丛子》七卷，元茶陵桂山书院刻本，6册（图7.1.4-1,4-2）。内有钤印：季振宜藏书、古吴钱氏家藏之宝、章氏伯玉、天禄琳琅、天禄继鉴、乾隆御览之宝、五福五代堂宝、八征耄念之宝、古稀天子之宝等。《天禄琳琅书目后编》有著录。图录中提要文字这样介绍：

此本首有宋嘉祐四年宋咸《注孔丛子序》，即刻书表。卷首下有阴文刻"经进监本"字样，知此本底本为宋刻监本传刻。卷尾有单行阴文刻书牌记"茶陵桂山书院校正板行"字样，又知此本为元湖南茶陵桂山书院刻本。

我为此书专门撰写了《元茶陵桂山书院刻本〈孔丛子〉叙录》，说道：

余事中国古籍拍卖已逾廿年矣。历数四十余场古籍拍卖，过手清宫乾隆天禄琳琅藏书近二十余种，若宋本《周易本义》《后村居士集》；元本《昌黎先生集》；明本《详注东莱先生左氏博议》《唐文粹》；清本《佩觿》《帝学》《尚书》等等。友人曾叹称是二十年间市场所见天禄琳琅藏书，大半出自余手，斯言无差。然余常感慨，过手天禄旧藏除明清刻本有全本外，宋元刻本则皆为残本，孜孜以求二十年，知天下天禄旧藏宋元全本得见者实为不易。

事实上，余曾在2000年前后，两赴津门，于一收藏旧家得见天禄旧藏元刻本《孔丛子》七卷全帙，六七百年前之物，保存完整，名家收藏，清宫装帧，触之心惊，观之唏唏不禁观止之叹。惜藏家暂无出手之意，唯眼福而已。十余年心存惦记，今竟送至门下，列入今秋中国嘉德古籍拍卖专场，可谓苍天恩泽厚被。

此本《孔丛子》，元刻元印，历几近七百年，且自乾隆天禄鉴藏著录以来，海内外公私家收藏目录均未见著录。余以为此书以孤本存世数百年，忽隐忽现恰似神龙，

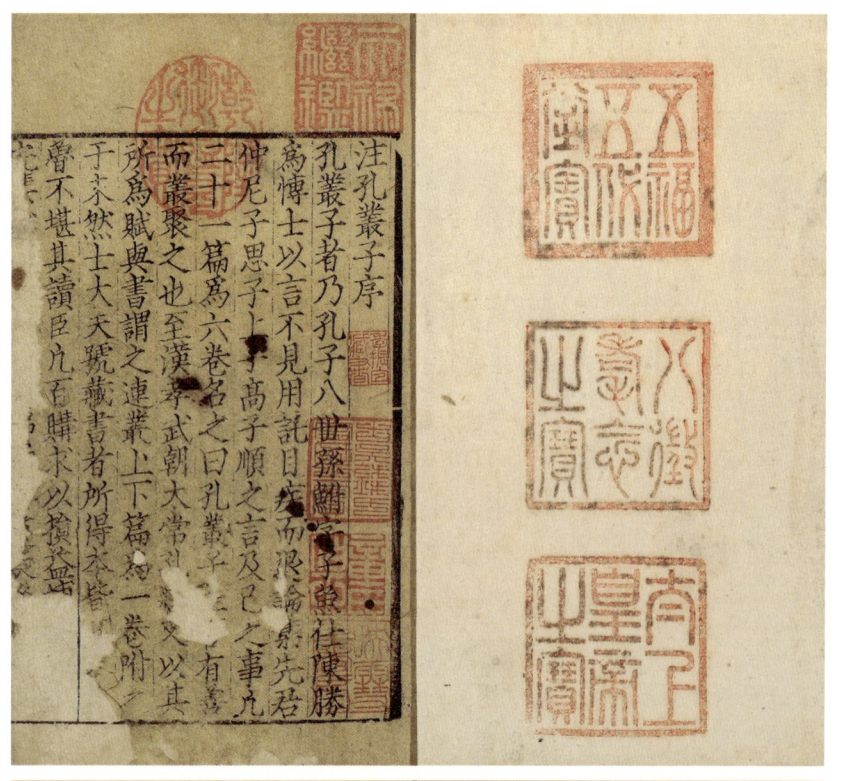

图7.1.4-1 孔鲋撰、宋咸注《孔丛子》，元茶陵桂山书院刻本

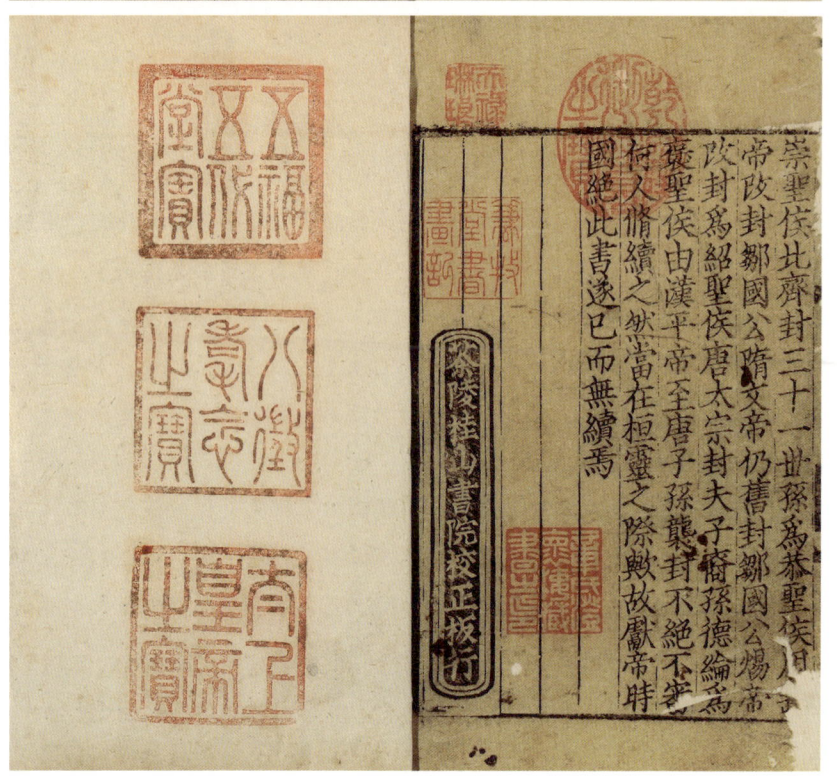

图7.1.4-2 孔鲋撰、宋咸注《孔丛子》，元茶陵桂山书院刻本

实可称之神物者，自当有神人护持。今神物再现于世间，乃吾辈之过手眼福，且思神人今安在哉！

此书估价7,800,000—9,800,000元，在拍卖过程中，无人举牌应价，结果未成交。没有成交的因素很多，并不是没有人对此感兴趣，在这高价位拍品前，有时买家都在等着，谁都不想做出头鸟。因此拍卖会后很快就有买家，电话或短信向我咨询，可否会下成交。我十年与这卖家打交道，深知此家仅此一件古籍书，是传家镇宅之宝；我也认为所定的底价并不离谱。这种情况下去征求卖家降价，那只能是自讨没趣。要我减免佣金，想想十年之功，宁可不要，东西退还，也要对得起自己的劳动。因为东西没有卖，就还有机会，也会卖得更贵。我的想法没两年就应验了，我想现在这些买家都感到后悔了吧。天禄琳琅旧藏的乾隆皇帝藏书，现在突然间暴涨了三四倍的价，不及这部书的版本价值和学术价值的，成交都过两千万了。现在有客人问我这部书的事。我回答说，当时为何不举牌？也许底价就得到了。客人说，当时感觉太贵了。我说：贵有贵的道理，那时不买，现在更贵。

我见到一些罕见善本之时，通常都不会压价，尽量开出接近市场的价格，不负收藏家多年的精心呵护之功。所以有位朋友开玩笑说，你的头上刻有"人民币"三个字，进人家门就会看到送钱的来了。换个角度，我也不会请求客人买下某一部书，认知不到位，也是糟蹋了。要愿意卖、愿意买，往往效果更好。

还有一些文物和资料价值极高的古籍善本书，什么价位，市场从未见过，无法类比。这些古籍善本书，对于非常专业的古籍善本研究专家学者来说，也是人生能够见到就满足了，何谈拥有。比如说我曾经手的元梅溪书院刻本《尚书》、清劳氏丹铅精舍抄本《松雨轩集》等等，都是天下第一等罕见孤本藏书，拍卖中无人问津，没有成交，只能说藏书家的认识还未到位。一些学术文物价值极高，但太深，一般藏家不易认识，也没有离奇的故事和蛊惑人的噱头，这类拍品底价一定要高。有人明白，一槌就给他，也不便宜；没有人明白，宁可流标，也不能便宜卖。这种东西可能今生只有一次机会过手，也太难得了，为什么要便宜卖呢？

还有一个有趣的现象，就是对于不懂书籍市场的卖家，由于我的出价很高，令客人原来并没有意识到这是如此宝贵之物，看到我的出价而意识到了，因此不给我了。推托之词也很简单，家里人再商量商量，结果反而拿不到了。因此开出市场参考价时，要适度。

行里还有一种很是让我感到不舒服的事，就是在看到了某些古籍善本书籍，而又因为各种原因拿不到的情况下，故意给卖家放出一个天价，让下一位来看东西的人也拿不走。因为正常市场没有这个价位，无论是何人都无法再接手。这种坏心眼，在这行里经常见，我觉得这样做真的不厚道。

对古籍买家，东西的真伪好坏我负责，出多少钱我决定不了。对于古籍卖家，东西的价钱我负责，对得起东西，对得起人，不给善价，我有权利和义务不拍卖给你，尤其是难得一见的好东西。

5. 不要糟贱了东西

对于卖家来说，世守收藏的物件，一定要找对地方，定位准确，才能不负辛苦，得到应有的回报。不同水准的拍卖，结果差距很大。比如说2005年春，拍卖蜀刻中字本《春秋经传集解》的故事。这是一部经过嘉德古籍十年研究才最后搞清楚版本的宋代古籍书，因此，其学术意义和研究价值大为提高。最有意思的是在嘉德研究成果尚未发布之半年前，北京的一家拍卖公司在图录中出现了一册《春秋经传集解》，版本著录语焉不详，估价10万元，结果流标了。这真是天助，于是我找了一位客人，古籍古画收藏家王先生，告诉他这本书可以买。客人问：那书流标了，为何要买？我告诉他，倘若你能买到，拿到嘉德古籍来拍卖，那时我就告诉你究竟为什么。王先生很信任我，就去了那家拍卖公司商谈可否会后成交。那边正因为此书流标，砸在手中，不知如何是好。有人提出要购买，真是天上掉下一个林妹妹，多好的事，立刻就成交了。拿到嘉德古籍之后，立刻安排到2005年春拍，并同时在《嘉德通讯》上公布了研究成果和美国权威机构的纸张鉴定报告，立刻引起了学界和收藏界的关注，最后以1,056,000元成交。前后不过半年，同一本古籍书，前家拍卖10万流标，嘉德古籍一百多万拍卖成交，十倍之多的差距。这就是好的专业拍卖公司与一般的区别。这也是搞清楚了古籍版本和稀里糊涂的拍卖之间的区别。

世界上的文物艺术品拍卖，都是从古籍拍卖开始。一旦古籍拍卖商业活动成功，就成为一个范例，很快就会引起各方资本的关注和投资，独断经营的局面就会被打破，形成诸侯林立、相互争雄的状况。当然在经过一段行业的恶性竞争，按照适者生存的法则，弱小的被淘汰，整个行业达到一种新的平衡。欧洲的古籍拍卖行业经历了两百多年的发展，也曾经历了这样的阶段，逐渐形成了现在的格局。中国古籍拍卖行业历史很短，还没有走到新平衡阶段。但是随着经济和市场的发展、调整，总会有这一天的到来。在现阶段，无论对于卖家和藏家来说，都必须面对如此众多的古籍拍卖公司，面对如此眼花缭乱的古籍拍卖活动，扑朔迷离，都需要睁大了眼睛，优选最好的古籍拍卖公司。选项尽管多，可是选取的原则并不复杂，大致有几个需要重点把握。

（1）信誉原则

一个好的拍卖公司，实际上就是建立在良好的信誉基础上。卖家想要拍卖，首先就要选择信誉好的拍卖公司，就是要信任拍卖公司。当年报刊上就有某老先生与拍卖公司打官司的消息，想想看老专家的东西都会有闪失，那一般平头老百姓会怎样？让人对拍卖公司的管理产生怀疑，长期以往，拍卖公司的信誉就会丧失殆尽，那还有谁敢将价值动辄十万百万的拍品交给拍卖公司。所以，公司信誉好，是前提，是保证。

（2）专业原则

拍卖是一个非常专业化的经济活动，尤其古籍善本拍卖，需要专业的知识和经验，从征集鉴定到撰写图录文字，再到宣传广告和展览，要有能力为每件拍卖品作出学术、市场价值的定位和判断，容不得半点差错，因为包含利益在里面。只有具备相应的知识和经验，才能够将拍品介绍清楚。其实老一代收藏家卖东西，都是要提前考试的。先拿出一件两件东西来试眼力，看明白了东西拿走，看不明白那就歇了。我就经常遇到这些考试。2010年前后，我第一次去美国新泽西忆梅庵罗太太家里，我与同行的寇勤先生一进门，老太太就将我们领到门厅旁边的小屋，指着墙上的一只大镜框，里面有十来张小敦煌经卷碎片，毫不客气地说道，这里面有一张不对，指出来看看。每张碎片只有巴掌大小，十几个、二十来个字不等。我凑上去细细地观看了一下，觉得有一张字迹略微大了一些，相比之下唯此不类。以我的判断就指给老太太看。结果老太太笑了说道，好眼力，这张是黄苗子先生临摹的。我想这时在身边的寇总，心里肯定是捏把汗，如果说错了，今天就麻烦了，以后也就别来了。从此之后，老太太在版本问题上就是听我的了。这才有了后来的"忆梅庵专场"拍卖。作为有经验的藏书家，将贵重的宋元明刻本交给没有专业能力的拍卖公司，那是糟践自己的东西。只有有经验和知识能力的拍卖公司，才能够发掘出拍品的学术价值和文物价值，才能实现拍品的市场价值，藏书家借此也能够知晓拍品的收藏价值；反之就是另一个结果了。有时一字之差，就有可能出现买方或卖方的争议，接下来就是商业纠纷，严重的就是上法庭打官司。

（3）公平原则

拍卖是一种二级市场的中介服务。一手托两家，既有卖方，也有买方，如同一只天平上的两边，一般重才会平衡，只照顾卖家，或只照顾买家的失衡经营绝对都不会长久。拍卖公司如何才能做到公平，就是拍卖公司要保持中介平台定位，不能参与买卖，只是为买卖服务，如同证券公司不能参与证券交易一样。拍卖公司就是提供收藏品买卖的交易平台。这是在长期的拍卖活动中，逐渐形成的一些规矩，中国的拍卖法将此纳入了法律的范围，进行法律限制。

可以说选择有诚信的拍卖公司，就是选择了踏实和保障；选择有专业知识的拍卖公司，就是选择了实现价值最大化的最佳机遇；选择了公平的拍卖公司，就是选择了平等享受。有了这三项，其他的问题就是选择拍场的技术问题了。

找到了好的拍卖公司，只走对了一半的路，还要确定自己手中的古籍定位。尤其是一些文物价值较高的古籍书，可以在拍卖场里有交叉，究竟如何确定拍场就是一个很难的技术问题了。这个表述不好理解，举个例子来说。嘉德在2010年秋季拍卖中，有一"翁氏六世珍藏"拍卖专场，一共有三十几件拍品，其中有一件是翁方纲的诗稿。这部诗稿非常重要，是翁方纲《复初斋诗集》的原稿。清中的诗坛有神韵、格调、灵性、肌理诸流派。翁方纲是肌理派的代表人物，这部诗集就是代表作品。翁方纲也是清中的书法名家，与王文治、铁保、刘墉齐名，为清中期四家之一。但是，诗稿，随手书写，涂鸦修改，不是严格意义上的书法作品。同时，翁方纲也是著名的学者和诗人，号称翁学士，在清代的诗学中占有重要的地位。按常理说来，这部诗稿归入翁氏藏书应该最恰当，但是被当作书法，放在书画里面参加拍卖，喜欢收藏书画的客人对清代学术源流和诗词流派，了解甚浅，忽略了这件拍品；而喜欢藏书的客人，并不知道这场拍卖里还有这样一件重要文献，也忽略了。结果，只有既喜欢古代书画，更喜欢藏书的韦力先生，看到了这本图录，并且发现了这件拍品。作为藏书家，知道这件拍品的学术意义和重要性，于是准备了大把的银子，要在拍卖场里血拼一场。但是，大失所望，竟然无一人相争，轻松就拿下了，准备了百万巨资，用了三分之一，很是奇怪和纳闷。做足了准备好在拍卖场里斗它几十个来回，痛痛快快地厮杀一场，结果无人搭理，真还有点失落感。甚至还有人冷着眼在旁边看，要这等东西干嘛？这就是拍品放错了拍场，如果放到古籍拍场里，买家都是玩书的，不会太在意稿本的书法，更为在意的是书的内容和学术价值本身。翁方纲的稿本，而且是诗稿，又是翁同龢的旧藏，诸方面已经决定了这是一件重要的古籍，肯定不会让韦先生那样轻松得手。这件拍品的市场价值，从文学文物的研究和资料方面来考虑，价值显然要比单纯的书法作品高出很多。

这种类似的例子很多，前面提到的张大千题跋佚名《敦煌供养菩萨像》，是一件敦煌旧物，文物价值远远高于其本身的艺术价值，就是当年放在了古代书画拍卖的专场里，也可以说放错了拍场，结果无人问津，导致流标。放在古籍拍卖场里，结果就不一样了，买家本身就是喜欢敦煌文献的客人，咨询的也是敦煌研究的专业人士，对于这件拍品的文物和艺术价值有充分的了解，所以很坚决地拿下了这件拍品。

不论是卖家，还是行家，要充分实现拍品的市场价值，就应当选择最好的拍卖公司，确定最准确的合适拍场，不要想当然地自以为是，上错了道，耽误了自己的拍品。

6. 贪小便宜吃大亏

卖家和行家，是拍卖货源所在。拍卖公司在早年文物退还政策刚落实之时，货源充足，对卖家无所求，一切都可以按照拍卖规则进行。近年来，形势倒转，货源竞争成为最突出的问题，卖家和行家手中的资源，成为奇货可居的资本。在这种情形之下，一些卖家和行家只考虑自己的利益最大化，提出一些降低佣金、图录费用，甚至预付拍卖品部分款项，保底成交等等要求，拍卖公司之间为货源竞争被迫做出让步。最让人不理解的是有些拍卖公司的卖家佣金竟然会是零佣金，这些让步条件事实上已经破坏了游戏的规则，任凭发展下去就很危险。

常言说，不平等的条约，不可轻许；影响不好的恶例，不可轻开。佣金里包含了什么，当然包含了拍卖公司的利益，无利不起早，天下的商业活动熙熙攘攘，都是为了一个利字，这是没有什么可以讳言的。可是其中还包含了一些拍卖公司没有明确公示出来的重要成本，包括征集拍品的交通、住宿、招待费用，制作图录的成本，巡展和展览的成本，市场开拓和研究及软性广告成本，拍卖场地租用的成本，聘请专家鉴定的成本等，这些都是用于卖家的费用。拍卖公司的员工也是人，要吃粮，要住房，因此基本工资是必须的，否则拍卖公司的工作人员都会跑路了。降低佣金的成本，那么只能从那些必须的服务项目中节省，包括拍卖预展的展览、拍品的研究和广告、拍卖场地等，对于买家和卖家的服务就会大打折扣，他们都不可能享受到最好的服务。因而最终受害的不仅仅是拍卖公司，还有卖家和买家。这是对拍卖公司的知识、服务、劳动的不尊重。最后的恶果，还是要买卖双方来承担，很明显卖家承担大头，比如说拍卖的预展。

拍卖预展，是所有拍卖会的标配程序。古籍拍卖的预展，可以分为两部分，不定时间和地点的巡展，和《拍卖法》规定的常规的定点定时的预展。拍卖的巡展，国家的《拍卖法》没有具体规定，是拍卖公司为扩大宣传采取的自主行为。巡展的地方可多可少，时间可长可短，项目也可多可少，展品数量也可多可少，没有具体规定。巡展的目的，是为了达到卖家和拍卖公司利益最大化。资金充足，就可办得规模大些，反之为节省开支就会小一些；资金充足可以多去几个地方，反之可以取消一切预展。这对拍卖的最后结果有很大的影响，巡展投入得多，有可能回报就会高，相反投入得少，一点可能的机会都没有。巡展的资金从哪里来，就是从卖家的佣金里来。

一件拍品陈列在高级的展柜里，或者用高级的边框装框，展出的效果肯定是与众不同，给买家的视觉冲击效果也肯定不同，留下的感官印象深刻，对于竞买时的出价也会产生影响。印象好，出价就会更高；相反，就会低。在拍卖的预展天数上，至少两天，每多增加一天，就会相应增加投入的费用。这些展览的费用，也是出自于卖家的佣金。所以，表面上看，佣金都是给了拍卖公司，实际上取自于卖家的佣金，有一部分返还用于卖家。为何不给佣金，为何要降低佣金，让拍卖公司赔本做生意，能长久吗？那只有减少服务项目和水准，拍卖场上买家每多竞叫加价一口，90%的收益都是卖家的，拍卖公司最多只有10%，买家的感觉不好，竞叫时少加一口，最后吃大亏的是谁，那还要想吗？

还有图录费用问题。图录的本质是什么？就是产品的广告册，为卖家的拍品做广告。两百多年前，世界上的第一场古籍拍卖会，就出版印制了古籍拍卖图录，从那时起，古籍拍卖、艺术品拍卖、古玩拍卖，都参照古籍拍卖编制图录，成为传承至今的拍卖标准配属物。可以说，拍卖图录是拍卖公司的唯一拥有著作权的产品。古籍拍卖图录标志着拍卖公司的专业水准，也是拍卖公司提供给客户的产品介绍，它的重要性不言而喻。讲个故事也许更能有体会。

20世纪初期，英国伦敦的一场古籍拍卖会，拍卖图录中有一件拍品，是关于音乐方面的乐谱手稿，数量是一批，结果在拍卖会上有人以3英镑成交价买到。这一捆乐谱，买到的人回来后便以25英镑转售出去。但是，谁也未曾晓得里面竟然夹着一册1811年雪莱早期的大作《玛格丽特·尼克森遗稿残篇》手稿。珀西·比希·雪莱（1792年8月4日—1822年7月8日），英国著名浪漫主义诗人，他的诗歌名句："如果冬天来了，春天还会远吗？"为全世界所尽知。他的作品为世界认同，他的手稿受到藏书家的追捧，市场价格不菲。因此这捆手稿成了抢手货，很快在几个星期之后，又在纽约以8,000美金成交。这件事发生后，引起了各方的怀疑。集中的问题就是在古籍拍卖的图录中，对这些重要的内容只字未提。古籍拍卖图录的学问，对于买家来说具有指点乾坤的意义。大多数的买家是看了图录，挑选感兴趣的内容看预展，不感兴趣的就一翻而过了。所以绝大多数藏书家不知道其中有这么一份重要的手稿夹杂在里面。对于卖家来说，这次损失可真够大了。那时的8,000美金可是一个天文数字。结果有了历史上因为古籍拍卖图录引起的官司，控方最关键的证据就是在当时的古籍拍卖图录里，重要的内容未加说明。

图录编制撰写，就是为卖家做嫁妆。人靠衣服马靠鞍，图录写得详细与否，图录写得完美与否，图录介绍得是否深入，卖瓜的自吹可以不听，但是卖书的介绍不可不看，原因是瓜必须吃下去之后才知道甜或不甜，而书在买之前，好不好是可以看到的，除非是对藏书一窍不通的"书盲"。当然，藏书家不会乖乖地让人牵着鼻子走，特别是对自己感兴趣的藏书，会在古籍拍卖图录的基础上，继续深入专攻下去，这才是好藏书家和好买家。我相信作为拍卖公司的职员或者专家，会倾尽一切睿智和博学、经历和经验、文思与文采来编制撰写古籍图录。因为拍卖会有期，很快就会过去，但是图录作为印刷品资料将长久保存。编写的粗制滥造，漫无章法，买家从中要找出某类某部喜欢的书来，恐怕费神费力，犹如登天，而且版本文字错误有误导，这都会有损从业者的一世英名，更严重影响到拍卖公司的专业形象。生命是一个自然过程，需要精心营造，才可以生动有趣。一个拍卖公司也如此，而图录就是营造公司形象的最佳展示品。这一切都是建立在职业操守和道德层面，并没有法律可依。一句话，学问是没有底的，人心要有底。

聪明的卖家，不会在图录的费用上与拍卖公司讨价还价，而且会主动追加图录费用，求得拍卖人编制图录时尽可能给予最大、最多、最好的展示，增加版面、封面封底，聘请专家撰稿介绍，举办学术研讨会议等等。这些费用都是定数，而拍卖竞叫加价是在变化中的，图录介绍详尽完美的结果，10万元以上的拍品，按照竞叫加价阶梯，多一口，就增加1万，那些先期图录增加的投入就全部收回来了，而且还有盈余；100万以上的，多加一口就是10万，相比增加的区区几千元图录费用，那就不是一个问题了。

做大事，切莫贪图小便宜。

7. 拍卖如小赌

常规的古籍拍卖会不是随机的商业行为。可是拍卖和拍卖场里，谁会知晓下一刻将会发生什么情况。作为卖家，应该知道天灾人祸，不由人力所能控制，对于拍卖过程和拍卖的结果，拍卖公司也没有能力控制。因而，卖家和拍卖公司都有在与老天对赌的成分。

拍卖会是大型的商业活动，可以说无论是拍卖公司，还是藏书家，都会感到有太多的变数，太多诡异的招数，叫人无从招架。突发的偶然事件，自古难免。对于拍卖公司来说，整个国家的、社会的大环境是无法掌控的，所能尽人力的只是一些细节。拍卖这事有时想起来真的很玄，从征集到编制图录，再到预展和拍卖，中间周期要大半年，而在这半年中什么事都可能发生，就是临到拍卖前的那一刻也会发生预想之外的突发事件。据载，伦敦的一场拍卖会，就在拍卖会开始前，大雨倾盆如注，所有的有意参加拍卖会的人都交通遇阻，无法赶到拍卖现场，据说全场就来了一个人，其拍卖结果就可想而知了。这种事有时是百年不遇，可是对于伦敦的那些两百年的老店，就有可能遭遇，对于参加这场拍卖的卖家来说那就是百分之百倒霉透顶的事。人不与天争胜，只能听天由命。中国的拍卖行业还很年轻，尚未碰到过这等突如其来的糟糕事，但是随着时间的推移，谁又能保证不发生类似的事件呢。嘉德拍卖二十年当中，类似的事件是存在的，2003年初的中国遇到了一场突如其来的疫情，"非典"肆虐，一时间，偌大的北京城，一面加强人口流动管理，控制疫情，一面禁止大型的商业活动，减少疫情传播。突发的疫情，直到4月底仍不见消除的迹象。那时，嘉德2003春的拍卖已经在筹备之中，原定的时间是5月中旬，在这种状态下，能否正常如期举行拍卖会，那只有天知道了。

大型拍卖会如此，小到每一件拍品，也是如此。古籍收藏，是一项小众收藏项目，而且分类非常专业，大小、古今、中外通吃的藏书家很少见，或许就没有。藏古今刻本书的买家、藏碑帖的买家、藏明清名人书札和晚清民国名人书札的买家，都很明确，超出了范围，一概不问，无论贵贱，全然不关心。因而，有两三个能够对同一件古籍拍品感兴趣的买家出现，那就像是肥猪拱门了。也正是此原因，如果其中的一位买家忽然有变故，不能来现场参加拍卖了，少一人参加竞争，那对拍卖的结果影响就太大了。原来有可能超过高估价，甚至翻倍，现在就很难了，也许就是底价成交了。假如只有一位客人感兴趣，因故未能到场，也许这件拍品的悲惨命运就开始了，流标在所难免，而且会影响以后，他日再出江湖，老买家一看一查就知道，这是某某拍卖流标之物，原因为何？价高了、东西不对、有问题，等等猜测，多少都会影响以后的成交。这些作为拍卖公司也无能为力，无法掌控，只能听天由命。

中国嘉德古籍拍卖从诞生到现在，二十多年来，总的还是风调雨顺。拍卖的结果也是随着经济发展的大势，稳定发展，一步一个阶梯，不断在提高。一些标志性拍品的拍卖结果，也累创新高。从拍卖的底价确定来说，大都是依据拍卖的技巧，将底价定得略微低于一级市场的交易价格，这样才有利于吸引买家。为何人人都想将拍品送进拍卖公司拍卖，原因就是低于市场的估价，会吸引买家前来，出现多人，至少有两三个人的竞争局面，那就一定会卖出远远高于市场的价格来。在某种意义上来说，也是基于心理学的小赌行为。任何心理学的分析，都是建立在概率的数学模型上，概率只是可能，不是一定。对于每一拍品来说，要么就是赢，要么就是输，没有中间。

还有一些老卖家和行家，已经看准了拍卖公司的信誉和能力，而且对拍卖的游戏规则和参与拍卖的买家心理颇有研究。经常会出现卖家要求将拍品定为无底价拍卖，但提供的拍品却有一级市场的价位，以及曾经拍卖的记录，这就是明显地在赌，在赌买家的心理。一件明明是市场价值几万，或者十几万的古籍书，卖家要求无底价拍卖，意味着只要有出价，不论多少都必须成交，也许会以很低的价格成交。但是卖家赌的就是所有买家，明白拍品的真伪好坏，也明白市场的应有价位，必然会贪图估价便宜，参与和加入竞争。买家既然大老远赶来参加竞买，就是超出一般市场价格，也会在所不惜，否则白跑一趟，耽搁工夫。特别是一旦加入竞争，有时买家的情绪会失控，尤其在受到某种诱惑之后，赌气、不理智等等，往往将拍卖的价位推高到难以想象的水准。这种结果，的确是已经见到不少，可我还是要说，赌不能常用，偶尔一为尚可，总要如此，久赌必输。

参加拍卖的卖家，不论是如何玩心理游戏，有一点小赌怡情的态度和准备，那就能安然地接受拍卖的结果。我也去过赌场，我以为是娱乐场，因为我有信条：小赢是福，小输是乐；大输是悲，大赢是祸。玩一玩总是可以的，那也是人生乐趣。报纸、电台、网络宣传的都是一些极端案例，有的中了乐透大奖，其实也有的蚀光了老本。成功与挫败全在一瞬间，就当听听故事而已，千万不要压上性命家底赌一把。

8. 没卖是福

拍卖的结果是谁也无法控制的，拍卖成功的喜气洋洋，乐不思蜀；拍卖没有成功，拍品流标，总是一件让人乐不起来的事，不说垂头丧气，也是摇头叹息。面对这种情景，对于普通拍品，那就无所谓。但对一些名贵的、珍贵的、罕见的古籍善本，我经常会对客人讲一句话：好东西，没卖是福。

这句话，人都会问：没有卖掉，怎会是福？这真的不是简单的安慰卖家的话，绝对是经验和常理。从常理上说，这些珍贵的古籍善本的底价并不离谱，如果勉勉强强地成交，也就是底价成交，说实话对不起这好东西。二十多年的经历中，一些很好的珍贵古籍，本身很不错，但是大多数买家不认同，结果卖了，刚好是成交的底价，很不理想。比如说1996年秋季LOT1293徐子光补注《标题徐状元补注蒙求》宋刻本，这部书海内孤本，历代名家递藏，拍卖时底价落槌成交。这部书以底价成交，不仅我乐不起来，卖家也乐不起来。真正的贵重版本，勉强成交，真的不舒服。那时主要是古籍拍卖初起，环境尚不成熟之时，因此对于买家来说，无异于是一个最好的捡漏时机。现在想捡这种漏已断无可能了。

珍贵古籍版本书，本身所定的底价就不高，结果还没有卖掉。因此，没有卖掉，我以为就是福。我就曾经碰到过很多这样的情形。

2004年秋季嘉德古籍LOT2527《清末匋斋存牍》4册52通（图7.1.8），图录中的提要文字：

> 此批存牍内收清代贵胄高官名流手札，文物、史料价值极高。
>
> 内中包括：孙家鼐、张之洞、袁世凯、徐世昌、戴鸿慈、张百熙、李端棻、陈璧、盛宣怀、载泽、载洵、溥伟、铁良、胡维德、伍廷芳、沈家本、沈云沛、宝熙、严修、刘廷琛、恽毓鼎、罗振玉、江瀚、裕禄、魏光焘、岑春煊、李经义、陈夔龙、瑞澂、俞廉三、孙宝琦、吴禄贞、樊增祥、余肇康、梁鼎芬、熊希龄、姜桂题、李国杰、梅叟、俞文鼎、陈树藩、弼良、杨守敬、王闿运、叶德辉、张謇、陈三立、严复、缪荃孙等。
>
> 此批先书札归端方之甥，后归日人佐久闻桢，又为其子佐久间禄收藏。
>
> 端方（1861—1911），清末大臣，金石学家。字午桥，号匋斋。满州正白旗人，托忒克氏。历官工部主事、陆军部尚书、湖广总督、两江总督等职。曾赴欧美考察，开办警察、新式陆军等事宜，督办川汉、粤汉铁路。宣统三年（1911）为镇压四川保路运动入川，在资州因兵变被杀，清室追赠太子太保，谥忠敏。端方嗜好金石书画，搜庋青铜器、石刻、玺印。主要著作有《陶斋吉金录》《陶斋吉金续录》。
>
> 1996年台湾"中央研究院"影印出版。
>
> 估价320,000—350,000元

图7.1.8 /《清末匋斋存牍》

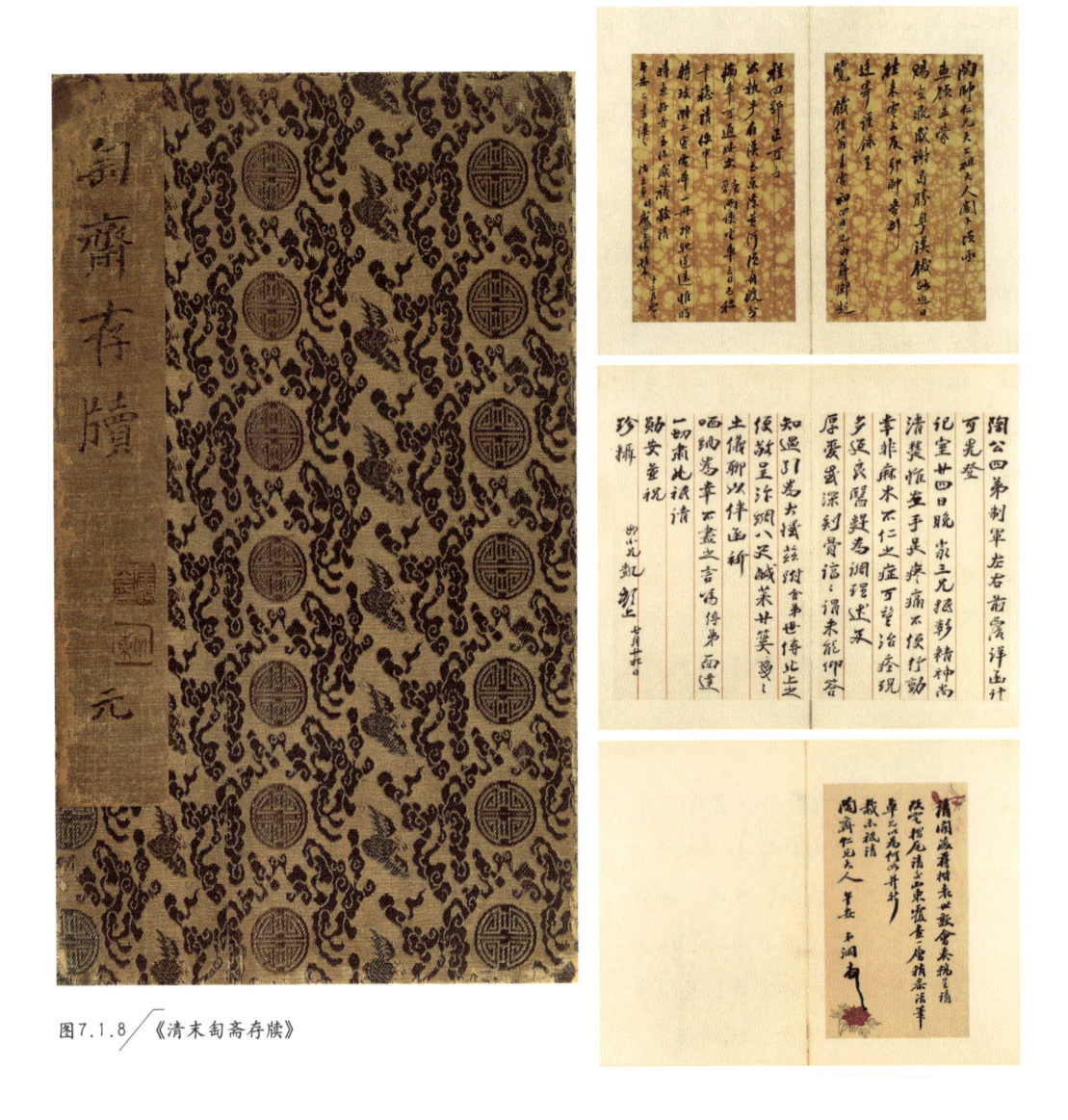

这件拍品是一位熟悉的客人、天津林先生提供。林先生先将这部尺牍送到上海某家拍卖公司拍卖,估价三四十万元,结果流标了。底价我认为并不高,于是对林先生讲,多亏没有卖掉,就这价卖掉了让人心痛。这批书札都是京城里的官员,都是北方的名头,放在上海的拍卖公司拍卖,可以说地方不对,那里更认同的是海派名家。我来再拍一次。林先生听从了我的建议,结果半年后,在嘉德古籍拍场里,一位买家为了举到这件拍品,举着牌子就不放下,随便你报价竞争,那气势如虹,就是志在必得,结果以792,000元成交,收入囊中。想想看,知道有如此结果,当初真的以底价卖出,时间仅差

半年，那收入就将少一倍。

下面还有三部书可以为例。这三部书都是在2008年秋季嘉德古籍拍卖会上未成交，隔了一年半，重新上拍卖，结果令人诧异。

2010年5月LOT8398（2008年秋LOT2741）周伯琦撰《近光集》三卷《扈从诗》一卷，清鲍正言知不足斋抄本，2册。

钤印：正言、鲍伯子、松雨、蒋维基、子后、蒋子后收藏记、茹古主人、歙西长塘鲍氏知不足斋藏书印、老屋三间赐书万卷。

提要：此本附杨允孚泺京杂咏一卷，另有周翰林集补遗二卷。清鲍廷博辑并手抄佚文二篇及题识。此本晚清浙江湖州著名藏书家蒋维基旧藏。蒋维基，著名藏书楼密韵楼蒋汝藻之祖父也。

傅增湘《藏园群书经眼录》卷十五，中华书局1983年第1版，第1351页。

估价100,000—150,000元。成交价313,600元。

LOT8386（2008秋LOT2727）《长江集十卷》，明蓝格抄本，1册。

钤印：密韵楼、葱玉、宪仪藏诸行箧、靖志堂、辉宗植、劫木庵、在家僧、际冰、吴兴张氏韫辉斋曾藏、甲寅张珩。提要：清道光乙未劫木庵跋。光绪丙子年沈曾植跋。丁巳年尹耀宗题识。尾有嘉靖甲辰文山徐亮识一页，称"偶得宋新贾浪仙长江集，甚宝爱之……乃于公暇，漫录一过"云云。抄写公整，甚精。此本为浙江湖州著名藏书家蒋氏密韵楼、张珩韫辉斋递藏之物。名家收藏之物也。

估价150,000—200,000元。成交价358,400元。

LOT8409（2008秋LOT2756）《诗话》十卷，明弘治三年（1490）冯忠刻本，1册。

钤印：庐江王书画记、陈印继奉。

存卷一至五。此本卷首扉页有方地山跋，称此本为袁寒云所赠，与周叔弢并考为全帙。此本查《中国古籍善本书目》集部，仅著录上海图书馆有一部，且亦为残本（卷一至卷七）。

估价50,000—60,000元。成交价246,400元。

先是底价流标，隔年后重新上拍卖，结果成交价翻了两倍到五倍。如此说来，古籍拍卖未成交，只要东西好，没有问题，那就不用抱怨，不用生气，那也许是福，没准将来会有惊喜。

二、买家的行规经验叙谈

古籍拍卖会像一团熊熊烈火,很多买家不远万里,漂洋过海,就是心甘情愿往里飞。究竟是为了什么?就是为了几本书,就是为了占有欲,就是为了扬名立万,就是寻求一个人生的乐趣。

人生乐趣是什么?有人说,家有贤妻,屋有善本,此生足乐。这话说得有道理,但是没有分缓急。年轻时,血气方刚,自然是贤妻第一位,随着年纪增长,越来越衰老,善本书就慢慢变成了第一位。因为善本书与女人不同。女人是年轻好,细嫩水灵,古籍是越老越好;女人天天见,善本真是罕见;看女人是直观的一瞬间心动,所谓一见钟情,看古籍书,穿越时空,沧桑中见大美,要慢慢地琢磨;女人也许一辈子看不懂,善本书总归是能看懂的;弄不好女人可以离开你,善本书不会,只有你离开它。所以只有贤妻,没有善本,不足称乐。

看看早年在美国的古籍拍卖会,都是各行各业里的一些大佬,参加拍卖会就像听场正式的音乐会一般,追求生活乐趣。西服领带不说了,有的还是领结、燕尾服,可谓盛装,有时还会携带女友,非常隆重。毕竟藏书是一项温文尔雅的高尚小病,不能亵渎了先贤的思想和智慧。一切都是那么文雅,那么高尚。表面上见了,点头致意,一派绅士风度。拍卖一开始,为了几本书,个个原形毕露,不择手段,抢占鳌头。所以古籍拍卖,古今中外,就是一个文雅的厮杀战场,要么你赢,要么我赢,没有第二条路。

中国嘉德古籍拍卖会,当然是一件行业里的大事。参与者远远比西方古籍拍卖会的几位大佬多多了,买家、行家等等,不类西方的那些老贵族做派,都是事业有成的大鳄,形形色色,熙熙攘攘,玩的都是中国特色,那叫儒雅。

不论古籍拍卖会怎么热闹,但是总有公道在。有些道理,知道和明白,总会少走弯路。

1. 规矩人不吃亏

守规矩的人,就是老实人,踏踏实实,按照拍卖的规则一板一眼地办事。古籍拍卖规则,是两百年多年的历史经验教训,逐步总结出来的成果,很多可能都是惨痛案例,包括卖家、买家和拍卖人。按照规矩办事,就是汲取了教训,总是不会再吃亏。

比如说,拍卖公司都有规则,给予买家购买拍品之后三十天的付款期限,但是往往有买家拖延,有些买家以为从中得到了便宜。其实时间是试金石,时间长了,终究会告诉你谁是受损害的人,不是别人,正是买家自己。拍卖公司如果因为买家付款失信,连锁反应就是拍卖公司失信卖家,卖家就会不将好的收藏品拿出来,没有好的收藏品,拍卖公司的利益很明显地受损失,可是到头来,买家也没有好的收藏品可以收藏,古籍善本市场也会受到损失,最终结果是买家的利益随着市场的损失而损失。冤有头,最终是买家损害了自己的利益。这就是老话：搬石头砸了自己的脚。

一级市场里交钱拿货，立刻完事。但是古籍拍卖就没有那么快捷了。从征集到编写图录，再到出版，预展招商，一场大型古籍拍卖会大约需要半年的准备周期。在这半年的周期里，经济变数非常大，也非常快。经济上行或是下行有时就是在转眼之间，一个利好消息，或者一个利空的消息，通过现代的通信方式传播出去，立刻就会造成市场的巨大波动。或许碰上好日子，股市连续大涨，如果竞标人恰好就是股市中的大鳄，那就会有好戏看了。我就曾经见到过一手拿着手机看股票，一手拿着竞拍牌号，哗哗地举，完全不论价。我就问，为何这般举法？回答是，看看我买的股票，今天进账就千万，这几十万有何不可。这种买法有时真的很玄，拍卖公司无法掌控的国内的股市和国际汇市，按照拍卖公司的规定，竞投价格以当天的外汇汇率换算。币种只能是人民币、港币、美元。1998年亚洲金融风暴，导致国际间汇率突变。1998年春季嘉德拍卖会的举办之后几天内，日币的汇率忽从10,000日币兑换800多元人民币，断崖式下跌，变成了10,000日币兑换400多元人民币，可谓"腰斩"。就在此时期间，拿100万人民币举例，如果买家当时立刻付款，款货两讫，所需支付的日币是大约1200万日币，三五天之后就需要支付2,400万日币了。当时，古籍专场里有一件宋版《昌黎先生集》，此件是从海外征集所得，成交价为120万人民币，买主是日本客人。所以这件拍品买得很苦，日币断崖式下跌期间，买主很可能就不是出这个价位了。有时拖延，似乎占到了小便宜，可是要碰到了这种事，那就亏大了。

2. 不怕买贵，只怕不对

贵不怕，怕的是买错。随着时间变化，当时觉得可能贵了点，但回过头再来看，也许是很便宜了。当初上海图书馆450万美金购藏翁氏藏书时，有的学者认为不便宜，15年过去了，现在这批翁氏藏书的市场价格少说也应该有五六个亿。现在想想看，那时候是多么便宜。

嘉德古籍有一位老客人，在古籍拍卖行里曾经非常出名，那就是上海的潘思源先生。十几年前初入嘉德古籍，凭借雄厚财力，横扫千军，常常贵贱通吃，乾隆天禄琳琅旧藏古籍善本书，以及《四库全书》零本，清宫所藏《实录》《圣训》以及殿本书，宋元刻本，都是所好。用潘先生自己的话说："当年有人说我是钱多人傻，但我是因对文物的热爱，升华成古籍的收藏，不小心20年后账面似发大财。"的确如此。比如说当年的宋刻本《活人事证方》，1册，海内外孤本，成交价42.9万元。这册是卷首，版本、内容，均靠此本确定，学术价值极高。当年买下并不便宜。可是此书的零叶六张，近来成交价高达两百多万。这一册（44叶），仅仅十来年的工夫，那现在应该估价几何！各类天禄琳琅藏书31册，四库全书零本17册，又该价值几何。真正的古籍善本，只要东西真，不怕买贵。今日看似贵了，用不了多少时间再看，简直就像白送。这就是中国二十年间的变化。

　　嘉德古籍拍卖，是整个古籍市场上的一部分，真真假假，在所难免。好在新作假善本书，投资甚高，而且工艺难度极大，作假少一些罢了。我曾见到过，河南某地来的客人，自称有些宋版书想参加拍卖。电话里三问来源，称均为近年市场所得。一座地处中原的小县城，能买到几十部宋版书，简直就是天方夜谭。我劝对方不要来京白跑了，可对方仍然坚持要我过目。来京后，拿出看了前两本，假得离谱，劝客人不要再继续拿出来了，几乎污了眼。可是来客是花了大钱的主，哪里肯就此作罢。无奈，将来客介绍到了国家图书馆善本组，请国家专家说话。李致忠先生和赵前先生还专门去了一趟，回来后见到我，就说了三个字：全假的。花了大把银子，买了一堆大假活，就是神仙来了，也没法拯救。

　　好的古籍善本书买得贵，不用慌，随着时间的推移，还会更贵。怕的是买到了假书，不仅经济上无法挽回，而且拿出来丢人现眼，财和名俱损。

3. 便宜是个贵

　　这话指的是，有些藏家花了不少钱，买了不少的书，但都是贪图价格便宜，买的都是普通的古籍书，结果收藏的总体水平和品位不高。这不是有没有钱的问题，而是有没有藏书的精品意识，有钱并不一定就能购藏好书。有些买家在刚入门时，对拍品的认知不深刻，心中没有底，从便宜的小东西和普通东西入手，循序渐进，逐步注意到古籍中的善本，建立起精品意识，开始竞拍重要拍品。也有些买家原地不动，就是喜欢竞拍普通的便宜东西。买了一大堆书，可是没有善本、没有珍本，花钱的总数加起来并不少，可是就是没有能够拿得出手的珍贵品种。也有藏家贪便宜，其中也包含着捡漏的心理。捡漏是有命的，捡漏的心理是不可有的。也有些藏家贪便宜，就是心存侥幸，去赌书，购买价位不太高、有争议和有疑问的书。这就是收藏的取向问题，是要做一代名家收藏，还是收藏。便宜东西买多了，总价也不少；好的高精尖，虽然单价很贵，可是极为罕见，可竞买的数量并不多，所以算下来差不多。但是评价起来，肯定是高精尖的永远都会受到收藏界的尊重。消耗的银子同样多，而显然高精尖的地位高。如此说来，便宜是个贵。

　　好藏书家，一定是精挑细选，认准精品名品，集中财力精力，不怕价高，买到的数量并不是很多，但件件都是可以让人过目惊心、永世难忘的宝物、神物。书的数量少，花的钱加起来不一定比乱买便宜货消耗多。

能够让世人称道的藏书，首先要有几个带队的好版本书，就像一支军队，要有司令、军长、师长、团长等构成，如果都是一些连长、排长之类小毛毛兵，那就叫做群龙无首，一团散沙，无法支撑起壮观的高楼大厦。

古籍藏书是要有一定的知识和学问。自己没有可以，但是拍卖公司有，行家里也有，国家的大学、图书馆都有，可以咨询。切勿贪图便宜，心存侥幸去捡漏。人人都在想捡漏之时，实际上是无漏可捡，趁早做好准备，那样才不至于错过了心仪而流连忘返之物。人生只有两种药是买不到的，一是长生不老药，另一是后悔药。既然没有不老药，人生就只能是俯仰之间，短暂人生，唯须尽欢，何至于为一部书而后悔。世上盲者无文章之观，聋者无鼓瑟之听，皆是形骸外在之象，怕的是心智迷茫，走不出歧途。

4. 认真做功课

淘书，如同淘米一样，淘去稗子、石子之类，最后留下可餐的精米。天下没有掉馅饼的事。比如说拍卖中有一部《二金捷堂文稿》，我向客人推荐之时，有人竟以为是大假货。实际上，此本为20世纪初日本有竹馆出版的底本，日本收藏赵之谦书法的行家没有人不知道此书。不做功课，岂能知此。成功有机缘，但绝非侥幸。机缘何在，就在认真做功课的过程中去寻找。

买家的功课内容，大致上有三项：图录、预展和咨询。

第一要务是研究古籍拍卖图录。

一部书的寿命，说长也长，说短也短。何以言之？若畅销书，迎合时人口味，有一时热闹，但是随着人的口味变化，将昙花一现，伏案爬格，废寝忘食，转眼就过时了，令人可悲。可是要逃脱这等悲惨宿命，写出让后世依然有用的书，那就需要本事了。我以为写古籍图录的好处就在这里，任凭星移斗转，只要千载流传的古籍书在，记述此时此刻的古籍图录，就将有它的参考价值，就会有后人查询古籍书的传承和流转轨迹。因此写古籍图录，可以说是为古籍书籍树碑立传。资料准确丰富，观点信而有征，就可流传很久。所以，古籍图录，不是为忙碌一天的打工仔用来休闲解闷的通俗读物，而是供有兴趣的和有实力的收藏家做功课的，就是一把打开金矿大门的钥匙。

一本好的古籍拍卖图录，就是一部有学术价值的书目，如果将拍卖图录简单地视为广告和一次性的读物，那就错了。图录里面凝结着编撰者的经眼录和过手录，是用专业的术语记录下来的一份古籍善本的历史，包括版本、收藏记录、题跋和现存状况，有资料价值和参考价值。

对于买家来说，首先看到的就是古籍拍卖图录的封面。图录封面拍品，毫无疑问是一场拍卖会中最重要、最有特点、最有意思的一件拍品，或是最古老而文物价值最高，或是版刻印刷有特点，或是版刻图案艺术价值极高等等。图录封面的审定是最为严格的，所以封面绝对没有真伪争议，拍卖公司如果将有争议的拍品做图录封面，那将是一件非常没有面子的事件。因此买家在这里可以借拍卖公司的眼，直接买古籍拍卖图录的封面，那肯定真伪没有问题，艺术价值没有问题，文物价值没有问题，只有价格能否接受的问题。在香港有一位不懂瓷器鉴定的收藏家，拍卖时，他不买别的，就买各次拍卖瓷器图录的封面，那肯定是最好最重要的拍品，所以随着时间推移，积攒下来的收藏品，都是市场中的重器，而这等重器本身存量就十分有限，所以成为尽人皆知的收藏家。

封面不一定是价钱最贵的拍品。比如说1999年春中国嘉德古籍专场拍卖图录的封面，就是一张宋刻本残损的零叶，在图录中排列为LOT610葛胜仲撰宋刊本《丹阳后集》零叶，黄麻纸，估价4,000—6,000元，成交价22,000元（图7.2.4）。为何要选取一张残损的宋版书零叶做封面，原因就在于有这一页残存的书影，证明了在宋代曾经印刷过一部名叫《丹阳集》的书，可惜全书现在已经失传了，仅留的此残叶，被定为国家一级文物。所以它的学术价值和研究价值极高。

对于图录中的每一部古籍善本的著录，买家应该仔细研究。拍卖公司每半年要筹备一场像样的古籍拍卖会，至少要有一两百项拍品，经常是忙得不亦乐乎。征集结束之后，留给编制图录的时间非常有限，作为古籍善本，横跨宋元明清、刻本手稿、碑帖印谱，个人的学识和能力是有限的，加之没有充分的查阅资料时间，所以每一次编制完图录，多多少少都会留下些遗憾。同时，图录很受卖家的影响，比如说卖家认为一部书是元刻本，而编者可能认为是明初刻本，这虽然时间很接近，前后误差不过三五十年，可是属于两个朝代的文物。这种情形也会出现在明末和清初的刻本问题上。卖家的前人，也许是大藏书家，藏书经过某些版本专家过目或出版著录，但以往或有人情面，或有买卖关系之时，通常都会将善本书的年代往前说。如此来，要坚持编者的观点，就很可能失去这部藏书。为了维持关系而做出让步，这种事已经遇到不知多少次了。当然这种让步不是无原则，至多是有点不同看法罢了。为了让步而失去原则的事是坚决不能干的，因为冤有头，债有主，自己作的孽，迟早有一天自己要承担恶果。有一个度，那就是图录提要中的话，说得没有那么绝对和肯定，这需要买家理会其中的潜在含义，仔细琢磨。

第二要务是预展查看古籍原件。

参加古籍拍卖预展非常必要。图录的图片和文字记录，虽尽可能详尽描述和展示拍品的状态，但古籍书的鉴定因素非常多，任何一本拍卖图录的内容都难以言表清楚，都需要眼看手摸仔细审定。图录上的古籍，咨询说的古籍，要为买家所确认，就必须有相应的预展过程。图录仅供买家参考，买家通过预展对拍卖图录的著录、古籍拍品进行最后确认。

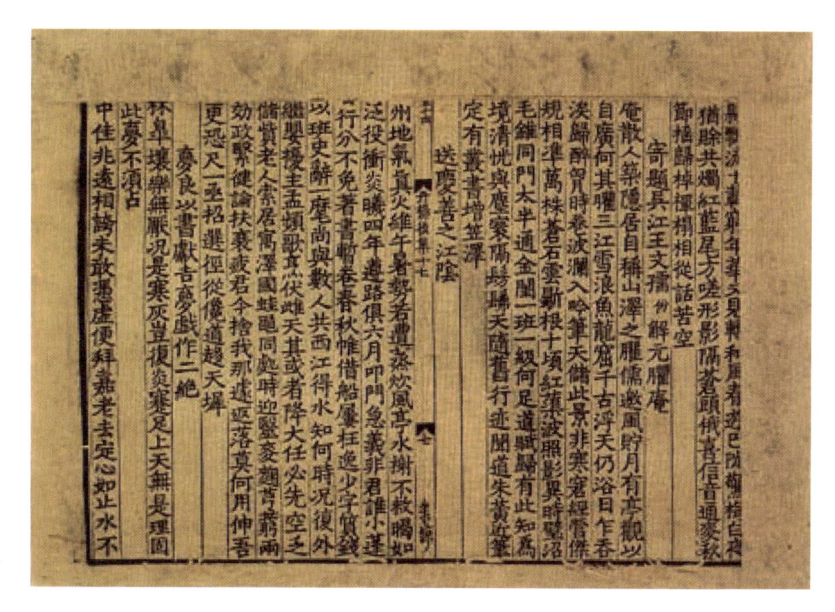

图7.2.4 宋刻本《丹阳后集》零页

比如说会碰到有水印的古籍，这对于研究和鉴别考订古籍具有重要的作用，没有它，考订工作就会难上加难。浮水印，是在造纸过程中，植入纸张的一行标示，或者是一个花体字符、时间日期、商标、徽记等等，那组图案通常是以线条构成，安置在筛子内的纸浆中，等到纸张成形之后，它便隐身在纸张中。由于图案的纹路比四周的纸浆薄了一点，因而只要将书籍的纸逆光观察，透过的光线在纸张厚处相对较暗，薄处较亮，水印就可以清楚的看出来。国际上有专门研究著作，探讨古代西方各造纸坊的水印。在中国，纸张有浮水印的书籍古时不多见，但是近代以来存在。比如说郭宝昌《项氏藏瓷》的纸张是特制的，天地上下有其字号水印。对于中国古籍更重要的是看簾纹。在预展中或许经常可以看到有人将古籍书打开，对着灯光看，大多数人都不知这是为何。其实一看就知道此人是行家里手。古籍书的用纸，一定是手工制作，抄纸用的竹制帘子，是用丝线编织而成，有丝线之处比没有丝线处会高出一点，纸浆在此就会薄一点，因而只要将书籍的纸逆光观察，帘纹就可以清楚的看出来。由于中国古代的造纸工坊，在发展变化和进步，存在着一个帘纹由宽变窄的过程，因而可以依据帘纹的宽度鉴定古籍印本年代，这是鉴定宋元刻本的重要依据之一。

经常泡在古籍善本拍卖的展览现场，那是多么好的学习机会，可以亲手触摸，可以慢慢翻看，可以仔细核对鉴定。图书馆可没有随意上手明代的、元代的，甚至是宋代的善本书的机会。展览馆里看东西，对于行家来说，总是不美，有时就是拼了老命，两眼直勾勾地盯着看玻璃柜冷冰冰展出的那些玩意，也常会感到看不出什么名堂来。

既然是公开预展，就得允许参观者品头论足。如果是半路出家，说出一些外行话，

309

那也无碍，怕的是成心胡说。客官嘴里直挑剔，这也不好，那也不行；但是等货一拿到手，他转身就到处去大加吹擂了。这就是行里人常说的"扎针"或者"打枪"，意思就是某买家看中了某件拍品，在预展现场四下散布谣言，说拍品有问题，是赝品，如何如何不好，引得其他感兴趣的买家心里打鼓，犹豫，退出竞争，这样就减少了竞争对手，就可以捡到便宜。因此，"打枪"的枪手往往就是竞买者，就是想竞买此件拍品的买家。当然还有一种"扎针"的目的，就是让拍卖公司卖不出去。这是行里流行的不正当竞争恶习。

因此，买家看任何拍卖展览，要自己心里有主心骨。古人云：听之于耳，或听之于心；观之以目，或观之以心。说的就是看东西，不要听故事，用自己的眼睛看，用自己的思维判断，不能一味听别人怎么说。

最后的要务是多方咨询。

藏书家选定中意的拍品，不要自以为是，多少应该与拍卖公司主管，以及长眼的专家，进行咨询。仁者见仁，智者见智，多听一点建议和意见，多了解一些拍品的相关信息，总是有好处的。一双冷眼看世人，满腔热血酬知己，与拍卖公司的业务主管成为知己，那你一定交上好运了。

1994年拍卖预展，有一位台湾来的客人，当时是看一件挂在墙上的立轴。他看看正面之后问我，可不可以看看背面的装裱。我说可以。于是卷起一部分，露出了背面装裱，重要的是看到了背面的签条还有题签，落款是"余晋和"，是此人收藏的旧物。这位台湾老兄问我知道这人否，我说知道，这人是汉奸，当过华北伪政府的警察局长。这位老兄瞪着眼睛看我说：这种人你也知道，你怎么会知道？我只笑了笑，说我是主编出版过《华北抗战》的人，里面有许多华北伪政府官员的照片，其中就有此人。就这几句话，给了他非常专业的回答。最后就是他，竞买得到了此件拍品。

找到专业的人，只是成功的第一步。再就是找到有诚信的人，这是第二步。最后就是你的为人，好的为人处世，就会有好的专业和有诚信的参谋围绕在你的身边。专家的回答，必须是肯定的，不能似是而非，抛砖引玉。任何咨询专家的犹豫的回答，都会影响买家竞买的决心，因为有时抛出去的是砖，引回来的是更多、更大块的砖，引起一些不必要的无聊争辩。

在传统的古籍书店，买家可以在书店里坐下，一边与店方聊聊天，一边看看店里的古籍书，数量不会太多，三五部已经不少了，随时去，随时都可以如此。但是古籍拍卖与古籍书店买卖显然不同，前后不过三五天，动辄百件，甚至数百件，种类也繁多，来客川流不息，而且三教九流，各色人等，接应不暇，很难周全。拍卖公司的业务主管，有义务对于藏书后进者循循善诱，指明佳径。也有责任为卖掉一部书，从版本到装帧，收藏到题跋，甚至刁钻的初印本或是后印本，卷帙完整和叶数，序跋目录，外界收藏数量等等，一一回答。话是依葫芦画瓢，说了数遍，连自己都觉得乏善可陈了，人常言话说三遍淡如水，可是还要硬着头皮说，何言乐趣所在，那才叫做苦不堪言。作为买家来说，就是要咨询，不看脸色，不怕其烦，而且越细致越好。

天酬勤人，研究图录、预展审查、多方咨询，一个不能省。做功课累人，但是有丰厚的回报。懒驴上磨，一心想着碰运气，天下哪有那么多的好事等着你。

5. 书逢对手，当仁不让

善本书从来都是可遇不可求的罕见之物，尤其是一些名品珍品，也许一生也不得见，更谈不上是否曾经拥有了。每当遇到一些不知深浅的朋友，说，哥们，哪些书是你要的，我们给你找。说得多容易，我从来没有见到过要找的善本书稀见品种。

我经常对一些藏书圈的朋友说，古籍善本不是一个好行业，卖掉一件少一件，又不能生产复制，本身在市场上数量也极为有限。偶尔出现一部好版本、好收藏、好品相的善本珍本，往往引人注目，就会有几个藏书家盯上。对藏书家来说，这可以说就是艳遇，想要得到，那就要看谁下手稳准狠了。

真正的藏书家，大都是工商界的成功大佬，哪位不是会算计和善于算计的，这是工商巨头的特性。在商言商，只有客人，只有竞争对手，没有朋友。就是为了一部书，什么事都会干出来，公开的，暗地的；道德的，不道德的；合理的，不合理的；只认成功，不认手段。为得一部好书，没准还能成为未来的一段藏书趣话呢。

一旦几位藏书家相中了同一部古籍书，不可以友情为上，轻易地拱手让出。都是有实力和资本的人，哪有不过一过手，比划一下武功，就甘拜下风的。拱手让出，结局有时会令人后悔一辈子。所谓道上高手相逢，价格也会立马扶摇直上，这是就要比决心、比意志。欲得好书，没有别的办法，只有血拼为上，虽败犹荣。当然在这里，对善本书的认知深度起着决定性的作用，有钱并不一定有势在必得的决心。2004年春季曹大铁先生藏书专题拍卖中，为争夺钱谦益稿本《大佛顶首楞严经疏解蒙钞》，就是亚洲首富李嘉诚，对阵上海新秀杨崇和，结果杨先生竞得。理性的认知，决定成败。

古籍拍卖场盘子规模小，每次拍卖的珍本数量有限，有时拍卖场里多了一位藏书家，就立刻热闹起来。虽说是多一个、少一个没太大关系，可是多了一个重量级人物，价位会搞得顿时天翻地覆。因此有可能没买到，但是买到了的人肯定是倒霉透顶了，那买到的价格可能会让他气得三天不思饮食。没有买到的那就更惨，竹篮打水一场空不说，有时死都不知道倒在了谁的枪口下。

有位历史名人曾经说过一句话很有意思的话："藏书是一个小病。"说的是藏书会令人上瘾，由此而产生出一些不是很常规的行为。平日里客客气气，吃吃喝喝，说说笑笑，可是一到拍卖场里就像换了一个人似的，出手凶狠，不讲情面，一副"风萧萧兮易水寒，壮士一去兮不复还"的架势，即使倒下也要悲壮。没有这等气概和秉性，成不了好藏书家。

竞买场中，让书于人，就得想好也许要承受一辈子的思念煎熬；如果没有这种承受能力，那就当仁不让。即使一败涂地，那也是实力不如人，无怨无悔。

6. 书有灵性会认人

就像千年的狐狸，万年的龟，古籍善本书，尤其是宋元孤本、名家抄校稿本，传之数百年，甚至近千年，都成精了。这等有神物护持的东西，有灵性，会认人。

就像《白蛇传》的故事一样，千年等一回，断肠也无怨，可遇不可求，剪不断前缘。一部好的藏书，就像成了精的白蛇，它会认人的，不是你想要就会有，就能有的。得到一部好的藏书，那也是缘分。首先在心态，相信世上好人多，相信人间自有真情在，相信好人有好报。做事也不急，天塌下来也轮不到我去顶着，这班飞机没赶上，但是航空公司并没因此而倒闭，着什么急。所以，不必着急，一部好书是你的，那就是你的，不是你的，就是使出浑身解数还是得不到，即使偶然得到了，结果往往是苦涩的。这些只有经过了才知道，才有体会。当年兆兰堂主人竞买天禄琳琅旧藏的御题诗《佩觽》，一时失手，心中惦记了好些年，突然藏家有事，急于出手，就像从天上掉下来的一般，没有费大力就获得，解了长久的心愿。

不是你的，就是到手了也会飞走。这类事在拍卖场里也已经遇到不是一次两次了。当年拍卖有政策，属于一级、二级文物的古籍书，不允许私人购买。拍卖中有些藏家看到了，相中了，费了九牛二虎之力竞买到了，可是按政策就是不能给，最后只能放弃。如元泰定梅溪书院刻本《尚书集传纂疏》，第一次在嘉德古籍拍卖时，以50余万成交，但依有关文物政策，不予办理交割手续。待到2014年春季，国家新的《文物法》和《拍卖法》出台，法律允许私人买家购藏，此书再次拍卖，可这时的估价已经是12,000,000—14,000,000元。时过境迁，物虽在，人已换；人虽在，事已非了。那就是没有缘分。

缘分这东西，不论是凡人还是精灵，总是两情相愿。还有一些藏书家，就是喜欢等待拍品流标之后，与拍卖公司谈价钱。有的成功了，但是每每遇到真正好的珍本之时，大部分都不成。因为拥有藏书的人家，不愿意会后商量交易。说得形象一点，都已经成精了的书，就不想进这种人家的门。你有这情，书还无意呢。其实，这类买家也不好好想想，一部好书流标，意味着就是"美人黥面"，好端端地添上了一笔令人添堵的经历。即使会后成交了，也好像是娶了一位有"流标"烙印的美人。日后再想出手，也要因此打折扣。这究竟合适吗？

故而对于藏书家来说，遇到非常合适的重量级珍本，并不是一件容易的事。要碰运气，寻找机会，一旦有这种机会就应该抓住，过期就很难说了。这种顶尖的东西非常难得，常说的踏破铁鞋无觅处就是指的这等拍品。你纵有金钱千千万，费时费力无数，难得再见，也是抬头空望月。

古人云：至人无为，大圣不作。藏书也是如此：有德行，知天命，待机缘。

7. 不挑剔成不了好藏家

挑剔是一种生活态度。有些人可能比较随意，而有些人对生活的细节严格挑剔。在生活中，这类过分挑剔的人，常受到人的讨厌。但是对于一位好的藏书家，过分的挑剔是必备的特质。对拍品和藏品不挑剔的人，同样也成不了好藏书家。

古籍书的好与普通之间，有很多的衡量标准，不一定古老的就好。古人云：不材之木，若是之寿。说的是不成材的树歪七扭八，没人要砍伐了做家具，所以可以长得时间长。如此道理，好书人护之，得以长久；烂书无用，没人翻看和使用，也可以得长久。明末清初的大藏书家毛晋，将宋刻本分为甲宋本，包括浙刻本、蜀刻本等；乙宋本，建（福建地区）刻本。原因就是建刻本纸张多用粗糙的竹纸，刊刻校勘不精，错误甚多，不可与浙刻、蜀刻相提并论。同等收藏机会，挑剔者首选浙刻、蜀刻等，求其次才考虑建本。

藏书有宋元重器，自然分量影响大，也很开心。但是善本书的精和善，各个时期都会有，比如民国年间有玩清代精刻本的，有玩民国红蓝印本的，这些书籍刻得很精，也有许多说头，以前就不是很贵，初入道藏书的就可以玩得很开心。当然这对于财大气粗的大藏书家来说，那就更不是一个问题，如民国年间的大藏书家陶湘，就玩明末套印本、清代的殿本书，照样玩得很有成就。东西不在大小，在于有心，在于有趣，在于有志。

还有的收藏家，除了挑剔版本之外，特别重视藏书的品相。民国年间的藏书家杭州王九峰、北京的于连客，对于藏书的品相要求特别高。其藏书很少见到有水渍、红霉、虫蛀、破损叶、书内涂鸦等。得到的藏书也是特别加以护理，如经过杭州王九峰收藏并装帧的藏书，不仅函套干净规矩，里面衬纸加万年红防虫，一望就知是九峰旧庐之物。

收藏家是看得出来的，尤其是好的收藏家。从饭桌上看，就是看会不会吃，尤其是要会点菜，既不贵，让人宰，又要好吃。越是挑剔，越是具备好收藏家的潜质，在收藏上也一定会百般挑剔，得手的一定也是好东西。一个连吃都不得要领的人，还能成为好收藏家？看图写字，工工整整，有条有理，那一定又成为好收藏家的潜质，有系统的专藏收藏家的特征。好的藏书家办事认真，一定是细心刁钻，这是成为一个有特点，是好收藏的必备条件。有些人相貌很有欺骗性，比如说老朋友马未都，整日眯着眼，像没有睡醒似的，其实能说会道，聪明绝顶。还有一位马路芝，长得五大三粗，可心细如针鼻，就是喜欢玩书札之类小品。所见过的好收藏家，都有天生这样的欺骗性，看着说话张嘴就来，大大咧咧，其实都是特别挑剔的角色。外表聪明精干，人总防着挡着，不好成大事。这等长相具有欺骗性的收藏家，人不防，反而往往能成大事。

元萨都剌有一首《灯草》诗云："但勤挑剔不惮劳。"虽然说的是拨弄庙中花灯，但我觉得在藏书的态度上也可以借鉴，那就是为了藏书，也要勤挑剔，不惮劳。有这种藏书态度，定能成为好藏书家。

8. 不带欠债的书回家

藏书家大都有一个天性，好书不会嫌多，那就是贪心。恨不得天下好书尽归我有，常在古籍拍卖场里，凭着兴致，一通狂买，待到会后结算付账之时，手里紧巴巴，很不舒服。

藏书原本是一件轻松愉悦的事，不论看到什么好书，都应该在拍卖场里保持一些必要的冷静，以可负担、可承受为消费标准。细水长流，才是懂得藏书乐趣可以培养长进的买书人。要想藏书有所获，同时也很轻松愉快，就应该遵守几个"愉快"的原则。

一是量力而行，现金为王。

拍卖会是大型的商业行为，准备工作要半年，图录出来之后一月或20天后才开始拍卖，拍卖结束后还有一个月的付款期限。这中间变数非常大，国际国内的经济形势千变万化，房市股市，这些都不由拍卖公司决定，或许碰上好日子，股市连续大涨，再过几天，股票市场掉下来了，怎么办？拍卖要的是现金，从不看资产，凡是资产急于变现之时，往往要大打折扣。倒闭的、跳楼的，往往都是曾经有巨额资产的大鳄。欠着拍卖的款项，更是令人心烦，这边电话催款，那边法律要诉讼，鸡犬不宁，那是何苦。

二是财大志小，分层定位。

大藏书家，有大藏书家经济条件，一般藏书家，也有一般藏书家经济条件，要有自知之明，给自己的藏书定位。有的是专好高精尖的，要有足够的经济能力支撑，不能受诱惑，一切都要，那不现实，就像小马拉大车自然是费力很辛苦。民国年间的大藏书家陶湘，玩明末套印本、清代的殿本书，玩得很有成就，就像驷马拉小车，肯定是不费吹灰之力，就可以玩得轻松愉快。拥有宋元重器，固然是很开心，很有成就，但一定要有足够的经济能力支撑。总之，量力而行，大财小用，不要让负债的古籍善本进家门。

三是集中财力，大小有宜。

常言说：道不欲杂。用志不分，乃凝于神。天下的古籍善本书，就是举国家之力，也不可能尽藏，何况民间。藏书本身就是很专业的收藏，集中财力、物力、精力，才能构架完成自己的藏书体系和规划。没钱不能乱买，有钱同样不能乱买。藏书的选题和规模，要与财力、物力和精力匹配，否则就是自寻其乱。天下的艺术品和天下的古籍善本书，无论谁都收藏不完。国家图书馆也不能将古籍善本尽收囊中。一个人的财力是有限的，一个人的精力也是有限的，集中精力和财力，在一段时间内，或者一辈子，集中专题收藏古籍，必有所成。题目可大可小，不可定得太高。比如说宋元本、敦煌经卷，这些传世级别甚高的文物性善本书，可以流通的存量极为有限，只可作藏书之将军、司令，不能专题收藏。这类的存世量可能收集几年就没有了，还怎么玩。所以题目一定要适合，比如说明代套印本（下沿可到清代）；明嘉靖刻本；清武英殿刻本（殿本）；明清两代活字本；明清两代抄校稿本；隋唐墓志（上探北魏墓志）；汉魏碑帖；隋唐碑帖；青铜器拓本；各类印谱等等。

当然财力精力充足，可以通收，这才是真正的中国古往今来的传统藏书家。那时没有公共的图书馆，其藏书可以供学者、名家版本鉴定、校勘辑佚，私人藏书楼就是研究和学术的小沙龙，既舒服，又有可看可用的藏书。

我肯定是会买一点书的。买书人的理由有千万种，我买书的理由就是买到了会比没有买到开心，买到了将来会比没有买到有用。我也会摸摸口袋自问买得起吗，但不会想将来这书是否能保值增值。因为我有原则和自知，做不起藏书家。

9. 大丈夫举牌无悔

在拍卖图录里，在拍卖前的声明中，拍卖公司会一再提示买家，敬告买家注意事项，包括审验真伪、品相、卷帙等，一旦竞拍购买拍品，责任自负，所谓出价无悔，大丈夫者也。

对于买家来说，参加竞拍，举牌出价，就要负法律责任，关乎自己的信誉，因此决定是否举牌，必须三思而后行。拍卖场里无常事，任凭你有南征北战、过五关斩六将的本领和经验，也有吃错了药，精神萎靡不振之时，在此难免失手。所谓失手，无非就是两个，一是豪气冲天，一时无节制，将价位举过了头，买得心里不舒服，价格太高；二是买错了。买贵了，没有关系，过一段时间回头看，可能就不贵了。怕的是自己买错了。过去的古玩行里，谁要是买东西买错了，哪里还敢声张，悄悄地拿回来往床底下一塞，千万别让人知道和看见了，否则一世名声，毁于一旦，还在行里怎么往下混。大型古籍拍卖，完全是公开的，一切都在众人眼皮之下，传了出去，不仅信誉丧失，而且还落了一个"二五眼"坏名声。

还有是在竞买过程中，漏举牌竞买了。事先已经相中，而且费了大工夫作功课，研究咨询，可是在拍卖过程中由于各种原因错过漏掉了。这种事在拍卖场里常发生，这就是没有缘分、没有命，不能抱怨别人，只能抱怨自己。

经验是最好的导师，教训是最好的说明书。前车之鉴，善莫大焉。大丈夫为人做事，顶天立地，不论有了什么问题，都要自己担着，有了委屈自己憋着，有了错误自己掖着，说出去无人能帮你，只有笑话。

10. 只见人吃肉，不见人割肉

拍卖行业很奇特，媒体上的曝光率非常高，这是行业的特点。从公司的宣传，到新闻媒体，都关注的是文物艺术品涨了多少，没人宣传跌了多少。在经济好的时候，的确如此，升值力度令人咋舌。可是经济总是跌宕起伏，没有永远的好或坏。每一场拍卖会结束之后，不论是藏家，还是行家，以及新闻界都会关注成交的结果，尤其是年成好之时，无不关注着价位又创新高，或是奔走相告，或是回家赶快点检收藏库存，总是犹如过大节一般热闹。

只见人吃肉，没见人割肉；只看到人赚钱，不见人赔钱。就是这个行业的特点。拍卖古籍善本，也是要承担风险的，天下哪里有包赚不赔的买卖。成功的盈利案例，外界人都能看到，可是拍卖人赔得惨兮兮的时候，外界人就看不到了，或者是避而不见了。

真正的收藏家不太会关注一时的市场跌宕起伏，也不会关注一时的收藏升值潜力，更注重的是内心的享受。对于行家来说就不同了，市场的动向和升值的变化，必须时时关心，处处留意。

对于那些试图以买卖古籍获取暴利的朋友，我只能出于良心，给他一个建议：金盆洗手，回头是岸。尽管有许多藏家的确因为卖了几部书就从基本温饱直接过渡到了小康人家，或者更高的鼎食之家，我只能说千万不要被诱惑，那是人家的运气，那是人家多少年甚至是几代人积下来的德。

善本书不是最好的投资项目。懂书的人，研究书的人，也不敢轻易介入古籍买卖，就像现在的股市一样，不见得学金融的人就能赚钱。这里有两个与专业无关的因素，一是运气，二是胆量。不懂书的人，那就更玄了，不专业就不会买，不会买就意味着不会卖。瞎买瞎卖的人有的是，就像股市里的投资人，很多人也是不懂股票原理的人，可能有人赚了钱，但是更多的人一定是赔了钱。瞎买瞎卖，在行情好的时候，可以赚钱，可是行情不好的时候呢？那就不是投资古籍的人了，就将变成真正的没有收藏书籍乐趣的藏书家了。

我最看不懂的就是合着买书，就是行里所谓"加磅"，加磅最后还是要卖，卖出去了皆大欢喜，卖不出去了怎么办，怨声载道了。我就碰见过几次这样的事。有一部黄丕烈题记的书，卖了几次都没有卖掉，就是所谓"众筹"买下，希望高价卖出，结果迟迟难以兑现。

现在很多人将收藏古籍视作投资项目，声称绝无可能找到比买书更好的投资了。我以为藏书本身只是业余爱好，可有可无，除非是中了邪，甚至借贷买古籍书。清末民初有位藏书家，名叫邓邦述，就是以借贷买古籍善本，玩不转了就迅速破产抵押出去了。这是前车之鉴，不可不知。其他收藏都一样，切忌借贷玩收藏游戏。切记切记。

11. 今天嫌贵，明天更贵

来世不可待，往世不可追。古籍书这东西，随着经济发展和藏书爱好者日增，有限的资源，与无限的需求之间，永远都会令人觉得，赚钱的速度赶不上古籍书价格上涨的速度。

好善本书今天看似价格很贵，现在不买，等等看，随着时间推移，好书的价格以后更贵。

人的耐心是有限的，生命和生命的精华时段也是有限的。善本书都是千年神物，成了精的，人的一生也许永远也等不来。

对于古籍善本收藏家来说，藏书都好似心头肉，不是有钱就可以得到的。有些收藏家甚至将藏书等同身家性命。古时有唐太宗骗取《兰亭序》的故事。20世纪六七十年代，沪上著名的碑帖《南阳太守张玄墓志》也是一例。在过去，拥有此类藏书的人家，一定懂得它的文物价值，没有善价，就别去找没趣。就是有善价，对不对脾气，想不想给你，那还两说。

这类藏书，是藏书家水平的标志，或者属于海内外孤本，或是藏书中的名品，诸如天禄琳琅旧藏元茶陵桂山书院刻本《孔丛子》、元泰定四年（1327）梅溪书院刻本《尚书集传纂疏》（图7.2.11），清咸丰二年（1852）劳权精抄精校本《松雨轩集》等等，均属无可替代的藏书，而且随着时间的推移，文物艺术品的价格上涨，水涨船高，有朝一日重现江湖，估价只能更高，不可能会降低。要么出更高的价，要么就是没有，能得此藏书者，在藏书界地位就有所提高。如果有人问道，天禄琳琅藏书、宋元刻本谁有全本，有几人敢答应。再问藏书家，黄跋顾批，毛劳二抄，当今谁有齐全者，有几人敢答应。没有，还敢称自己是大藏书家，岂不令人笑掉牙。一部好书，出现于市场，本身就像昙花一现，要想再见一次，不敢说要铁树开花那么久，可谁也说不准要多久了。独有之书，是为至贵。欲想独有，必付出代价。

藏书要有前瞻性，收藏热点不断地回转。比如说一段时间古籍的雕版书，得到热捧，碑帖之类相对冷清。十年过去了，现在碑帖印谱之类又热了起来，雕版书热度下

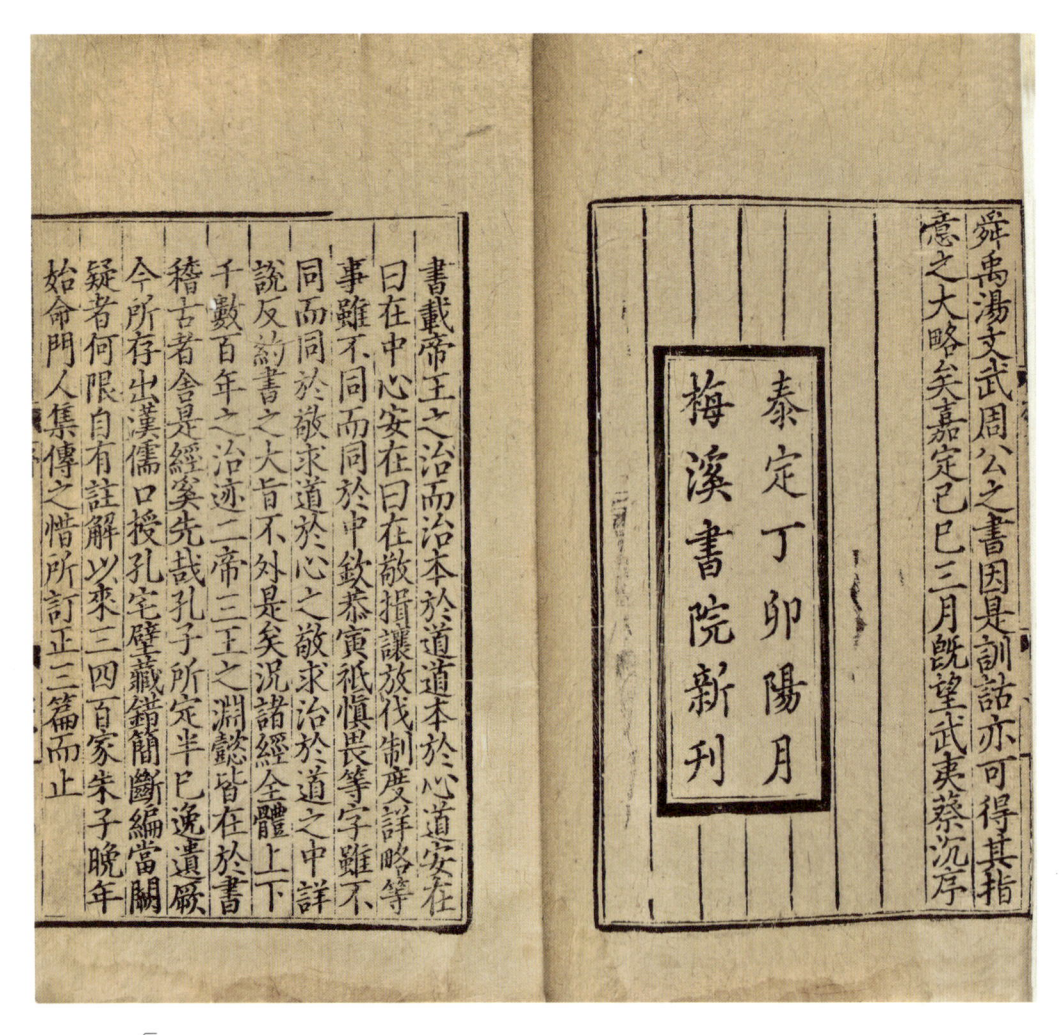

图7.2.11／元泰定梅溪书院刻本《尚书集传纂疏》

降。若干年前，明清书札收藏极火，现在是当代文人书札。有时非热点，就是机会。这就是要有前瞻性，抢占先机，抓住瞬间即失的难得机会，否则都是跟着潮流和热点，就是抢，也不一定能得手。风水轮流转，今年到我家，现在不是热点，将来未必就不是热点。不必跟着热点走，该出手时就出手，先下手为强。等到成为热点之时，那就会更贵，付出的也会更多。

12. 竞拍有技巧，祝君好运

古籍拍卖是一个可以捡到便宜的奇妙去处，在这里你可以感觉到一种君临天下的美妙。但是拍卖也是太充满变数和太多诡异的招数，令人无从招架。

在拍卖公司参加拍卖竞买，无非有两种方式。

第一种是直接参加古籍拍卖竞标，亲自出场举牌。这种本人亲自到拍卖现场参与竞标方式的好处，是藏书家随时可以感受到现场的气氛，可对心里竞投价位作出调整。但是一场古籍拍卖会，费时常常可以跑完三个马拉松。如果不是书商的利益所在和藏书家的兴趣所在，那将是多么可怕的一场疲劳战，岂不令人昏昏欲睡，耗时间，耗精力。还有，大藏书家出场会招来很多麻烦，诸如就会有人扛你，因为你出价狠，势在必得，因而抬一抬价，知道你还会要，尤其是一些让人感觉到像暴发户一样的竞买者。就曾有过竞买者将自己的号牌贴在墙上不拿下来，买到为止，这种气派往往令在场者生厌。大家来此都是希望能够得到一两件相中的藏品，而这种行为简直令人没有了机会，空跑一趟，岂能不让人生气。同时，藏书家在场竞拍的阔绰，直接暴露身份，他的竞投习惯，他的竞投目标，都已经为人所知，为竞得拍品也许就会付出更大的代价。

第二种方式是藏书家本人不出现在拍卖场，采取委托竞投方式。委托竞投也可分两种。

一是藏书家可以委托自己信任的行家出面代理，这就是所谓的"dealer"，意为中间代理人，中国人早年也称之为"掮客"。中间代理人，可以是信誉上好的书商，也可以是业界的行家。作为中间代理人接受委托竞投，肯定要给予必需的佣金，无利不贪早，谁心里都会明白。竞买有技巧，有经验的中间代理人审验拍品不露声色，竞争时不会激怒对手，出价时会揣摩对手心理底限等，并会对委托人的投标价位发表意见，如太低，就会告诉可能没戏，要求提高授权价位，或者认为价格合理，可以一搏。有道德水准和底线的中间代理人，绝对会以最低的成交价格为委托人服务，赢取应得的一份酬金。

二是藏书家还可以委托拍卖公司代为竞标。这种行为的好处是可以省去委托行家的费用，但必须以信任拍卖公司为前提。

不论是藏书家亲自出场，还是委托中间代理人竞拍，惨胜的结局感受是什么，只有花了大钱的金主自己知道。拍卖竞得合适的价位，心中自然是乐，可谁能会有这样的幸运呢。只能说一句老套的话：祝你好运！

二十年时间，放在人类历史的长河中不过弹指瞬间，但是对于一个拍卖公司和一个人的人生来说，就是一段相当长的时间了。就是在这二十年当中，古籍拍卖，随着整个拍卖行业的成长，已经变成一个成熟的拍卖项目。事业不分老少。古籍拍卖事业就是要做中国文物文化的守望者，藏书家的珍藏，也是其中的一部分，珍重、爱护古籍拍卖平台，也是珍重和爱护自己的收藏。

当代藏书家不论买回什么书，买回家就像买回来的茅台酒，自己尝尝，自己品品。

不必像一些专业的前辈进行校书、辑佚之类研究，只要尽到一个时代的保护义务就够了。现在社会分工如此细腻，研究者不必一定要成为藏书家，藏书家也不必一定要成为研究员。各司其道，为传承民族文化的香火多做一点贡献。人虽不可能选择命运，但可以选择生活方式。藏书就是一种生活方式，包括觅书、护书和读书。

当今世界对于财富的追求，可怜得只剩下了那么点东西，我们已经丧失了许多情调和享受，回过头来想想，那是人生意义和乐趣吗？我以为拥有善本书的充实感和快意，书的主人最清楚。一个人能安安静静地坐在茶几旁，躺在沙发上，悄悄地将人类思想精华，逐字逐句吸进自己的大脑里，领略天下酸甜苦辣麻，那将是一件多么奢侈而幸福的事。藏点书，读点书，对于一个人的闲暇生活来说一定会大有裨益。陶冶情操，增长知识，丰富生活的乐趣，提高人生的精神境界，乃是藏书之本。

不论何许人等，读书、藏书、护书，凭此无与伦比的卓越贡献，他的名字就足以在中国的藏书史上独占一页。